普通高等教育车辆工程专业"十三五"规划教材

车辆人机工程设计与实践

Automotive Ergonomics Design and Practice

主　编　李晓玲

副主编　李　卓

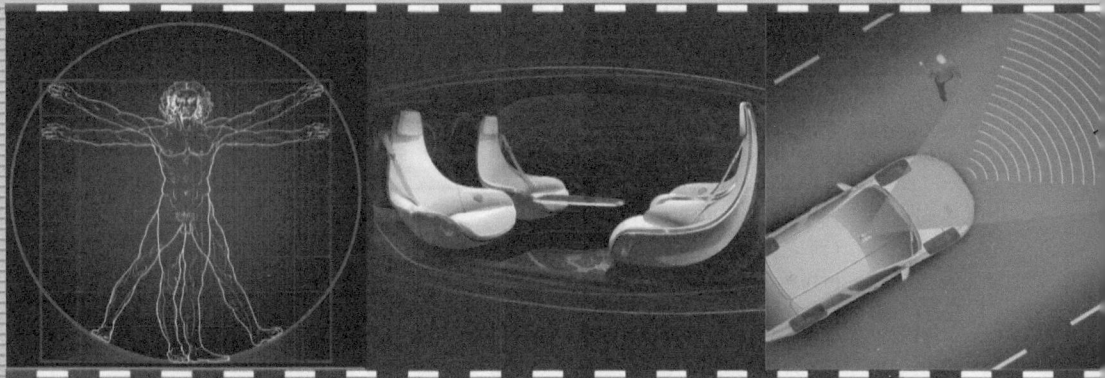

西安交通大学出版社
XI'AN JIAOTONG UNIVERSITY PRESS

内 容 简 介

人机工程学在车辆设计中具有非常重要的意义。从车身造型到车内布置,从最初的布置基准到整车尺寸,人机工程都发挥着举足轻重的作用。

本书共分七章,分别为车辆人机工程学概述、车辆人机工程学基础知识、车身设计人机学、H 点整体布局、H 点测量实验、车辆人机工程仿真、未来车辆发展趋势。全书系统阐述了车辆人机学中的设计理论与方法,强调了以 H 点为基准的车辆布局设计基础知识和人车空间校核方法,突出了人-车系统中人的核心地位和主导作用,保证人车系统的最佳工效评估,从而实现驾驶过程中的安全、舒适、便利、愉悦的综合目标。

本书可作为高等院校车辆工程、工业设计、汽车服务工程等专业本科生教材或硕士生选修教材,也可供相关专业教师、科技和工程人员参考。

图书在版编目(CIP)数据

车辆人机工程设计与实践/李晓玲主编. —西安:
西安交通大学出版社,2017.3(2018.1重印)
ISBN 978 - 7 - 5605 - 9417 - 0

Ⅰ.①车…　Ⅱ.①李…　Ⅲ.①汽车工程-人-机系统
Ⅳ.①U461

中国版本图书馆 CIP 数据核字(2017)第 027472 号

书　　名	车辆人机工程设计与实践
主　　编	李晓玲
责任编辑	郭鹏飞
出版发行	西安交通大学出版社
	(西安市兴庆南路 10 号　邮政编码 710049)
网　　址	http://www.xjtupress.com
电　　话	(029)82668357　82667874(发行中心)
	(029)82668315(总编办)
传　　真	(029)82668280
印　　刷	虎彩印艺股份有限公司
开　　本	727mm×1092mm　1/16　印张 17　字数 405 千字
版次印次	2017 年 4 月第 1 版　2018 年 1 月第 2 次印刷
书　　号	ISBN 978 - 7 - 5605 - 9417 - 0
定　　价	56.00 元

读者购书、书店添货,如发现印装质量问题,请与本社发行中心联系、调换。
订购热线:(029)82665248　(029)82665249
投稿热线:(029)82665379
读者信箱:lg_book@163.com

前 言 PREFACE

速度与激情不仅仅来自于澎湃激荡的引擎轰鸣,也源于劲炫挺拔的车身造型,无论是匠心独具的小众设计,还是全民交赞的大众经典,汽车的车身和内饰设计都凝聚了别具一格的创意和勇于探索的勇气;精致的细节展现出人类的无穷想象,记录着每个时代审美趣味的演进历程,也映射出不断发展进步的科技力量。艺术与科学的融合是汽车美学文化的表征,也是人-车间安全舒适、和谐统一的基础。

汽车人机工程学是与车型设计、车内布置关系最为紧密的一门学科,它不但关系到整个车身的造型形态和空间布局,也直接关系着人车界面间的主观感受和交互性能,是车辆设计的基础课程,在整车设计的每个环节都起着重要作用,即人-车关系是否达到舒适、安全、愉悦标准。

目前,汽车车身设计和内部布置校核方面普遍采用美国汽车工程学会(SAE)或联合国欧洲经济委员会(ECE)的相关标准,且在仿真人体模型方面美、日、德、法国等国家也有成熟软件进行布局,车辆设计已整体形成了以设计驱动技术创新的新思路,各国都加大了对美学创意的投入;我国与之相比,汽车人机工程学研究大约起步于 20 世纪 80 年代,比欧美等国约晚 50年,国内的汽车设计以工程为核心的现象比较普遍,仍限于解决"有无"问题,尚无暇顾及"美丑",这就使得车辆造型和布置设计长期处于模仿阶段,同质化严重,缺乏创新和创意,因此掌握人机工程设计方法,用国际视野激发设计思维是目前我国汽车设计界亟待解决的问题。

本教材遵循车辆工程专业培养大纲和 SAE 国际相关标准,在作者多年教学实践的基础上,将企业对汽车设计人才知识需求和学生对汽车设计必修知识的掌握要求相结合,旨在介绍车辆人机设计中的指导原则、知识、工具和方法,将人机知识、设计基础和实践环节按顺序进行内容安排,图文并茂,深入浅出,理论结合实践,使得工程和设计类的本科生和研究生从中了解人机工程学在汽车造型设计、布局设计、整体开发过程中的重要性,掌握从学到练的全过程。本书特色如下:

(1)与国际教材同步,参考国际上最先进的专业汽车设计院校专用教材,以 H 点为基准进行车身整体造型和车内布置设计。H 点(Hip-Point)是车身布置和测量的关键基准点,对于驾驶室的人机参数测量、内部基准点定位、驾乘者安全舒适性具有重要意义。

(2)丰富知识。加入车辆造型文化、整车设计流程、未来车辆发展趋势等内容;言简意赅地讲解车身造型文化的变迁。

（3）图文并茂，直接面向学生实际需求深入浅出地安排人机知识、设计基础和实践环节；以丰富图例为学生打开车辆造型文化以及人机工程设计之门。

（4）适应面广，可面向车辆工程、工业设计、汽车服务工程等专业学生。

本书既适用于机械工程类专业如车辆工程、汽车服务工程等专业方向，也适合设计类专业如工业设计、交通工具设计等专业，可作为本科生教材或硕士生选修教材，同时亦可供汽车设计人员和相关设计人员参考。

本书由西安交通大学李晓玲任主编，进行全书内容的规划安排，撰写1、2、5、7章，并提供第6章仿真素材内容；武汉理工大学李卓撰写第3、4章；西安交通大学张海霞整理完成了第6章，武汉理工大学汽车工程学院邓亚东教授审阅了全书。

由于时间和精力所限，书中难免会有错误和缺点，敬请各位读者批评指正。主编联系方式：xjtulxl@mail.xjtu.edu.cn。

编　者

2016 年 11 月

目录 CONTENTS

第1章
车辆人机工程学概述

　　人机工程学是一门以心理学、生理学、解剖学、人体测量学等多种学科为基础的综合性边缘学科。这门学课主要涉及到人的生理特性、作业能力以及局限性的研究,然后应用这些信息来设计和评估人们使用的设备和系统,即以人为中心,研究人与机之间的工作关系。

　　车辆人机工程学的基本目标就是设计出尽可能满足用户(驾驶人)和设备(车辆)之间高度匹配的汽车,从而改进汽车的安全性、舒适性、便捷性、驾驶性能和效率。此外,车辆人机工程学设计要求"为大多数人设计",即设计出的产品需确保大多数人中都可以适用。汽车设计过程应考虑以下几个主要部分:(a)驾驶人/使用者;(b)汽车;(c)周围环境。系统中所有组成部分的特性在设计汽车的时候都必须考虑到。需要提出,在物理产品的设计过程中,工程师通过关注产品的所有属性(例如尺寸、材料、硬度、颜色、表面及与其他组件如何装配/工作)来设计产品的每个部分。因此,在设计一辆汽车的过程中,对于汽车的目标用户群和操作环境(如道路、交通、天气、操作条件等),都必须有深入的了解。

1.1　人机工程学

1.1.1　人机工程学定义

　　人机工程学(Human Engineering),不同的国家有不同的命名。在美国,也被称人类工程学(Human Engineering)、人因学(Human factors)、工程心理学(Engineering Psychology)。在欧洲,人机工程学被统称为工效学(Ergonomics)。Ergonomics 原出希腊文"Ergo",意为"工作、劳动"和"nomos"意为"规律、效果",即探讨人们劳动、工作效果、效能的规律性。

　　人机工程学里面所说的"机"或"机器"是广义的,泛指一切人造器物:大到飞机、轮船、火车、生产设备,小到一把钳子、一支笔、一个水杯;也包括室内外人工建筑、环境及其中的设施等等。

　　根据国际人机工程协会(International Ergonomics Association,IEA)的定义:人机工程学是研究人在某种工作环境中的解剖学、生理学和心理学等方面的各种因素;研究人和机器及环境的相互作用;以及在工作中、家庭生活中和休假时怎样统一考虑工作效率,人的健康、安全和舒适等问题的学科。

而汽车人机工程学,则是研究人在汽车使用中的生理、心理以及人—车—环境的相互作用,使得汽车及其内部布局设计等能够更好地满足使用要求。

1.1.2 人机工程学发展

人机工程学作为一门新兴的边缘科学,起源于欧洲,形成于美国。英国是欧洲研究人机工程学最早的国家,于 1950 年成立了英国人机工程研究学会,并出版发行了著名会刊 *Ergonomics*;美国的人机工程学发展最快,1957 年美国人机工程学协会成立,目前是出版人机工程学书刊最多的国家。国际人机工程协会(IEA)于 1960 年正式成立,1961 年在瑞典的斯德哥尔摩举行了第一届国际人机工程学学术会议,此后每三年举行一次。

人机工程学的发展主要经历了经验人机工程学、科学人机工程学和现代人机工程学三个阶段。经验人机工程学阶段一直延续到第一次产业革命时期。自有人类社会以来,就有了最原始的人机关系——人与器物的关系。原始人狩猎用的棍棒、石块和投枪,其尺寸、重量总是与人的体能大体相适应的。大约 2400 多年前的战国时期,我国就出现了第一部科技汇编名著《考工记》(见图 1-1)。在这部古代科技名著中,对一些器物制作应考虑的宜人性问题已有相当深入的研究,例如兵器握柄的形状、弓箭的软硬程度都和使用功能以及使用者本人密切相关,不但考虑到兵器是否易用,甚至也考虑到使用者的心理。我国古代的指南车(见图 1-2),是最早的自动控制系统,其设计原理与现代人机工程学的反馈原理相吻合,这种实际存在的人机关系及其发展,可称为经验人机工程学。

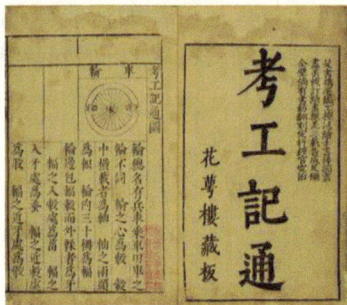

图 1-1 考工记

图 1-2 指南车

科学人机工程学始于第一次产业革命时期(1750—1890 年),以法国 Jacquard 在纺织机械上使用穿孔卡片进行程序控制和英国 Watt 设计蒸汽机调速器为代表,人机工程学开始由经验逐步上升为科学;第二次产业革命时期(1870—1945 年),美国学者 Frederick W Taylor于 1898 年进行了著名的铁锹铲煤作业的试验研究,该操作方法在美国和西欧一些国家得到大力推行,成为风靡一时的提高劳动生产率的“泰勒制”方法,该时期的人机系统研究重视工作效率,强调人适应机器。

科学人机工程学在一战、二战期间得到了快速发展,第一次世界大战期间,飞机在军事上的作用凸现出来,随着仪表数量和控制器越来越多,由于误操作导致的意外事故频频发生,因此人们意识到投巨资研制的先进飞机未必能打胜仗,一味追求飞机技术性能的优越,而不能使其与使用者的生理机能相匹配,也会直接影响操作安全。因此,一战期间,各参战国都聘请心理学家解决战时兵种分工、特种人员选拔和训练、军工生产中的作业疲劳等问题。美国哈佛大学心理学 Munsterberg 教授的代表作《心理学与经济生活》和《心理工艺学原理》是人机工程学的最早著作。这一时期的研究者多是一些心理学家,当时的学科名称是"应用实验心理学",其特点是选择和训练人,使人适应机器。而战后,生理学家、心理学家、医生和工程技术专家将研究重心放到了共同解决武器和装备的优化设计实践上,设计思想逐步转变为"使机器适应人",其研究成果也逐步推广到非军事领域,学科名称改成了"工程心理学"。

现代人机工程学是随着第三次产业革命(1945 年)提出的,以电子技术广泛应用为主要标志。这一阶段的研究重点是把人、机、环境作为一个统一的整体来研究,创造最适合于人工作的机械设备和作业环境,使人—机—环境相协调,从而获得最高综合效能。1992 年,联合国环境与发展大会通过了著名的《关于环境与发展的里约热内卢宣言》,以保护生态环境为前提,提出了经济与科技活动所必须遵循的"可持续发展原则"。其后不久,我国制定了国家的"可持续发展战略",把环境保护提升到了现代化建设的国策之高度,将所考虑的环境延伸到了整个自然界的大环境,不仅要考虑人造器物给当今人们带来的效益,而且要充分顾及对未来子孙后代的影响。

1.1.3 人机工程学的研究对象

人机工程学,从人、机器及环境组成的系统的总体高度出发,把"人""机""环境"看作是系统的三大要素,通过这三大要素之间的信息传递、信息加工和信息控制等作用,组成一个复杂系统。除了研究人、机、环境各要素本身的性能,更重视研究这三大要素之间的相互关系、相互作用、相互影响,以及它们之间的协调方式,如图 1-3 所示。

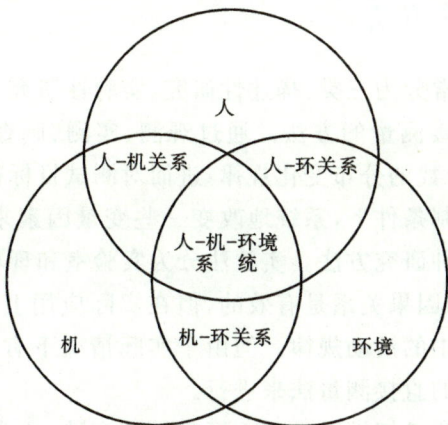

图 1-3 人-机-环境中三个子系统示意图

人(Man),是指活动的人体,即安全主体,人应该始终是有意识有目的地操纵物(机器、物质)和控制环境的,同时又接受其反作用。

机(Machine),是广义的,它包括劳动工具、机器(设备)、劳动手段和环境条件、原材料、工艺流程等所有与人相关的物质因素。泛指一切人造器物：小到一把钳子、一支笔，大到飞机、轮船、火车、生产设备。

环境（Environment），是指人、机器（或计算机）共处的特殊条件，它既包括物理因素的效应，也包括社会因素的影响。

"人—机—环境系统"，则是指由共处于同一时间和空间的人与其所使用的机器以及它们所处的周围环境所构成的系统。

人机工程学应用领域如表1-1所示：

表 1-1　人机工程学应用领域

范围	应用对象	举　例
产品和工具设计及改进	机电设备	机床，计算机，农业机械
	交通工具	飞机，汽车，自行车
	建筑设施	城市规划，工业设施，工业与民用建筑
	宇航系统	火箭，人造卫星，宇宙飞船
	仪器设备	计量仪表，办公器械，家用电器
	工作服装	劳保服，安全帽，劳保鞋
作业的设计与改进	作业姿势、作业方法、作业量及工具选用和配置等	工厂生产作业，监视作业，车辆驾驶，物品搬运，办公室作业等
环境的设计与改进	声，光，热，振动，尘埃，气味等等环境	工厂，车间，控制中心，计算机房，办公室，驾驶室，生活区域等

1.1.4　人机工程学研究方法

人机工程学研究方法通常分为三类：描述性研究、实验性研究、评价性研究。

描述性研究实际就是直接测量的方法。通过观测、实测、调查研究等调研大量的被试群体，运用数据统计得出一些参数的分布变化规律，进而对测试目标得出描述性结论。

实验性研究是在人为控制条件下，系统地改变一些变量因素来引起研究对象相应变化得出因果推论和变化预测的一种研究方法。实验法分为实验室和现场实验两种。前者是在控制环境条件下实验，对研究事物因果关系是有效的，但在实际应用上受到一些限制；后者能够反映操作者在现实的工作系统中的活动规律。但由于实际情况下有些因素或变量很难控制，所以就需要采用描述性研究中的直接测量法来进行。

评价性研究主要针对有些破坏性实验或不可复原的实验，通常采用客观实验或仿真模拟的方法进行。例如汽车出厂都要经过严格测试，而碰撞安全性实验就通常需要采用仿真计算的方法先期进行模拟，在不断优化防护设计之后可以通过实车假人碰撞实验进行验证和评价。如表1-2所示。

表 1-2　人机工程学研究方法

	描述性研究	实验性研究	评价性研究
使用范围	人的特征	变量对人行为的影响	评价系统或产品
研究地点	可移动实验室	实际环境、实验室、模拟现实	实际环境
采样主体	代表性抽样、随机抽样、样本空间	具有代表性、与目标群体相独立	最终用户群体
数据收集	主观问卷、调查和访问	计算机辅助、实验测量	较困难,采用观察、访问或实验测量
分析数据	基本统计方法 如平均数、中位数等	复杂统计方法,如方差分析	类似实验性研究

1.2　车辆人机工程学

汽车是一种典型的高速运动的机器,随着汽车技术的进步和汽车应用的普及,人们对汽车的安全性、舒适性和操纵方便性提出了更高的要求,将人机工程学的原理应用于车身设计与车内布局中,已成为汽车设计中不可或缺的重要方面。随着机动车辆用途的日益扩大,汽车形态、自动驾驶技术、智能交通系统也日益多样和复杂,因而改善人—车—环境的要求越来越迫切,这就使得车辆人机工程学科应运而生,其主要目的就是研究解决在车身设计中如何适应人的特点,提高人车系统驾驶效率,并为司机和乘客提供舒适和安全的环境。

1.2.1　车辆设计中的人机工程问题

车辆人机工程学研究涉及车内乘员与汽车在正常工作条件下的相互物理作用。它包括研究车身尺寸和车内设计因素对驾驶员和乘客的姿势、位置、乘坐时的感觉和舒适性等的影响。车辆人机工程问题大致可分为以下几方面:车辆驾驶操纵系统人机界面的优化匹配、车辆的行车安全性及车内成员的人体保护技术、车辆驾驶员的适宜性和成员的乘坐舒适性、车辆的噪声控制、车内微气候环境的控制。

1.车辆驾驶操纵系统人机界面的优化匹配

车辆驾驶操纵系统是驾驶员直接参与的最基本、最频繁、最重要的反馈控制系统,其人机界面设计的好坏直接影响到驾驶操作的安全性、舒适度以及持续驾驶过程的工作效率。

2.车辆的行车安全性及车内乘员的人体保护技术

车辆的撞车、翻车事故严重威胁着人们生命和财产的安全。从人机工程学角度分析,车身设计中的安全性可以从主观和客观两个方面考虑。主观方面,指在交通驾驶中的人为因素造成的操作失误,其可能与司机的技术水平有关,也有可能与司机的生理与心理方面有关。从主观方面,应该减少人为因素造成的事故,减轻司机的疲劳,提高应急反应能力。

客观上讲,主要通过车身设计保护司机与乘客。车身设计分两方面:即主动安全和被动安全。车辆的主动安全主要是指车辆避免碰撞、防止事故的能力,与人机工程学密切相关的有转向系统的操纵装置转向盘、制动系统的操纵装置、仪表显示装置、驾驶视野(照明灯、信号灯的性能,汽车的前、后视野性能)等,在操控力、力矩、视距、视野、可及域方面都需要按照人机学设计标准来实现操控稳定性及安全性。另外,主动安全也包括交通事故的逃生装置设计,如座椅、车门、扶手、门窗、立柱等。

车辆设计中的被动安全防护,主要是指在意外事故发生时,对司机和乘员进行人体的保护,尽量减少事故带来的伤害。如车辆设计中翻车和落物保护结构(Roll—over protection structure,简称 ROPS),是安装在工程车辆驾驶室外,用于翻车时系安全带的司机减少被挤伤的安全装置。

3. 车辆乘员的乘坐舒适性

车辆乘员的乘坐舒适性,主要取决于座椅能否为人提供舒适而稳定的坐姿,驾驶员(或乘员)—座椅—车辆系统能否有效地隔离或减小来自路面不平度的激励而产生的振动,使驾驶员(或乘员)所承受的全身振动负荷低于规定的限制;驾驶员—座椅—驾驶室系统的几何位置关系能否为驾驶员提供良好的视野和相对于各种操纵机构与显示装置的舒适位置。

舒适又操作方便的驾驶座椅,可以减少司机的疲劳程度,降低故障的发生率。座椅的舒适性是汽车乘坐舒适性的重要组成部分,包括操作舒适性、静态舒适性及动态舒适性(亦称振动舒适性)。座椅的静态舒适性是座椅在静止状态下提供给人体的舒适特性,主要与座椅尺寸参数、表面质量、调节特性等有关。动态舒适性是汽车在运动状态下通过座椅骨架及软垫将振动传递到人体的舒适特性。动态舒适性与座椅及人体的振动特性密切相关。来自路面的振动或激励通过轮胎、汽车悬架及座椅三级减振环节传递到人体,每一部分的传递特性都影响到乘员的舒适程度。

另外,座椅的可调节性和靠背支撑也是影响驾驶员舒适性的关键。一方面要保证不同体形、性别的驾驶员在行驶过程中视线观察效果最好;另一方面要保证驾驶员长时间驾驶不至于过度疲劳。只有以坐姿舒适性相关的人体特征点来确定座椅特征部位,才能保证舒适驾驶姿势。如图1-4所示。

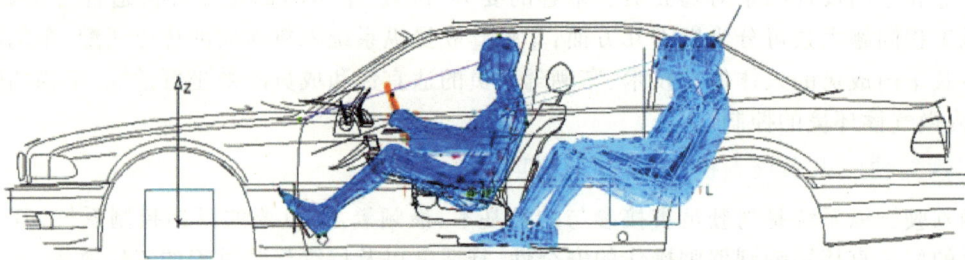

图1-4 舒适驾驶姿势

4. 车辆与噪声控制

噪声通常是指一切对人们生活和工作有妨碍的声音。噪声是包含多种频率和声强的声波进行的杂乱组合,不但由声音的物理性质决定,而且与人们的心理状态有关。许多国家对噪声进行了限定,明确规定声强级达到70dB以上时为噪声。在汽车的设计研究中,设计者同样把噪声列入了检测范围之一,作为人机工程学设计的一部分。

调查表明,机动车辆噪声占城市交通噪声的85.5%。汽车驾驶室噪声不仅影响人们的身体健康,也降低了驾驶人的工作效率,同时成为导致各种交通事故的主要来源。对于汽车驾驶室,发动机是车辆上的主要噪声源,约占55%~65%。车辆上的底盘噪声强度仅次于发动机噪声。底盘噪声主要包括传动系统噪声、制动系统噪声、液压系统噪声、轮胎噪声、喇叭噪声以及各种板件和杆件振动的噪声。除此之外,对于有驾驶室的车辆,由底盘传来的振动可能使驾驶室的壁、顶、门和窗等成为新的二次噪声源,当驾驶室的金属结构处于共振状态时,二次噪声更为严重。对于车辆设计中的噪声控制,主要在于利用驾驶室来降低驾驶员耳旁噪声。传统措施包括:吸声、消声、隔声、隔振和减振,其原理是利用可以吸收或减弱声能和振动的材料和结构,在噪声传播途径中吸收或减弱一部分声能,来降低驾驶员耳旁噪声。如在驾驶室与发动机之间,挡板面向发动机一侧的面板上,装设多孔材料的吸声护板;驾驶室内壁装设吸声材料,吸收室内的混响声;无驾驶室的车辆则在安全框架的适当部位装设吸声结构等。

5.车内微气候环境的控制

对车内小环境气候宜人化控制的具体要求因机动车辆的类型、使用条件和运行环境的不同而异,依据人的热舒适性评价标准,控件的温度和湿度要根据季节的需要进行方便的调节,既要有保温装置,还要有通风装置。

汽车在行驶过程中,发动机的排气、燃油蒸汽和尘土都会进入车内。此外,司机和乘客还会排出二氧化碳,这些都会污染车内的空气。车内的空气过热、过冷或污染,必然会干扰驾驶员的注意力和反应能力,并且影响乘客的舒适性。为了给司机和乘员提供舒适的驾驶和乘坐条件,必须在车内进行空气调节,使车厢里的空气温度、湿度和流速等指标,保持在一定范围内。

除此之外,在车辆设计中,还包括如:机动车辆驾驶员的驾驶适宜性、机动车辆的道路交通适应性、人—车—路系统的综合优化。而驾驶适宜性,是指驾驶界面能保证驾驶者顺利、不出差错地完成驾驶任务,例如室内的环境色彩不宜过于明亮和刺激,否则长时间刺激驾驶员的眼睛,会造成视觉疲劳,从而形成安全隐患。

1.2.2 车辆人机工程学研究现状

我国的大部分汽车行业已经从过去传统落后的车身设计制造方法过渡到了现代以数字化设计为主的CAD/CAM/CAE时代,并在流程中引入了DMU辅助设计、强度校核、并行工程、碰撞模拟以及运动仿真等。虽然汽车人体工程学在我国起步较晚,但发展迅速,目前不少高校和汽车研究机构已把人机工程学逐步引入到车身设计中。

国外对汽车人机工程学的研究开始于20世纪50年代,积累了大量的测绘分析和基础性研究成果,并相继由欧、美、日等国家提出了一系列标准,有的已被国际标准组织所采用,如美国汽车工程师协会(Society of Automotive Engineers, SAE)其中对H点定位、人体模型、眼椭圆等设计都做出了明确规定。特别是在车内布局上,国外凭借先进的人体测量技术,将欧美人体作为主要测量对象,因此,我们在参考国外汽车设计时,就要对相关标准进行修订,GB10000—1988是我国1988年颁布的最全面的人体测量尺寸,但随着时代发展,这些尺寸也有必要在具体设计中重新修订。

应用人机工程学原理对汽车驾驶室进行布局设计主要集中在提高驾驶舒适性方面,如:应用人体 H 点模型确定车身内部座椅的位置、高度及其他相关尺寸;根据驾驶员眼椭圆范围确定风窗玻璃刮扫面积和部位;根据驾驶员的手伸及界面确定操作按钮、仪表板的布置等。

随着车辆使用者群体特征的变化,车辆设计与制造技术的进步、道路交通环境的改善以及社会大环境的变化,车辆人机工程学面临的研究课题必将不断发生变化。①随着计算机和电子技术的发展,辅助控制装置将在汽车上大量运用,无人驾驶、智能化汽车也将越来越普及,因此汽车驾驶的人机功能分配、人机交互和人机界面匹配也将发生新的变化。②能源与环境问题将改变汽车的动力模式,从汽油燃料转变为新能源汽车,将为驾驶者带来更多新的操纵特性,需要人机工程学更好的去平衡、协调、优化设计工作。

1.2.3　车辆人机工程学研究工具

车辆人机学需要配备一些专门的硬件工具、软件工具等,硬件工具主要是指针对人体的生理心理以及环境参数的测量设备,例如生理参数测量仪、温度计、湿度计、噪声计、H 点装置等。

软件工具包括人体仿真和人机交互以及动作行为观测与认知分析软件等。典型的有CATIA 、JACK、RAMSIS、DEMIA、SAFEWORK、SAMMIE 等,这些软件能对驾驶过程中的人体受力、视域、可及域、是否干涉,以及进出方便性等进行仿真模拟。其中人体数据库有美国、欧洲、日本、韩国等不同国家人体,仿真与评估标准参考 OWAS(Ovako Working Posture Analysis System)、RULA(Rapid Upper Limb Assessment)、REBA(Rapid Entire Body Assessment)等经验量表或经验公式,例如 OWAS 量表可界定工作时的身体姿势,并按照其可能引发的伤害程度来区分等级;RULA 则以图表形式给出了不同姿势、作业形式、负重情况,以及频繁作业人体的受力分析和优化建议;REBA 综合考虑出力、动作重复和不当姿势等因素,评价对象可以是作业者全身,也可以是某一姿势。几种软件界面如图 1-5 所示,其中(a)为CATIA 人机仿真界面,(b)为 Jack 人机工效仿真软件。

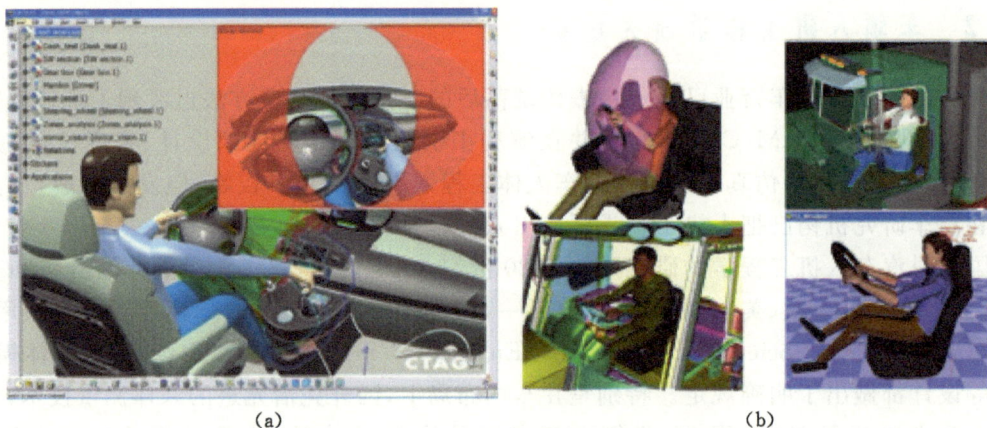

(a)　　　　　　　　　　　　　　(b)

图 1-5　人机仿真软件

1.3　本教材重点内容

本书共分7章,其中第1章、第2章为车辆人机学中的基础章节,介绍了人机工程学的定义和研究范围等,需要掌握和了解车辆人机学中相关人体参数、尺寸计算、生物力学、作业姿势,以及感知特性、心理特性、车内微环境等,为车辆人机布局设计奠定理论基础。

第3章为承上启下章节,一方面从人机学角度介绍了车身风格的演变,另一方面从文化角度介绍了不同地域、不同品牌的车身造型特点,便于学习者扩大视野,开阔知识面,加深对车辆人机工程学的理解。

第4章至第6章为本教材重点内容。详细介绍了H点装置、驾驶员H点位置曲线的定义,以及眼椭圆、头部包络线、手伸及界面、膝部包络线、胃部包络线等概念。通过实际操作掌握H点装置对标测量和内部基准点定位计算和设计,了解汽车总体布置中的硬点设计和室内布局方案的关键基准点,并能通过CATIA人机仿真对驾驶员前后视野、仪表板、操控件、后排空间、罩盖、进出方便性等进行校核。

最后,第7章介绍了未来汽车发展趋势,从汽车智能化、安全性、环保节能三个方面阐述了汽车的发展趋势,旨在拓宽思路,抛砖引玉,使学习者能把握未来汽车发展走向,将汽车人机学与时俱进地融会贯通到汽车设计中去。

思考题

1. 人机工程学的定义有哪些?
2. 人机工程学经历了哪几个阶段? 每一阶段都有哪些特点?
3. 车辆设计中面临哪些人机工程问题?
4. 现有的汽车人机工程学标准有哪些?

第2章
车辆人机工程学基础知识

车辆人机工程通过测量、统计、分析人体尺寸,确定车内有效空间及各部件位置关系;通过对人体生理结构的研究,使座椅设计更加符合人体乘坐舒适性的要求;根据人体操控力的测定,确定各操纵装置的布置位置和作用力大小;通过对人眼的视觉特性、感知特性的研究,设计与校核驾驶员的信息系统,保证其获得正确的驾驶信息;根据人体动力学以及环境影响,研究汽车对人体的科学保护和人体的乘坐舒适性。因此,车辆人机工程学就是研究人—车—环境相互关系和相互作用规律,使车身设计、车内布局、车内设备适应人的需要,为乘员创造一个舒适的、操纵轻便的、可靠的驾驶环境和乘坐环境。具体研究内容如图2-1所示。

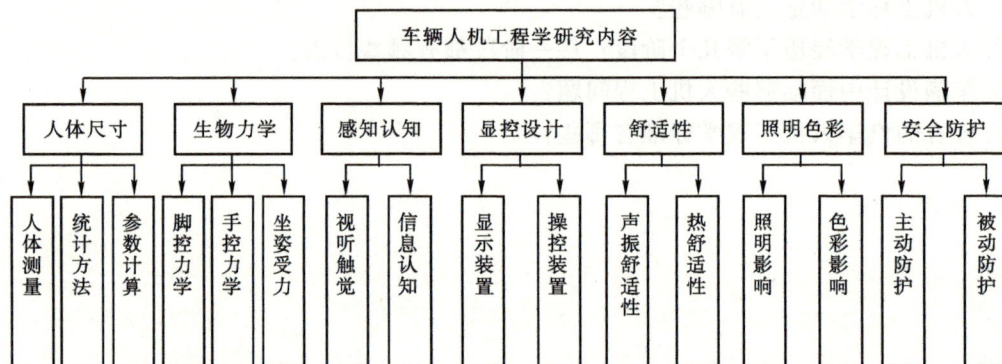

图2-1　车辆人机工程学基础知识

2.1　车辆设计中的人体参数

为了设计和改善人—机—环境系统必须掌握人体各部分的外观形态特征和相关数据。人体测量就是获得人体高度、人体各部分长度、厚度及活动范围等参数的测量工作。

2.1.1　人体测量的基本内容

GB3975—1983《人体测量术语》规定了人体测量参数的测点和测量项目。GB5703—1985《人体测量方法》标准规定了适用于成年人和青少年的人体参数测量方法。

人体测量的主要姿势是立姿和坐姿。

人体测量的基准面主要有矢状面（Sagittal Plane）、冠状面（Coronal Plane）和水平面（Axial Plane）。它们是由互相垂直的三个轴（垂直轴、纵轴和横轴）来定位的（见图2-2）。

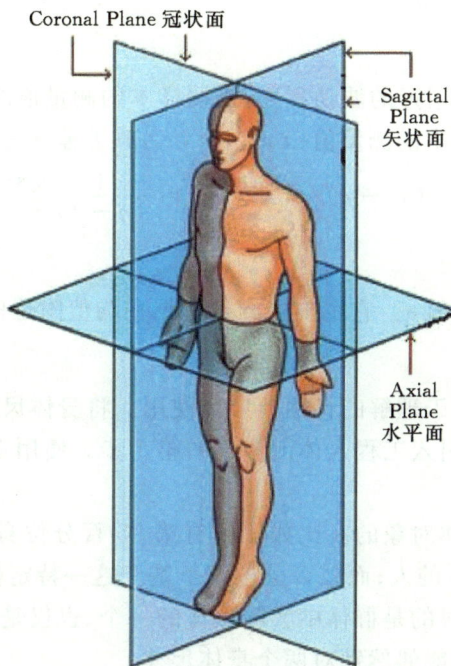

图 2-2　人体测量的基准面

通过垂直轴和纵轴的平面以及与其平行的所有平面都称为矢状面。在矢状面中，把通过人体正中线的矢状面称为正中矢状平面。正中矢状平面分人体为左、右对称的两个部分。冠状面是将人体分为前、后两部分的平面，它是通过垂直轴和横轴的平面及与其平行的所有平面。

与矢状面及冠状面同时垂直的所有平面都称为水平面。水平面将人体分成上、下两部分。人体测量常用仪器主要有：人体测高仪、人体测量用直脚规、弯脚规、三脚平行规、坐高椅、量足仪、角度计、软卷尺以及医用台秤等。

国家标准 GB 10000—1988《中国成年人人体尺寸》按照人机工程学的要求提供了我国成年人人体尺寸的基础数据。标准中总共给出 7 类 47 项人体尺寸基础数据。标准中用 7 幅图分别表示项目的部位，相应用 13 张表分别列出各年龄段、各常用百分位的各项人体尺寸数据。详见附录1。

为了使产品功能满足使用者要求，需要对群体人体尺寸进行数据统计，得到的统计数据作为人机工程设计的依据。统计方法包括均值、方差、标准差、百分位数等。

2.1.2　测量数据的统计方法

1. 均值 μ

如果样本的测量数据集中地趋向某一个值,该值就称为均值。均值是描述测量数据位置特征的值,是数据的重心。对于有 n 个样本的测量值:$x, x_2, \cdots, x_n$,其均值 μ 为

$$\mu = \frac{1}{n} Y x_1 + x_2 + \cdots + x_n Y = \frac{1}{n} \sum_{i=1}^{n} x_i$$

2. 方差 σ^2

方差描述测量数据在均值附近的波动程度,表明样本的测量值既趋向均值,又在一定范围内变动。对于均值 μ 的 n 个样本的测量值:$x, x_2, \cdots, x_n$,其方差 σ^2 定义为

$$\sigma^2 = \frac{1}{(n-1)} \sum_{i=1}^{n} (x_i - \mu)^2 \quad \text{或} \quad \sigma^2 = \frac{1}{(n-1)} \sum_{i=0}^{n} (x_i^2 - n\mu^2)$$

3. 标准差 σ

标准差是方差的正平方根值 σ。它也描述测量数据在均值附近的波动情况。

4. 百分位数

百分位这一概念由于其易于理解的特性而广为使用。将身体尺寸测量值以百分位值形式表达出来,是将人体测量数据引入工程人体测量学的第 1 步。使用百分位值时,尤其应注意如下两点:

(1)百分位是针对特定群体对象的。比如说具有第 95 百分位身高的一个成年男性,高于该群体(或群体的样本)中 95% 的人;而该百分位正是基于这一特定群体(或样本)之上的。

(2)人体测量百分位值针对的是群体中实际个体的一个、也仅是一个身体尺寸,如身高、体重、手臂长,或者头围。也有可能偶然针对两个身体尺寸。

然而,在任何情况下,都必须指明百分位所反映的比例值是针对哪个身体尺寸;笼统地说"第 90 百分位的男性"仅是一个理论性统计概念,只是所有取值都在第 90 百分位的身体尺寸的一个总称而已,而不表示它所对应的被测者的所有身体尺寸都处在第 90 百分位值上。

在一般统计方法中,并不罗列出所有百分位数的数据,而往往以均值 μ 和标准差 σ 来表示。严格说来,人体尺寸并不完全符合正态分布,只是近似符合正态分布。通常仍使用正态分布来计算,所以,可以根据均值 μ 和标准差 σ 来计算百分位数,即计算某一人体尺寸所属的百分位。

已知人体测量尺寸的均值 μ 和标准差 σ,可用下式计算百分位数 P_x

$$P_x = \mu \pm \sigma K$$

当求 1%～50% 之间的百分位数时,式中取"-"号;当求 50%～99% 之间的百分位数时,式中取"+"号。式中的 K 为变换系数,设计中常用的百分位数 P_x 与变换系数 K 的关系见表 2-1。

表 2 - 1 百分位数 P_x 与变换系数 K 的关系

P_x(%)	K	P_x(%)	K	P_x(%)	K
0.5	2.576	25	0.674	90	1.282
1.0	2.326	30	0.524	95	1.645
2.5	1.960	50	0.000	97.5	1.960
5	1.645	70	0.524	99	2.326
10	1.282	75	0.674	99.5	2.576
15	1.036	80	0.842		
20	0.842	85	1.036		

在实际运用中,百分位数应根据设计任务的特点进行选择。根据所使用的人体尺寸的设计界限值的不同情况,可将产品尺寸设计任务分为三种基本类型:

①Ⅰ型产品尺寸设计;

②Ⅱ型产品尺寸设计(Ⅱ型产品尺寸设计任务,又分为两类:ⅡA型产品尺寸设计、ⅡB型产品尺寸设计);

③Ⅲ型产品尺寸设计。

Ⅰ型产品尺寸设计,需要同时利用两个人体尺寸百分位数作为尺寸上限值和下限值的依据之设计任务,称为Ⅰ型产品尺寸设计,又称双限值设计。

Ⅱ型产品尺寸设计,只需要利用一个人体尺寸百分位数作为尺寸上限值或下限值的依据之设计任务,称为Ⅱ型产品尺寸设计,又称单限值设计;ⅡA型产品尺寸设计指的是,只需要利用一个人体尺寸百分位数作为尺寸上限值的依据之设计任务,也称大尺寸设计;ⅡB型产品尺寸设计是指,只需要利用一个人体尺寸百分位数作为尺寸下限值的依据之设计任务,也称小尺寸设计。

只需要人体尺寸的第50百分位尺寸数据作为产品尺寸设计的依据之设计任务,称为Ⅲ型产品尺寸设计,也称折中设计。

Ⅰ型产品尺寸设计应将满足度取为98%,应选用99th百分位和1th百分位的人体尺寸数据作为尺寸设计上、下限值的依据。例如汽车可调节座椅设计。

ⅡA型产品尺寸设计应将满足度取为98%或95%,应选用98th百分位或95th百分位的人体尺寸数据作为尺寸设计上限值的依据。例如设计公共汽车的车厢高度。

ⅡB型产品尺寸设计应将满足度取为98%或95%,应选用2th百分位或5th百分位的人体尺寸数据作为尺寸设计下限值的依据。设计工作场所的栅栏结构、网孔结构或孔板结构等安全防护装置。

Ⅲ型产品尺寸设计必须以第50百分位的人体尺寸数据为依据。

④人体尺寸测量数据的修正。在产品尺寸设计时,除将人体百分位数作为产品尺寸设计依据外,还要根据产品使用环境或功能的不同进行尺寸修正,即功能修正,包括着装修正、姿势修正以及心理修正量。

产品最佳功能尺寸 = 人体尺寸百分位数 + 功能修正量 + 心理修正量

例如:设计计算公共汽车车顶棚扶手横杆的高度,并对比"抓得住"与"不碰头"两个要求是否相容。如互不相容,如何解决?

解:1) 按乘客"抓得住"的要求设计计算

属于ⅡB型尺寸设计。男女通用的产品尺寸设计(小尺寸设计)问题,根据上述人体尺寸百分位数选择原则及附表所列,应该有

$$G_1 \leqslant J_{10女} + X_1$$

式中　G_1——由"抓得住"要求确定的横杆中心的高度;

$J_{10女}$——女子"上举功能高"的 10th 百分位数,$J_{10女} = 1766 \text{ mm}$;

X_1——女子的穿鞋修正量,$X_1 = 20 \text{ mm}$

代入数值得到

$$G_1 \leqslant 1766 \text{ mm} + 20 \text{ mm} = 1786 \text{ mm}$$

2)按乘客"不碰头"的要求设计计算

属于ⅡA型男女通用的产品尺寸设计(大尺寸设计)问题,根据上述人体尺寸百分位数选择原则及附表所列,应该有

$$G_2 \geqslant H_{99男} + X_2 + r$$

式中　G_2——由"不碰头"要求确定的横杆中心的高度;

$H_{99男}$——男子 99th 百分位数,$H_{99男} = 1814 \text{ mm}$;

X_2——男子的穿鞋修正量,$X_2 = 25 \text{ mm}$;

r——横杆的半径,取 $r = 10 \text{ mm}$

代入数值得到

$$G_2 \geqslant 1814 \text{ mm} + 25 \text{ mm} + 10 \text{ mm} = 1849 \text{ mm}$$

3)两个要求是否相容,如何解决?

"抓得住"要求横杆中心低于 1786 mm,"不碰头"又要求横杆中心高于 1849 mm,两者互不相容,要通过设计找到解决办法,可以设计手环或者其他扶手形式,如图 2-3 所示。

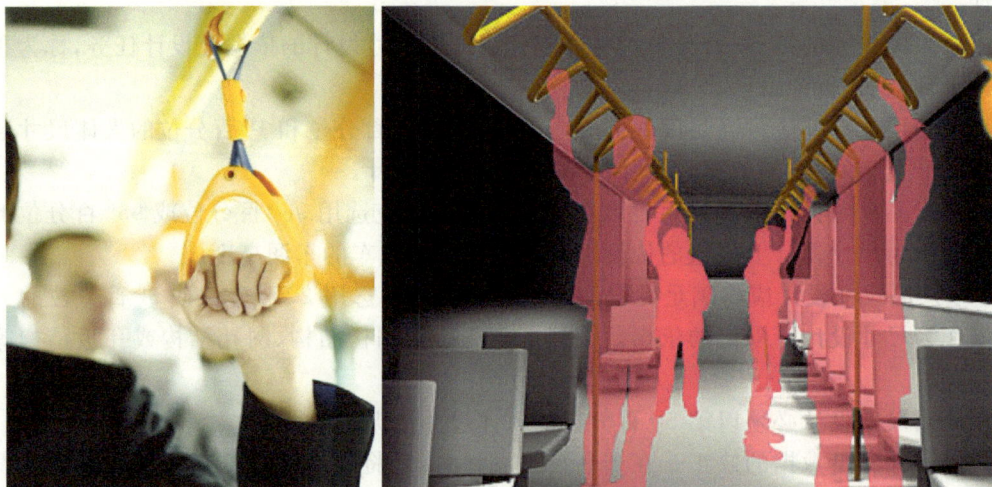

图 2-3　满足大、小百分位的双限值设计

2.1.3 汽车设计中关键人体尺寸

为了确保车辆可以容纳所要求的乘员人数,汽车设计布置时就需考虑驾驶人和乘客的尺寸以及他们在汽车空间中所保持的姿势。

1.静态人体尺寸测量

被测者静止地站着或坐着进行的测量方式称为静态人体尺寸测量,静态测量的人体尺寸用以设计工作区域的大小。图2-4显示了人坐姿和站姿状态下人体一些静态基本尺寸,这些尺寸也是汽车公司需要获得的。表2-2提供了中国成年人人体测量数据,这些尺寸对于车辆可容纳的乘客人数以及评估车辆内部空间和空隙有很大用处。表2-2整理了男性、女性的人体测量尺寸的 5th、50th 和 95th 百分位值。应当注意,这些值没有考虑服装(例如衣服、鞋和帽)的影响。由于测量尺寸的样本差异性(不同的年龄、种族、血统、样本测量的年代等),由不同渠道提供的正态分布参数也有所不同(见表2-3)。进一步地说,由于不同细分市场汽车设计所

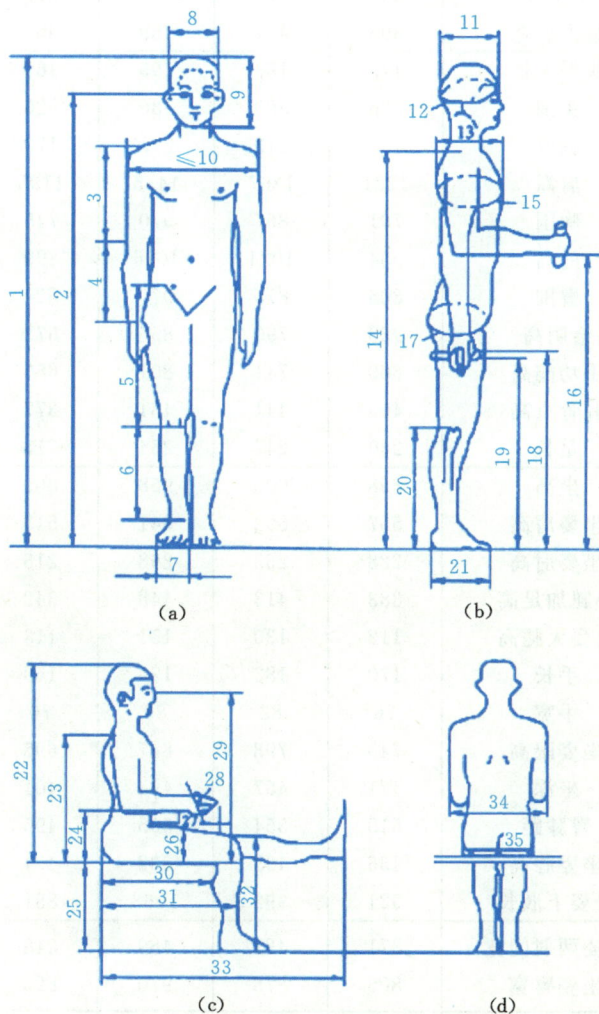

图2-4 静态测量尺寸数据编号

需的人体测量数据随中国普通民众的不同而有所不同,大多数汽车制造商保留着有关不同细分市场(如经济乘用车、豪华乘用车和皮卡车)顾客的人体测量数据库。

表 2－2　我国成年人人体主要尺寸与体重

图序	标号	测量项目/mm	男性(18～60)			女性(18～55)		
			5%	50%	95%	5%	50%	95%
a	1	身高	1583	1678	1775	1484	1570	1659
	2	眼高	1474	1568	1664	1371	1454	1541
	3	上臂长	289	313	338	262	284	308
	4	前臂长	216	237	258	193	213	234
	5	大腿长	428	465	505	402	438	476
	6	小腿长	338	369	403	313	344	376
	7	足宽	88	96	103	81	88	95
	8	头最大宽	145	154	164	141	149	158
	9	头全高	206	223	241	200	216	232
	10	最大肩宽	398	431	469	363	397	438
b	11	头最大长	173	184	195	165	176	187
	12	头围	526	560	586	520	546	573
	13	胸厚	186	212	245	170	199	239
	14	肩高	1281	1367	1455	1195	1271	1350
	15	胸围	791	867	970	745	825	949
	16	肘高	954	1024	1096	899	960	1023
	17	臀围	805	875	970	824	900	1000
	18	会阴高	728	790	856	673	732	792
	19	手功能高	680	741	801	650	704	757
	20	胫骨点高	409	444	481	377	410	444
	21	足长	230	247	264	213	229	244
c	22	坐高	858	908	958	809	855	901
	23	坐姿肩高	557	598	641	518	556	594
	24	坐姿肘高	228	263	298	215	251	284
	25	小腿加足高	383	413	448	342	382	405
	26	坐姿大腿高	112	130	151	113	130	151
	27	手长	170	183	196	159	171	183
	28	手宽	76	82	89	70	76	82
	29	坐姿眼高	749	798	847	695	739	783
	30	坐深	421	457	494	401	433	469
	31	臀膝距	515	554	595	495	529	570
	32	坐姿膝高	456	493	532	424	458	493
	33	坐姿下肢长	921	992	1063	851	912	975
d	34	坐姿两肘间宽	371	422	489	348	404	478
	35	坐姿臀宽	805	875	970	825	900	1000
其他	36	体重/kg	48	59	75	42	52	66

表2-3 不同地区成年人的身高、胸围、体重的均值和标准差

项目		东北华北		西北		东南		华中		华南		西南	
		均值	标准差	均值	标准差	均值	标准差	均值	标准差	均值	标准差	均值	标准差
体重/kg	男	64	8.2	60	7.6	59	7.7	57	6.9	56	6.9	55	6.8
	女	55	7.7	52	7.1	51	7.2	50	6.8	49	6.5	50	6.9
身高/mm	男	1693	56.6	1684	53.7	1686	55.2	1669	56.3	1650	57.1	1647	56.7
	女	1586	51.8	1575	51.9	1575	50.8	1560	50.7	1549	49.7	1546	53.9
胸围/mm	男	888	55.5	880	51.5	865	52.0	853	49.2	851	48.9	855	48.3
	女	848	66.4	837	55.9	831	59.8	820	55.8	819	57.6	809	58.8

2.动态人体尺寸测量

被测者处于动作状态下所进行的测量称为动态人体尺寸测量。其重点是测量人在执行某种动作时的形体特征。图2-5所示为驾驶车辆时的静态图和动态图。静态图强调驾驶员与驾驶座位、转向盘、仪表等的物理距离;动态图则强调驾驶员身体各部位的动作关系。动态人体尺寸测量具有这样的特点:在任何一种身体活动中,身体各部位的动作并不是孤立的,而是协调一致的,具有连贯性和活动性。例如,腿脚可及的极限并非唯一由腿脚长度决定,它还受到腰部和臀部的运动、躯干扭转以及操作本身特性的影响。

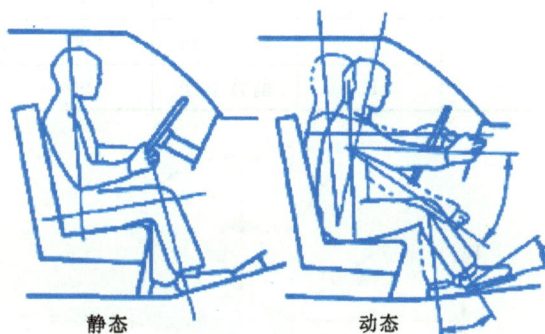

图2-5 驾驶车辆时的静态图和动态图

(1)肢体活动范围

人体由关节连接的肢体在肌肉活动的作用下将产生相对运动,主要肢体的活动范围见表2-4,数据项的含义如图2-6所示。由于人体尺寸、个体习惯、成长经历等因素的不同,人体肢体活动范围在不同的个体之间也存在差异。图2-6给出了人体主要关节的最大活动范围。

表2-4 人体主要肢体的活动范围

部位	动作代号	动作方向	角度/(°)	部位	动作代号	动作方向	角度/(°)
头	1	右转	55	手	18	背屈曲	65
	2	左转	55		19	掌屈曲	75
	3	屈曲	40		20	内收	30
	4	极度伸展	50		21	外展	15
	5	向一侧弯曲	40		22	掌心朝上	90
	6	向一侧弯曲	40		23	掌心朝下	80

部位	动作代号	动作方向	角度/(°)	部位	动作代号	动作方向	角度/(°)
肩胛骨	7	右转	40		24	内收	40
	8	左转	40		25	外展	45
臂	9	外展	90	腿	26	屈曲	120
	10	抬高	40		27	极度伸展	45
	11	屈曲	90		28	屈曲时回转	30
	12	向前抬高	90		29	屈曲时回转	35
	13	极度伸展	45		30	屈曲	135
	14	内收	140	小腿、足	31	内收	45
	15	极度伸展	40		32	外展	50
	16	前臂上摆	90				
	17	前臂下摆	90				

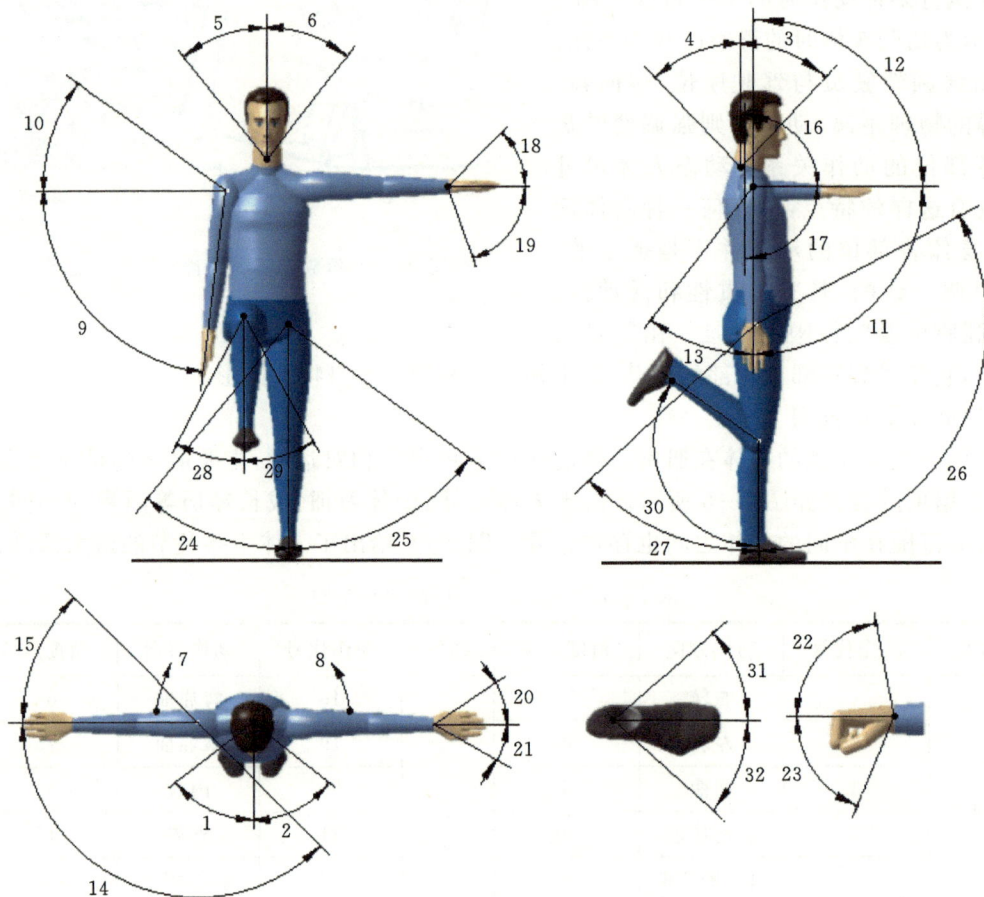

图 2 - 6　人体主要的肢体活动范围图

（2）肢体伸及能力

肢体伸及能力通常用伸及界面描述,它指的是人体在乘坐或站立状态时,由于要执行某些操作或出于安全等原因身体某些部位被约束住,此时人的末端肢体(腿、手、头)活动的最大限度,如图2-7所示。约束条件如一只手握住方向盘、上身系安全带、脚踩踏板等。实验表明,这些约束能大大限制人体的活动能力。例如,在踩踏板的条件下(踏板保持未踩下状态),由于踝关节角度不能太小的原因,人手向前伸及的能力受到很大影响,此外,伸及界面还受到操作者本身的尺寸和操作类型的影响。例如指压按钮的伸及界面要大于操作按钮的伸及界面。

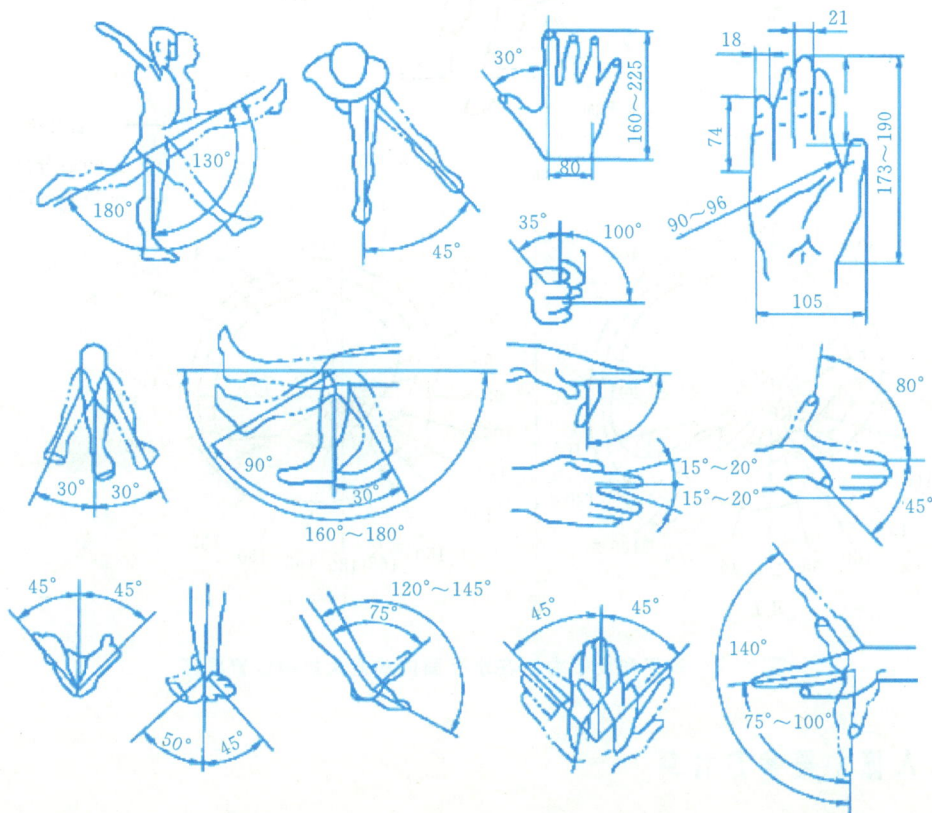

图2-7 上、下肢的转动和移动范围

仪器设备、控制件必须处于操作人员的伸及界面内。由于伸及能力还受到人体疲劳状态和所需操作力的影响,需要一定操作力和灵活性的操作一定要处于伸及界面内,尤其是需要反复操作的劳动。

身体部位和约束形式不同,伸及界面也不相同。图2-8和图2-9分别为坐姿、躯干受安全带约束状态下,不同百分位身高男子和女子右手最大抓握位置的界面,其中图2-8为手心位于胯点上方76cm处水平面内的抓握界面,图2-9为手心位于矢状面内的抓握界面。

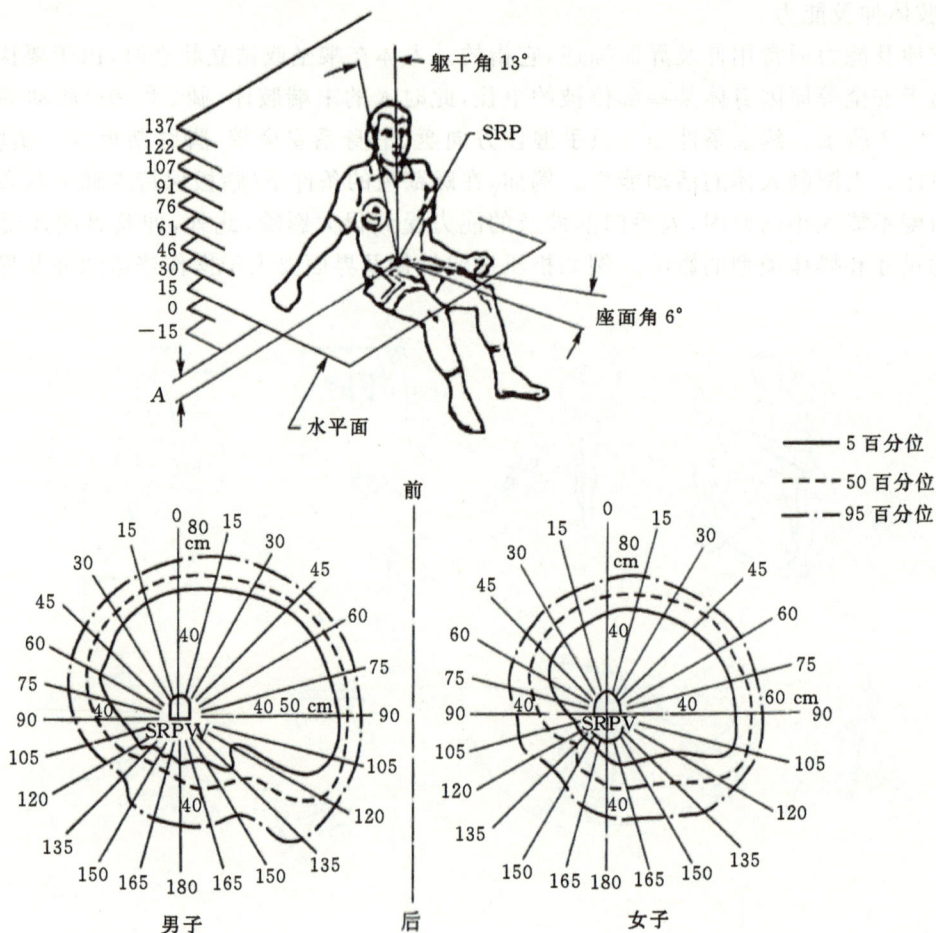

图 2-8　男子和女子右手在水平面内的最大抓握位置界面

2.1.4　人体主要参数计算

设计中所必需的人体数据，当没有条件测量、直接测量有困难或者为了简化人体测量的过程时，可根据人体的身高、体重等基础测量数据，利用经验公式计算出所需的其他各部分数据。

1. 人体各部分尺寸与身高的比例关系

我国成年人人体各部分尺寸与身高 H 的比例关系如图 2-10 所示。

2. 体重与身高的比例关系

一般人的体重（kg）与身高 H 之间存在下列关系

正常体重　$W_z = H - 110$

式中，身高 H 的单位是 cm。

如果人体的体重低于或高于正常体重的 10% 以上，则属于不正常状态。

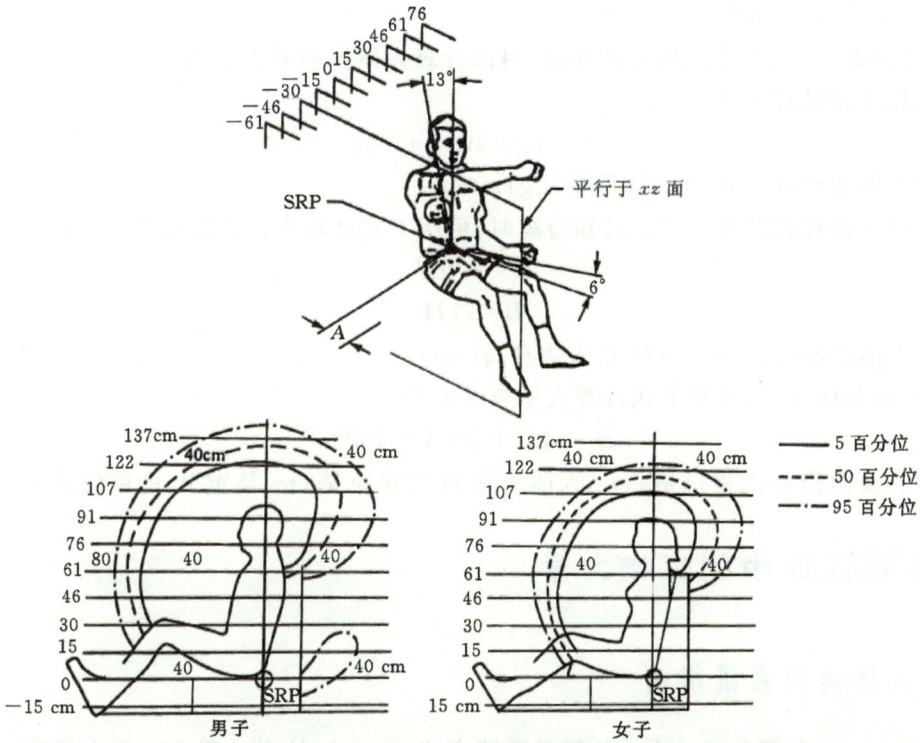

图 2-9 男子和女子右手在矢状面内的最大抓握位置界面

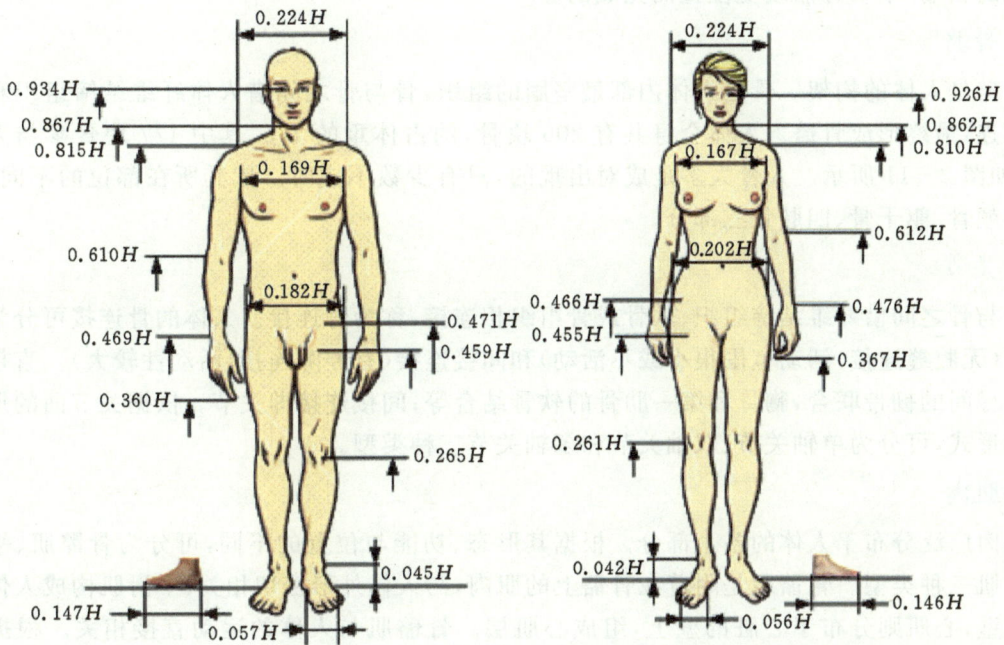

图 2-10 我国成年人人体各部分尺寸与身高 H 之间的比例关系

3.人体体积和表面面积的计算

如果体重在 20～100 kg,则可按体重、身高计算人体体积和表面面积。

(1)人体体积计算公式

$$V=1.015W-4.937$$

式中,V 为人体体积(L);W 为人体重量(kg)。

(2)人体表面面积计算公式。已知身高时,可用下式计算人体表面面积

男性 $$B=100H$$

女性 $$B=77H$$

式中,B 为人体表面面积(cm^2);H 是人体身高(cm)。

已知身高和体重时,可用下式计算人体表面面积:

$$B=61H+128W-1529$$

式中,人体表面面积 B 的单位是 cm^2,人体身高 H 的单位是 cm,体重 W 的单位是 kg。

2.2 车辆设计中的生物力学

2.2.1 人体运动系统组成

人们的一切活动都是通过人体的运动系统完成的,人体的运动系统主要由骨骼、关节、肌肉、皮下脂肪四部分组成。人体的运动是以骨关节为支点,以骨为杠杆,通过附着在骨面上的骨骼肌的收缩,牵动骨骼改变位置而完成的。

1.骨骼

骨骼是人体的构架。骨是人体内部最坚固的组织,骨与骨之间借人体纤维结缔组织和软骨等相连,最终形成骨骼。人体全身共有 206 块骨,约占体重的 1/5,其中 177 块骨参与人体运动,如图 2-11 所示。人骨大多是成对出现的,只有少数不成对。依其所在部位的不同,骨可分为颅骨、躯干骨、四肢骨三部分。

2.关节

骨与骨之间借纤维结缔组织、软骨或骨组织相连接,称为骨连接。人体的骨连接可分为直接连接(无腔缝连接,活动范围很小或不活动)和间接连接(有腔隙连接,活动性较大)。直接连接如椎弓间的韧带联合,胸骨和第一肋骨的软骨结合等;间接连接即关节。依据关节面的形态和运动形式,可分为单轴关节、双轴关节和多轴关节三种类型。

3.肌肉

肌肉广泛分布于人体的各个部分。根据其形态、功能与位置的不同,可分为骨骼肌、平滑肌与心肌三种类型。骨骼肌是附着在骨骼上的肌肉,与人体外形密切相关;平滑肌构成人体脏器的管壁;心肌则分布于心脏的壁上,组成心肌层。骨骼肌与人体的运动直接相关。根据形状,骨骼肌可分为长肌、短肌、阔肌、轮匝肌四种。长肌呈梭形(纺锤状),其运动幅度较大,多分布于四肢;短肌形状短小,收缩时产生的运动幅度也较小,多分布于躯干的深层;阔肌扁薄宽大,多分布于胸、腹壁和背部浅层,除完成躯干的运动外,对内脏还有保护、支持的作用。轮匝

肌呈环状位于孔、裂缝(如口、眼)的周围,收缩时可关闭孔或裂缝。

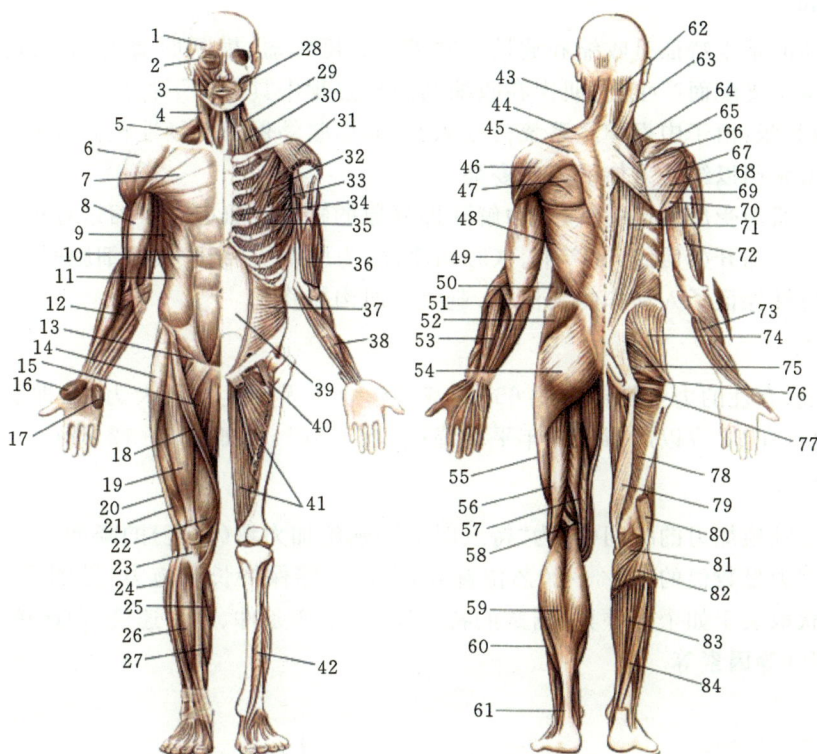

图 2-11 人体骨骼与肌肉

1—枕额肌额部;43—胸锁乳突肌;2—眼轮匝肌;44—斜方肌;3—口轮匝肌;45—肩胛冈;4—胸锁乳突肌;
46—三角肌;5—斜方肌;47—冈下肌;6—三角肌;48—背阔肌;7—胸大肌;49—肱三头肌;8—肱二头肌;
50—腹外斜肌;9—前锯肌;51—髂嵴;10—腹直肌;52—臀中肌;11—腹外斜肌;53—前臂浅层伸肌;
12—前臂浅层屈肌;54—臀大肌;13—腹股沟韧带;55髂胫束;14—阔筋膜张肌;56—股二头肌;
15—大腿收肌群;57—半膜肌;16—鱼际肌;58—半腱肌;17—小鱼际肌;59—腓肠肌;18—缝匠肌;
60—比目鱼肌;19—股直肌;61—跟腱;20—髂胫束;62—头半棘肌;21—股外侧肌;63—夹肌;22—股内侧肌;
64—肩胛提肌;23—髌韧带;65—冈上肌;24—腓骨肌;66—小菱形肌;25—腓肠肌;67—冈下肌;26 小腿伸肌;
68—小圆肌;27—比目鱼肌;69 大菱形肌;28—颊肌;70—大圆肌;29—肩胛提肌;71—竖脊肌;30—前斜角肌;
72—肱三头肌;31—三角肌;73—前臂深层伸肌;32—胸小肌;74—臀中肌;33—前锯肌;75—梨状肌;
34—肋间内肌;76—闭孔内肌;35—肋间外肌;77—股方肌;36—肱肌;78—大收肌;37—腹内斜肌;79—半膜肌;
38—前臂深层屈肌;80—股二头肌;39—腹直肌鞘(后壁);81—腘肌;40—腰大肌和髂肌;82—比目鱼肌;
41—大收肌;83—小腿深层屈肌;42—蹋长伸肌;84—蹋长伸肌;

4. 皮下脂肪

人体皮下脂肪组织的主要作用是形成人的外形和性别差,看起来好像与人体运动毫无关系,但实际上,皮下脂肪是肌肉与皮肤之间的过渡层,它形成体表的圆顺和柔软,人体运动时可允许皮肤相对肌肉产生滑移。因此皮下脂肪与人体运动也是紧密相关的。

2.2.2 人体的生物力学特征

人体力量取决于许多因素。包括性别、年龄、作用时间、作用的静态与动态性、姿态(身体各个部分的角度)、训练、动机等,而下面的 4 项特征为决定人体力量的主要因素。

1.肌肉特性

肌肉运动的基本特征是收缩和放松。收缩时长度缩短,横断面增大;放松时则相反,两者都是由神经系统支配而产生的,肌肉在收缩与放松过程中具有如下特性。

(1)肌肉紧张:由于中枢神经系统持续兴奋,肌肉收缩保持持续性轻微收缩状态,称为肌肉紧张。肌肉紧张用以维持人体的一定姿势。

(2)弹性:肌肉受压变形缩短,外力解除即复原的特性。肌肉在收缩过程中产生力量,最大的力量在肌肉收缩开始后约 4s 产生。(3)粘滞性:为原生质(细胞质和细胞间质)的普遍特性。肌肉的这种特性保证了人动作的灵活性,避免了肌肉拉伤。

2.个体影响

一般来说,女性的力量是男性的 65%～70%;成年人产生的最大力量(即肌肉力量)随年龄增长而减少(在 25 岁以后,每 10 年平均降低 5%～10%),如图 2-12 所示。

3.持续时间

人可以连续施加力的时间(称为"持续时间")随施加力量(强度)的降低而增加。在大约是最大可能收缩力量数值的 15%～20%位置处,人体能够保持长期施力(见图 2-13)。持续时间曲线的形状取决于如个体差异、测试的特定肌肉、工作条件、施力速度、两次施力之间的休息时间,以及训练等因素等。

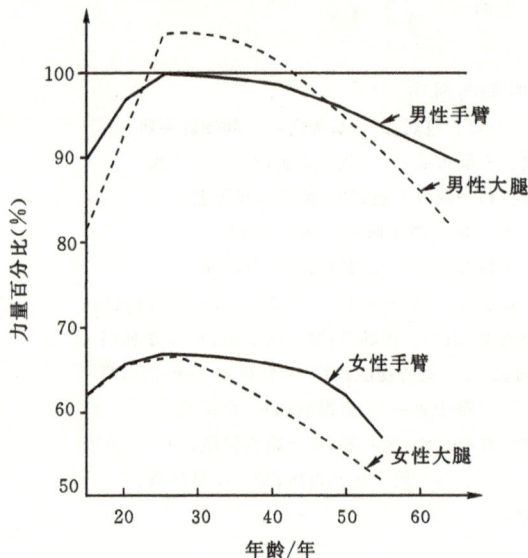

图 2-12　力量与年龄的函数关系

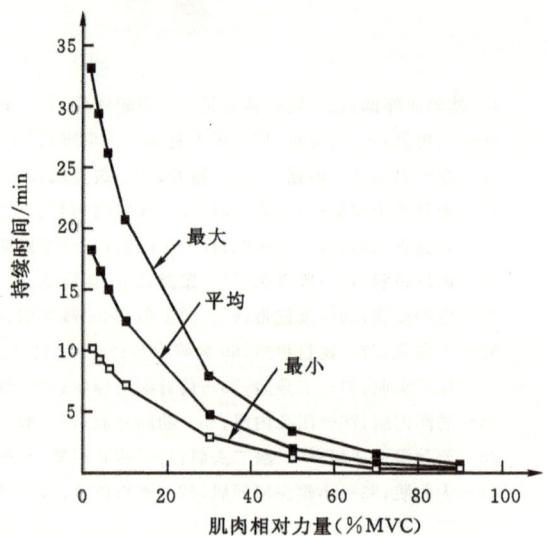

图 2-13　肌肉相对力量与持续时间的关系

4.设计负载

对于涉及较大内部载荷的任务(如举升过程中),任务应该设计成大约为 5th 百分位出力值,这样 95% 的人群可以完成该任务。对于高度重复性的任务,要对 5th 百分位出力值乘以 0.15～0.20 的系数,以获得一个舒适的出力值,并保证大多数人群拥有更长的耐力时间,如图 2-14 所示。

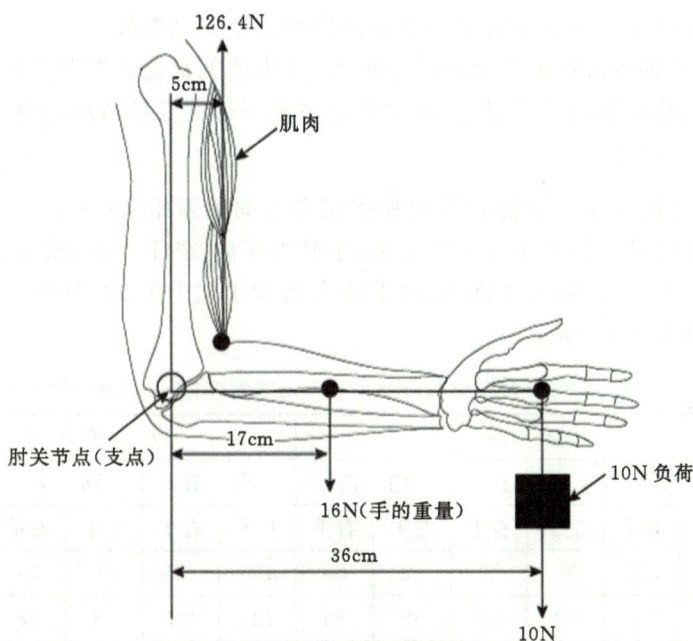

图2-14 手握10 N时向上的力杠杆及力量分配

2.2.3 汽车操作相关的生物力学

1.操控力和操控增益

在驾驶车辆时,操控装置主要是用手和脚来操纵的,如汽车方向盘、手刹、离合器、制动踏板、加速踏板等。因此在设计这些操控装置时,就要科学定义满足手脚施力以及驾驶需要的适宜操控力范围。

按照人体生物力学特征和操控器的工作要求,操控力可分为最大操控力、最优操纵力。最大操纵力既取决于操纵器的工作要求,又受限于操作者在一定姿势下所能产生的最大出力,常用操纵器的操纵力要求可查阅 GB/T 14775—1993《操纵器一般人类工效学要求》中相应表格数据。最优(或最适宜)操纵力指兼顾能量消耗、操纵精确度、操纵速度及获取操纵量的反馈信息等四方面的要求,谋求最高的操纵工效。从能量利用的角度考虑,在不同的用力条件下,以使用最大肌力的 1/2 和最大收缩速度的 1/4 操作,能量利用率最高,人较长时间工作也不会感到疲劳。

影响最优操纵力的主要因素:操纵器的结构型式及其位置;人体的姿势;操纵器的性质和使用要求;静态施力操纵;操控增益(用力梯度)。操控增益主要指机器系统的实际变化量与操纵器的操纵量之间的比值,即响应—操纵比或显示—操纵比。

在驾驶中,操控增益主要指响应—操纵比。响应—操纵比的数值越大,操纵器移动同样的距离时,所对应的车辆响应就越灵敏;操控增益数值越小,响应就越迟滞。因此,在需要频繁进行操纵调节的情况下,如堵车、泊车,应适当增大操纵器的增益,降低操控用力,使得车辆快速响应到预定位置;而在高速驾驶时,则需要减小响应—操纵比,即调低操控增益,增大操控用力,使得车辆不至于由于方向盘或脚刹的急速操控而发生安全事故。

目前的汽车很多都有液压助力或者电子助力,其本质就是辅助调节操控力,特别是在高速行驶中,增加方向盘或脚刹的操控阻力,减少紧急情况下过度操控造成的重大安全事故。

2.驾驶操纵的适宜用力

坐姿手臂操纵力的大小与手臂的角度和作用力方向关系很大(见表2-5)。手臂操纵力的一般规律是,右手臂的力量大于左手臂力量;手臂处于内、外下方时,推力、拉力均较小,但其向上、向下的力量较大;拉力略大于推力;向下的力略大于向上的力;向内的力大于向外的力。坐姿手臂的角度如图2-15所示。

表2-5 坐姿手臂在不同角度和方向上的臂力(第5百分位臂力)

手臂的角度/(°)	拉力/N						推力/N					
	向 后		向 上		向 内		向 前		向 下		向 外	
	左手	右手	左手	右手	左手	右手	左手	右手	左手	右手	左手	右手
180	225	235	39	59	59	88	186	225	59	78	39	59
150	186	245	69	78	69	88	137	186	78	88	39	69
120	157	186	78	108	88	98	118	157	98	118	49	69
90	147	167	78	88	69	78	98	157	98	118	49	69
60	108	118	69	88	78	88	98	157	78	88	59	78

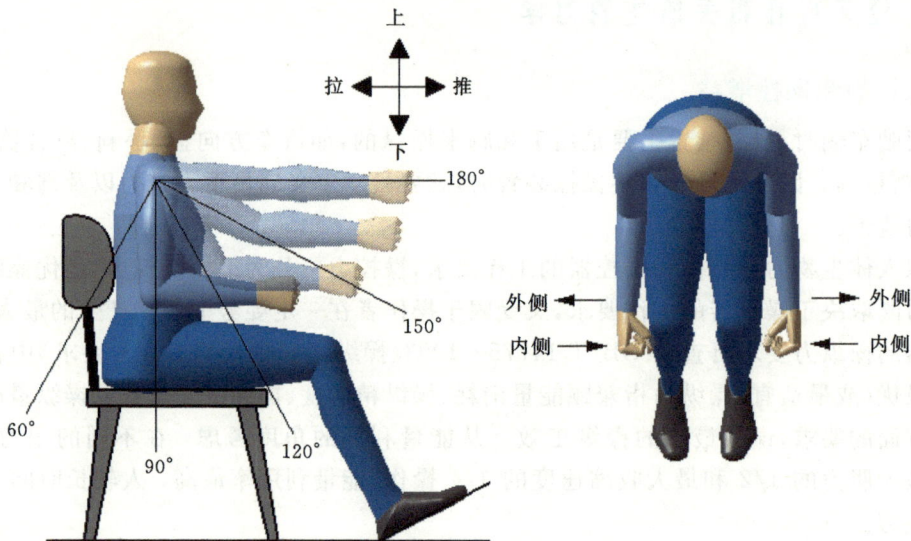

图2-15 坐姿手臂的角度

普通男性青年右手瞬时最大握力可达556 N,左手可达421 N。握力与手的姿势和持续时间有关,如持续握紧1 min后,右手平均握力下降为275 N,左手为244 N;手掌向上时的握力最大,手掌朝向侧面时次之,手掌向下时的握力最小。

当紧握手柄时,需要考虑操作者的握紧强度。握紧强度是指手能够施加在手柄上的最大握力。在设计手工工具、夹具、操作装置时,需考虑握紧强度的数值。

操纵控制手柄时,操纵力的大小与手柄距离地面的高度、操纵方向、哪只手操作等因素有关,表 2-6 列出了使用手柄操纵时最适宜的操作力数据。

在立姿手臂水平向前自然伸直的情况下,一般男性瞬时拉力可达 689 N,女性可达 378 N。当手作前后方向运动时,拉力大于推力,瞬时拉力可达 1078 N,连续操作的拉力约为 294 N。当手作左右方向运动时,则推力大于拉力,最大推力约为 392 N。最大操纵力产生在被控制的手柄离座位靠背为 570～660 mm 范围内。

表 2-6　手柄操纵时最适宜的力

手柄离地高度 /mm	左手操作力/N			右手操作力/N		
	向上	向下	向侧面	向上	向下	向侧面
500～650	137	69	39	118	118	29
650～1050	118	118	59	98	98	39
1050～1400	78	78	59	59	59	39
1400～1600	88	137	39	39	59	29

GB 5911—1986《转向盘尺寸》中规定了 350 mm、380 mm、400 mm、425 mm、450 mm、475 mm、500 、550 mm 八种方向盘直径的标准规格。手轮和曲柄上握把的直径为 20～50 mm 。手轮和曲柄操纵力单手为 20～130 N,双手操作不得超过 250 N 。操纵杆的行程和扳动角度应适应人的手臂特点,尽量做到只用手臂而不移动身躯就可完成操作。对于短操纵杆(如手刹),行程约为 150～200 mm,左右转角不大于 45°,前后转角不大于 30°;对于长操纵杆(如重卡、客运),行程约为 300～350 mm ,转角梯度为 15°,通常动作角度为 30°～ 60°,最小操纵力为 30 N,最大 130 N,使用频率高的操纵杆,操纵力最大不应超过 60 N。例如,汽车变速杆的操纵力约为 30～50 N。

按压式操纵装置,按其外形和使用情况,大体上分为两类:按钮和按键。它们一般只有两种工作状态,如"接通"与"切断"、"开"与"关"、"起动"与"停车"等。按钮的尺寸应根据人的手指端的尺寸和操作要求而定。一般来讲,食指按压的按钮应保证有 8～18 mm 的直径或最长边;用拇指按压按钮应保证有 25～30 mm 的直径或最长边,最优压力为 2～10 N。

脚操纵力的大小与下肢的位置、姿势和方向有关。下肢伸直时,脚所产生的力大于下肢弯曲时所产生的力。坐姿有靠背支持时,两脚蹬踩可产生最大的力。一般坐姿时,右腿最大蹬力平均可达 2568 N,左腿可达 2362 N。膝关节角在 150°～165°之间时,腿的蹬力最大。脚产生的操纵力通常是以压力的形式出现的,压力的大小与脚离开人体中心对称线向外偏转的程度有关,如图 2-16 所示。

驾驶坐姿情况下,大、小腿间的夹角应在 105°～135°范围内,以 120°为最优,这种姿势下,脚的蹬力可达 2250 N,用脚的前端进行操作时,脚踏板上的允许用力不宜超过 60 N;用脚和腿同时进行操作时,脚踏板上的允许用力可达 1200 N;对于快速动作的脚踏板,用力应减少到 20 N。统计表明,当脚蹬用力小于 227 N 时,腿的屈折角以 107°为宜;当脚蹬用力大于 227 N 时,腿的屈折角以 130°为宜。由于操作者往往会将脚放在脚踏板上,为了防止脚踏板

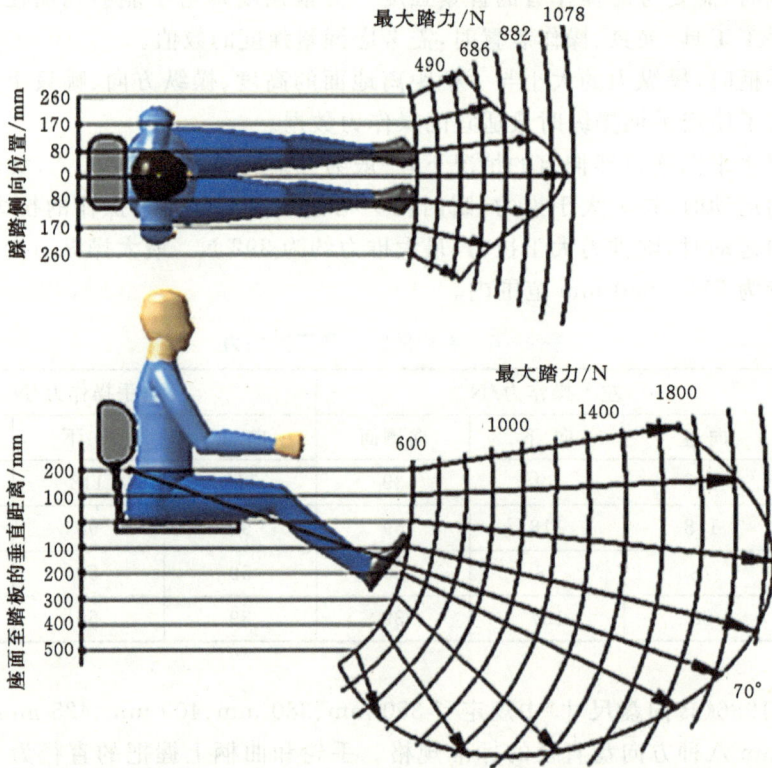

图 2-16　脚的操纵力分布

被无意碰移而发生误操作，脚踏板应有一定的起动阻力，该起动阻力至少应当超过脚休息时脚踏板的承受力。

3.驾驶位姿中的生物力学

　　座椅设计中一个重要考虑就是减少对落座人的脊柱的负荷。生物力学研究表明，L5/S1（即第五腰椎和第一骶椎之间关节）由于压力而承受最大的应力集中。通过提供一种腰部支撑、保持腰部脊柱自然形状，可以减少 L5/S1 上的应力（当一个人直立时可观察脊柱的自然形态）。腰部脊柱的自然形状在朝向身体前面是凸的（即向前突出，称为"前凸"）。如果椅背在腰部提供适当高度的突出，且如果使用者可以后仰，其躯干由椅背支撑，就可以保持腰部的自然形状。

　　图 2-17 显示腰椎支持（突包以厘米为单位）和座椅靠背角度对落座之人 L5/S1 区域上压缩力的影响。图 2-17 表明，当座椅靠背的角度从垂直位置增大时（即相对于水平位置，座椅靠背角度从 90°变化到 120°），由于上身（躯干和头部）的重量转移到座椅靠背上，因而脊柱上 L5/S1 的力将逐步减少。进一步地说，L5/S1 位置上的力也随着突出量（即腰部支撑）的增加而减少，如图 2-17 所示。

　　与站立姿势 L5/S1 约 320 N（见图 2-17 上第 7 根棒条，由星形标记）的负荷相比较，所有坐姿（除了位置 9,10 和 11）的 L5/S1 区的负荷都比较大。可以看出，当座椅靠背从垂直位置倾斜 20°～30°（即与水平位置成 110°～120°），且腰部支撑有 20～50 mm，则可以使 L5/S1 区负荷减少到低于站立时的负荷 320 N。

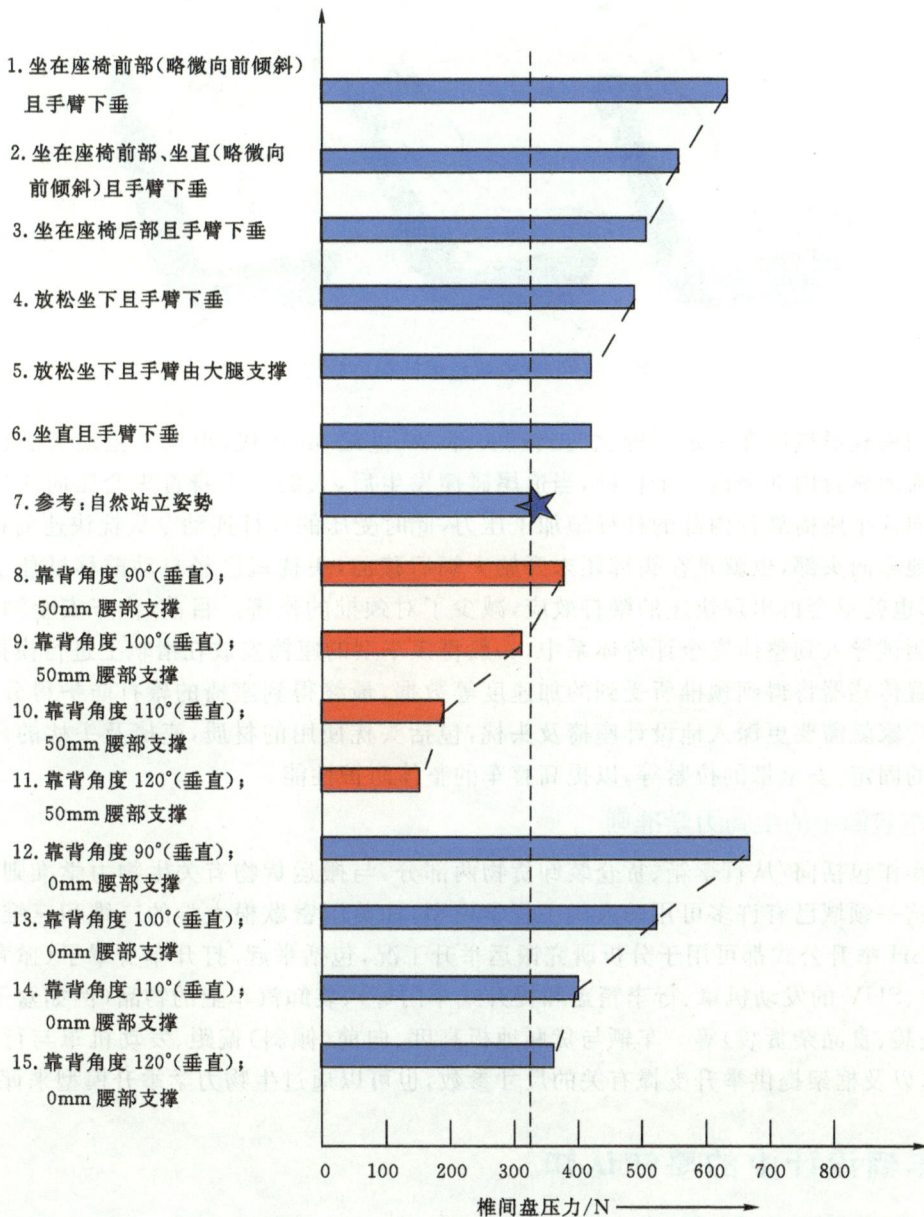

图2-17 不同座椅靠背角度和不同腰部支撑对椎间盘L5/S1区压力的影响

此外,座椅的头枕也非常重要。其实,驾驶者在开车的时候,头部并不会接触到头枕,头枕实际上是在事故发生时用来保护颈椎的重要安全防护设施。当后车追尾前车时,即使速度非常慢,由于惯性的作用,前车会发生快速的前移,而人体则出现身体突然向后压向座椅靠背的现象,尤其是我们的头部,位于顶端的头部位移速度和移动距离都很大,所以这个突然向后甩头的动作很像"甩鞭子",因此得名"鞭打(Whiplash)",鞭打效应很可能往复进行,即头部在撞向头枕后再次出现反向前冲的情况,如图2-18所示。像头部这样的快速、大幅的鞭打效应很有可能导致严重的颈椎伤害,轻则出现颈部扭伤,而严重的话,就会出现瘫痪等。

图 2-18 汽车碰撞中的鞭打效应

传统的头枕虽然能在一定程度上"挡住"头部,20 世纪 90 年代,出现了主动式防护头枕,就是在座椅的靠背内部增设一个杠杆,当追尾碰撞发生后,人的上半身首先会压向座椅靠背,因此也就向这个座椅靠背内部的杠杆施加了压力,此时受压的杠杆连动令头枕快速前移、上移主动快速地靠向头部,也就是在头部还未开始大幅后移前,头枕就已经自动前移抵住了头部。因此,头部也就不会再出现快速的鞭打效应,减少了对颈椎的伤害。目前,汽车安全测试已将鞭打防护测试导入到整体安全评价体系中,一般将该车型的座椅安放在滑轨上进行模拟测试,假人的内置传感器将得到颈椎所受到的加速度等数据,最终得到座椅的鞭打防护得分,因此,汽车生产厂家就需要更深入地设计座椅及头枕,包括头枕使用的材质,座椅及头枕的尺寸,驾驶者体位的固定,安全带的拉紧等,以提高整车的整体防护性能。

4.汽车装卸中的生物力学准则

分析操作包括向/从行李箱、货仓装卸货物两部分,与搬运货物有关生物力学准则将会十分有用。这一领域已有许多可用的人机工程学模型,如美国密歇根大学的二维和三维静力模型和 NIOSH 举升公式都可用于分析研究搬运举升工况,包括举起/打开车身罩子(掀背式车、货车、小货、SUV 的发动机罩、行李箱盖和提升式车门等)、装卸汽车上的物品(例如盒子、旅行箱、高尔夫袋、食品杂货袋)等。车辆与货厢地板高度、向前(倾斜)偏距、发动机罩与行李箱盖等的重量,以及框架提供举升支撑有关的尺寸参数,也可以通过生物力学举升模型来评价。

2.3 车辆设计中的感知认知

2.3.1 人的感觉和知觉

人的感知响应系统由感觉器官、传入神经、大脑皮层、传出神经和运动器官组成。人通过各种感觉器官接受外部刺激,经传入神经传给大脑皮层进行信息处理,神经中枢作出的决定经传出神经下达给运动器官而作出人体运动响应,这就是人的感知响应过程。

感觉是人脑对直接作用于感觉器官的客观事物的个别属性的反映,人体的视觉、听觉、触觉、嗅觉、本体觉都属于感知器官。人体通过感觉过程不仅会感受到来自外部和体内的直接刺激,还对人体本身的活动状况进行感知,如姿势和运动、疼痛、饥饿等。

知觉是人脑对直接作用于感觉器官的客观事物和主观状况整体的反映。知觉是在感觉基础上形成的。感觉到的事物的个别属性越丰富、精确,对事物的知觉就越完整、正确。知觉不仅是感觉的简单相加,而且具有新的品质,表现为对事物的整体认知。知觉是一个主动的反映过程,比感觉更加依赖于人的主观态度和过去的知识经验。

2.3.2 人的视觉特性

1. 视觉器官的功能和结构

视觉器官的功能是识别视野内发光物体或反光物体的轮廓、形状、大小、远近、颜色和表面细节等情况。据估计,人脑获得的全部信息中,约有 85% 以上来自视觉输入。因此,视觉器官是人体最重要的感觉器官。

视觉器官的主要结构如图 2-19 所示。同视觉有关的部分是位于眼球中线上的折光系统和眼后部的视网膜。折光系统主要包括角膜、房水、晶状体和玻璃体,其功能是使光线发生折射,将物体成像在视网膜上。因此,人眼具有折光成像和感光两种机能,对视野内物体的轮廓、形状、大小、远近、颜色和表面细节等情况进行识别。

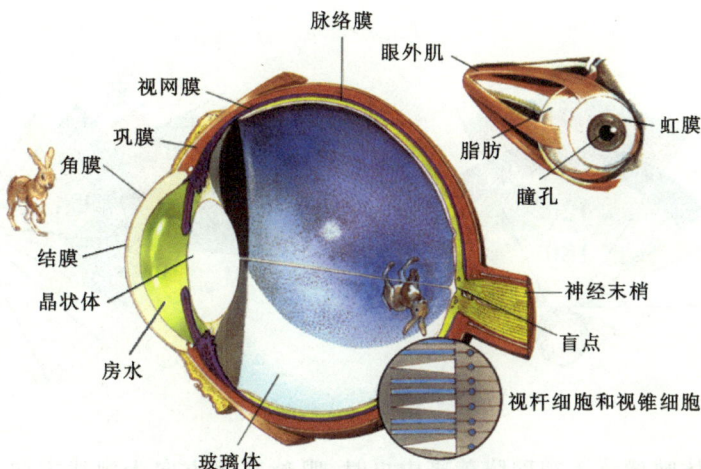

图 2-19 人体视觉器官的结构

视觉的形成过程是:来自物体表面的光进入眼睛后,经过折光系统在视网膜上形成物像,物像部位的感受细胞吸收光能而发生化学反应,产生一系列的电脉冲信息;这些信息经视神经纤维传送到大脑的视觉中枢进行处理后形成视觉。因此,人的视觉是由光刺激、眼睛、神经纤维和视觉中枢共同作用的结果。

2. 人的视觉特性

(1)视角和视距

视角是瞳孔中心到被观察对象两端所张开的角度。视距是指眼睛至被观察对象的距离。如图 2-20 所示,视角与视距和被观察对象两端点的直线距离有关,可以表示为

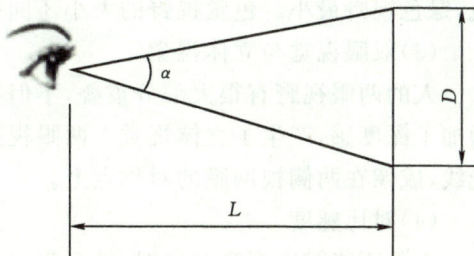

图 2-20 视角和视距

$$\alpha = 2 \tan^{-1}\left(\frac{D}{2L}\right)$$

式中，α 为视角(′)；D 为被观察对象两端点的直线距离；L 为视距。

当视角小于 1′时，人眼对观察对象就难于分辨。如果物体很亮，或者当物体与背景的亮度对比极为明显时，则能看清被观察对象的最小视角可略小于 1′；而如果照明不良，即使视角为 1′或略大于 1′也不易看清。

视距是指眼睛至被观察对象的距离。人在观察各种显示仪表时，视距过远或过近，对认读速度和准确性都不利。一般应根据被观察对象的大小和形状在 380～760 mm 之间选择最佳视距。

(2)一般视野与色觉视野

①一般视野是指人眼观看正前方物体时所能看见的空间范围。根据眼睛的状态可分为静视野、注视野和动视野。静视野是在头部固定、眼球静止不动的状态下自然可见的范围。注视野是头部固定而转动眼球注视某点时所见的范围。动视野是头部固定而自由转动眼球时的可见范围。静视野、注视野和动视野的数值范围以注视野为最小，静视野和动视野比较接近。人机工程学中，通常以人眼的静视野为依据设计有关部件，以减轻人眼的疲劳。人眼静视野，如图 2－21 所示。

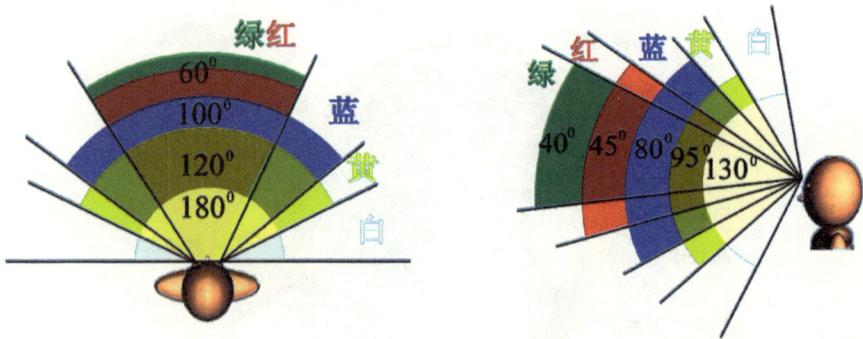

图 2－21　人眼静视野

当被观察物体映像落入视网膜黄斑中央时，眼球观察方向为视线方向。在偏离视线方向 1.5°左右范围内，物体映像基本会落入黄斑，观察效果最清晰，此区域称为最优视区。当偏离视线方向 15°时，被观察物体仍能够比较清晰地被观察到，此范围称为良好视区。当向上偏离视线方向 25°向下偏离 35°，向左右方向各偏离 35°时，在此空间范围内的物体仍能够被准确地观察到，此区域称为有效视区。

②色觉视野是指不同颜色对人眼的刺激有所不同而形成的不同视野。图 2－22 为在水平和垂直方向，人眼在不同颜色可见光环境下的色觉视野。可见，白色视野最大，其次为黄、蓝色，绿色视野最小。色觉视野的大小还同被看物体的颜色与其背景色的对比情况有关。

(3)双眼视觉与立体视觉

人的两眼视野有很大部分重叠，不但补偿了单眼视觉的部分盲区、扩大了平面视野，而且增加了深度感，产生了立体视觉。两眼视野产生一个立体视觉的条件是，由物体同一部分来的光线，成像在两侧视网膜的对称点上。

(4)对比感度

人眼刚能辨别观察对象时，被观察对象与背景的最小亮度对比度，称为临界对比度，临界对比度的倒数，称为对比感度。对比感度越大的人，能辨别越小的亮度对比度，或者在相同的

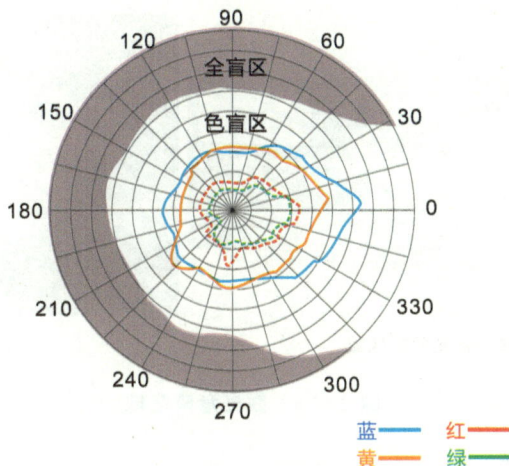

图 2-22 色觉视野（右眼）

亮度对比度时，能更清楚地辨别被看对象。

（5）视觉的明暗适应

人眼对光亮程度的变化具有适应性。视觉的明暗适应是人眼随视觉环境中光亮变化而感受的效果发生变化的过程，包括明适应和暗适应。

当视觉环境由亮转入暗时，眼睛要经过一段时间适应后才能看清物体，这个适应过程称为暗适应。相反的情况和适应过程，称为明适应。暗适应时间较长，要经过 4～6 min 才能基本适应，约 25 min 能够适应 80%。明适应时间较短，1～2 min 便可完全适应。

人眼的适应性对车辆的行驶安全性影响很大。例如车辆从明亮的公路驶入隧道时，由于隧道内的光线远比外边弱，眼睛不习惯，约有 10 s 时间看不清道路和周围环境，这段路程极易发生撞车事故。为了行驶安全，应降低行驶速度并在进入隧道前打开车辆的前照灯。

（6）眩光

物体表面产生刺眼和耀眼的强烈光线，称为眩光。眩光的形成多起因于物体表面过于光亮（如电镀抛光或有光漆表面）、亮度对比度过大、直接强光照射。眩光会使眼睛的瞳孔缩小，在视野内亮度一定的条件下，降低了视网膜上的照度。视觉细胞受强光刺激，引起大脑皮层细胞间产生相互作用，使得被看对象呈现模糊。

眩光对于车辆行驶的安全性有很大影响。例如夜间行车使用远光灯，在会车时的灯光重合区域容易使对方司机炫目，从而大大增加了事故几率，所以通过改进车灯照明方式和技术来改善眩光就显得尤为必要。如图 2-23 所示。

（7）视错觉

视错觉是人的生理和心理原因引起的对外界事物的错误知觉，在人机工程设计中可以利用或夸大视错觉现象，以获得满意的心理效应。例如：交通工具客室或驾驶室的内部装饰设计，常利用横向线条划分所产生的视错觉来改善内部空间的狭长感，使空间显宽；利用纵向线条划分所产生的视错觉来增加内部空间的透视感，使空间显长；利用色彩的重量错觉，将包装箱的外表面做成白色或浅色，可以提高装卸搬运工人的作业工效。

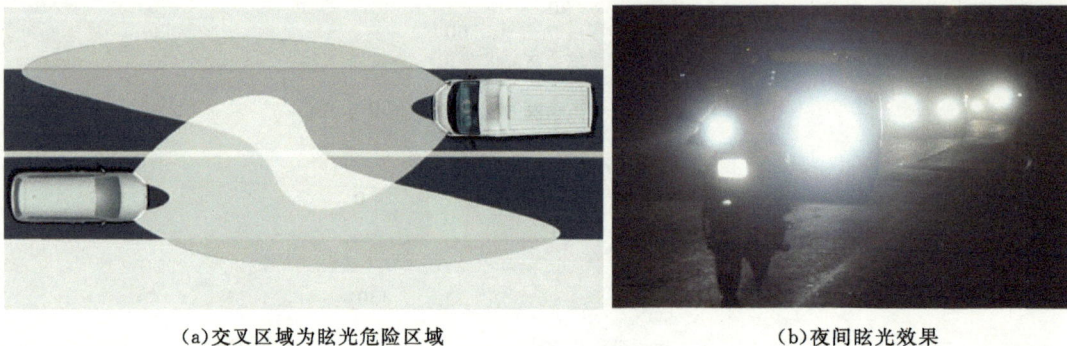

(a)交叉区域为眩光危险区域   (b)夜间眩光效果

图 2-23 眩光危险区域

2.3.3 人的听觉特性

1.听觉器官的功能和结构

听觉是仅次于视觉的重要感知途径,其独特的感知途径可弥补视觉通道的不足。人的听觉器官是耳,其功能是分辨声音的强弱和高低,辨别环境中声源的方向和远近。人耳包括外耳、中耳和内耳 3 部分,如图 2-24 所示,外耳包括耳廓和外耳道,是外界声波传入人耳的通道。中耳包括鼓膜和鼓室,鼓室中有 3 块听小骨,组成听骨链。鼓膜和听骨链是主要的传音装置。中耳中还有一条通向喉部的咽鼓管,能够起到维持中耳内部和外界气压平衡的作用。内耳包括前庭、耳蜗和半规管。耳蜗是听觉感受器的所在部位。

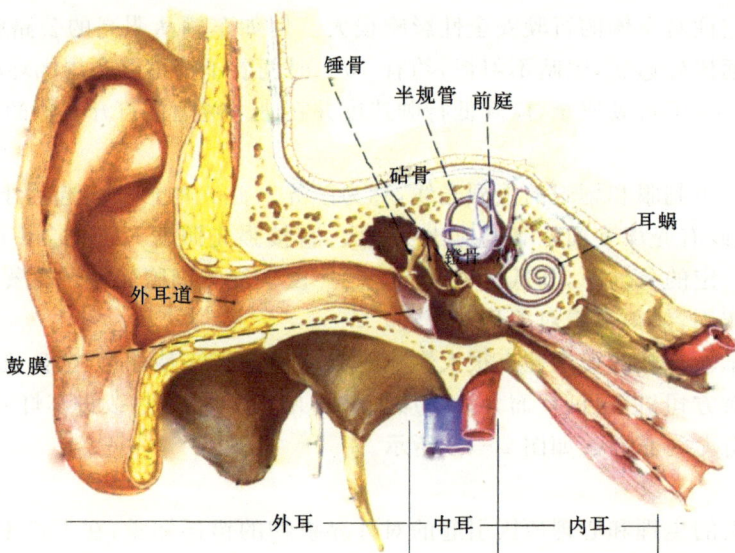

图 2-24 人耳的结构

2.人的听觉特性

人耳可分辨声音的高低、强弱,同时还可判定环境中声源的方向和远近。影响听觉的因素主要有声波的频率和强度。

一般人的最佳可听频率范围是 20~20 000 Hz。若不计个体差异,影响听觉的因素主要是年龄。人到 25 岁左右,对 15 000 Hz 以上频率声波的听觉灵敏度开始降低,听阈向下移动,而且随着年龄的增长,频率感受的上限逐年降低。

人耳对声音强弱的辨别能力不如对频率灵敏。人耳对声音强弱的承受能力,一般最高可达 120 dB,超过 120 dB 声音,会使耳膜产生压疼感。

2.3.4　人的触觉特性

人体皮肤内分布着三种感受器:触觉感受器、温度感受器和痛觉感受器。因此,皮肤感觉主要有触觉、温度觉(冷觉和热觉)和痛觉。

1. 触觉

触觉是由于微弱的机械刺激触及皮肤浅层的触觉感受器而引起的。压觉则是较强的机械刺激引起皮肤深部组织变形产生的感觉。触觉和压觉在性质上相近,通常被称为触压觉。通过触觉能够辨别物体的大小、形状、硬度、光滑度、表面纹理等。身体不同部位的触觉感受性从高到低依次为:鼻部、上唇、前额、腹部、肩部、小指、无名指、上臂、中指、前臂、拇指、胸部、食指、大腿、手掌、小腿、脚底、足趾。

2. 温度觉

温度觉分为冷觉和热觉,它们是由不同范围的温度感受器引起的。温度感受器分布在皮肤的不同部位,形成所谓的冷点和热点。温度觉的强度取决于温度刺激强度和被刺激区域的大小。在冷刺激或热刺激的不断作用下,温度觉会产生适应。

3. 痛觉

人体各组织的器官内都有一些特殊的游离神经末梢,在一定刺激强度下会产生兴奋而出现痛觉。神经末梢在皮肤中分布的部位称为痛点。每平方厘米皮肤表面约有 100 个痛点,整个皮肤表面痛点的数目可达 100 万个。痛觉的中枢位于大脑皮层。

2.3.5　人的信息处理特性

1. 信息与信息量

信息是客观存在的一切事物通过物质载体所发出的消息、情报、指令、数据和信号中所包含的一切传递与交换的知识内容,是表现事物特征的一种普遍形式,是自然界、人类社会和人类思维活动中普遍存在的一切物质和事物的属性。

信息量以计算机"位"("bit")为基本单位,称为"比特"。其计算公式如下:

$$H = \log_2 2^n$$

式中,H 代表信息量;n 为某信号中所包含的二进制码的个数。

有人估计,人的大脑的信息储存总量约为 10^{15} bit。

2. 人类信息处理四阶段模型

图 2-25 展示了一个简单的四阶段串联信息处理模型。该模型表明,来自输入刺激的信息处理经过了四个阶段,即:①刺激编码和解码;②中央处理;③响应选择;④响应执行。这个模型显示了在第一阶段由传感器(如眼睛)接收到的一个输入刺激(或一个事件)。例如,刺激

可能是一个绿灯变红的交通信号灯。来自图像的一些相关特征或线索(交通信号设备及其信号颜色)被发送到大脑的中央处理器,由其进一步处理信息并解释刺激(即解码红色信号灯的含义)和理解场景(即红色交通信号要求驾驶人停车)。场景的有关信息将在第三阶段进一步加工来决定选择响应(如驾驶人决定停止车辆)。最后在第四阶段,执行响应(即将信息或指令发送到适当的肌肉做运动,比如将右脚从加速踏板移动到制动踏板来停车)。

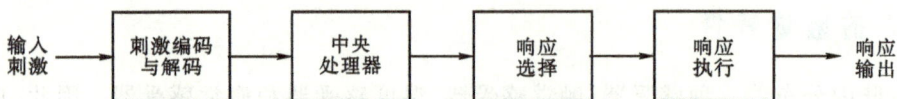

输入刺激 → 刺激编码与解码 → 中央处理器 → 响应选择 → 响应执行 → 响应输出

图 2-25 四阶段串联信息处理模型

上述四阶段模型显示了信息处理是连串的(即四个阶段的处理顺序必须依次发生在响应输出发生之前)。此外,前一阶段的信息处理必须在下一阶段开始处理之前完成。因此,这个模型表明应对输入刺激的响应时间(即刺激发生与操作者发起一个输出或响应运动之间所花费的时间),将等于上面所描述的四个阶段所花费的每个阶段时间的总和。

3.影响信息传递的主要因素

(1)背景噪声

背景噪声干扰人的感觉器官对有用信息的接受,使有用刺激更难于被人所感受。

(2)刺激的速率与负荷

刺激的速率指单位时间输入的刺激数;刺激的负荷指需要同时注意接受与处理的刺激的类型及数量多少。人体感受刺激的精确度随刺激的速率与负荷的增大而降低。

(3)分时输入与处理

通过分时输入与处理的方式提高信息传递效率的途径包括:①尽可能使潜在的信息源数目减至最少;②设法使传感器具有某种"优先选择"的功能;③尽可能把利用短暂记忆或涉及低概率事件的需求降到最少限度;④尽可能将个别响应的刺激暂时分开,并使其刺激速率适合于个别响应;⑤采取一定的办法引导人的注意力;⑥将有用的刺激信号加以恰当安排;⑦训练操作人员对某项手工操作的熟练程度。

(4)剩余感觉通道的利用

两个或两个以上感觉通道同时用于接受同一个刺激,就是具有"剩余感觉通道"的信息输入方式。适当利用剩余感觉通道,可提高信息接受的概率。E. T. Klemmer 曾对单有视觉输入、单有听觉输入以及同时具有视觉、听觉输入三种情况进行比较试验,结果显示单独利用视觉通道或听觉通道时的正确响应百分率分别为89%和91%,而同时利用视觉与听觉通道时为95%。

(5)刺激与响应之间的协调性

刺激与响应之间在空间、运动和概念上相互关系的协调程度,称为协调性。空间协调性指的是物理特征或空间布置上的协调关系,特别是显示器与操纵器之间的空间协调关系。运动协调性主要指的是显示器、操纵器及系统响应的运动方向之间的协调关系。概念协调性主要指的是人们对于具体刺激与响应之间早已形成的固有概念或习惯定型。

(6)感觉通道的选择

人的感觉器官各有自身的特性、优点和适应能力,对于一定的刺激,选择合适的感觉通道能获得最佳的信息处理效果。常用的是视觉通道和听觉通道,在特定条件下,触觉和嗅觉通道也有其特殊用处,尤其在视觉和听觉通道都超载的情况下,专门的触觉传感器贴在皮肤上可作为一种有价值的报警装置。

(7)人的生理和心理状态

由于环境条件的影响及其他主、客观因素的干扰,人的生理和心理状态会发生各种不同的变化,从而影响对信息的接受和处理能力。

4. 人的反应时间

(1)反应时间的概念

从感觉器官接受外界刺激到运动器官开始执行操纵动作所经历的时间,称为人的反应时间。只对一种刺激作出一种反应的反应时间,称为简单反应时间。有两种以上的刺激同时输入,而需要对不同的刺激作出不同的反应,或者只对其中某些刺激作反应的情况,称为选择反应时间。通常,选择反应时间要比简单反应时间长。

(2)影响反应时间的因素

①刺激的性质:据试验,人对光、声和皮肤刺激的简单反应时间较短,而对气体、温度等刺激的简单反应时间较长;

②刺激的强度:同一性质的刺激,其刺激强度越大,则刺激给予神经系统的能量越大,因而反应时间越短;

③刺激的多少:同时输入的刺激越多,选择反应的时间越长。因此,应当尽可能去除无用的刺激;

④刺激与背景对比的强弱:刺激与背景的对比强,则反应时间短;对比弱,则反应时间长。当然,对比过强也无必要。因此,刺激信号的强弱,应根据背景情况合理设计和调整;

⑤执行动作的运动器官:对同样的刺激,手与脚的反应时间不同,通常手比脚反应快;一般人右手比左手、右脚比左脚反应快;

⑥人的年龄和性别:一般成年人,反应时间随着年龄的增长而延长。例如:以红色信号刺激汽车驾驶员,不同年龄段的驾驶员的反应时间为:$18\sim22$ 岁:$0.48\sim0.56$ s;$22\sim45$ 岁:$0.58\sim0.75$ s;$45\sim60$ 岁:$0.78\sim0.80$ s。同年龄的成年男子的反应时间一般要比女子短;

⑦人的心理准备情况:人对刺激有心理准备时,反应时间较短。对突然出现的刺激,因无心理准备,故反应时间较长;

⑧人的疲劳程度:人在疲劳状态下,感觉机能变差,反应变得迟钝,因而反应时间变长。

2.4 车辆显控设计

2.4.1 显示装置设计

1. 显示装置的类型和选择

按照显示的视觉信息形式划分,视觉显示装置可分为数字式、模拟式和屏幕式。

(1)数字式显示装置

其特点是直接用数字来显示信息,如数码显示屏、数字计数器等。数字显示的认读过程比较简单,速度较快,准确度较高,但不能给人以形象化的印象。对于数量识读的情况,其目的是获取准确的数据,则应选择具有精度高、识读性好等优点的数字式显示装置,例如数字万用表、汽车里程表等。

(2)模拟式显示装置

通过指针和刻度来指示参量的数值或状态。模拟式显示给人以形象化的印象,能连续、直观地反映变化趋势,使模拟量在全量程范围内所处的位置及其变化趋势一目了然,但其认读速度和准确度均低于数字显示。对于状态读识的情况,显示装置只需向操作者显示被测对象参数变化趋势的信息,常选用模拟式显示装置。

(3)屏幕式显示装置

屏幕式显示装置是用于在显示屏幕上显示信息的,它不但可以显示数字和模拟量,还可以显示工作过程参数的变化曲线或图形、图像,使模拟量的信息更形象化,认读速度和准确度都较高。除了传统的显示屏外,最初应用在战斗机座舱的平视显示(HUD)目前也已广泛应用于汽车领域,如图 2-26(a)所示。在特斯拉、苹果、谷歌、百度等国内外著名科技公司纷纷将智能汽车作为未来重点发展方向的背景下,屏幕显示装置逐渐向着大屏化、一体化方向发展。以特斯拉的 Model S 屏幕显示装置为例,除了一块常规的液晶仪表板外,车内的整个中控部分都被一块 17 英寸的大尺寸显示器占据,富有科技感,如图 2-26(b)所示。

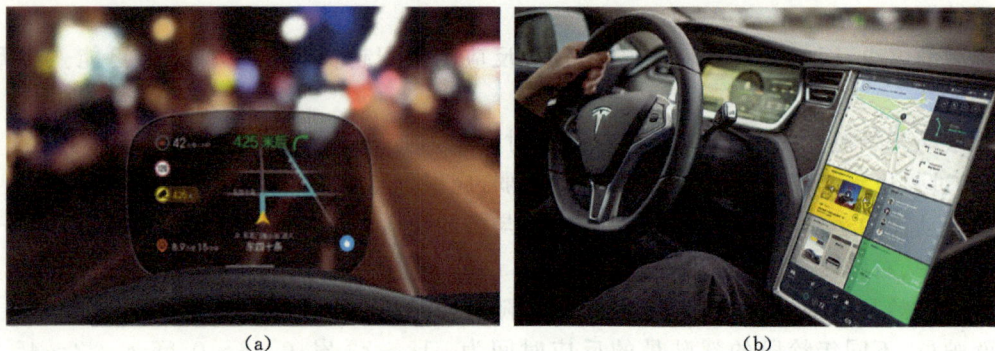

(a)   (b)

图 2-26 图形化显示装置

2.良好显示装置的特征

(1)驾驶人应该能够以最小的心理和生理努力快速阅读和理解显示内容(也就是获取所需信息)。

(2)驾驶人应该能够通过短时间的扫视便能从视觉显示设备上获得必要的信息。

(3)驾驶人应该不需要任何肢体动作(如包括过多头部和躯干运动的人体倾斜)来获得必要的信息。注意:听觉设备不需要驾驶人做出任何眼睛、头部和躯干运动。

3.显示装置设计的注意事项

在设计视觉显示装置时,必须考虑以下问题。

(1)可发现性和位置

显示设备应位于驾驶人用最少的搜索和识别时间,且没有任何身体动作(例如,头部或躯干运动)就可以轻松找到它的地方。任何汽车显示设备的位置应根据驾驶人的期望(即大多数驾驶人所预期的显示设备在车辆空间中的位置)、眼球运动(即视线需要从正前方观看的方向移动的角度值;最好小于30°),以及与其他显示和控制的位置(即与其他显示装置和控制有联系的显示)来确定。

如倒车影像系统的出现,就是通过在汽车的保险杠上加装摄像头,将倒车时车后的环境拍摄下来,后经处理后传输到中控台上的显示器上,使倒车时车后的状况更加直观可视,更好地防止刮蹭和碰撞,如图2-27(a)所示。通过辅助线提示倒车路径,通过不同颜色区分来提示后方距离。一些厂家通过在汽车不同位置加装摄像头的方式,实现全景倒车影像,更好地帮助驾驶者掌握汽车的位置状态,如图2-27(b)所示。

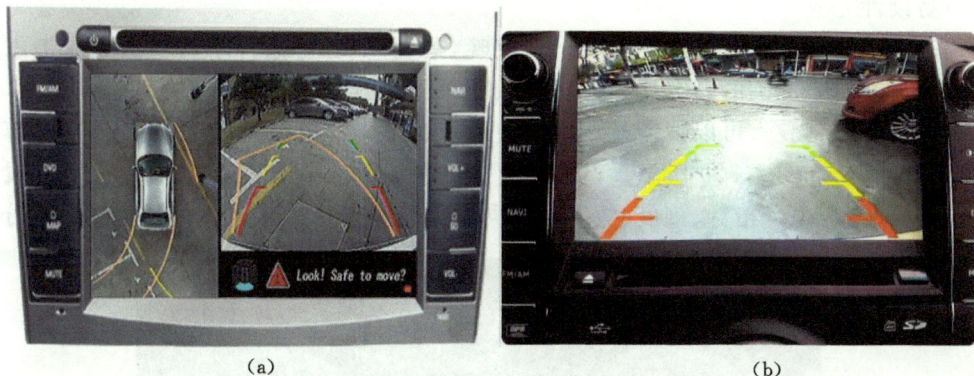

(a)　　　　　　　　　　　　　　　　(b)

图2-27　倒车影像系统

(2)可视性

显示设备应放置在一个无阻挡的区域,且应该不需要过多的头部或躯干的运动来查看它。显示设备的尺寸、颜色、亮度和与背景的对比度,应该帮助驾驶人搜寻和快速找到显示设备。

图2-28显示了通过转向盘看到的仪表盘视图,车速表是使用最频繁的显示器。如果我们假设驾驶人每千米看车速表3次、每年行驶约20 000 km,那么车速表的使用率将是60 000次/年。如此高的观察频率必须注意车速表的位置,就是至少95%或更多的驾驶人能够看到它,这就要求仪表面板不被转向盘轮缘、轮辐、中心区域和手柄控制器所遮挡。为了最大限度

图2-28　转向盘轮缘、轮辐、中心区域及转向杆之间无遮盖区域内的仪表盘

地提高仪表板的可视性,转向盘、仪表板、控制杆应设计为一个系统,在设计过程中连续评估其可视性。

(3)易识别性

显示设备的外观和内容应该让驾驶人很容易地识别其功能和显示信息。设置密切相关的识别标签或标志将有助于驾驶人识别显示设备,从而减少理解显示功能所需的任何不必要的时间。对于某些显示设备,设置的标签(如气候控制的"A/C")或单位标签(如车速表的"KMH")可以提供足够的信息来识别显示。因此,一些显示器的附加标识标签是不必要的(例如时钟)。

(4)易读性

所有字母和数字的显示设备应在白天、夜晚、黎明/黄昏等条件下可辨认。应考虑可视距离、字母大小、字体、笔画的高宽比、宽高比、亮度对比度、背景亮度、眩光照明和角度等,以确保至少65岁的年长驾驶人可以读懂显示。如使用带有夜光的仪表盘,解决夜间及隧道等暗环境下的可读性问题,如图2-29所示。设计时应保证在显示效果清晰可读的前提下,光线柔和不会使人产生残影现象。指针、刻度、数字等不同类型的视觉信息元素通过颜色加以区分。

图2-29 夜光仪表盘

(5)可解释性

显示的内容应进行评估以确保其显示的信息可以正确解释(不混淆),并被大多数驾驶人所理解。应该评估显示设备的类型、布局、刻度/指针、形式、使用的颜色、编码、参照系、周边外观类似的显示设备数量等使用的合理性,以确保显示器的可解释性。

例如汽车尾部信号灯的颜色会对跟随车辆驾驶人的反应时造成显著影响。Rockwel T.H 和 R. R. Safford 等人曾做过一个研究四种不同尾部信号灯下,跟随车辆驾驶人的反应时间和前方汽车制动减速度的关系的实验,实验结果显示,使用三色灯系统的情况下驾驶人反应时最短,使用双色的 AID 系统、单色的 Conventional 系统以及不使用信号灯的情况下反应时依次递增,函数关系如图2-30所示。

其中,NIL 为没有车尾部信号灯;Conventional 为红色尾灯和红色加速灯系统;AID 为前方车辆通过分别点亮位于前方汽车尾部上几排水平布置的绿灯或红灯来显示加速和减速信息。

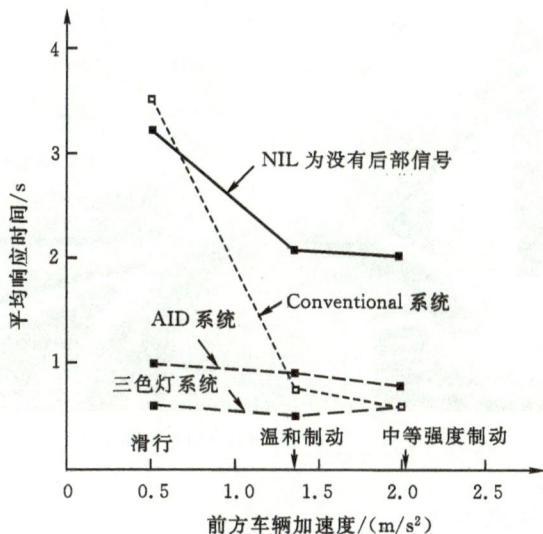

图 2-30 跟随车辆对不同车尾部信号灯的反应时间

2.4.2 操控装置设计

1. 操控装置的分类

传统操控装置按照操作部位的不同可分为手操纵装置和脚操纵装置。顾名思义,手操纵装置是由操作者用手控制的装置。常见的手操纵装置有各种旋钮、按键、手柄等。脚操纵装置是操作者用脚控制的装置,主要是脚踏装置。

操控装置按照功能可分为开关类、转换类和调节类。开关类操纵装置主要实现 0-1 状态的切换,如各种电源开关;转换类操纵装置主要用于改变机器的运行状态,如洗衣机的状态旋钮;调节类操纵装置用于逐渐改变某一物理量,如速度、位置等,汽车的转向盘、加速踏板都是调节类操纵装置。

传统操控装置按照操纵动作可分为旋转控制、摆动控制、按压控制、滑动控制和牵拉控制等类型。

随着语音识别、手势识别等自然交互技术的不断发展,人们开始尝试将触屏、语音、手势等交互方式引入汽车操控中。如特斯拉和百度合作,将百度语音作为特斯拉在中国大陆的语音解决方案,用于语音导航、控制车载娱乐系统甚至通过蓝牙打电话发短信。美国的 NAVDY 公司将手势交互加入 HUD 产品,开创了车载 HUD 崭新的交互模式,如图 2-31 所示。

2. 良好操控装置的特征

(1)驾驶人应该能够以最小的心理和生理负担迅速地操作控制件。

(2)应该只需要很少的眼睛视觉停留就可以完成所需的控制操作(比如,大多数的转向信号操作都不需要用眼睛去查看转向信号操作杆)。

(3)任何控制操作应该需要最小的手/手指的运动(例如,操作控制不需要手从转向盘上移开)。需要注意,免提操作或语音控制命令操作可以减少或消除手/手指的运动。

图 2-31　NAVDY HUD 的手势交互

3.操控装置设计的注意事项

在设计手动控制时,必须考虑以下问题。

(1)可达性

控制设备应位于驾驶人可以轻松地找到并够得着的地方。任何汽车控制设备的位置,应根据驾驶人的预期(即大多数驾驶人期望的控制设备安装在车辆空间内的位置)。理想的情况下,驾驶人应该是能够下意识地(不用眼看)就能找到控制设备。然而,如果控制设备是复杂的(例如设有标签的显示设备,或与其他控制设备集成的控制器),且如果是在驾驶时使用,则它应位于可见区域内,且眼球运动(即需要从正前方的观看方向移动到查看控制器的视线角度大小)应该是尽可能地小(最好不超过 30°)。控制器的位置也应根据其与其他具有类似功能的组合(例如所有的光线控制或气候控制器组合),以及与其他显示器和控制器位置的联系来布局。

(2)无遮挡

控制应该放置在不被遮挡的地方,且不应该要求过度的头部或躯干运动来查看它们。控制设备的大小、颜色、亮度和与背景的对比度,应该帮助驾驶人快速查找和识别控制。在某些情况下,可能没有必要把整个控制设备安装在可视区域内。部分可视的控制设备,可以有轻微的头部运动看到它们(横向约是 50 mm)。有些控件可以不用眼睛查看就可以找到并操作,也就是说,根据手的盲定位、触觉和/与控制件抓握区形状编码就可以找到控制件。

(3)识别及解读

在一般情况下,控制设备应该有识别标签或标志,它们应该被放置在容易看到、且视觉上靠近控制设备的地方。有些控件可以通过提供独特的形状、纹理或触觉编码进行触摸识别。当与其他控制件或显示设备紧密布置或成组放置在一起的时候,它们可以根据相关设备的功能来识别。

操作控制(即它是如何操作或移动)应该容易理解和解释。控制设备抓握区域的构造、形状、外观和触感(例如,纹理和像软橡胶类的感觉)应该提供额外的、关于它的可操纵性(操作方向)的线索,这些只需要用户很少的记忆。旋钮的形状应该这样设计,就是它的运动应该和它的形状相匹配(例如,带指针的旋钮需要旋转,操作杆的平头端用于拉或推)。

（4）尺寸适合

控制设备的抓握区域应提供足够的抓握面积，并预留手或手指出入空间间隙。也应考虑在寒冷的气候条件下戴着手套的手操作主要和经常使用的控件的额外空间间隙。经常使用的和与安全相关的控制设备的尺寸应根据手部运动的 Fitts 法则设计，尽量减少手部运动的时间。此外，限制头部摆动区域内控制旋钮的突出物数目的碰撞保护标准，必须在设计控制设备形状时考虑进去。

（5）可操作性

控制设备必须提供反馈（视觉、触觉或听觉），以完成控制操作运动。控制强度（操作所需的力矩或力）应该小于第 5 百分位女性产生控制运动肌肉的最大强度的 20%。这样的低强度力值可以确保大多数用户可以操作控制器。控制运动过程中的平滑感觉、定位装置的脆度感觉和自由发挥的减少或"溢出"，也是提高汽车开关的品质感知的重要属性。此外，控制设备应设计成把操作过程中的错误可能性降到最低。

（6）误操作保护

控制车辆运动或驾驶人可视性的重要控制设备（例如变速杆、灯开关）应该设计有误操作保护装置，以避免操作者身体的某一部分在正常运动或事故运动（例如，驾驶人的膝盖或肘部撞向车门内装饰面板上的开关）中的误操作而发生安全事故。在这种情况下，需要考虑额外的间隙、凹槽、控制器抓握区域周围的保护罩。

在设计语音和手势交互时，除以上方面外，还应考虑以下问题。

（1）应用场景

语音和手势交互必须应用于合适的场景。一是基于安全性考虑，与汽车驾驶安全性紧密联系的操作，如刹车等，在识别的准确度和速度不够成熟的情况下，不应采用语音或手势交互；二是基于交互的自然性和效率考虑，语音和手势交互执行的操作应当是符合人的直觉和操作习惯。

（2）环境

汽车驾驶过程中，周围的光线和声音环境是无法控制的。需要考虑嘈杂的声音环境下，有效音源的采集以及降噪处理，以保证语音识别的可用性。在夜晚或进入隧道等较暗的环境下，是否可以保证手势识别可用，若不可用需要启用其他的交互方案。

（3）学习成本

语音及手势交互的相关指令必须易于学习，当指令的提示方式，如语音、文字等过于复杂时，驾驶人的认知负荷大大增加，由驾驶分心还容易引发交通事故。由此需要提供给驾驶人合适的学习方式，如第一次驾驶前引导驾驶人进行虚拟驾驶训练等。

2.4.3 显控装置的布置原则

在确定显示和控制及其相关设备的位置时，必须考虑以下原则。

1.使用次序原则

显示和控制设备的布置应按照它们的使用顺序，以减轻眼睛和手部动作。为了可以减少眼睛和手的运动，应该考虑驾驶人眼睛固定位置与手的位置。

2.位置预期原则

显示和控制设备的位置应根据驾驶人预期的位置来布置。要建立控制和显示设备的预期（位置），大容量的车辆必须在细分市场的计划车辆中进行研究，以确定主要设备及经常使用次要控制器的最常用位置。

3.重要性原则

被驾驶人感知的重要控制设备应靠近转向盘布置，重要的显示设备应靠近驾驶人前方视线布置。

4.使用频率原则

经常使用的控制设备位于转向盘附近布置，经常使用的显示设备应靠近驾驶人前方视线布置。

5.功能组合原则

具有类似的功能的控制和显示设备（如灯光控制、发动机控制、环境控制，以及音频控制）应进行分组并集中在一起，便于寻找和操作，如图 2-32 所示。

图 2-32　中控台中控制器功能组合

2.5　车辆舒适性

2.5.1　汽车声振舒适性（NVH）

汽车 NVH 是指在汽车驾驶过程中，驾乘人员感受到的噪声（Noise）、振动（Vibration）和声振粗糙度（Harshness）。

近年来，随着人们环境、健康意识的不断提高，车辆的舒适度及声品质越来越受到人们的关注，较高噪声和振动的车辆不仅对周围环境产生声污染，同时也危害驾驶员和乘客的健康。国际市场越来越严格的汽车噪声标准对车辆的准入设定了更高的限制，在此背景下，车辆的NVH性能正在成为汽车研发过程中最为重要的性能指标，也是用户所关心的整车性能指标之一，汽车噪声控制水平以及与之相关的分析、测试及材料技术等自然成为汽车工程领域关注的新焦点。

1. 振动舒适性

振动强度、频率、时间和接振方式是影响人体舒适性的主要因素，因此可以作为对振动环境进行评估的条件指标。

(1)频率

影响人体振动的频率往往较低，振幅较大。30～300 Hz的振动可引起局部或全身振动病。振动频率的不同对人体各部位的效应也有所不同。人体某一特定部位受振动影响的程度取决于外界输入频率与人体该部位的共振频率的关系。若外界输入的频率与该部位的共振频率之比值为1.414或更小时，就会出现振动效应增大的现象；若比例为1时，即外界输入的振动频率等于该部位的共振频率时，振动效应的增加量最大；若该比例大于1.414时，则振动效应可减少。表2-7为人体不同器官的共振频率。

表 2-7 人体局部器官的共振频率

器官名称	共振频率/Hz
头部	2～30
手	30～40
窦腔、鼻、喉	20～30
上、下颌	6～8
胸腔和腹腔内脏	4～8；10

(2)加速度

振动加速度的大小和振动病症的发生频率有密切关系，当人体承受一定频率的振动时，振动的强度越大对人体机能的影响就越大。振动通常采用位移、速度、加速度来描述。环境振动的位移值相对较小，不易测量，而且人体对振动的感受与振动速度和加速度有更强的关联性。因此，研究环境振动产生的影响时，用速度和加速度这两个物理量来描述是比较恰当的，目前大多数国家采用加速度来分析。

由于人体不能对振动做出瞬时的反应，而是对一段时间内的平均加速度做出反应，因此不能单纯地进行加速度域的分析，国内外对环境振动的影响分析采用的是加速度有效值方法。

有效值是瞬时振动平方值在一段时间内的平均数的平方根，它直接与振动能量有关，因此得到广泛使用，目前国际和国内都采用由加速度有效值计算的振级对环境振动进行分析。根据国际标准ISO2631和我国标准GB 10070—88《城市区域环境振动标准》的规定，振级计算方法见公式：

$$VAL = 20\lg\left(\frac{a_w}{a_0}\right)$$

式中　VAL——振动加速度级,单位为 dB;

　　a_w——振动加速度有效值,单位为 m/s²;

　　a_0——基准加速度,单位为 m/s²

一般来说,刚刚可以感觉到的振动并不影响人们的正常生活,但对较敏感的人或患者而言,当振动加速度级达到 69 dB 时,则会对人们生活产生影响;达到 79 dB 时,影响巨大。

(3)接振时间

接振时间是指振动作用于人体的持续时间。振动按照时间特性可以划分为稳态振动、间歇振动和冲击振动。间歇振动是指时有时无的振动,例如火车驶过时的振动;稳态振动是指振幅保持不变的振动,例如设备正常运转时的振动;冲击振动是指靠冲击力做功的运动,例如爆破引起的振动。对长期处于振动环境中的人,暴露时间越长,对机体的不良影响就越大。国外资料指出,操作振动冲击设备的员工白指发生率 0~1 年为 11.8%,2~4 年为 33.6%,5~9 年为 51.5%,10~19 年为 58.6%,20 年以上为 69.1%。间断接触或适当地安排工间休息时间,有利于减轻振动的危害。

(4)接振方式

全身振动环境中,人体立姿对垂直振动敏感,卧姿则对水平振动敏感。局部振动环境中,如将人体的某一部位(如胸、腹等)紧贴振动体,或将手紧握振动把手或直接接触振动的部件,则振动影响更大。

全身振动时,振动通过支撑身体的作用点传播到人体,如站立时通过脚,坐时通过臀部,卧位时通过头、腰、臀等部位,研究表明,不同接触点感受振动的趋势不同,站立的人对 4~8 Hz 的振动最敏感,躺着的人对 1~2 Hz 的振动最敏感。不同的接触方式会产生不同的影响效果。

2. 人体振动舒适性评价指标体系

振动舒适性评价方法归纳为两种:主观感觉评价和客观物理量评价。主观感觉评价方法主要是考虑人的因素并进行统计,做出评价;客观物理量评价方法主要以振动效应参量以及人体生物学因素为主要评价指标。由国际标准化组织推荐的 ISO2631—1:1997(E)《人承受全身振动的评价》指南可知,影响振动效应的主要因素是频率、振幅、加速度以及人体接触振动的时间和方式。该标准推荐的两种评价方法——1/3 倍频带分别评价方法、总加权值评价方法及其评价指标,适用于 1~80 Hz 频率范围内对人体承受的全身振动的评价。标准规定了人体坐姿受振模型,如图 2-33 所示。在进行舒适性评价时,它除了考虑座椅支承面处输入点 3 个方向的线振动,还考虑该点 3 个方向的角振动,以及座椅靠背和脚支承面两个输入点各 3 个方向的线振动,共 3 个输入点 12 个轴向的振动。

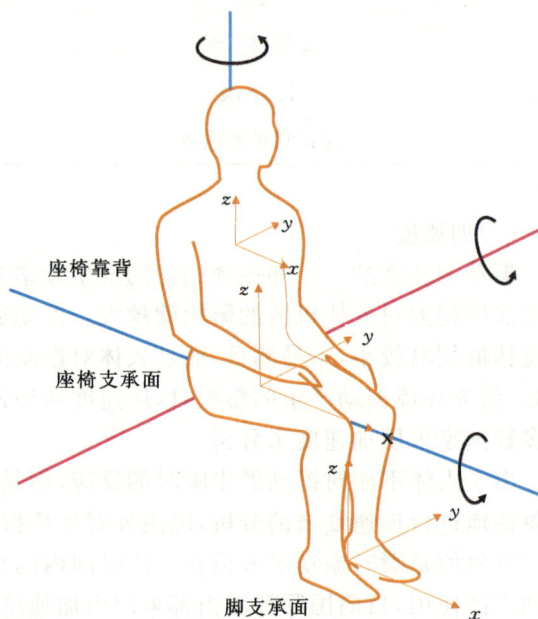

图 2-33　人体坐姿受振模型

同时给出了舒适性评价的近似法：用座椅支撑面 3 个方向振动的总加权加速度均方根值 a_w 来评价乘驾舒适性（见表 2-8）。

表 2-8 加速度、人的主观感觉和汽车舒适性对应表（ISO2631-1997）

$a_w/\mathrm{m \cdot s^{-2}}$	<0.315	0.315~0.63	0.5~1.0	0.8~1.6	1.25~2.5	>2.0
人的主观感觉	没有不舒适	稍有不舒适	有些不舒适	不舒适	很不舒适	极不舒适
汽车乘坐舒适性 C	1.0	0.8	0.6	0.4	0.2	0.0

其中总加权加速度的均方根值按下式计算

$$a_w = \left[(1.4a_{xw})^2 + (1.4a_{yw})^2 + a_{zw}^2\right]^{1/2}$$

式中，系数 1.4 是人体对振动最敏感频带内等效应的纵向（a_z）和横向（a_x、a_y）值之比；a_{xw}、a_{yw}、a_{zw} 分别为各轴向的加权加速度均方根值。

此外，对接触振动的持续时间（暴露时间）也做出临界值规定，如图 2-34 所示。

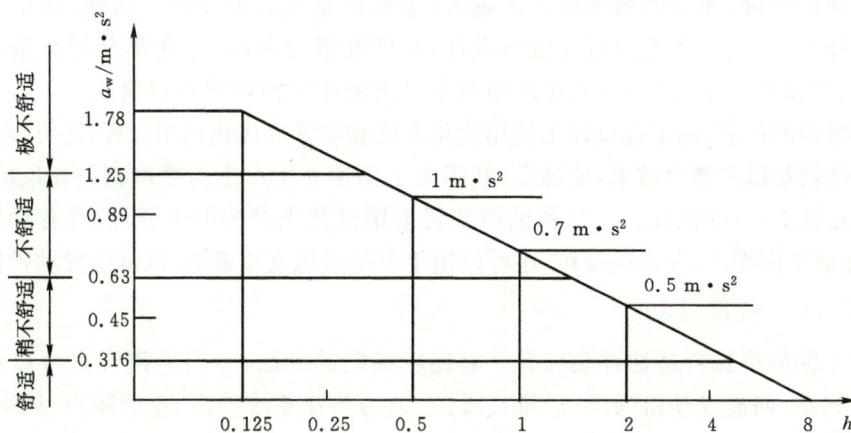

图 2-34 ISO2601 舒适界限允许暴露时间

这一标准目前是评价汽车平顺性和舒适性的普遍标准，因此我国的标准也是参照此标准而制定。

3. 噪声的成因

产生汽车噪声的主要因素是空气动力、机械传动、电磁三部分。从结构上可分为发动机噪声（即燃烧噪声），底盘噪声（即传动系统噪声、各部件的连接配合引起的噪声），电器设备噪声（散热风扇噪声、汽车发电机噪声），车身噪声（如车身结构、造型及附件的安装不合理引起的噪声）。根据噪声产生和传播的机理，可以把噪声控制技术分为以下三类：一是对噪声源的控制；二是对噪声传播途径的控制；三是对噪声接受者的保护。其中，对噪声源的控制是最根本、最直接的措施，包括降低噪声源的激振力及降低发动机部位对激振力的响应等，即改造振源和声源。但是对噪声源难以进行控制时，就需要在噪声的传播途径中采取措施，例如吸声、隔声、消声、减振及隔振等措施。汽车的减振降噪水平与整车的动力性、经济性、可靠性及强度、刚度、质量、制造成本和使用性能密切相关。其中，发动机噪声占汽车噪声的 1/2 以上，包括进气噪声和本体噪声（如发动机振动，配气轴的转动，进、排气门开关等引起的噪声）。因此，发动机的减振、降噪成为汽车噪声控制的关键。下面将具体分析车辆噪声及控制方法。

　　发动机是产生振动和噪声的根源。发动机的噪声是由燃料燃烧、配气机构、正时齿轮及活塞的敲击噪声等合成的。排气噪声是发动机的主要噪声源之一。它是发动机的空气动力噪声,随发动机转速的提高而增强,主要由排气压力的脉动噪声、气流通过气门座时所发出的涡流噪声、由于边界层气流的扰动而产生的噪声以及排气口处的喷流噪声所组成。降低发动机本体噪声就要改造振源和声源,包括用有限元法等方法分析设计发动机,选用柔和的燃烧工作过程,提高机体的结构刚度,采用严密的配合间隙,降低气缸盖噪声。另外,给发动机涂阻尼材料也是一个有效的办法。阻尼材料能把动能转变成热能。进行阻尼处理的原理就是将一种阻尼材料与零件结合成一体来消耗振动能量。目前,已有一些国家的专家设计了一种发动机主动隔振系统,用于减少发动机振动,以达到降低噪声的目的。

　　降低排气噪声与提高动力性一直是一对矛盾体,降低排气噪声要求排气管直径较小,提高动力性能却要求后者增大。因此,采用并联流路的双功能消声器在减小背压和降低气流噪声方面颇为有效。另外,对于发动机排气管局部采用柔性管的减振也可达到降噪效果。

　　随着车速的提高,车身的噪声也越来越大,主要是空气动力噪声。因此,提出了如下方案来改善车身噪声:一是对车身进行流线型设计,实现光滑过渡;二是在车身与车架之间采用弹性元件连接;三是进行室内软化,如在顶棚及车身内蒙皮间使用吸声材料。

　　对汽车噪声的控制,除了在设计上使用优化方法和零件的优化选用以外,还可以对噪声进行主动控制。这就是以声消声技术,原理是:利用电子消声系统产生与噪声相位相反的声波,使两者的振动相互抵消,以降低噪声。这种消声装置采用极其先进的电子元件,具有优异的消声效果,可用于降低车内噪声、发动机噪声,还可以用于主动动机支撑系统,以抵消发动机振动噪声。

4. 车辆 NVH 性能评测

　　目前对车辆的声振舒适性评测已有一套比较成熟的方法,专门的消音室可以通过模拟真实车辆行驶状态,回放发动机噪声、进排气噪声、动力传动系统噪声、轮胎噪声、风噪等,还可改变车速、挡位和油门踏板开度来方便快速地评价不同零件和路面引起的车内噪声。如图 2-35 所示。

图 2-35　专用 NVH 汽车评测实验室

对于车内噪声评价可以进行车辆声品质系统分析。根据车型、行驶工况以及测试声音对象的不同,对车内、关门、雨刷、玻璃升降音、提示音等声品质的响度、尖锐度、粗糙度、抖动度、清晰度通过心理声学参量的客观实验以及主观打分来进行评价,如图2-36所示。

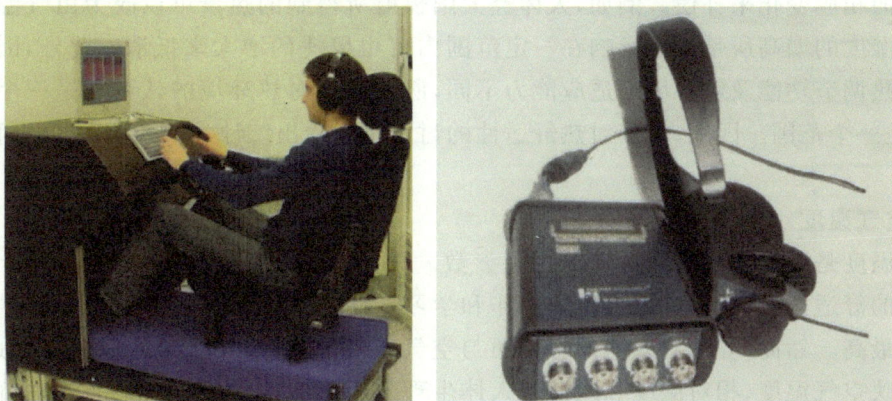

图2-36 心理声学测量设备

2.5.2 汽车热舒适性(HVAC)

汽车HVAC系统是Heating,Ventilation and Air Conditioning的英文缩写,就是汽车的供热通风与空气调节系统。HVAC是一门应用学科,它在世界建筑设计和工程以及制造业有广泛的影响,各国都有HVAC协会,中国建筑学会暖通分会即中国的官方代表机构。传热学、工程热力学、流体力学是其基本理论基础,它的研究和发展都是为了使人的工作和生活环境更加舒适。

汽车的空调送风系统是通过空调将经过处理的空气以一定的方式送入室内,从而使车内空气的温度、湿度、气流速度及洁净度保持在一定范围内,以此维持人体体温恒定不变,达到车内乘员的安全和舒适。在不同季节中,人体产生和散发热量是不同的,如果能获得体温恒定不变的热平衡,便可以认为人是处于热舒适状态。

汽车热舒适性是指汽车室内气候环境对乘员的适宜性。汽车热舒适性是一个模糊量,以往一直被人们作为精确量来处理,实际上是不太科学的,如人体感觉的冷与热、干与湿、风速的大与小、舒适程度的高与低等,都是一种模糊量,很难以一条明确的界限来判断"是"与"否"。影响热舒适性的因素是很多的,不同年龄、性别、衣着、种族、习惯、健康状况、心理及情绪等的人,对热舒适的感觉都是不一样的。此外,由于受季节、昼夜等自然环境变化的影响,脉搏、血压和皮肤温度等也将发生变化。因此,对于车内热舒适性的评价也是一个复杂的问题,需要对热舒适性参数进行综合分析和综合评价。

1. 影响汽车热舒适性的参数

影响汽车热舒适性的参数是指影响舒适性的热环境的状态参数。人体所处的热环境是决定人的作业效能和健康的重要影响因素。热环境主要包括空气温度、相对湿度、风速和热辐射四个因素。评价汽车座舱环境的目的是为了使该热环境适应人的要求,使人感到舒适。为此,必须考虑人所具有的特性。除了上述四种物理因素外,还要考虑人体代谢量和着衣量,一般把这六种因素称为热环境六因素。

人体所处热环境的各因素是相互影响和抵消的。某一因素的变化对人体的影响通常可由另一因素的相应变化来补偿。例如,人体经太阳辐射所得到的热量可以改为由气温升高来获得;温度、湿度的增高所带来的影响在一定范围内可由风速的增大来抵消。此外,因人体本身所具有的热调节功能及对环境的适应能力不同,所以人体对热环境的认可不是一个孤立的状态点,而是一个范围。因此,本节对热舒适性的讨论将会给出统计学上的人体感到舒适的热环境指标。

(1)空气温度

空气温度是影响人体热舒适性的主要参数。根据有关测定资料,气温在 15.6~21℃ 时,是热环境的舒适区段,最适宜于人体的工作和学习。在此温度环境下,人体的体力消耗最小而工作效率最高。然而,空气对人体的影响还与空气相对湿度、风速等条件有关。因此,常用一些综合反映空气温度、相对湿度和风速对人体生理效应影响的"生理热指标"来评价温度环境对人体的实际影响,通常采用有效温度这一指标,即根据人体的主观感觉来划分度数,将空气温度、相对湿度和风速等因素结合在一起考虑,成为统一的具有同等温度感觉的最低风速和饱和相对湿度下的等效温度,称为有效温度。

①热舒适的温度范围。为了确定车室内空气的热舒适条件,科研人员做了大量试验研究工作。图 2-37 所示为人体感觉热舒适的温度范围。从试验分析可知,夏季人体感到舒适的温度是 24~26℃,由舒适转为不舒适的分界线是 28℃ 左右。

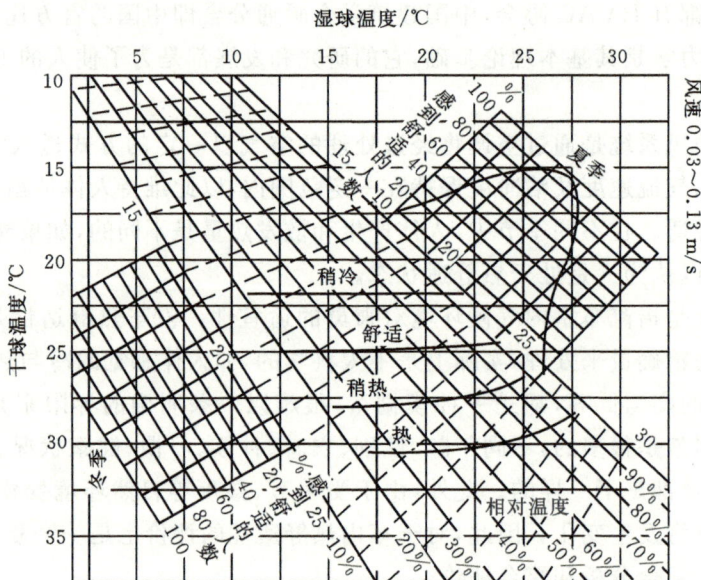

图 2-37 人体感觉舒适的温度范围

美国供暖、制冷和空调工程师协会(ASHRAE)经过多年研究后得出结论,大部分人在有效温度为 23.9~26.7℃ 范围内感到舒适,夏季车内温度为 22~25℃、冬季 20~25℃ 比较理想,或夏季 22.6～26.6℃、相对湿度 45％～50％,人体感觉最舒适;从人的出汗实验可知,环境温度从较低温度逐渐上升到 28℃时,人体出汗是在身体的局部范围且汗量很少;当环境温度从 28℃往上升时,人体出汗的范围和量都将急剧上升。对习惯于空调环境下工作的人员的测试表明,最佳有效温度是 27.6℃。当有效温度为 30℃(空气温度约为 35℃时,工作效率将显著下降。

②车内外温差。在考虑汽车空调的热舒适性时,车内、外温差也是一个比较重要的因素。尽管外界环境温度的变化是经常性的,但在空调车内人体总是保持恒温,如果从很热的外界环境中直接进入温度很低的汽车室内,过大的温差将会形成较大的热冲击,人的体温调节机能在短时间内无法作出适当的反应,很可能使人感到不舒适,甚至使人患病,从而影响人的身体健康。因此,在确定汽车室内温度参数时,应当考虑汽车内、外温差,把汽车内、外温差控制在一定的范围内,夏季一般控制在 5～7℃范围内,当车外温度过高时,可增至 8～10℃。

汽车车室内外的温差也可按下列公式计算

$$t = 0.5(t_H - 20°)$$

式中,t_H 为大气(车外)温度℃。

③温度分布。人体的放热约有 80％是通过皮肤进行的,皮肤以及与其相关联的血管对温度变化非常敏感。大量试验表明,人的腿、足、肩、脸及喉部对温度变化最敏感,当外界气温下降时,这些部位的血管和皮肤便迅速收缩,使其向外散发的热量显著减少,所以这些部位很容易感到冷。因此,离心脏较远的手、脚较头部和胸部等要求有更高的温度,之所以说"头凉足热"的温度分布是热舒适的温度条件,就是这个道理。所以,冬季采暖时,首先要提高大腿部及足部的温度;夏季制冷时,则首先要降低脸部的温度。

汽车热舒适性有效温度的要求如表 2-9 所示。从表中数据可以看出,人体对温度的要求是"头凉足热",即头部与脚部要有一定的温差,一般头与脚的温差为 1.5～2.0℃时,就能够满足人体对温度的垂直分布的要求。

表 2-9 车内乘客对舒适性有效温度的要求

部位	夏季/℃	冬季/℃
全身	22.3	22.7
面部	22.0	22.0
肩部	22.5	22.5
胸部	23.0	23.0
腿部	23.0	23.5
足部	23.5	24.0

因此,为了使汽车室内乘员感到舒适,车内的温度分布必须符合下列要求:
- 车内水平层的温度分布应尽可能的均匀,乘员的左、右脚温差尽可能的小。
- 车内温度分布应符合"头凉足热"的热舒适性要求,头部的空气温度应比足部的温度稍低。

• 车内前、后排座位处的温差要小，不要出现"前排凉如秋，后排汗水流"的情况。

由于车内空间狭小，座位之间间距小，每个乘客所占空间的比率小，这会影响车室内温度的合理分布，因此，对空调系统的布置设计需进行合理的优化，以满足车室内乘员的热舒适性要求。

（2）相对湿度

汽车室内的相对湿度也是影响乘员热舒适性的一个因素。当温度一定时，如果降低湿度，会使皮肤表面的汗液加快蒸发，人便感觉凉快。在夏季，当车室内的温度低于 26.7℃ 时，湿度对人的热舒适性的影响不明显；但当车内温度超过 28℃ 后，空气的相对湿度对人的热舒适性的影响就明显了。相对湿度小于 30% 或大于 70%，都将使人感到不舒服，而在 45%～60% 人会感到比较舒适。

（3）室内风速

汽车是利用空调系统把冷风或暖风送进车室内来调节车室内的热环境的。空气在车内流动，风速不同，即使车内温度相同，人体的热舒适感觉也会不一样。实验表明，与无风相比，在 1 m/s 的风速下，人体感觉的温度会低 1℃；而在 2 m/s 的风速下，人体感觉的温度会低 2℃。虽然车内空气流速增加可以增加人的舒适感，但并不是空气的流速越大越好，因为过大的空气流速会使人体局部过度散热而感到难受。最理想的情况是用大流量的空气低速流过乘员身体的各个部位。一般情况下，车内空气的流动速度在离地面 1.2 m 处，夏季的空气流速为 0.3 m/s 比较合适，冬季的空气流速为 0.5 m/s 比较合适。

与气流速度相关的热环境中的另一个重要特征就是空气的新鲜感。在舒适温度范围内，一般当气流速度达到 0.15 m/s 时，就可感到空气清新而产生新鲜感。反之，即使室内气温适宜，但气流速度很小，也会使人感到沉闷。

（4）热辐射

热辐射包括太阳辐射及人体对车室内环境的辐射。任何两种不同温度的物体之间都存在热辐射。热辐射不受空气影响，热量总是从温度较高的物体向温度较低的物体辐射，直至两物体的温度相平衡为止。当外界物体的温度高于人体皮肤温度时，热量从物体向人体辐射，使人体吸热，这种辐射称为正辐射。当外界物体的温度低于人体皮肤温度时，热量从人体向物体辐射，使人体散热，这种辐射称为负辐射。在车室热环境设计中所面临的边界条件是太阳对车内的热环境和人体对车内环境的热辐射共存。

（5）着衣量

衣服的绝热性可用热阻（单位是：clo）来表示，1941 年美国耶鲁大学的 Gagge 博士通过测试，在室温 21℃、相对湿度为 50%、风速为 0.1 m/s.、人静坐在椅子上（人体皮肤平均温度 33℃，显热损失 44W/mz 时，给出从皮肤表面到衣服外面的热阻值为 $1clo=0.1555m^2 \cdot ℃/W$。1clo 热阻值的衣服相当于冬天人穿了一件毛衣。严格的衣服热阻值测试应在特定的空调房间，让发热人体模型穿上衣服后测试其热阻值。

（6）代谢量

人体的代谢量反映了人体做功所消耗的能量。1 代谢量（单位：met）的定义是一般人坐在椅子上安静地看书时的代谢量。表 2-10 所示为主要作业活动与代谢量的关系。

表 2 - 10　主要作业活动与代谢量的关系

类别	作业活动	代谢量/met
休息	睡眠	0.7
	在椅子上静坐	1.0
	站着睡	1.2
办公室	读书	1.0
	写字	1.0
	打字	1.1
家务事	洗碗	1.6
	炒菜	1.6～2.0
	打扫卫生	2.0～3.4
其也	步行(0.9m/s)	2.0
	步行(1.34m/s)	2.6
	开车	1.0～2.0
	打网球	3.6～4.0

2.汽车热舒适性评价

（1）国外热舒适性评价标准

ASHRAE（美国供暖、制冷、空调工程师学会推出的热舒适性评价标准）和 ISO7730（国际标准化组织提出的室内热环境评价与测量标准化方法）是世界上普遍采用的评价和预测室内热舒适性的标准。ASHRAE 标准给出了至少满足 80％居住者的舒适区，详见图 2 - 38。

ISO7730 标准以丹麦工业大学 Fanger 教授提出的预测人体热感觉的 PMV-PPD 指标来描述和评价热舒适性，详见图 2 - 39。其中，PMV 是 Predicted Mean Vote 的缩写，意为预期平均评价，它不是代表个别人对环境的热舒适的表决预测数，而是表示多数人对环境热舒适感觉的表决平均预测数；PPD 是 Predicted Percentage of Dissatisfied 的缩写，意为预期不满意百分率，它表示不满意百分比的预测数，是为了说明有多少人对热舒适性表示不满意。PMV－PPD 指标综合考虑了人体活动程度、衣服热阻（衣着情况）、空气温度、平均辐射温度、空气流动速度和空气湿度等 6 个因素，利用人体热平衡的原理，确定了 PMV 的数学表达式，并利用概率分析的方法，确定了 PMV 和 PPD 指标之间的数学关系式。与 PMV－PPD 指标体系相似的还有 Gagge 教授提出的有效温度指标（ET）和标准有效温度指标（SET）。这些标准从不同程度上反映了影响热舒适性的 4 个因素的共同作用结果，它们共同的特点是认为环境参数不随时间改变，而且把人体看作是外界热刺激的被动接受者；一定的热环境参数对人体的作用是通过两者之间的热交换来影响人体的生理参数，进而产生不同的热感觉。所以，这些指标可以被认为是以热平衡方程为基础的。

汽车热环境和建筑室内热环境既有联系又有区别，它们都是通过人体的热舒适性来评价。目前，国内外均借用建筑室内热舒适性的评价方法来评价汽车内的热舒适性，但是汽车车室内的空间狭小、结构复杂，因此汽车室内的温度场分布和气流组织应该有它自己的特点。为了评价汽车室内的热舒适性，国内外做了大量的研究工作。美国学者认为夏季车室内的温度应控制在 22～25℃，冬季车室内的温度应控制在 20～25℃比较理想。而夏季车内温度控制在22.6～

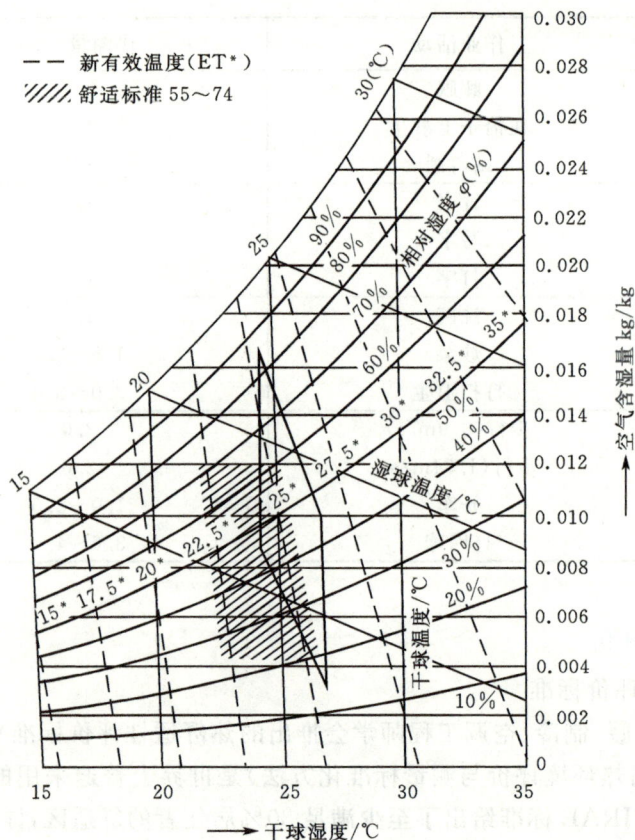

图 2-38　ASHRAE 舒适图

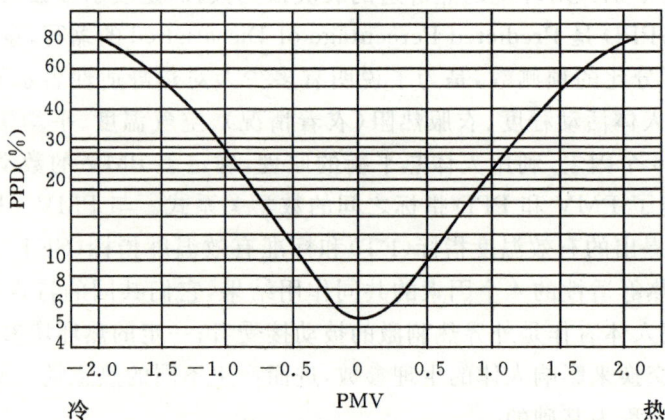

图 2-39　PMV 与 PPD 的关系

26.6℃,相对湿度在 45%~50%时,人体感觉最舒适。法国 Diavia 公司研究结果认为:最舒适的车内环境应是相对湿度 35%~65%、室内温度 23~27℃,车内的空气流速不大于0.2~0.25 m/s,此时能保证人体和周围环境的最佳热平衡。日本前山守通过大量试验证明,冬季上半身气温为24~28℃,下半身气温为 28~32℃时人体感到舒适;而夏季上半身气流速度为0.6~0.9 m/s,

下半身气流速度为 0.2～0.3 m/s,温度为 24～26℃ 时人体感到舒适。从人体生理要求出发,日本有人提出舒适性允许值与推荐值如表 2-11 所示。

表 2-11 人体生理要求舒适性允许极限及推荐值

项目	季节	允许极限	推荐值	目标值
温度/℃	夏季	28	21～28	22～24
	冬季		20～24	24
上下温差/℃	夏季			2
	冬季			3
湿度(%)	夏季	70	55～70	<55
	冬季	35	55～70	
综合温度/℃	夏季	24	20～24	21
	冬季	17	17～22	19

(2)国内热舒适性评价方法

我国的研究人员结合中国人的体质情况和我国国情,确定了符合我国实际情况的热舒适性环境参数,表 2-12 列出了国内推荐的汽车热舒适性环境参数。

表 2-12 汽车热舒适环境参数

内容 范围	温度/℃		相对湿度(%)	换气/(m³/min)	风速/(m/s)	噪声/dB
	冬	夏				
舒适带	15～18	22～27	30～70	0.6	0.075～0.2	45
不舒适带	0～14	27～43	30<及>70	0.35	0.4	65
有害带	<0	>43	<15	0.14	>0.4	120

铁路空调列车比汽车空调发展得早,通过加权法积累了一套比较精确的热舒适环境参数,表 2-13 所示是我国铁路列车推荐的热舒适环境参数,这些参数也可以作为评价汽车室内热舒适性的参考标准。

表 2-13 铁路列车热舒适环境参数

项目	夏季	冬季
列车室外气温/℃	34.9±0.21	
列车室外相对湿度(%)	64±4.8	
列车室内温度/℃	24～29	18～22
列车室内相对湿度(%)	≤70%	≤30%
列车室内空气流速(m/s)	0.25～0.5	0.05～0.25
列车室内新风量(m³/h·人⁻¹)	20～25	<20～25
列车室内含尘量(mm³/m³)	≤1	

3. 汽车热环境仿真技术

计算流体力学(Computational Fluid Dynamics,CFD)是建立在经典流体动力学与数值计算方法基础之上的一门独立学科。它是通过计算机数值计算和图像显示的方法,在时间和空间上定量描述流场的数值解,从而达到对物理问题研究的目的。它兼有理论性和实践性的双重特点,建立了许多理论和方法,为现代科学中许多复杂流动与传热问题提供了有效的计算技术。CFD 软件现已成为解决各种流体流动与传热问题的强有力的工具,成功应用于水利、环境、流体机械与流体工程等各种技术科学领域。过去只能靠实验手段才能获得的某些结果,现在已完全可以借助 CFD 软件仿真技术来准确获得。

在汽车座舱热舒适性问题中,利用 CFD 方法可以在汽车研发的前期进行各种形式的空调系统性能的预测,以获得满足乘员舒适性要求的最佳设计参数。

(1)模拟的一般原理和步骤

为了进行 CFD 数值仿真计算,用户可以借助于商用通用流体软件来完成所需要的任务,也可以直接编写计算程序来完成。两种方法的基本工作过程是相同的。图 2－40 所示为 CFD 的工作流程图。

通用商用 CFD 软件提供了一个集成的用户界面,用户可以方便地完成从前处理到后处理的全过程。对于其中所涉及的一些参数的设置可以采用软件默认值,用户可以方便、快捷地来完成一个 CFD 仿真计算。现在以 STAR-CD 为例,简要介绍使用商用软件进行汽车座舱流场、温度场仿真

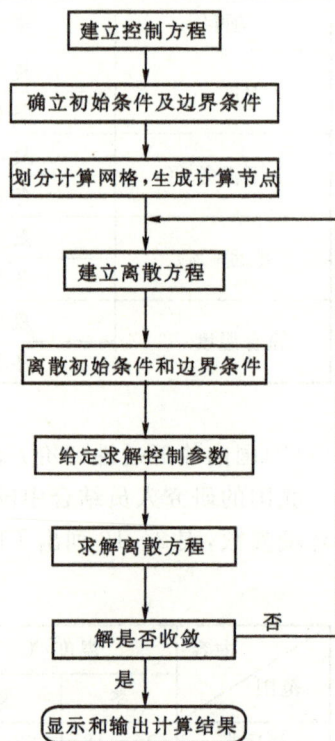

图 2－40　CFD 的工作流程

的一般步骤。STAR－CD 是由英国帝国理工学院提出的通用流体分析软件,该软件基于有限体积法,适用于不可压流和可压流(包括跨音速流和超音速流的计算)、热力学的计算及非牛顿流的计算、化学反应(包括气体、液体与固体燃料燃烧)、多空介质等多种物理模型。它具有前处理器、求解器和后处理器三大模块,以良好的可视化用户界面把建模、求解及后处理与全部的物理模型和算法结合在一个软件包中。

①座舱 CAD 模型的建立。这个工作通常由汽车外形设计人员来提供,STAR-CD 提供了丰富的接口来接收输入的 CAD 模型,包括 CATIA,PRO/E,Unigraphics 等。CAD 建模完成后保存为 STAR-CD 可以接收的格式,如 igs,stl 格式等。

②计算域网格的生成。座舱 CAD 模型完成后,就需要对计算域进行离散,生成计算网格,见图 2－41。可以把 CAD 模型导入 STAR-CD 的自动网格生成子模块 Pro-AM 中进行网格生成(如果 CAD 模型的表面网格质量较差,也可以利用 STAR-CD 中集成的专门表面处理工具 Pro-SURF 进行表面网格的修整和生成,然后将处理后的优质表面网格输出给 Pro-AM 再进行体网格生成),也可以在 ICFM CFD 软件中完成网格的生成工作。Pro-AM 可以快速生成四面体、六面体、混合网格、多面体网格,利用该子模块,用户可以在最短的时间内灵活生成最佳网格,并用它获得可靠而又精确的结果。

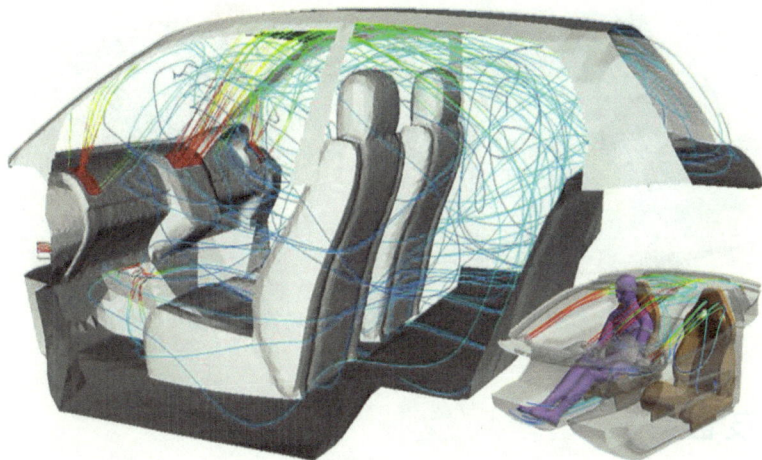

图 2-41 汽车座舱 CAD 模型

③物性和边界条件的设定。在 STAR-CD 的前处理 Pro-STAR 中进行计算域内初始条件和边界条件的确定,其中最重要的是太阳热辐射模型和人体模型的确定。

太阳热辐射模型包含两步:首先,基于汽车模型所在的地区和时间,程序自动计算最大的太阳辐射。接着,对于给定的座舱和玻璃形状,程序计算太阳辐射负荷对于乘客座舱的影响。程序会记录太阳辐射通过玻璃时的穿透率、吸收率、反射率和光线的入射角。辐射热负荷是基于平均辐射温度利用线性模型计算得到的,或者是采用 Stefan Boltarnann 法则得到的详细模型。

人体模型包括六个部分:头部、躯体、胳膊、手、腿和脚。目前,这个模型能够模仿这六个部分中的任意几个。每部分都包含四层人体组织(核心、肌肉、脂肪、皮肤组织)和衣物。动脉和静脉用一系列的点来表示,可以用来计算六个部分和组织节点之间的热传递,动脉和静脉之间的逆向热传递。

④给定控制参数。这部分工作主要包括监控点数据的输出、迭代计算的控制精度、时间步长、输出频率和迭代计算收敛的标准等。

⑤求解器求解计算。按上述步骤设置完成并且检查无误后,可以保存全部的模型信息为一个模型文件,以供将来使用和察看。接下来要将全部模型信息输出为求解器 STAR 可以识别的文件进行求解,这样的文件有两个:一个称为几何文件(扩展名为 geom),它包含了全部网格信息和边界位置信息,另一个称为问题文件(扩展名为 prob),它包含了全部物性信息、边界值信息以及控制参数等。在迭代过程收敛后,计算结果被保存到结果文件(对于稳态问题扩展名为 pst,对于非稳态问题扩展名为 pstt)。

⑥显示和输出结果。计算结果文件导入到 STAR-CD 的后处理模块 Pro-STAR 中进行结果的显示和输出。STAR-CD 提供了多种方便的计算结果的显示方式,包括线值图、矢量图、等值线图(见图 2-42)、流线图、云图等。

车室热环境 CFD 分析方法是产品研发阶段一个重要的仿真工具。参数化座舱模型的使用可以快速建立分析所需要的网格模型,这就可以在产品研发的早期阶段进行快速的 CFD 分析。

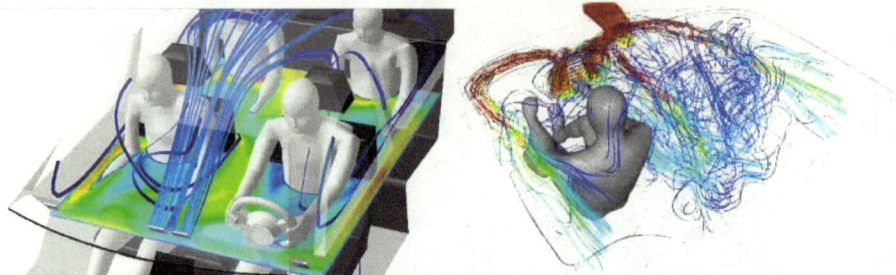

图 2-42　座舱内空气流场等值线图

2.6　照明及色彩

2.6.1　照明的影响

生理学和心理学方面的实验表明,照明会影响人的情绪。一般而言,明亮的环境令人兴奋、愉快,容易保持良好的积极性。良好的照明条件还能延缓视觉疲劳的发生,使人保持良好的工作状态。具有合理照度和色光分布的驾驶环境不会使人产生单调感,对长时间乘坐者的情绪和心理有愉悦和慰藉作用。汽车照明有前照灯、后尾灯、制动灯、倒车灯、转向灯、日间行车灯、室内灯、阅读灯、门灯、行李箱灯等,每种灯都有各自不同的功能,因此在光色上、发光亮度上、闪烁频率上必须加以区别,保证行车安全的同时方便乘坐者使用,如图 2-43 所示。

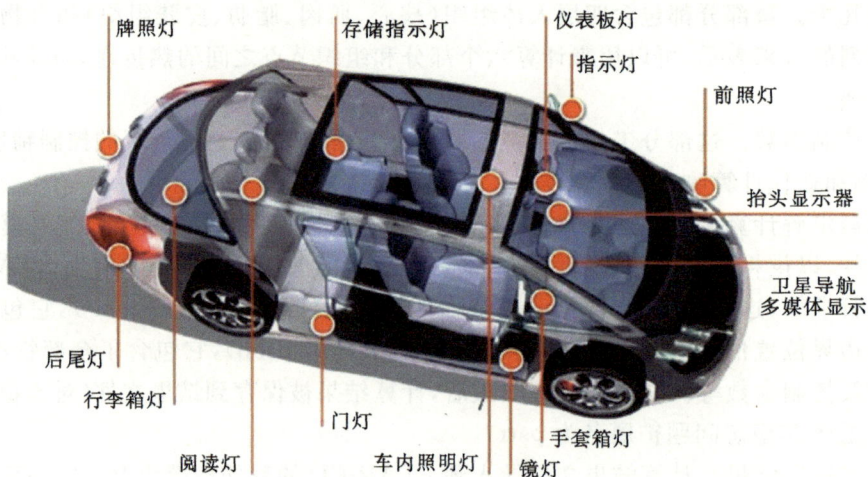

图 2-43　汽车照明种类

下面就汽车上的主要照明加以简要介绍。

1. 前照灯

如果把汽车前脸比作"脸"的话,大灯就是"眼睛",而前照灯就是这部车的"眼神"。汽车照明自氙气照明技术出现后,人类车灯照明史上开始了跳跃式的发展。氙气灯的光照亮度是普通卤素前照灯的两倍,能耗仅为其三分之二,如日光般明亮的照明效果,使用寿命可达普通卤素灯的十倍。氙气前照灯极大地增加了驾驶的安全性与舒适性,还有助于缓解人们夜间行驶的紧张与疲劳。

2. 车内阅读灯

在车内光线不足时,车内阅读灯能提供给乘坐人员足够亮度,同时又不会影响驾驶员的正常驾驶。一般安装于驾驶座顶部和汽车后座中间顶部,如图 2-44 所示。

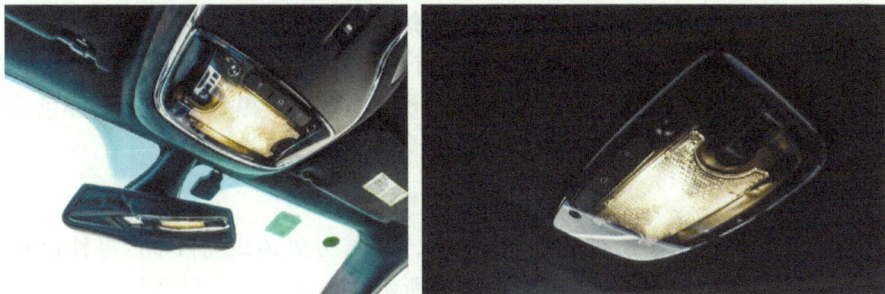

图 2-44 车内前(左)后(右)阅读灯

车内的阅读灯一般装有车内灯定时器,当出现下列情况时,车内灯应持续点亮一段时间,约 15s:

①在驾驶员侧车门关闭的情况下,从点火开关中拔出钥匙。

②在机械钥匙未插入点火开关时,点火开关转至"LOCK"位置。

③钥匙不在点火开关中时,打开驾驶员侧车门锁。

④点火开关中无钥匙时关闭最后一个车门。

3. 车内氛围灯

车内氛围灯主要起调节氛围的作用,不需要有足够的亮度,却要有足够多的颜色,满足人们在不同情况下想要达到的不同效果。阅读灯主要体现的是实用性,而氛围灯在起照明作用的同时主要是体现装饰性(见图 2-45)。氛围灯根据品牌车型不同,大致位置可分为脚底、中控台、车门扶手、车辆底部等。

图 2-45 起装饰作用的车内氛围灯系统

2.6.2　色彩的影响

1.色彩对生理的影响

颜色的生理作用主要表现在对视觉工作能力和视觉疲劳的影响。在颜色视觉中,人们能够根据色调、饱和度和明度的差别来辨别物体,即使物体的亮度和亮度对比并不很大,也能有较好的视觉条件,并且眼睛不容易疲劳。但是颜色不宜过分强烈,以免引起视觉疲劳。在选择颜色对比时,一般认为以色调对比为主较合适,而亮度和彩度对比不宜过大。

颜色的生理作用还表明,眼睛对不同颜色光具有不同的敏感性。例如,人眼对黄色光较敏感,因此常用黄色作警戒色。一些危险部位、危险障碍等涂以黄色或黄黑、黄蓝相间的颜色是适宜的。

2.色彩对心理的影响

(1)色彩的象征意义

人类社会发展过程中,由于所处的地域、民族、信仰、历史传统等不同,每种色彩表现出来的象征意义也不同,但也有许多共同点,分别如下所示:

①红色。红色是火的颜色,象征着生命、活力、热情奔放。不少民族和地区把红色作为欢乐、喜庆、胜利的象征。在工业和交通运输中,红色代表着危险和停止。

②黄色。黄色易引人注目,给人以愉快、心安、味美的感觉,可减轻烦闷、增进食欲。黄色也象征向上、希望、明快。在工业和交通运输中,黄色代表慢行。

③绿色。绿色是大自然植物的颜色,象征着大自然、生命、生长和青春,也象征着和平和安全。在工业和交通运输中,绿色被用来作为"开"状态,或继续前进的指令。

④蓝色。蓝色常会使人联想到蓝天、大海等,象征着沉着、凉爽、清静,给人以空旷、沉静和舒适的感觉。它有镇静、降温作用,使人减少食欲。

(2)颜色的心理作用

不同的颜色不仅具有不同的象征意义,而且由于年龄、性别、习惯等差异,不同人对色彩的感受、联想等也不相同,但对大多数人来说是大致相同的。正确选择颜色,不仅有益于视觉工效,而且也会满足人们的审美趣味。颜色的心理作用有以下几点:

①冷暖感。颜色能引起或改变温度感觉。通常把红、橙、黄等颜色称为暖色,把蓝、青、绿等颜色称为冷色。

②兴奋抑制感。暖色调一般起积极的兴奋作用。例如,在红色照明下从事工作的人要比其他人的反应动作快得多。冷色调一般起消极、镇静的心理作用,但大面积作用会给人以荒凉的感觉。冷色中的绿色对生理、心理反应近于中性,给人以平静感。

③活泼忧郁感。有的色调使人感到轻快活泼、富有朝气,而有的使人感到沉闷忧郁、精神不振。色彩的这种感情作用,主要是由明度和饱和度起作用。一般明亮而鲜艳的暖色给人活泼感,深暗而浑浊的冷色给人忧郁感。

④胀缩感。一般而言,暖色、亮色看起来有膨胀感,冷色、暗色有收缩感。色彩的这种膨胀感在造型艺术设计中,处理体积或面积的比例关系时有着重要作用。

⑤轻重感。色彩给人们心理感情上带来的轻重感。例如,高大的重型机器,下部多为深色,上部多为亮色,给人稳定安全感。色彩的重量感主要由明度决定。一般明度高的感觉轻,明度低的感觉重。

⑥软硬感。色彩的软硬感主要由明度决定。明亮的颜色感软,深暗的颜色感硬。中等饱和度的色感软,高饱和度或低饱和度都有硬的感觉。

⑦进退感。几种颜色在同一位置时,有的感到近些,有的感到远些。一般红、橙、黄暖色系的色是前进色,蓝、蓝绿冷色系的色是后退色。在色彩设计中,常用色的进退感来增加色彩的层次,以丰富色彩,加深印象。

⑧华丽质朴感。一般纯度高的色彩显得华丽,纯度低的色彩显得朴素。明亮的色彩显得华丽,暗灰色彩显得质朴。在设计中,利用这个感情作用,能使产品的典型特征得到更充分的表现,使产品外观光色迎人,增强调和感。

3.汽车内饰色彩

(1)汽车车型与内饰色彩

汽车的车型和使用功能对于内饰的色彩和装饰有着重要的影响。每个车型因为用途不同,消费者不同,内饰的色彩和装饰都有着自己的特点。比如小型车内饰的色彩就比较丰富,设计简洁,时尚感强,但是装饰并不豪华,适合年轻人的品味;一些商务型汽车通常使用简洁大气的颜色体现车主的尊贵身份(见图2-46);而豪华型轿车则用它们时尚而华贵的色彩和装饰体现车主高贵身份的同时,展现出优秀而精良的操控性能和速度感(见图2-47)。

图2-46 奔驰S320L商务型

图2-47 奔驰S500轿车

(2)车内灯光与内饰色彩

对于驾驶者来说,内饰的色彩和装饰应该以适宜驾驶为主,因此整个驾驶区域的颜色应该稳重或者柔和,不宜过分刺激,如方向盘的材质应该适宜抓握,不能太滑;仪表的显示区域的色彩应该便于认读,不能造成强烈的反光,指针和刻度以及一些符号的色彩都应该易于辨认。对于乘坐区域,舒适性是第一位的,色彩的使用和搭配要宁静、舒适,有利于乘客的休息和放松身心,其次也会考虑一些娱乐、时尚因素,使得局部装饰与汽车品牌、风格以及目标用户的审美标准很好的协调配合起来。如图2-48所示。

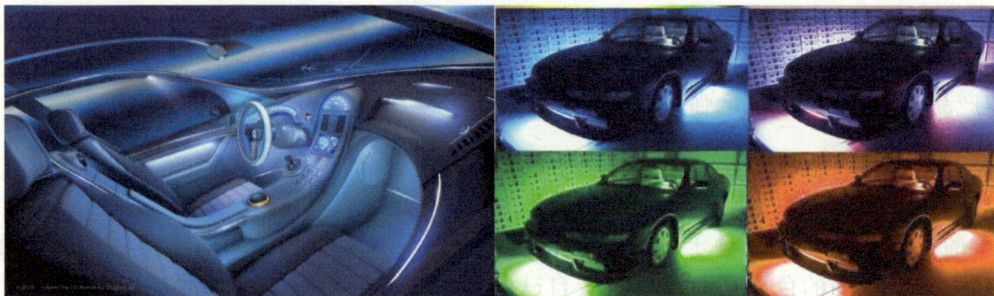

图2-48　车内灯光色调

2.7　安全性防护

2.7.1　汽车的主动防护系统

汽车安全性包括主动安全性和被动安全性两大类。汽车主动安全是指事故发生前的安全,即实现事故预防和事故回避,防止事故发生。主动安全性是指通过事先预防,避免或减少事故发生的能力;被动安全性是指汽车在发生意外事故时对乘员进行有效保护的能力。汽车的主动防护和被动防护是汽车安全性指标的重要内容。如图2-49所示。

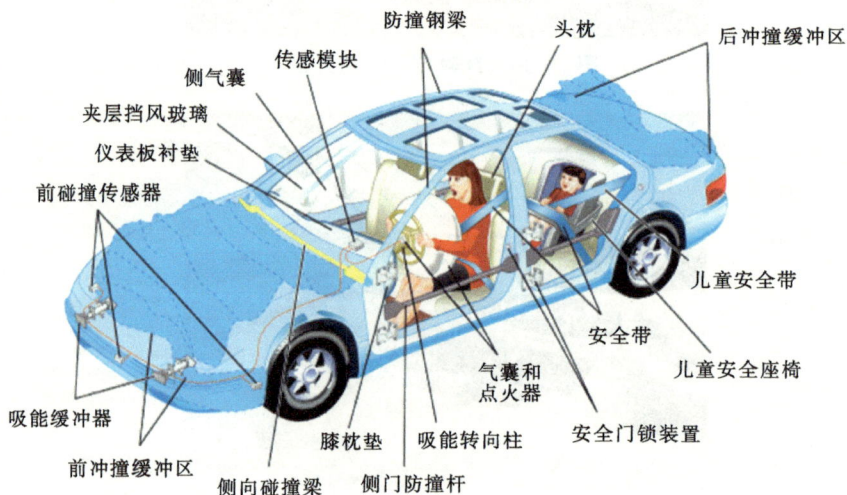

图2-49　汽车安全防护

越来越多的先进技术被应用到汽车主动安全装置上,如防抱死系统ABS(Antilock Braking System)、驱动防滑转系统 ASR（Acceleration Slip Regulation）、车身电子稳定系统 ESP（Electronic Stability Program）、电动助力转向系统 EPS（Electric Power Steering）、主动前轮转向系统 AFS（Active Front Steering）、线控转向系统 SBW（Steer—by—Wire Svstem）等，都是从制动、防滑、防锁死、操纵性和方向稳定等方面优化汽车安全控制系统，从而避免事故的发生。从汽车人机学角度研究，近些年有以下安全防护技术发展迅速且与人的感知认知密切相关。

1. 汽车主动避撞系统

汽车主动避撞系统是综合利用信息技术、传感技术来自动干涉驾驶操控，辅助驾驶员主动避开危险的一种技术。在主动避撞系统中，涉及到多种传感器技术，如雷达、激光雷达、摄像机等，其工作原理如图 2-50(a)所示，其目的在于扩展驾驶员的感知能力，将外界信息（如车速、障碍物距离）传递给驾驶员，同时根据路况、车况等综合信息辨识是否构成安全隐患，并在紧急情况下采取措施防止汽车相撞事故的发生，如图 2-50(b)所示。

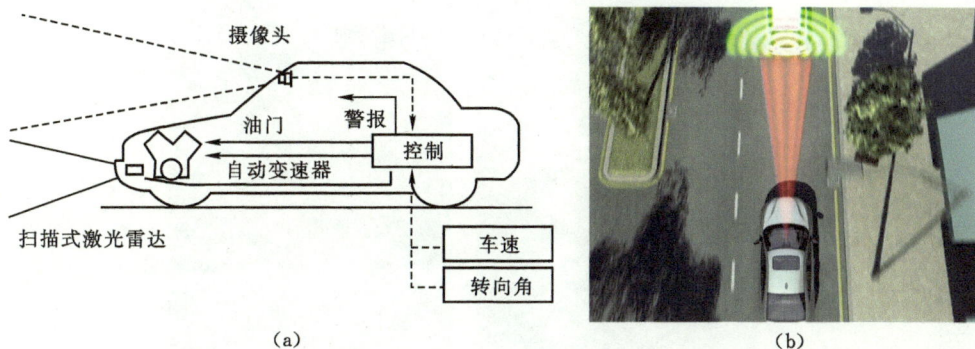

图 2-50 主动避撞系统

汽车主动避撞系统由环境识别子系统、状态判断子系统、汽车控制执行子系统等组成。在汽车正常行驶时，环境识别子系统不断感知车辆状态及外界环境信息，并将这些信息传递给状态判断子系统，控制器综合多种信息，依据安全状态判断逻辑对车辆安全状态进行判断；判断为安全状态时，系统无任何动作，不干扰驾驶员的正常驾驶；判断为危险状态时，系统会首先自动关闭油门，此时，若驾驶员尚未采取相应的动作，则系统将自动控制车辆制动和转向，并调用其他相关控制系统，使车辆远离危险的同时保证自身的安全，一旦车辆回到安全的行驶状态或驾驶员采取了控制动作，系统对车辆的控制将自动解除，回到正常行驶状态；当系统判断为危险无法避让时，除采取远离和减少危险的控制外，还将根据危险程度的大小，选择合适的被动安全控制策略。

2. 汽车轮胎胎压监测系统

汽车高速行驶时，轮胎故障是突发性交通事故发生的重要原因，而轮胎气压不足或渗漏是造成轮胎故障的重要原因。保持标准的轮胎气压和及时发现轮胎漏气是防止轮胎事故的关键，于是轮胎胎压监测系统 TPMS（Tire Pressure Monitoring System）开始得到开发与使用。TPMS 有两种类型，一种是基于车轮转速，也叫间接式 TPMS；另一种基于压力传感器，也叫直接式 TPMS，目前已在很多车上装有检测告警装置，当轮胎出现问题在第一时间会告知驾驶者。

3.夜视辅助系统

夜间行车时,由于车灯照明范围的限制,驾驶员很可能没有发现路边或者前面较远处的行人或其他障物,从而导致交通事故。国外混合动力车配备的 Night View 夜视系统,采用红外技术,能将道路前方的信息显示在仪表板的显示屏上,不仅可以识别夜间道路上的车辆情况,还增加了行人检测功能,能很大程度降低车辆在黑暗行驶情况下的事故风险。

4.主动修正方向的车道偏离警示系统

车道偏离警示系统使用摄像头监测汽车在车道标线之间的位置,如果未使用变道信号而汽车越过车道标线,该系统就会发出声音信号向司机报警(见图 2-51);在此基础上,已有公司开发出自动转向规避碰撞功能,它比车道偏离系统更为先进。该系统利用摄像头和雷达监测汽车本身与对面来车的位置,能够帮助防止司机疏忽造成的正面碰撞。如果汽车进入错误车道,同时系统探测到对面车辆处在碰撞路线上,汽车会自动转向,回到原车道中的安全位置。

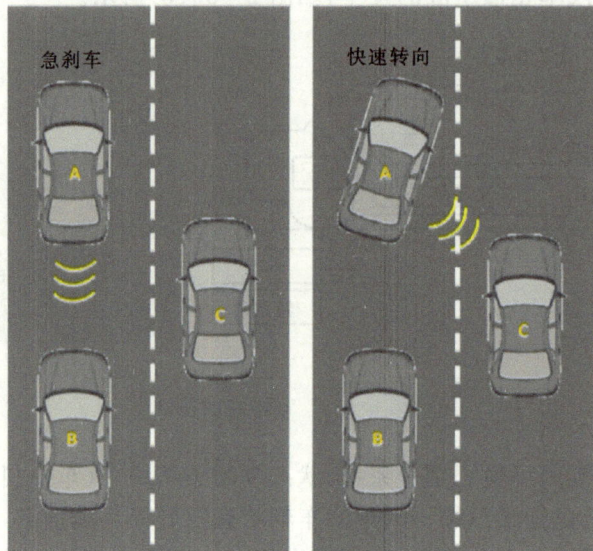

图 2-51　车道偏离警示系统

2.7.2　汽车的被动防护系统

1.安全车身

在常见的汽车碰撞事故中,汽车车身吸收了相当大的冲击能量,安全车身的品质直接影响到整个车辆的被动安全性能。安全车身是所有被动安全系统的载体,也是整个安全系统的基础。简单的从技术上讲,安全车身的核心就是通过提高座舱的高强度和优化车身对冲击能量吸收的效率来保障驾乘人员的安全性。即车身在碰撞发生时能有效的吸收碰撞能量,并将其快速地分散到车身的各部位的骨架上,使传递到驾驶舱的冲击能量尽可能的小,同时配合乘员约束系统来保障驾乘人员的安全性。

汽车的安全车架对车身起到支撑的作用,是"龙骨"(见图 2-52)。此设计需要综合动力输出、承重和空间舒适性,但最重要的还是安全性。比如在汽车碰撞试验中,如何分散车内人员的碰撞冲击力,避免由于碰撞致使车体任何部位的形变内凹挤压乘客,都会通过精密的计算。对于车架的横纵主干通常会加固使其紧密,受力较多的脆弱部位也会被强化。车架设计的最优设想是,在面临碰撞时车架会以哪种形式弯折,从而最大程度保留完整的车体结构,形成安全空间,为后续的人员救援和逃脱带来更大机会。

吸收—缓冲吸能
传导—钢架防护
抗御—高强度钢板

图 2-52　吸能式车架

2.防撞钢梁

一般包括汽车前后防撞梁和四车门防撞梁(见图 2-53),防撞梁的主要作用是保证车辆在中低速行驶的过程中发生汽车前后碰撞、汽车侧面碰撞等情况时,对车辆起到一定的保护作用,能在一定程度上保护司乘人员的安全,但是不能百分之百保证安全。

前后防撞梁的意义就是车辆第一次承受撞击力的装置,在车身被动安全方面有一个重要理念就是一点受力全身受力。即当汽车车体的某一个位置受到了撞击,如果仅仅让这一部位去承受力的话,那么达到的保护效果会很差。如果在某一点受到冲击力的时候,让整个骨架结构去承受力,则可以最大限度的降低一个点所受到的力的强度,特别是前后防撞钢梁在这里就起到很明显的作用。

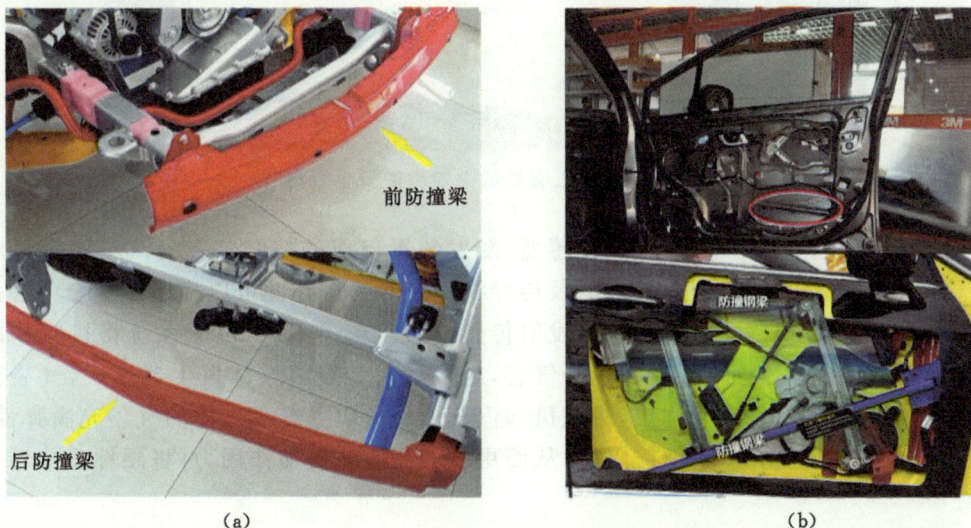

前防撞梁
后防撞梁
防撞钢梁
防撞钢梁

（a）　　　　　　　　　　　　　（b）

图 2-53　前后防撞钢梁和四门防撞钢梁

在汽车结构中防撞梁两端连接的是屈服强度很低的低速吸能盒,然后通过螺栓的形式连接在车体纵梁上。低速吸能盒可以在车辆发生低速碰撞时有效吸收碰撞能量,尽可能减小撞击力对车身纵梁的损害,这样可以降低维修成本,而螺栓连接的方式可以更方便地对防撞梁进行更换。

在高速偏置碰撞中,防撞梁可以有效地将撞击力从车身左侧(或右侧)传递到右侧(或左侧),尽可能让整个车体去吸收碰撞能量。在发生低速碰撞时(一般为 15 km/h 以下),防撞梁可以避免撞击力对车身前后纵梁的损害,降低维修成本。

3. 安全气囊

安全气囊的学名应为"辅助可充气约束系统"。安全气囊这一概念最早由美国汽车生产者联合会在 1952 年提出,并经过了近 30 年的不断研制开发,在 1980 年正式装备在奔驰汽车上。

所谓的安全气囊通俗来讲就是在碰撞中自动弹出的一种充气垫,对人体起到缓冲和包裹阻隔的保护作用(见图 2-54)。近年来,安全气囊从飞机到汽车被得到了越来越广泛的应用,它在被动安全系统中的重要作用,使其上升为汽车的标配之一并得到了迅速而广泛的推广。通常猛烈的碰撞在连续的几次碰撞后停止,安全气囊的保护作用可以防止首次碰撞之后的再次碰撞。碰撞试验表明,安全气囊可以明显减轻伤害,与安全带等辅助安全系统共同测试时可降低 60% 的死亡率,即便单独测试安全气囊也可降低 18% 的死亡率。

图 2-54　碰撞测试中弹出的安全气囊

气袋、气体发生器和由电控系统、传感器、触发装置组成的控制装置为汽车安全气囊系统的主要构成,其间还包括仪表板、转向盘及传导线系统等等。在此可以描述该安全气囊系统的工作原理:碰撞事故后,震荡触发传感器发射传感信号至电子系统,电子系统将接收到的传感信号通过计算并处理,依据需要判断打开气袋,施令触发装置将气体发生器点火,气袋在极短的时间内迅速充满大量气体并弹出,将成员和汽车前厢分隔。充满气体的气袋充满弹性,并可在受到挤压后通过排气孔产生节流阻尼,从而更多的吸收了碰撞作用力,将硬性碰撞转化为软性缓冲。

4. 汽车安全座椅

行车中,乘员坐在座椅上,因此座椅无疑成为将乘员与车身连接在一起的关键部件,并直接关系到行车的舒适和安全。座椅的主动安全性能体现在行车过程中是否可以减轻驾驶及乘坐者疲劳程度;被动安全性能体现在事故发生时安全气囊及安全带等辅助安全部件对乘员的定位防护是否能缓冲碰撞强度。

从被动安全防护的角度来说,对座椅的设计应充分考虑到以下几点:

①保证乘员的生存空间,在车祸发生时安全座椅要保持固定,不能与车体分离或者脱落。椅背有足够的强度来承受后排乘客或者是后备箱物品的冲击力。

②控制乘员的姿势,安全座椅的设计要符合人体工程学的要求。在碰撞发生后,尤其是发生翻滚碰撞后,安全座椅应能尽量将驾乘人员固定在座椅内,避免人员因与车内饰件发生的二次碰撞事故。

③使其他各辅助部件的安全防护作用充分发挥。安全座椅与安全带、安全气囊配合使用,是辅助安全系统的一部分,在设计和研发中要充分考虑各部件的相关性。

5.头部保护系统

头颈部受损伤是交通事故中最常见的伤害,每十名交通事故伤员中就有一名是永久性头颈部受伤害者。头部保护系统就是为了使驾乘人员颈部与头部获得更好的支撑,当车辆从后方受到撞击时,头部保护系统能有效地抑制头部和颈部的后移,降低头部和颈部受伤的风险。

以沃尔沃为代表,头部保护系统已经配置到其品牌下所有型号的汽车中。沃尔沃的头颈部保护系统是一种集成在前座椅中的保护系统(见图2-55),可以在后端碰撞中支撑乘坐者的整个后背和头部。该保护系统通过靠背和坐垫之间的能量吸收变形部件从而对碰撞进行缓冲。而发生后部碰撞时,靠背也会跟随乘坐者的后向运动,以减小颈部和脊柱的受力。头颈部保护系统具有非常明显的保护作用。

图2-55 VOLVO汽车的头颈部保护系统座椅部分

6.行人和儿童乘员保护

发动机罩盖易被碰触部位的刚度在限制程度内,如内板刚度分布和多圆锥的结构及发动机罩盖铰链结构布置等,均可一定程度在碰撞中保护行人的头部。另外,丰田公司所发明的行人安全气囊技术可有效减轻车辆正面与行人碰撞后行人受到的伤害。其技术原理是通过安装在前保险杠的传感器监测,与行人发生碰撞后发动机舱盖尾部自动翘起,隐藏在内部的安全气囊同时释放,并且会包裹部分前挡风玻璃与 A 柱,这样一来凸起的发动机舱盖与安全气囊便可有助于减轻行人的伤害,如图 2-56 所示。

图 2-56　行人安全气囊

7. 安全带

汽车安全带的作用是当汽车遇到意外情况紧急制动时,可以将驾驶员和乘客束缚在座椅上,以避免前冲,从而保护驾驶员和乘客避免二次碰撞所造成的伤害。三点式安全带是目前使用最普遍的一种安全带,它将人体用高强度织带固定在汽车座椅上,以免撞车时人体由于强大的惯性作用而甩出车外或撞到车内其他部件而造成人员的伤害,如图 2-57 所示。

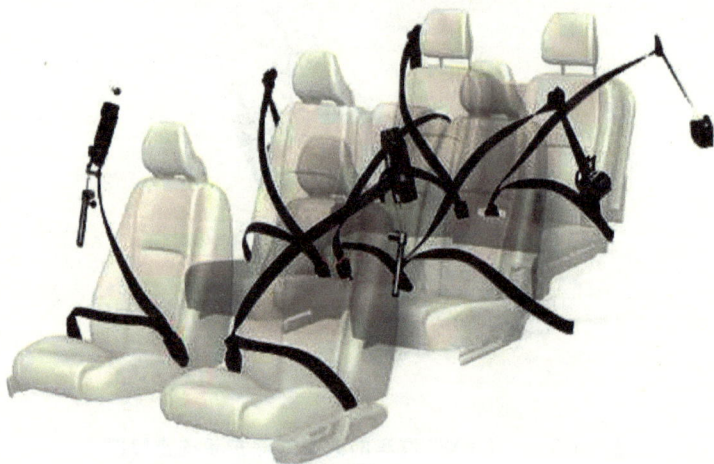

图 2-57　三点式安全带

安全带在系好后与身体仍有一定空间,保证驾乘人员的舒适与灵活,但在碰到紧急情况时,安全带会在一瞬间自动收紧,保证驾乘人员的安全。其由安全带织带、安全带卡锁、卷收器等部分组成。当汽车受到碰撞时,卷收器装置会在瞬间将安全带收紧,织带被卷在卷筒上,使织带被回拉。卷收器会紧急锁止织带,固定驾乘人员身体,防止身体前倾避免与方向盘、仪表板和玻璃窗相碰撞。最后,限力器装置会根据碰撞力的大小适当的放松安全带以免将司乘人员勒伤。

2.8 本章小结

　　本章讲述了汽车人机学中的基础知识和研究内容。而人体测量学又是人机工程学科的基础,汽车驾驶过程是一个综合了复杂人—车关系的工作状态,包含了众多如信息感知、显控界面、车辆舒适性、安全性防护等内容,了解这些知识是学习后面章节的基础,也是从事人机工程学研究和应用必须具备的基本素质,因此需要认真学习和消化。

思考题

　　1.人体测量有哪些统计方法? 百分位的意义是什么?

　　2.人体基本特性有哪些?

　　3.驾驶过程中影响反应时间的有哪些因素?

　　4.良好显控界面的特点是什么?

　　5.简述 NVH 对汽车测试的意义,如何评价汽车的声振舒适性?

第3章
车身设计中的人机因素

如果说一架工厂里的机器可以只具备功能不讲究形式,那么汽车这台复杂的机器从诞生起就与乘坐者无时不刻发生着联系,人们必须设计和处理好与它的交流界面才能够安全地驾驭这台速度猛兽,这就是汽车设计中的人机因素萌芽。在车身进化历史中,人们逐渐意识到了人机研究带来的益处,于是从外形到内饰也慢慢上演了一场缓慢的进化。正是历史长河中这些看似零零散散的人机因素优化,才构成了今天成熟的汽车结构和人机工程的知识体系基础。

3.1 车身风格演变中的人机学

众所周知,以轿车为主体的车身外形经历了马车型、箱型、流线型、船型、鱼型到楔型的演进历史,这个过程里有审美趣味的更替,但更是技术、材料、工艺不断更新的结果。汽车外形取决于机械工程学、人体工程学和空气动力学的要求——机械学要求汽车动力性和操纵稳定性好;人机学要求汽车提供驾乘人员有足够的活动空间,舒适性好;气动学要求汽车行驶时空气阻力小,车身结构正是基于这复杂的平衡才得以发展的。

3.1.1 马车型车身

1879 年,德国工程师卡尔·本茨成功制造出第一台二冲程的汽油发动机,1885 年他将自制的单缸四冲程、水冷、0.55 kW 的汽油机装在一辆三轮车上,采用了齿轮齿条转向钢辐条轮和实心橡胶胎,成为世界上最早的汽车雏形,时速可达 16 km/h。这辆车虽然简陋,但已经具备了现代汽车的一些基本特点,如电铃线圈点火、小循环、钢管车架、钢板弹簧悬挂、后轮驱动、前轮转向和制动手把等等,并申请了专利。1886 年戈特利布·戴姆勒和他的搭档威廉·迈巴赫制成了一台高速四冲程单缸、风冷、0.462L、0.8 kW 的汽油机,将它直接安装在一辆四轮马车上,成为"无马马车"。如图 3-1 所示。

直到 19 世纪末,汽车的零部件还一直沿用马车的车身、车轮、钢板弹簧、制动器等部件,将发动机安装在座位下,如 1901 年的奥兹莫拜尔小汽车,其外形和马车厢没有本质的区别。发动机功率起初仅有 1～2 马力,与传统马车相当,座位也只能乘坐 2～3 人,为了稳定,轮子安装在四个角,未设门窗和车篷,外形酷似马车——显然,当时还缺乏系统的外观设计理念,只能延

图 3-1 1885—1886 年奔驰 Patent Motorwagen 车型和戴姆勒 Motorkutsche 车型

续马车的结构和外形。同时限于发动机功率,机车行驶速度较低,还体现不出高速迎风对裸眼带来的刺激,很多工程和设计问题尚未暴露,似乎马车型的车身没有什么不合理,已经是最好的形态。如图 3-2 所示。

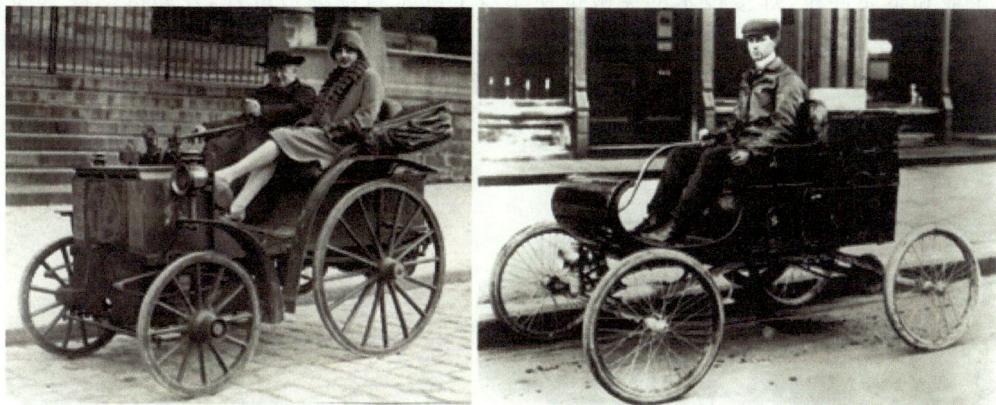

图 3-2 1891 年法国潘哈德 Panhard Levassor 和 1901 年 Oldsmobile

这个时期的"车身"概念是懵懂的,仍然是旧观念的延续,美学上尚顾及不暇,只能满足乘坐者最基本的外出和代步需求。

3.1.2 箱型车身

马车型汽车过于简陋的外表和不成熟的设计促使工程师开始考虑人车因素,即舒适性和维修的便捷性。首先,半开放的马车型车厢逐渐变为封闭的方箱。以前的马车车夫只能暴露于空气中,只有乘客能乘坐于开放或半封闭的轿厢里。汽车的出现令驾驶行为成为完全不同于赶车的一种新乐趣,司机与乘客的身份逐渐融为一体,避雨遮风的需求也越来越明显,这就要求更为安全、舒适的驾驶环境。因此汽车的形状也就逐渐演变成车头和乘员舱一小一大两个方正的部分,箱型车由此产生;另外,为了维修方便,将发动机从座椅下移到了汽车头部,为日后安装和维修更复杂发动机及其他部件提供了条件。如图 3-3 所示。

1902 年,戴姆勒汽车公司生产的梅赛德斯汽车把发动机布置在前部,将动力总成与乘客区间明确分段从而形成了两大功能部分,可以看做是箱型小汽车的最原始的雏形。1905 年四缸发动机问世,功率提高,汽车开始使用木结构的箱体,但仍旧沿袭了马车的诸多特征,1908

图 3-3　方箱型汽车的雏形,左 1903 福特 A 型车 Runabout

年福特公司研制的 T 型车也不无例外地采用了带篷马车外形。随着速度的提高,尤其在车速超过 50 km/h 后,迎面风就使乘员难以忍受,司机需要封闭的空间才能保证安全驾驶。同时冶金工业和金属冲压、焊接技术的突破也使车身上的木材逐渐被取代,发动机也被更加安全的铁皮箱罩上,车箱也开始封闭。这不仅极大地改善了乘坐条件,而且令造型从被动的松散结构变得更具整体感。如图 3-4 所示的 1915 年的福特 T 型车是典型的箱型汽车代表。

图 3-4　1908 年版福特 T 型车和 1915 年版福特 T 型车

　　T 型车为四缸引擎前置后驱,行星齿轮传动,可提供 20 匹马力(15 kW)和 72 km/h 的速度,其清晰的箱型结构便于改装,所以基于 T 型车平台衍生出了一系列车型,包括不同动力配置和座位数配置等,美国人最喜爱的皮卡就是在那个年代由箱型车演化而来的,如图 3-5 所示。福特 1913 年引入了流水装配线和科学管理制度之后,生产效率得到了大幅度提高,汽车产量占到了当时全球总量的 50%,价格却只有竞争对手的 1/3,其势如破竹的销售浪潮持续多年,到 1927 年停产总共销售了 1500 多万辆。

　　箱型车从 1910 年出现到 1930 年消亡,在发展中也是有所变化的——早期的箱型车底盘高、车身高,但随着速度提升空气阻力也越来越明显,不得不降低风窗高度以减小迎风面积,同时风窗角度也由直立开始逐渐倾斜:原始的正方箱型变为了长扁箱。1900 年方箱型车高 2.7米,几乎与马车同高,到了 1910 年就降到 2.4 米,1920 年降到 1.9 米,而今天的轿车一般都在1.3~1.5 米左右。降低高度令视野性变差,提高速度容易引起转向侧翻,所以车身宽度需要适当加宽以提高转向稳定性——从开始的 1.3 米增加到 1.5 米,双座汽车大体达到 1.6 米,三座一排的汽车达到 1.8~2 米左右。为了尽量减小截面积,车身的横截面从初期的方形变为椭

图 3-5　1915 年福特 T 型车 Roadster 和 1923 年皮卡车雏形

圆形。

值得注意的是,发动机由单缸逐渐变成 4 缸、6 缸、8 缸,且气缸是一列排开的,因而发动机罩也随之变长,车身比例明显由短方高向长扁矮发展。长头汽车代表着更大的功率和更高的时速,带给消费者一种心理满足,同时车体无论从上下、还是从前后都形成了两个比例不同的箱型体积,视觉上也确实有一种机器美感,所以风靡一时。其实从技术上讲前后轴负荷分布不均,并非最佳布置。这种长头箱型车始于 1920 年,在 1930 年前后达到高峰(见图 3-6),之后逐渐被更科学的总布置所取代。

图 3-6　同处 1931 年的梅赛德斯奔驰入门级 170 和豪华车 770Grand

总体来说,箱型汽车的内部空间大、底盘高,乘坐舒适、改装方便,直到 130 年后的今天也仍是非常明显的优点,因此很多微型车、越野车及客车造型依然沿用传统的方箱外形,如吉普、路虎等,只不过棱角都做了圆弧处理,视觉上收缩了很多。另外车身上贯通、呼应的特征线也弱化了箱型的方硬感。

3.1.3　流线型车身

1883 年,英国的莱诺路兹根据对水流的观察建立了无涡流的层流理论,1911 年卡门发现水中的立柱后部会产生涡流并计算出了阻力,成为涡流理论研究的开端。1920 年,德国保尔·亚莱用风洞对齐柏林号飞艇进行了空气阻力研究,得出了空气阻力的计算公式:

$$F_W = C_D \cdot A \cdot V^2$$

式中　F_W —— 空气阻力(N);

　　　A —— 迎风面积(m²);

　　　V —— 物体速度(km/h);

　　　C_D —— 空气阻力系数。

这个公式说明,空气阻力与迎风面积、气阻系数成正比——除了把正方形的箱压扁以外,还应该从汽车本身的形状入手,而气阻系数 C_D 值只与形状有关。通过不断实验,他发现前后端呈方形的物体阻力最大,前圆后尖的物体阻力最小,这就找到了解决形状阻力的途径,也促进了流线型汽车的发展。

1934 年,美国密歇根大学的雷伊教授采用风洞和模型汽车测量了不同车身的空气阻力系数。之后,有更多的航空流体力学学者从事汽车车身空气阻力的研究,研究成果表明,整体和局部形状产生阻力的主要原因,箱型车过于方直的造型无法优化气动性,采用流线型才可以更好地削减空气阻力。

1934 年 1 月,克莱斯勒公司在纽约车展上推出了名为 Airflow 的小汽车,如图 3-7 所示。这辆汽车采用流线型造型,整体感极强,各部分线条连贯,车头圆滑,4 个翼子板与车身贴合,大灯、备胎等隐入车身内,前风窗玻璃分成左右两块,并且大幅度降低了车身高度。虽然 Airflow 汽车创下了多项速度纪录,但它的销售并不好。究其原因,主要是外形设计超越了时代的欣赏能力,已被方箱型汽车主宰的世界对这一颠覆性的变革一时还难以接受。不过,这辆在当时失败的汽车却开创了造型新时代,并对以后的汽车设计产生了巨大的影响。1936 年,福特汽车公司吸取了 Airflow 失败的教训,在实用主义中加入了商业心理学观念,把箱型车刻板的直线变为美观优雅的流线,成功研制了林肯"和风"牌流线型轿车。该车散热器经过精心设计,使之具有动感,俯视整个车身呈纺锤形,很有特色。受其影响,以后出现的流线型汽车有:1936 年的菲亚特、1939 年的雪铁龙和 1958 年的斯巴鲁等,如图 3-8 所示。

图 3-7　1934 年克莱斯勒的 Airflow 气流小轿车

图 3-8　1939 年雪铁龙 2CV、1936 年菲亚特 500 Topolino 和 1958 年斯巴鲁 360 型

流线型车身汽车大量生产是从德国的大众汽车公司开始的。1936 年 10 月,费迪南·波尔舍(Ferdinand Porsche)设计了类似甲壳虫外形的微型汽车,如图 3-9 所示,当时叫做 KDF—vagon,后统一称为甲壳虫。大众甲壳虫是按照价廉、坚固、易维修这一设计思想制造的,自重只有 650 公斤,后置风冷发动机,车身符合流体力学特征,形状阻力很小,博得了消费者的广

泛青睐。受二战影响,甲壳虫在 1945 年才开始大量生产,到 1972 年即打破了福特 T 型车 1500 万辆的神话,到 2003 年完全关闭旧款生产线为止,在 68 年间共售出了 2260 万辆,单一车型销售数量居史位第一。重视功能与合理性的车身造型才能具有强盛生命力,美的本质来源于合理,而技术是产生美的工具手段。

图 3-9 1937 年大众甲壳虫

二战之后,费迪南·波尔舍创立了自己的汽车公司并以名字命名,即保时捷。保时捷汽车传承了波尔舍对流线型的偏爱和对气动性的极致追求,由波尔舍之子费利·波尔舍主持开发出第一款保时捷汽车 356 型,如图 3-10 所示。这是他在父亲的甲壳虫基础上更加合理地运用曲线所得到的结果,并形成后来鱼型车的雏形,见图 3-11(a)。这辆车曲线简洁流畅,外表光滑封闭,气阻系数降低了很多,在众多赛事中一展雄姿,为保时捷公司的崛起奠定了牢实的基础,也对当时其他汽车制造商产生了巨大影响。后来,费迪南·波尔舍之孙亚历山大·波尔舍主持设计了 911 原型车,空气动力学性能更加出色。如图 3-11(b)所示,自 1965 年推出 911 系列后,该车特征至今没有大的改变,可见流线设计的合理性及市场受欢迎度。

图 3-10 60 年代的保时捷 356 型汽车

但是甲壳虫形汽车也有很大的缺点。一是流线的造型使车内空间明显变小,特别是后排头顶产生一种压迫感,与箱型车相比这一点几乎令人难以忍受;二是横风稳定性很差,当长时间处于不稳定气流中时,高速行驶具有一定的隐患。

图 3-12 给出了流线型与箱型车的横风稳定性示意图。对于现代汽车,理想的前后轴荷比应接近 1:1,重心几乎贴合轴距中心,而风压中心取决于侧面投影形状,所以箱型车的风压中心明显处于重心之后。当横向风吹来时,车身随风偏离行驶方向,但风压作用于车尾,则车子自动回到原来的行驶方向,所以箱型车的横风稳定些较好。以甲壳虫为代表的流线型汽车,后部被削去一大块,相比箱型车来说风压中心移至重心之前。当横向风吹来时,车身随风偏离行驶方向,而风压也作用在车头部分,不能重新回到原来路线上,直到转向 90 度车尾安全受

(a)费利站在 356 与甲壳虫之间；(b)早壳虫与保时捷 356—911—977 的关系

图 3-11　甲壳虫

风。当车速超过 100 km/h 时车身升力令轮胎抓地性能下降，这种偏离就有可能引发严重的安全隐患，例如路面宽度有限的跨海大桥一般都会有限速提醒，以避免某些极端气候下引起事故。

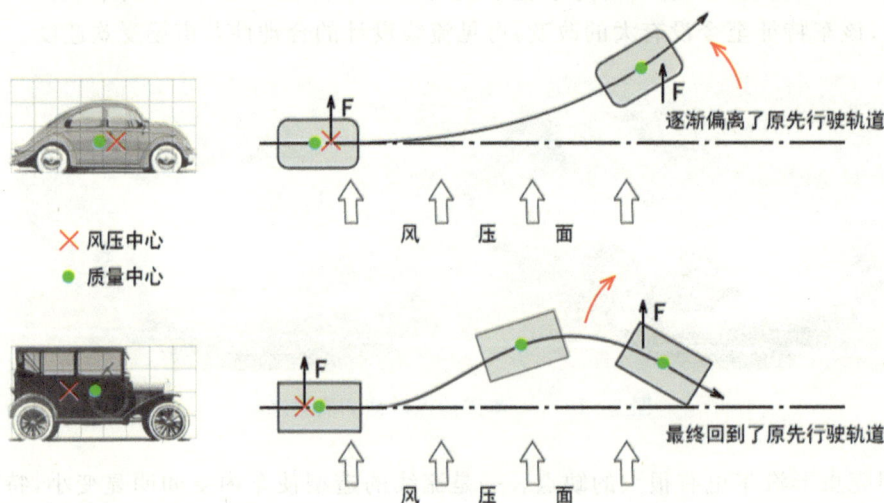

图 3-12　甲壳虫形汽车和方箱型汽车的横向稳定性

　　流线型车身从视觉上和科学原理上都给人以高速的感觉，说明这是正确的方向。如图 3-13 所示，一张老照片形象地解读了箱型车和流线型车：方箱型车开辟和定义了汽车，却无法代表承载更多的速度与激情，在历史的赛车场上只能形单影只踯躅慢行，注定了终究要被淘汰的命运。

　　到了 20 世纪 40 年代中期，车身流线型更加和谐，车头大灯隐入翼子板内，发动机罩与汽车头部造型统一起来并开始横向伸展，然而汽车侧面造型仍然没有摆脱 4 个翼子板大凸包的

图 3-13　甲壳虫与福特 T 型车的较量

图 3-14　1950 年的奥兹莫拜尔 Rocket 88

形式,例如图 3-14 中的奥兹莫拜尔小汽车,整车造型仍然采用翼子板从车身鼓出,凸起的范围还仅限于车轮周围,酷似克莱斯勒气流牌轿车的流线型造型。

但在 20 世纪 40 年代末一种新颖的侧面逐渐出现,即翼子板凸出的范围开始扩大和向后延伸,如图 3-15 所示中别克车的前翼子板倾斜地延伸到后翼子板,前翼子板逐渐隐入车身。

图 3-15　1946 年的别克四门 Model 51 和双门 Roadmaster

别克这种造型风格持续了好几年,又出现了后翼子板也开始消失的趋势。赫德森汽车(Hudson)平顺的侧面造型显得更加雅致,采用前后直通的浮雕线和下部粗大平直的装饰条代替了前后翼子板,对后来的汽车造型产生了较大影响,如图 3-16 所示。从别克到赫德森,展现了流线型的曲线是如何被理性克制,及前后翼子板是如何融入到车身逐渐演变为船型车的。

图 3-16　1953 年的赫德森 Hornet Seden

3.1.4　船型车身

人机工程学的迅速发展源于二战中对武器操作安全性的研究,尤其是对人体表征和动作力两个方面进行了深入的理性和量化研究,并且快速地推广应用到各行各业。流线型汽车横风稳定性的天生不足和并不舒适的乘坐空间,呼唤着一种新造型的兴起。

1949 年,福特汽车公司推出新型 V8 汽车,如图 3-17 所示。这种汽车一改流线型大弧度的外表特征,将前翼子板和发动机罩、后翼子板和行李舱彻底融为一体,大灯和散热器罩也集成了在前脸正面,这样车身两侧形成了一个完整、平滑的大面,正好托起位于中央的乘员舱,而头尾长度几乎相当,明显地形成发动机舱、乘员舱和行李舱三部分,车身侧面对称仿佛轮船的剪影,故称为船型或浮桥形。

图 3-17　1949 年的福特 V8 汽车

在 20 世纪 50 年代,为了创造舒适、宽敞的乘坐空间,以流线型为基础,兼吸收了方箱型的长处,一种以直线平面为主要造型元素,朴实、大方、轮廓鲜明、工艺性好的"三箱型"造型出现了。这种造型总的来说以大平面为主,但在车身的上部稍加斜面的变化,面与面的转折处采用了小圆弧过渡,显得具有刚劲挺拔的力量感,同时略带柔性,不像方箱型那样生硬和单调,由此成为当代轿车造型的主流。

船型汽车的重要特点是开始应用人体工程学来设计车身,三段式的功能分区非常明确,机械布置更加紧凑,乘员舱被重点照顾,不仅空间重新得到释放,而且振动小舒适性好,前后端吸能也令安全性得到提高,同时对称的侧面形状令汽车重心与风压中心重合,横风状态非常稳定,完全改善了流线型车身的不足。船型车是人体工程学与机械工程、空气动力学的完美结合,因此,船型车身受到了广泛的欢迎,直到现在还盛行不衰。

3.1.5　鱼型车身

船型车各项指标均衡,是否是最优方案? 在某一段时期内可能是,但随着发动机技术的进展,人们对速度提出了更高的要求,这时候又暴露出一些空气动力学的可待优化之处。船型车的行李箱与后风窗形成一个具有明显落差的阶梯背,在高速时会产生较强的空气涡流。空气动力学指出,迎风的水滴是最理想的无涡流形状,可以把车尾截短,同时后风窗玻璃逐渐倾斜,极限就是与车尾融为一体,即斜背式汽车。由于这种侧面非常像鱼,故又称鱼型车。

风洞试验结果表明,为减小阻力,不仅要将车身后部倾斜成斜溜背,而且车身前部也要制成圆滑过渡的形状,能达到自然界中鱼或水滴的形状为最佳理想状态。客观地说,追求极致固然没错,但过分苛求形状的汽车会大大折损人机关系和实用性,存在着大量视野性、舒适性等方面的问题,只能停留在展览、试制阶段,不具备实用意义。实际上大自然把鱼造化成阻力很小的形状,目的并非供人乘坐,采用鱼的外形造车绝不能原封不动地机械搬用。

风洞研究还发现,理想流线体的气流分离点出现在流线体尾部1/4到1/5处,而对于轴对称的流线体(如水滴)在其分离处会形成一个明显的分离环,环到附着点会形成尾流,气压小于大气压力,如图3-18所示。如果把流线体伸入尾流区域的那部分实体截除,作用在流线体上的总体气动合力基本保持不变。这个研究结果对于汽车设计具有很大的实用意义——可以不必拘泥于又长又尖的尾巴,适当地截掉不至于影响其大体气动性,而且令转向、停靠更加方便。

图 3-18 尾流与长/短尾造型关系

如此一来,理想的车体就是鱼型的身子砍去尖尖的尾巴——长长的车头暗示了大动力,渐滑的尾部象征了高速度,低矮透明的风窗充满了时尚感——这样的形状几乎得到了所有的车厂的一致认可,符合该状态特征的汽车不仅在赛场上表现优异,在生活中也流行一时。最初的鱼型车是美国 1952 年生产的别克 Roadmaster 汽车,如图 3-19 所示。1964 年的克莱斯勒顺风轿车、1965 年的福特野马都采用了鱼型造型,最典型的代表则是各种跑车,如保时捷 911 系列车型。值得注意的是,气动性优化是鱼型车出现的内因,审美刺激是外因,大弧度钣金冲压工艺和曲面玻璃制作工艺则是保障手段,见图 3-20。因此从某种意义上说,鱼型车也是技术发展的必然产物。

图 3-19 20 世纪 50 年代鱼型车的代表——别克"Roadmaster"

图 3-20 1964 年的普利茅斯梭鱼汽车

长期以来,鱼型车就是高速度、高性能的象征。近年来出现的一种新的车型——轿跑车,就是在轿车平台上借鉴了鱼型车尾部后得到的交叉车型,深受大众喜爱。轿跑车的车身结构及动力布置与普通轿车无异,仅在后窗与行李箱盖曲线处做了小小处理,但这条得以持续延伸的轮廓线打破了三厢车的尾部折线效果,大大改变了车身姿态。轿跑车仍具有行李箱,只是行李箱盖的铰链通常设置在后窗顶部,需要连后窗一起掀起。

鱼型车和甲壳虫形车的背部很类似,但鱼型车的背部与地面所成的角度较小、尾部较长,有效缓和了下降强度,所以以车身流谱均匀平顺,涡流无法粘滞。1974 年的法拉利 Dino 246GT 是历史首款中置发动机跑车,其车身侧视图就很好地反映了这种"鱼背"的特点,如图 3 - 21 所示。另外,鱼型车是由船型车进化而来,保留了船型车乘员舱宽大、功能分区明确的长处——这与甲壳虫形车有着本质的区别。鱼型车是为追求更高的速度而产生,但也存在一定的横风稳定性问题和过大的玻璃后窗造成的强度隐患,车身设计仍然没有终止。

图 3 - 21　1974 年法拉利 Dino 246 GT

3.1.6　楔型车身

楔型车身的出现有着其深刻的科学依据,主要是基于相关流体力学原理,理想流体在运动时遇到障碍物时会同时分流,越过障碍物又同时合拢,这样分流的两部分流体由于经由路径长度不同而产生速度差。根据伯努利流体力学原理(Bernoulli's Equation),流体运动速度很高时其密度低压力小,而当流体的速度降低时密度高压力大。图 3 - 22 所示为典型的机翼横断剖面,机翼上部的曲率大于下部,因此的上表面流速大于下表面,则上表面气压小于下表面,压差产生一个向上的顶力,这就是飞机获得升力的原理。

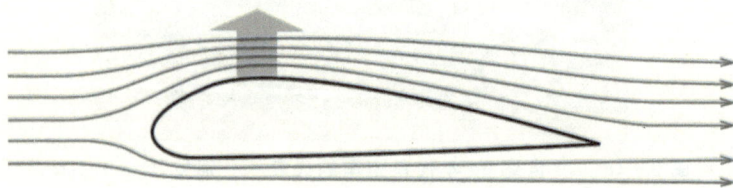

图 3 - 22　典型机翼横断剖面

汽车形状与机翼很类似:底面平坦,顶面有弧度,因此不能避免升力的产生,其产生机理基本相同,用公式可以表达为:

$$F = C_z \cdot S \cdot V^2$$

式中　F——升力(N);

　　　S——汽车的平面投影面积(m^2);

　　　V——行驶速度(km/h);

　　　C_z——升力系数,因车身纵向截面的形状来定义。

汽车升力的产生,减小了前后轮对地面的垂直压力,不仅使方向盘不能更好地控制汽车行驶的方向(俗称发飘),而且还会减小驱动轮的附着力,相当于限制了引擎驱动力的发挥,而且也令行驶处于非安全状态。根据风洞实验,车速为 100 km/h 时与汽车静止时比较,附着力减小了 1/8,150 km/h 时减小了 1/4,在车速 200 km/h 时可惊人地减小到 1/2,可见升力是行车安全的巨大隐患。楔型汽车速度达到 200 km/h 以上时,后部也会产生一定的升力。

为了减小楔型汽车的升力,可将其尾部砍掉一截,成为短尾车,但尾部不能"砍"得太狠,否则会影响乘坐的舒适性;也可以采用"鸭尾",如图 3-23 所示。鸭尾的凹陷处会产生向下的作用力,从而增大了后轮的附着力。目前在公路上行驶的汽车车速一般不会超过 200 km/h,鸭尾并不能真正发挥其作用,很多车上保留它,纯粹是为了给人强烈的高速感罢了。

图 3-23 "鸭尾"的功用及楔形天然的"反升力"优势

赛车的尾翼安装与飞机机翼相反,平面朝上,且向前倾斜,产生的作用力方向朝下,如图 3-24所示。楔型汽车的车身前部呈尖形且向下,如兰博基尼各种型号的跑车,几十年来在不断优化气动性零部件和追求车身创新,但其楔形的基本形态一直没有改变。楔型汽车的外形清爽利落、简洁大方,具有现代化气息,不仅给人以美的享受,而且可在前轮上产生向下的压力,防止前轮发飘。车身尾部的平直形状可减小车顶向后部作用的负压。

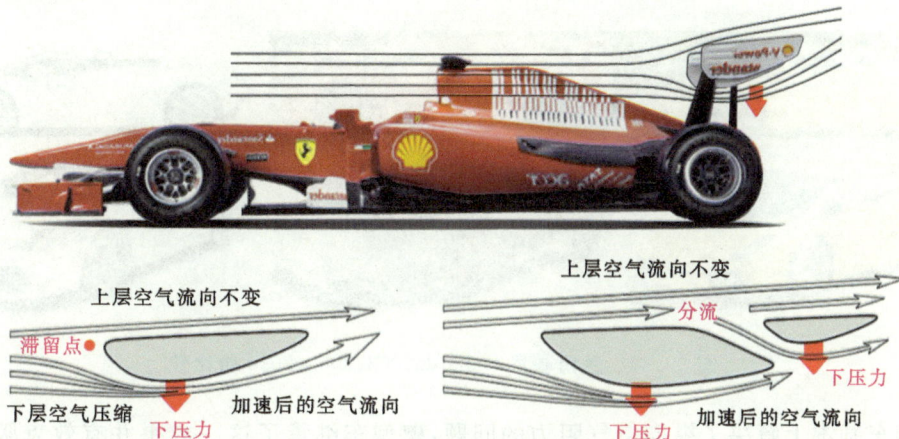

图 3-24 赛车尾翼的工作原理

1963 年,司蒂贝克公司推出第一辆楔型汽车司蒂贝克·阿本提轿车。如图 3-25 所示,由于这种造型超越了时代,不被人理解,销路不好,该车推出来不久,司蒂贝克公司就倒闭了。

图 3-25　20 世纪 60 年代第一辆楔形车阿本提和本世纪初的超级跑车柯尼塞格 CCR

阿本提轿车诞生于船型汽车兴盛的时代,其怪异的造型与常规车形形成尖锐的对立,难以被人们接受,无法起到引导车身外形向前发展的作用,它与克莱斯勒·气流牌轿车的命运一样,过于前瞻却惨遭夭折。这说明汽车外型设计也存在适应时代的问题,如果太脱离实际,人们的观念和欣赏水平无法达到其高度而难以接受时,即使设计再合理,实用性再好,也无法得到普及。但随着科学技术的普及和人们欣赏水平的提高,新的合理的东西总会被人们接受。司蒂贝克·阿本提的楔型在 1966 年被奥兹莫比尔·托罗纳多轿车所继承,1968 年又为凯迪拉克的高级车埃尔多拉多轿车所采用。今天,作为楔型车代表的兰博基尼也仍延续着这一造型,如图 3-26 和图 3-27 所示。

图 3-26　延续楔形不变的兰博基尼跑车的 1973、1989、2010、2016 版本

图 3-27　兰博基尼 Gallardo2003、2009、2014 版比较

鱼型车基本上解决了纵向空气阻力的问题,楔型车继承了这一成果并有效克服了升力问题,使行驶稳定性得到了显著提高。对于高速汽车,楔型已接近理想造型,几乎成为了高性能车的符号,现在世界各大汽车公司都生产出了带有楔型效果的乘用车甚至是小型车,如图 3-28、图 3-29 所示中本田 Fit、丰田 Prius、雷克萨斯 LF-SA 等。

图 3 - 28　2008 款本田 fit 和 2015 款本田 fit

图 3 - 29　2010、2012 款丰田 Prius 和 2015 款丰田 LF—SA

3.1.7　子弹头型车身

楔型的确是高速行车的最佳形状,已经登峰造极很难再有超越,但汽车除了速度还有乘用的功能,它是一个可以提供给人更多的交流空间的移动平台,因此无论从功能上还是外形上都不会是单一固定的状态,如图 3 - 30 所示。

图 3 - 30　雪铁龙 Picasso 一代、二代和丰田 Preview

子弹头型是继楔型车后新出现的趋势,车身前部就像放大的楔型,但中后部是单体箱型,体积和空间都满足更多的车内布置,因此大多应用于商务、家庭。子弹头型是 MPV 车型的补充和发展,集轿车、旅行车和厢式货车的功能于一身,车内多个座椅可进行调整,并可拓展组合方式。在外形设计上集流线型与楔型的优点于一体,车身形态更加合理与时尚,实现了较小风阻下的功能最大化,如图 3 - 31 所示。

图 3 - 31　奔驰 F015 Luxury in Motion Concept,2015 年

子弹头型 MPV 车身提供了更加宽敞、灵活的室内总布置,如果再加上智能化则可以成为无所不能的"多功能"车。奔驰最新推出的 F015 概念车集成了高度智能化,例如可以根据乘客数量自行决定应该开启几扇门,而环绕门背的四个方向各装备了一块 4K 分辨率触控屏,与仪表盘一样支持触控和手势控制。当进入自动驾驶模式时,前座椅可以转向后方摇身一变成为商务洽谈空间。无 B 柱对开门设计令空间变换愈发自如,而这一切都是由 3610 mm 的超大轴距提供的——即便是发展到高级阶段的子弹头型汽车,也仍然在不断进化、优化。

总体来说,车身的演变受审美推动,但更多地是建立人机工程学、空气动力学等在各种工程学科基础之上的,是一部材料、工艺、科技的发展史。

3.2 车身造型中的文化特征

车身是一切人机界面的载体,也是文化的集中体现。设计师受本土文化影响,注入了各种对美的理想追求。汽车制造商们更是不遗余力,投入巨大的资金和技术力量经常性地进行汽车外观和内饰的改进,百余年来,浩如烟海的车型在各自发展环境中逐渐形成相对固定的文化和美学规律。

3.2.1 地域文化特征

作为一种高度人性化、个性化的商品,林林总总的车身形态实际上是不同的地域文化和审美观念带来的结果,接受并理解这种差异有助于汽车文化的培育和传播。按照文化相近性,可以大致分为英德、意法、美国、日韩、中国几个类型,下面分别给予详述。

1.英德系特征

欧洲是汽车的诞生地,具有极其深厚的技术背景和文化底蕴:思维严谨、科学,强调技术上的先进性和安全性,汽车质量可靠、耐久。这种对汽车的热爱和执着保证了制造精良、人机舒适。不列颠半岛人民崇尚绅士风度追求经典质誉,英系车也一直被认为是工艺、品位、价值的完美体现,其品牌价值以一种超物质的精神存在于机械之中。其主要特点是:①具备高贵气质和绅士风度,凸显古朴典雅、雍容华贵的外形设计。②极尽奢华的手工制作工艺。③近乎苛刻的挑剔选材,宾利、劳斯莱斯毫无疑问是业界翘楚。

德国人是逻辑严密、强调秩序的完美主义者,在设计上主张坚实耐用和便于维护,注重零部件的互换和通用性。德国高速公路的交错通达和不限速鼓励了长时驾驶,促进了汽车的操控性、耐用性技术的发展。相应地,在汽车外形和内饰设计方面比较恪守逻辑,低调中庸不张扬,整体少有惊艳但细节雕琢用心,非常耐看,生命力长久不容易过时。德国车没有明显短板,可靠性和保值率都很好,如奥迪、奔驰。

2.意法系特征

同处欧洲,意大利和法国的文化则明显要明快、奔放许多,艺术之都米兰和巴黎分别是这两种文化的集中体现地。

意大利素有"跑车之乡"的美称,许多著名超级跑车品牌都源自这里。亚平宁半岛人民的机敏和浪漫把汽车塑造成了自己的情人,充满着动力、豪华和抒情色彩,设计优雅而富有情调,如阿尔法罗密欧、兰博基尼等,汽车这种工业化产品被演绎成了极致的手工艺品。

法国是另一个对车身设计极具灵感的国家。法兰西民族的艺术天分和革命精神给汽车设计注入了浪漫主义,成为艺术创新的工具和人文精神的载体,这种造型上的领先和开放是其他品牌所不能企及的。法系车的内在气质表现在舒适性和审美情趣上的追求合理又极尽想象,奔放而不乏细腻,如标致、雷诺。

3. 美系特征

美国被誉为车轮上的国家,是又一个具有强烈地域特色的典型。尽管其开放的移民文化乐于博采众长,美国人还是对自己本土生产的汽车情有独钟,长期以来功率富余、乘坐宽敞的用车准则决定了美系车最大的特点就是强调舒适性和动力性:车身较为庞大,发动机强调大功率,但同时往往导致油耗过大——这与欧洲强调小排量微型车的用车哲学正好相反。究其原因,除了地广人稀道路条件好,也与汽车的角色有关系。在美国,汽车仅仅是种实用的代步工具,没有被赋予太多的人文关怀,因此单纯地表达工具的功能性即能跑、舒适就够了,不像欧洲处处讲究文明传承。但美国非常重视绿色环保,不断提高法规的约束指标来迫使节能技术更新进步。美系车代表当属通用集团和福特集团旗下的诸多品牌。

4. 日韩系特征

在亚洲,属于舶来品的汽车工业是在不断模仿和改进的基础上建立起来的。亚洲人思维缜密讲究和谐,汽车也同样有着注重整体、细节呼应的特点。日韩是其中表现最突出的两个。

由于自然资源匮乏,日系车的设计理念是两小一大,即油耗小、使用成本小,舒适性和使用便利性最大。日系车往往使用小排量的发动机,节油技术非常先进,使用和维护成本都比较低。在设计方面特别是驾舱内饰方面重视科学选材,善于营造舒适、温馨的氛围,各种储物格和电子装备非常多,强调舒适性和便利性的最大化。日系车做工精细造型美观,总体节能环保、经济实用,各项指标没有明显短板。此外还非常注重科技创新,每一代都是全面总结前代优缺点而来,品牌满意度较高。日系车在不同地域推出不同的版本,配置和外观各有区别,能够细分所有的国家和市场。丰田、本田、三菱都是典型代表。

与日本长期领导汽车行业不同,韩国是近年来进步速度很快的亚洲力量,大刀阔斧地完成了产业升级和设计管理,一改从前低质低价的形象,迅速建立了新的产品链面貌,成功挤入欧美市场。韩系车特点是造型语言不拘一格,外表动感年轻时尚,如起亚、现代。

5. 中系特征

中国汽车从建国后开始发展,逐渐形成了"独资-合资-自主"的局面,在几十年的技术、市场之争中完成了复合性的技术积淀并形成了特殊的产业部群。三大汽车厂参与合资形态最多占市场份额最大,而自主品牌以一汽红旗、广汽传祺,以及吉利、奇瑞、长城、比亚迪等民企品牌为代表,这些优秀的自主创新作品在市场上持续激起反响,也树立起了民族自尊心和自信心。中系车的设计特点是中庸平衡、温和小雅,人机合适讲究实用。继续加大自主创新力度,由中国制造转型中国创造进而中国智造,是振兴本土汽车产业的有效办法。

3.2.2 品牌文化特征

除了受到地域文化的影响,不同品牌的汽车造型在其成长和发展中也形成了独自的设计理念,这种设计理念蕴藏在车身的形态中体现了不同品牌对于美的理解,进而形成了各自鲜明的品牌文化。

1. 德系品牌

梅赛德斯奔驰(Mercedes－Benz)是德系车的代表,被认为是世界上最成功的高档汽车品牌之一,其技术水平、质量标准以及创新能力都十分出众,目前主要生产 C、E、S 级轿车和 G 型越野车。除此以外,也生产 A、B 型小型乘用车和 CL 级跑车、R 级休闲旅行车以及 AMG 高性能改装车。旗下的迈巴赫(MayBach)是全球豪华品牌,一个象征着完美和昂贵的礼车型轿车,如图 3－32 所示。

图 3－32　奔驰迈巴赫 2016 版和保时捷 911Turbo2016 版

奥迪(Audi)是另一个德系代表,主要产品有家用轿车 A 系列和作为 SUV 的 Q 系列。A 系列是奥迪主力车型,竞争对手分别是宝马 3 、5、7 系和奔驰 C 、E 、S 级,A5、A7 等奇数系列是偶数系列的运动版。另有 S 系列是基于 A 系列的高性能车型,全系标配 Quattro 四驱系统并对底盘作运动化改动;RS 系列是基于 A 系列的顶级性能车型,底盘做了较大的运动化改动,竞争车型为宝马 M 系等。此外还有 TT 和 Roadster 轿跑系列及 R8 系列,它们的意义超出了车型本身,更多的是对品牌形象的丰富和提升。

宝马(BMW)是德国代表车企之一,追求生产高品质、高性能和高级别的汽车,车身造型亦具有鲜明的特色,打破刻板保守的作风,用于尝试新的造型语言,从 20 世纪九 90 代起就一直引领了汽车设计的潮流。在时尚的外表设计下,坚持着力高新科技提升驾驶体验和产生附加值。宝马轿车有 1、3、5、7、8 和 X、Z 等系列车型。

大众(Volkswagen)坚持延续了为国民而生的造车理念,底盘配置舒适,车身耐用性好。特点是产品线长,以中低挡车为主,保有量大。大众的主要车型有捷达、桑塔纳、帕萨特、高尔夫、甲壳虫、途观、途锐等。

保时捷(Porsche)产于德国斯图加特市,由甲壳虫的设计者费迪南·波尔舍创立,专门生产高速跑车,十分注重空气动力学设计。主要产品有 911、918 等,近年来也细分市场发布了 SUV 产品,深受市场欢迎。保时捷的家族血统保留很好,历代车型放在一起可以很轻易地看出关联性,这也正是保时捷倍受瞩目的因素之一。

此外还有欧宝(Opel)等著名品牌,此处不过多介绍。

2. 英系品牌

捷豹(Jaguar)是英国汽车代表,致力于提供优雅迷人而又动感激情的产品,几乎推出的每个车型都是代表时尚的奢华符号,多个经典款型始终为世人津津乐道。代表车型有 D－type、E－type、XJ、XF 等。

阿斯顿·马丁(Aston Martin)一直秉承精益求精的生产理念,像雕琢珠宝一样采用手工制作,具有浓郁的英国古典气质。该品牌下以赛车为主,如 DB2、DB6、DB7、Vantage 等,均为质量可靠姿态优雅的经典收藏车型。

劳斯莱斯(Royis－Royce)、宾利(Binley)都是豪华车代表,同具尊贵的皇家风范,都坚持手工制造发动机，多处覆盖件完全依靠手工精制而不借助任何量具。与捷豹一样，也是英国传统造车艺术的缩影：典雅、精练、恒久。如图 3-33 所示。

图 3-33 捷豹 XJ 2016 版和劳斯莱斯 Ghost 2017 版

此外，莲花(Lotus)、路虎(Rover)、名爵(MG)也都沿承各自历史在不断进化演进，形成了性格鲜明的车身造型和人机特色。

3. 意系品牌

菲亚特(Flat)垄断着意大利全国年总产量的 90% 以上的汽车生产量，其产品造型紧凑、线条简练、优雅精巧、充满活力，处处显现拉丁民族热情、浪漫、机敏、灵活的风格。

玛莎拉蒂(Maserati)设计方式独特，制造技艺精湛，代表着非凡的精致、永恒的风格和强烈的情感，是尊贵品质与运动精神完美融合的象征，被誉为意大利汽车的皇后，如图 3-34 所示。其品牌口号"发现源自内心的力量"或许可以帮助理解整车神形合一。

图 3-34 阿尔法 • 罗密欧双座 2016 版和玛莎拉蒂 Alfieri2014 版

此外，还有阿尔法 • 罗密欧(Alfa Romeo)、法拉利(Farrai)、布加迪(Bugatti)、兰博基尼(Lamborghini)、帕加尼(Pagani)等都是典型的意大利运动车品牌，形状优美充满个性，表现了理智与感情、工程学与想象力之间的平衡，是运动、激情的象征。

4. 法系品牌

雪铁龙(Citron)、标致(Peugeot)是法兰西民族的浪漫气质的典型代表，其产品特点是"表现力、舒适和活力"，富有吸引力、舒适的多用途轿车具有着无限活力，每时每刻都在散发着法兰西民族的浪漫气息，见图 3-35。

雷诺(Renault)是 PSA 集团外的第二大法国车企，主要产品有轿车、公务用车及运动车等。为了打进亚洲市场，雷诺与日产结为了合作伙伴，规模排在通用、丰田以及福特之后，位居全球第四。

其他欧洲品牌还有北欧的萨博 Saab、沃尔沃 Volov、斯柯达 Scoda，以及较为小众的世爵

图 3-35　雪铁龙 DS 5LS 2013 版和标致 508 RHX 2015 版

Spyker、柯尼塞格 Koenigsegg 等，分别在安全性、赛车领域树立了标榜独特的品牌价值。

5. 美系品牌

　　通用集团（GM）和福特集团（Ford）占据了美国汽车的绝大部分。通用旗下有雪佛兰（Chevrlet）、别克（Buick）、GMC、凯迪拉克（Cadillac）、悍马（Hammer）等著名品牌，其中雪佛兰定位中低端，车型众多体量最大，具有一定的美国情怀。别克定位略高，1903 年始创于底特律市，后来带动了整个美国汽车工程水平的进步并成为标榜，具有大功率、个性化的特点。别克拥有 3 大体系 10 个系列 40 余款车型，为中国市场熟知的有君威、君越、林荫大道、凯越、昂科雷、昂科拉、GL8 等经典车型。凯迪拉克是美国豪华车历史和豪华车行业标准的缩影，代表着高贵、气派，喻示了勇气和坚持取得胜利的信念，与美国精神丝丝契扣，因此所具寄的人文情怀最为丰厚，深受美国人民喜爱。如图 3-36 所示。

图 3-36　凯迪拉克 ATS 2015 版和林肯 MKC 2015 版

　　福特是北美车市中的另一支精锐部队，与通用汽车分庭抗礼由来已久，旗下有福特和林肯（Lincoln）等众多车型，并且还在不断收购其他著名品牌，日本马自达、英国捷豹、路虎、阿斯顿马丁现均为福特旗下子品牌。福特汽车偏向于民用市场，F150 大型皮卡算是最具辨识率的代表车型之一。

　　克莱斯勒（Chrysler）是美国第三大汽车集团，旗下有道奇（Dodge）、吉普（Jeep）。

6. 日系品牌

　　创立于 1937 年的丰田（Toyota）是日本最大的汽车公司，2008 年取代美国通用汽车公司而成为全球排名第一的汽车生产厂商。雷克萨斯（Lexus）是丰田旗下的豪华车品牌，它于 1983 年被首次提出，一改丰田车低档、省油、廉价的大众形象，仅用十几年就超过奔驰宝马成为了全美豪华车销量最大的品牌。现在，雷克萨斯采用了特立独行的夸张前脸特征以获得更好的市场辨识度，这种策略已经初步取得了成效。如图 3-37 所示。

图 3-37　雷克萨斯 RX450 2016 版和英菲尼迪 QX80 2014 版

本田(Honda)是日本另一大汽车生产商,注重人与车、车与环境的协调统一,以低耗油、低公害的发动机技术立足,以动感、豪华、流畅的车身外形和较低的价格征服了全球消费者。讴歌(Acura,旧译阿库拉)是本田旗下的豪华车品牌,现存六种车型。

日产(Nissan)公司是日本第二大汽车公司,年产量居世界第四,鼓吹自信和自强精神。英菲尼迪(Infinite)是日产旗下的豪华品牌,拥有双门跑车、轿车、混型车和 SUV 等全系列车型,凭借独特前卫的设计、出色的产品性能和贴心的客户服务迅速成为豪华车市场最重要的品牌之一。

斯巴鲁(Subaru)是富士重工控股的汽车企业,掌握有两大举世闻名的汽车技术:一是全时四轮驱动 Awd,可以增强轮胎抓地性能令稳定性更好,二是水平对置发动机 Boxter 技术,可以令发动机重心降低从而获得近乎完美的配重平衡。Boxter 技术全世界只有两家集团掌握,另一家是保时捷,但他却是斯巴鲁旗下力狮、翼豹、森林人的标配,这足以证明斯巴鲁先进之处。

此外,还有马自达(Mazda)、三菱(Mitsubishi)、铃木(Suzuki)等主要品牌,对竞争格局起到了非常正面的意义。

7. 韩系品牌

现代(Hyundai)汽车历史很短,甚至晚于我国汽车工业的建立,但从 1967 年建厂到独立自主开发车型仅用了 18 年,成为韩国最大的汽车集团,跻身全球汽车公司 20 强。

起亚(Kia)在新世纪之后才开始崛起,新车型如 Rio、Sportag、Trailster 打开市场缺口之后一发不可收拾,如图 3-38 所示。起亚目前已成为世界第五大汽车生产集团。

图 3-38　现代 Tucson 2016 版和起亚 Trailster 2015 版

双龙(Ssangyong)汽车主攻中高档四驱越野车和轿车市场,是 SUV、RV 汽车方面的领先制造商,目前属于上汽集团。

8. 中国自主品牌

中国自主品牌研发首先从民营企业开始,吉利(Geely)就是其中的有力代表,拥有帝豪、全球鹰、英伦等三大品牌30多款整车产品,十分重视车型研发。奇瑞(Chery)出道略晚,但QQ车型一炮而红帮助奇瑞走上了产业正轨,目前建立了五大乘用车产品平台,覆盖了A级、C级和混合动力、电动汽车内的全线产品,拥有奇瑞家轿、瑞麒高端轿车、威麟越野和开瑞微面四大品牌。比亚迪(BYD)由电池生产商转型成为汽车生产商,非常重视符合东方文化的审美观念研究,如秦、唐、元等车型。长城(Changcheng)是国内规模最大的皮卡、SUV厂商,旗下的哈弗系列为中国民众普及了SUV的概念,成功狙击了合资品牌。

除此以外,还有三大国企自主品牌如一汽红旗、奔腾系列,东风风神、启辰系列,上汽荣威、名爵系列,广汽传祺,北汽绅宝,柳汽宝骏等,如图3-39所示。其中广汽与柳汽的自主品牌纯度最高、市场影响最大,值得另辟专题深入研究。

图3-39　广汽传祺GS8和一汽红旗H7

中国乘用车市场还有一些主要的合资品牌,如北京奔驰-戴克、北京现代、昌河铃木;上海大众、上海通用;东风雪铁龙、东风标致、东风本田、东风日产、东风悦达起亚、神龙汽车;广州本田、广州丰田;一汽奥迪、一汽大众、一汽丰田、一汽大发、一汽马自达、天津一汽;长安铃木、长安福特、长安马自达;华泰现代、华晨宝马,郑州日产等合资品牌。台湾没有自主品牌,只有裕隆日产、中华三菱、福特六和等多家合资品牌,其中大部分是与日资厂商合作。

3.3　车身造型设计流程

对于汽车这样一种复杂庞大的机械,其设计过程与制造、装配一样重要,也遵循着一些基本的规律。本节将介绍车身造型设计的通用流程。

3.3.1　常规车身设计方法及程序

常规的车身设计采用传统方法,主要包括手工造型设计、实物模型制作和依据经验的车身结构设计,其特点是整个设计过程必须通过实物和图纸相结合的方式来表达设计并传递设计的数据信息。图3-40所示为该设计方法的程序框图。

(1)根据新产品开发规划及概念设计,确定年身总布置方案并使之视觉化,绘制出车身总布置图。通常这项工作由充分理解了规划内容和概念设计的前瞻设计师来完成,是一项充满了创造性的设计活动。车身总布置方案应充分体现新结构、新技术、新材料和新工艺等的应用,从多种方案中探讨可能性,从中选出最符合概念要求的方案。

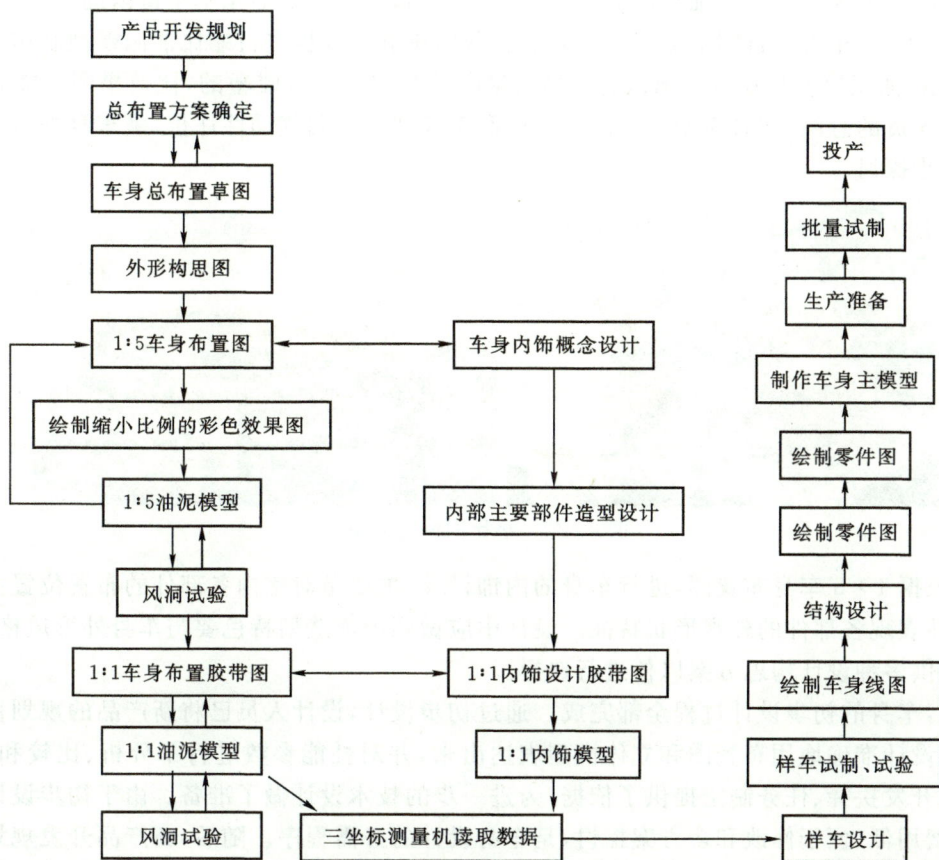

图3-40 常规车身设计程序

（2）造型设计部门进行车身外形的构思，并绘制外形设计概念图，以提供外形设计方案，同时确定出车身造型的基本性格。通常要提供多轮、多种外形方案供选择和比较。如图3-41所示。

图3-41 前期概念的设计草图绘制

（3）根据车身总布置方案和外形构思，进行车身1∶5布置图设计，确定出车身外形尺寸和内部布置尺寸。这是车身设计中的第一张按车身制图要求在具有坐标网格的图面上设计的车身布置图，是进一步制作车身模型的尺寸依据。此环节中应用人体工程学知识确定室内空间大小和布置设计是其主要内容。

（4）根据1∶5车身布置图确定的车身外形，绘制车身外形透视效果图和1∶5立面效果图，表达车身曲面及车身全貌。这一步中强调色彩和质感的表达，是对车身布置图外形进行立体视觉效果检验的手段，是车身外形进一步确认的设计过程。此过程中需要绘制多种方案的外形效果图以不断推敲造型细节。随着此过程的完结,车身外形形象基本得以确定。

(5)从1:5车身布置图上取得车身外廓各截面轮廓线样板进行缩比油泥模型制作。如图3-42所示,油泥模型是在审议确认的造型效果图的基础上进行雕塑的,比效果图更能直观地反映设计人员的意图,同时模型还可以进行风洞实验初步得到气动性评价,是车身外形立体形象的进一步探讨。

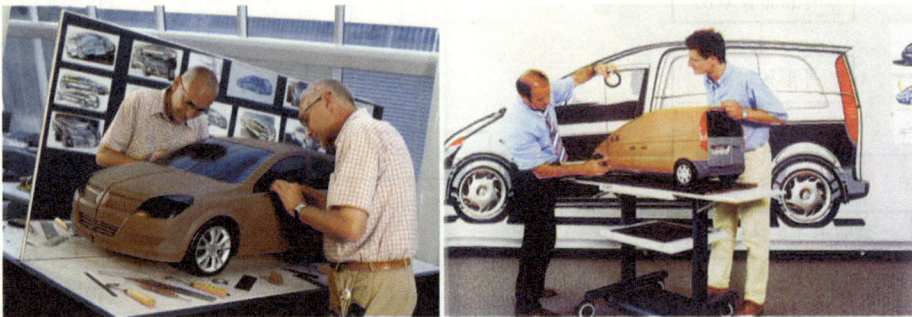

图3-42 小比例油泥模型

(6)根据1:5车身布置图,进行车身的内饰设计,主要是对室内各部件的布置位置关系加以确定,并表现各部件的外观形状特征。设计中应做到内饰造型特色要与车身外形风格一致,同样应提供多种设计构思方案以便进行选择。

至此,车身的初步设计过程全部完成。通过初步设计,设计人员已将新产品的规划目标和外形概念设计准确地用布置图和立体模型表达出来,并对性能参数进行了分析、比较和确定,为产品的开发抉择、任务制定提供了依据,为进一步的技术设计做了准备。由于初步设计过程规模小、费用低、便于修改和多方案探讨,是车身设计的必需程序。随后,新产品开发规划部门做进一步工作,主要提出产品性能与产销商价这两方面的内容:

①各总成及总布置主要控制尺寸;产品的空气动力性目标,产品设计性能、水平分析,满足概念设计所提要求,市场预测情况、产品竞争能力;

②初定生产纲领和销售计划、企业生产能力估计,如生产准备计划;主要利润及成本目标;产品最终经济效益预估。

唯有在产品开发规划和概念设计得以批准后,才能展开车身的技术设计工作。通常由设计工程部门主持,包括有规划部、造型设计部、制造部、销售部、项目管理部等部门和企业领导人或决策者参加,召开新产品开发审定会议。

(7)以1:5车身布置图和模型为依据,放大制作1:1车身布置胶带图及曲线样板,为进一步进行1:1油泥模型的雕塑提供尺寸和形状控制基准。同时利用二维人体模型进行室内布置设计及尺寸校核,完成车身布置设计的其他控制尺寸,见图3-43。

(8)制作1:1油泥的等比内外模型,进行全尺寸的风洞试验,研究其空气动力性能。可以安装上真实的部件和内饰层装饰设计以加强模型的真实感。车身内部模型通常采用木质框架,在其上固定车内各部件(由发泡塑料材料制作而成,如仪表板、门内饰、操纵机构等),利用三维H点人体模型来实际检验车身的内部布置设计。如图3-44所示。

(9)样车设计。进一步明确车身结构设计及尺寸、车身分块方式和结构装配关系,材料使用情况、制造工艺性等。样车设计中应对车身的各主要断面进行设计、分析和改进,以保证车身性能、尺寸和外形设计的要求,如前中后立柱断面、发动机罩断面、顶盖断面、门槛断面、行李

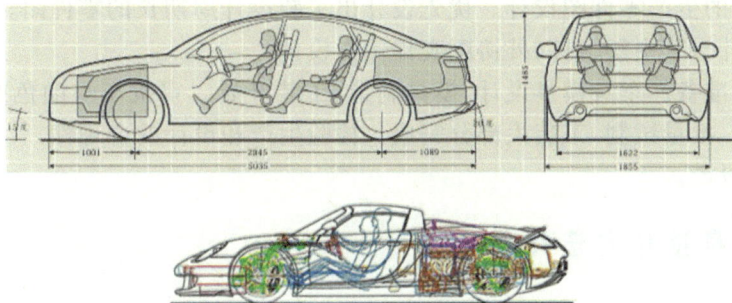

图 3-43　车身主图板总布置图

图 3-44　等比外形及内饰油泥模型

舱盖断面、前后轮罩断面、侧围断面和玻璃安装断面等。

(10)样车试制、试验。对样车进行碰撞试验、道路试验、结构性能等方面试验,能够检验车身结构合理性和产品的性能,以及能否符合开发目标的要求,并从中发现设计中存在的问题。在试制过程中及时总结前一轮的试制结果,有利于边试制边改造,缩短开发周期。如图 3-45 所示,在多种实验中经过反复调试,直至产品定型。

图 3-45　NVH 振噪实验、风洞实验、雨淋实验、碰撞实验

（11）进行车身的生产零件图设计。优先设计出工装设计周期长的零件图。完成车身外装件、内饰部件的设计。其中塑料件、外协配套件优先设计。

（12）进行生产准备。车身模具设计、模具制造、工装开始。审批车身颜色配套方案，装饰件颜色，定出标准。批量试制，工装大部分完成。检验生产和设计的合理性。

（13）试生产、投产。

3.3.2　现代车身设计方法及程序

现代车身设计方法的特点在于越来越多地采用计算机辅助系统，无论是车身造型设计还是车身结构设计，计算机辅助提供了强有力的技术手段。图3-46所示为现代车身设计方法的程序框图。

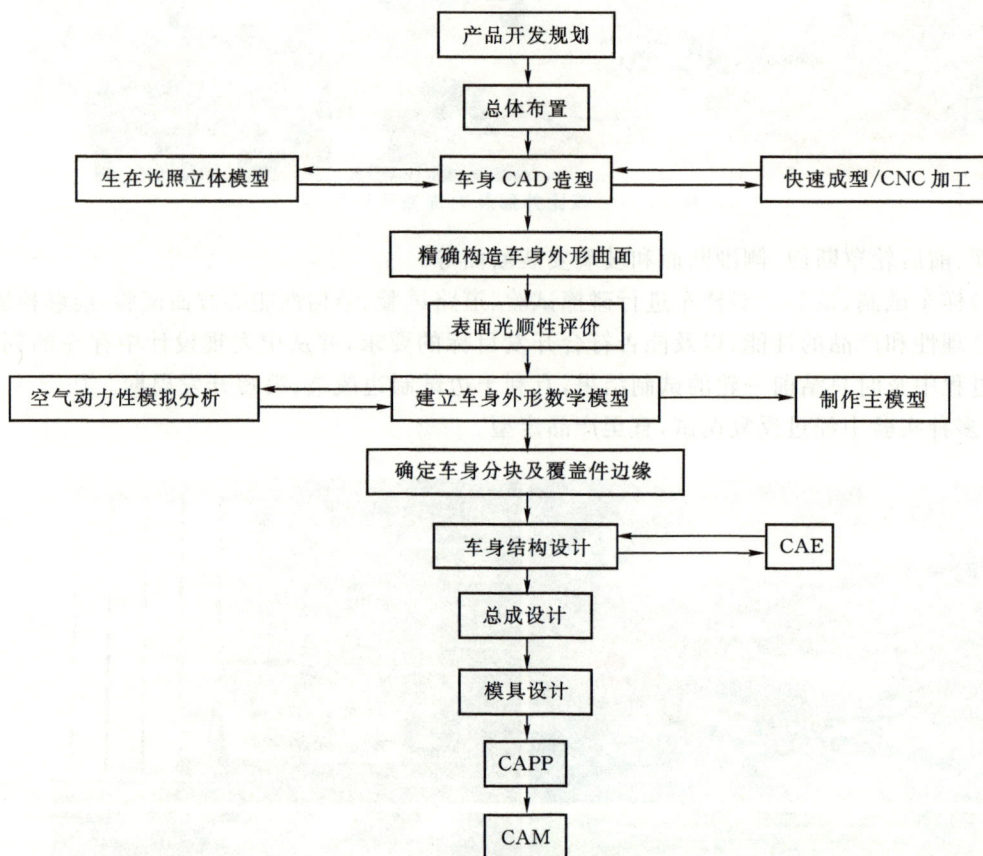

图3-46　现代车身设计方法程序

（1）确定车身总布置草图。设计师借助计算机或工作站绘制出汽车布置的轮廓草图，以确定各总成的布置位置及车身外形符合工程必要性要求的一些"硬点"。

（2）计算机辅助造型（CAS）。数字模型师可根据概念设计的指导思想和总布置草图直接在计算机上绘制造型效果图，通过二维或三维的方式建立完整的车身外表面，甚至通过虚拟、立体的屏幕可以使评判者能从任意角度去观看造型的形体。如图3-47所示为CAS实施过程。

造型过程	概念形成阶段	造型阶段同时制作几种方案	精心制作最终模型	确定造型阶段

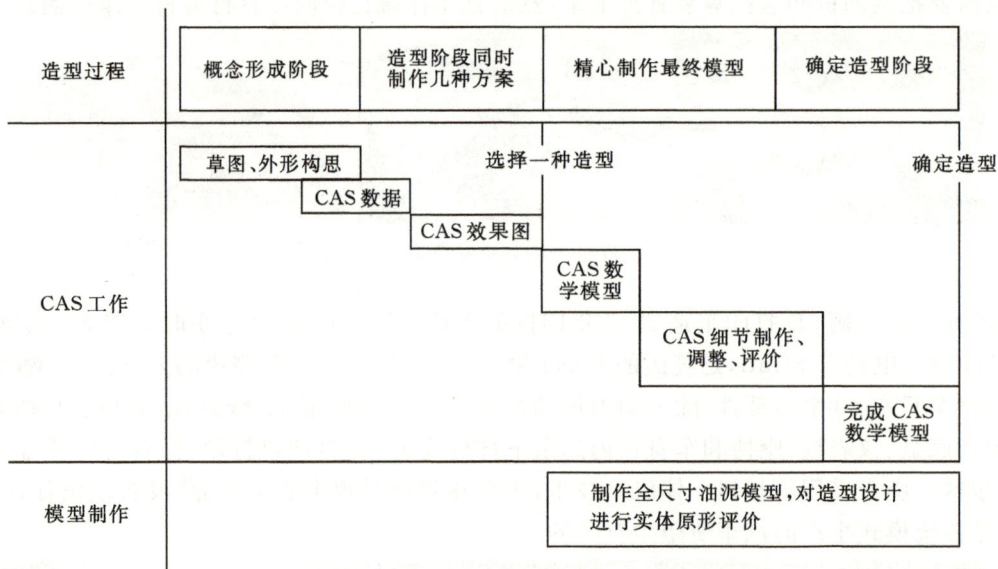

图3-47 计算机辅助造型流程

（3）快速成型技术（CNC）为车身设计开辟了一条全新的思路

这是综合利用CAD技术、数控技术、激光技术和材料集成起来的从设计到实体模型加工一体化的系统技术；利用CAS和CAD数据可方便地加工出油泥模型，使屏幕设计成为看得见、摸得着的实体模型，以用作进行外观评价和性能参数的CAE测试分析。另一方面，对实体模型的修改和完善，又能进一步指导CAS造型设计，从而大大加快开发过程。

（4）根据所建立的车身外表面的数学模型，进行车身结构及内饰、仪表板等内部部件的设计，如图3-48所示。之后，进一步建立模具加工文件进行CAM制造。在进行车身结构设计的同时，利用CAE技术手段从事车身强度、刚度、模态、碰撞、空气动力性方面的计算或模拟分析是十分有必要的。

图3-48 基于Catia平台的汽车CAD模型

（5）近年发展迅猛的3D打印技术克服了传统冲压技术的局限，令车身的设计和开发更加自由。而且，这种全新的生产过程颠覆了汽车制造技术的现状，以一种完全不同的方式来生产汽车，可以完成高质量的个人化定制生产，革新消费者的体验。3D打印通常是使用某种结构坚固且相对便宜增强型塑料碳纤维，通过碳纤维原料一层一层喷射出来的方式完成车身制造，所以可以直接打印出形状复杂甚至是空心的结构，比如带有能量吸收单元的车身；也可以把一些金属零部件直接内嵌到车体里面，这样结构更加牢固，见图3-49。如果在事故中车辆损

毁，只需要把发动机和悬挂等装置拆下来，然后把车体融化掉回收材料重新打印一辆就行。

图 3-49　3D 打印的发动机零部件和车身覆盖件

　　世界上第一辆 3D 打印车是 2013 年问世的 Urbee2，用时 2500 个小时。图 3-50 所示的 3D 打印双人电动车 Strati，是美国的 Local Motors 公司在 2015 年完成的，用时只有惊人的 44 小时，整车只有 40 个零部件，除了动力传动系统、悬架、电池、轮胎、线路、电动马达和挡风玻璃外，包括底盘、仪表板、座椅和车身在内的余下部件均由 3D 打印机打印，材料为碳纤维增强热塑性塑料。由于采用新材料一体成型技术，车身在驾驶过程中非常安静，没有发出任何声响，这也是传统模式生产的汽车所望尘莫及的。

图 3-50　3D 打印车 Strati 的整车、局部细节、加工设备及装配

　　现代车身设计方法的优点在于，能够得到一个可以进行快速评价（如造型、结构等方面）的模型，从而有条件尝试大量的不同方案，能大大提高设计决策的效率和可信度，控制产品开发中的资金投入；在当今的平台化生产背景下，还方便共享设计资源，同步标准化，保证设计精度。此外，数据的电子化传播与储存令各部门及早获得设计数据成为可能，有利于不同角色工作的协调进行和全面渗透，从而改善了产品质量。

　　近年来，车身设计流程中逐渐加大了对审美设计的投入量，开启了以设计创新驱动工程技

术创新的新局面。其总体方法与传统通用方法别无二致,区别在于确立了以设计为主导、工程技术辅助配合的开发路线,把创意点作为不可动摇的一部分来执行贯彻进入工程制作当中。目前,西方汽车品牌大多贯彻该种思想。国内的设计流程中以工程为核心的现象比较普遍,造型上尚无暇顾及"美丑好坏",仍限于首先解决"有无"问题,评判权掌握在工程师手中,所有造型必须符合现有成熟工艺,否则就会被大幅修改。由于工程水平手段而调整设计本也无可厚非,但管理者宁愿采用保守的做法,为了求稳不愿意打破现有平衡进行技术革新,导致产品千篇一律同质化严重,这正是中国创新程度受制约的重要原因之一,设计师的地位和话语权亟待提高。反观国外,当一个创意被讨论采纳后,所有部门则将围绕这个创意服务,从而激发新的技术革新。这样的例子比比皆是,譬如一张草图引发了宝马天使眼技术的诞生,而品牌间的创意竞争又激发了奥迪激光矩阵大灯技术……其实,新车的设计需要二者通力合作互相妥协,二十一世纪,设计师的敏感触觉和大胆创意绝对是刺激技术创新发展的重要因素,国内这方面还仍有一段路需要逐渐过渡。

3.4 本章小结

本章首先回顾了车身演进简史,从总布置和人机角度出发对车身形状给予了讨论,梳理了车身形状交替变化的工程化因素,然后指出不同国家、地域的文化特征差异,这些因素可能会对汽车形态和人机具有潜在的影响。最后对新旧两种车身造型设计流程进行了对比,指出计算机辅助设计的重要作用。

思考题

1. 车身进化史的实质。
2. 船型车在人机功能或布置上的贡献。
2. CAS/CAD/CAE/CAM 技术在现代车身设计中有哪些具体应用?

第4章
车辆H点整体布置设计

前一章讲述了车身外形设计中的人机因素,接下来将以 H 点为中心来介绍车辆内部的整体布置设计——H 点也称胯点(Hip Point),是人体躯干与大腿之间的关节点,虽然存在于人体之上却是车辆空间布置的关键基准点,包括机械布置和操作界面两大部分内容都与 H 点有着紧密关系。实际上,H 点的测量和确立也就是车体内外总布置的设计过程。

汽车人机关系集中体现在内部空间的布置,例如以动力形式为基础的机械硬件布置、以手伸及界面为基础的操控机构布置、以眼椭圆为基础的基本视野要求、以各种硬点为基础的的物理尺寸等,这就需要确立最基本的总布置原则,才能有秩序地应对种类繁多的各项人机关系。在汽车设计中,H 点是一切人机关系的基础,围绕 H 点进行车内空间总布置是车辆整体布置的基本原则。

4.1 车辆整体布置中的影响因素

在规范的汽车制造流程中,大多数总布置过程和车身的研发都是通过 5 个剖视图进行的,它涵盖了总布置的主要因素例如机械布置、动力系统、前后排坐姿、油箱和载货空间等,通过有针对性地构造各节段来开发车身结构。

图 4-1 中 A-A 剖视图是沿车身纵向对称面的切面,反映了基本布局。B-B 剖视图横穿前轮主轴和发动机,通常是为了考察前悬架和发动机布置的合理性。C-C 剖视图横穿前排乘客头部轮廓,是为了创建门板、侧窗玻璃和顶部厚度。窗沿、地板和底部结构也都包含在这一重要视图中。D-D 剖视图横穿后排乘客,还包含有座椅下的油箱信息。E-E 剖视图横穿了后轮主轴,为了能体现货舱和后悬架系统,排气系统和备用轮胎也会在这一视图中得到体现。

由于零部件众多且覆盖件曲面变化自由,车身总布置图通常放置于水平、纵向和垂直向的立体参考系中,如图 4-2 所示。车身各零部件的定位及切面也都参照该网格坐标系(SAE JI83 网格图)。

车辆总体布置内容繁多,容易受到多种因素影响人与车的相互关系,对于进行驾驶室人机工程学的测量和设计具有重要意义。下面将分类逐一阐述。

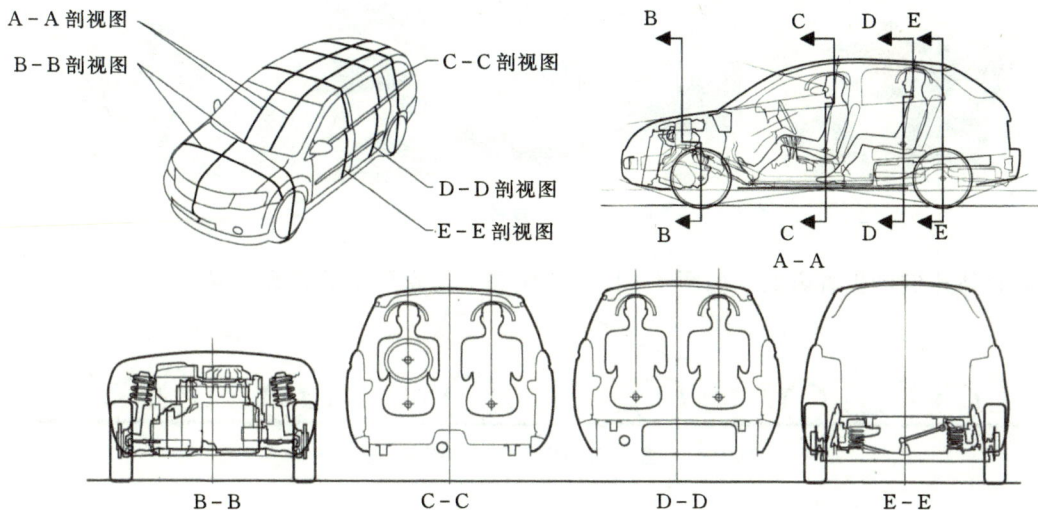

图4-1 车身总布置的5个典型剖视图

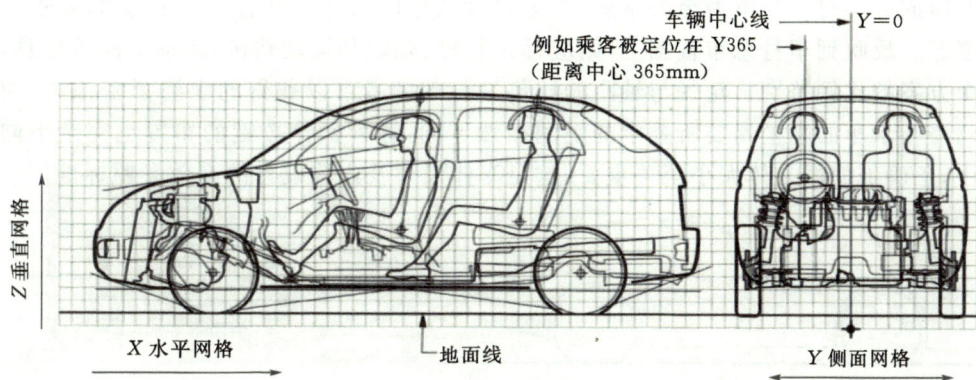

图4-2 车身总布置主要内容及网格图

4.1.1 车身姿态与比例

车身姿态(stands)由基本比例关系(prospection)决定,如前后悬长度、离地间隙、风窗倾角等关键物理量,不同的比例能够反映不同气质和用途,如跑车和轿车气场迥异,三厢和两厢也性格有别;加长车重点为乘坐者服务,而紧凑车主要关怀驾驶者本人——这种姿态、比例的差异来自于尺寸关系的合理量化,即必须通过整体布置来规划、定义各种空间和界面的范围。以停车为例,轴距再短的车身也需要至少大型摩托车那样的宽度,即使横向停放也会占据普通轿车的宽度,参见图4-3。这就要求对车身总布置进行精密的设计。

以下因素均会影响车身的姿态和比例:

1.驾乘人员座位的位置

驾乘人员的数量以及他们之间的相互关系将决定座椅的方向和大致位置,座椅之间的空

图 4-3　Smart 微型车与普通轿车的比例关系

间也对整体比例产生着影响。如图 4-4 中,5 座和 7 座家用车的轮廓差异。

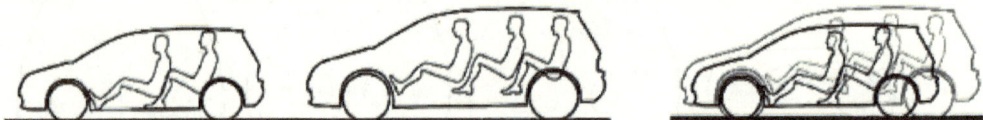

图 4-4　五座两厢轿车与七座 SUV 的对比

2. 轮径及轴距比

　　车身的比例是一个相对值,通常由车轮直径与轴距的比率来决定,如图 4-5 所示。轮径或轮罩开口的大小对车身审美至关重要,工业设计效果图表达时往往予以适度的夸张以获得较好的姿态。反映到车身总布置图上,则应标出轮径、轴距和运动轨迹、跳动空间等信息,认真比较每个方案的比例差别。轮径与轴距的比例又与驾驶者可以获得的坐姿紧密相关,如跑车的躺卧驾姿与卡车的端坐驾姿所要求的空间截然不同,各种操作按键的布置也完全不同。在布置图中,正确地使用人体大小至关重要,这是车体尺寸及内饰设计的有效参照标准。

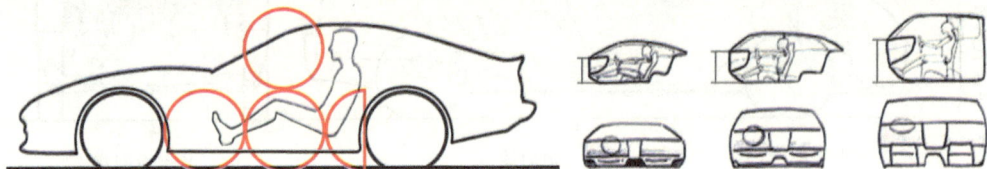

图 4-5　轮径对整车比例和坐姿的影响

3. 前后悬长度

　　前悬与后悬的长度分别影响了接近角和离去角,不仅影响着通过性,而且影响着整车的视觉比例关系,进而影响整车姿态,如图 4-6 所示。

图 4-6　前后悬长度与车辆通过性能关系

4. 最低载货要求

　　载货功能是车辆的重要功能之一,必须根据目标用户留出合适的空间。若针对特殊货品,还必须对其进行测量,并把测得数据表现在尺寸控制图中。

5.汽车等级划分

影响汽车等级的不仅仅是车身尺寸,有时商业策略也会成为重要因素,不同的地域文化和历史时期也都表现不同:一辆欧洲或日本的小型车可能比美国小型车要小得多,初版的 Mini 和菲亚特 500 也要远远小于当代的微型汽车,这些都是受文化环境的影响结果。在具体设计中,应根据品牌和环境考虑车辆的分类和结构进行定位,最后才是对车辆尺寸进行分解,如图 4-7 所示。

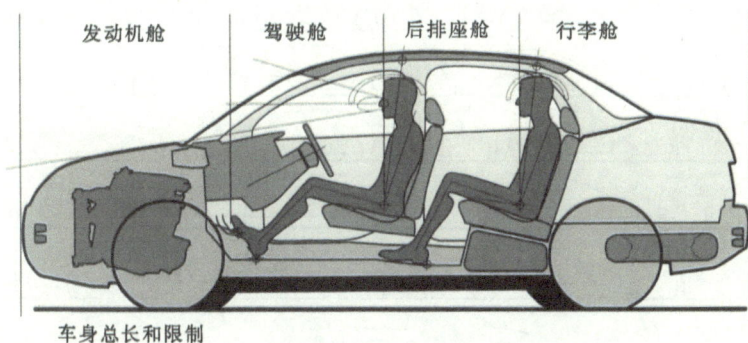

图 4-7 车辆的结构功能分区和尺寸规划

完成整体思考之后,汽车的总体大小和比例就随之建立起来了,一般也会得到大致的人机布置关系,通常从车身侧视图中得到反映,图 4-8 所示是多种类型和比例的典型外轮廓图。

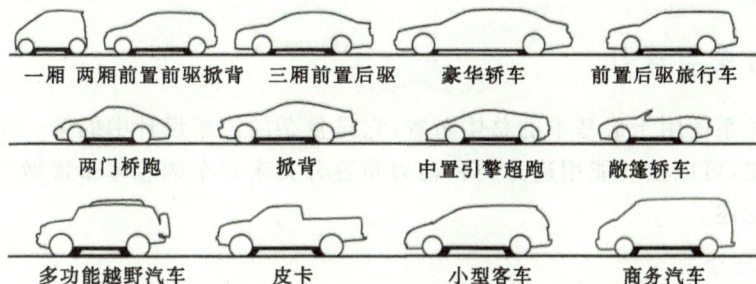

图 4-8 常规车型分类规范

将以上典型外轮廓图进一步规整,可以得到更加细致的常规车身设计标准,它提供了构建汽车的关键模块,可以快速确定目标车型的比例大小。设计图形数据库是一种简单的、有效的图式范例,不仅方便参考、比较,有很强的参考作用,而且需要创新的时候也可以获得基准,从而对关键元素进行单独思考。每个图例都由侧视和前视图构成,包含有车辆轮廓、轮胎(外径)、前后轴、驾乘者及脚跟的位置,如图 4-9 所示。熟悉并理解这些规格数据对于车身设计和人机布置是非常有帮助的。

综上所述,车身姿态与比例确定了基础人机关系,它几乎决定了机械部分和人体部分的布置范围:

(1)车体尺寸、轴距、最小离地间隙。

(2)司机脚跟的高度、驾姿、头部空间和前风窗的位置。

除此之外,还需要考虑油箱、备用轮胎等附件的布置,虽然无需从设计初始就介入,但应注

图 4-9　常规车身设计标准

意到安置它们的空间应合理、安全。

4.1.2　车型功能与动力

汽车的人机关系依附于最基本的总体布置,它是复杂的汽车设计中的第一步,必须予以足够重视。一般来说,可以按功能用途分类和动力布置分类来对车辆总体布置做出规划,本节将从这两方面分别论述。

1.按功能用途分类

车辆的功能决定了它的形态和总布置,设计启动的第一步就是确定车型定位,例如一辆轿车或轻卡或商用车,用途的不同会令人机布置完全不同。从汽车工程的专业角度来看,从整车尺寸、碰撞需求到车轮个数、照明规范等都会影响到车辆的结构设计。

大多数国家都基于功能用途的差异对车辆类别有具体的立法,涉及到细致的设计标准、行车政策以及排放标准等,这样的汽车分类是有意义的。交通税收级别是基于动力输出功率来制定的,并受整车尺寸、价值以及车轮数的影响,政府也能够通过政策干预来限制某些类型车辆的销售或禁行时间段,某些商业机构如保险公司需要评估不同类型产品的风险,一些社会团体需要整合或评测各类专门数据用于商业赢利等等。

从工程角度上看,汽车的功能细分是依据结构来进行的:相同类型的汽车虽然其品牌和型号各异,但其结构都很相近,这源于其有类似的功能要求;而不同类型的汽车率先就反映在车身结构的明显差异上。下面罗列出乘用车的七种基本分类,如图 4-10、4-11 所示:

(1)微型车

针对特定尺寸和性能目标进行设定,通常只有两座以及最小的载货空间。一个小的动力

图 4-10　微型车、普通轿车和豪华车

图 4-11　运动型汽车、多功能商务车、运动型多功能车和皮卡

系统布置(大部分为非传统内燃机式)和极短的前后悬有助于尺寸和重量的最小化,但必须满足当地政府的碰撞法规。一般配备有两个传统的铰链门和一个提升式后背门。

(2)普通轿车

按照轴距和排量不同又可以细分为 A 级、B 级车,占据了乘用车最大的市场份额。其目标是为了提供成本可控的五座交通工具,力求内部空间最大化和外形尺寸最小化以降低成本、重量和气动阻力,动力系统和悬架系统的优化着眼于有效利用空间而非大幅度提升性能。

(3)豪华车

这个细分市场通常被称作 C 级乃至 D 级车及以上,性能、外观以及内饰每一条都注重于高品质和细节设计。为保证操纵性和乘坐舒适性达到最优,动力系统和乘客总布置极尽大气,导致车身总体尺寸非常大,同时注重气动性流畅和结构刚度以减少噪声。

(4)运动型汽车

该分类的唯一宗旨是高性能和独特的设计,因而尽善尽美的动力系统、悬架系统、车身结构、轮胎、空气动力学,以及低重心是优先考虑的要素。乘客空间尽可能紧凑,载货空间接近忽略。这种高性能运动型汽车的消费者通常经济富裕,这意味着进行小批量手工制作成为可能。

(5)多功能商务车

这是一个近年来兴起的相对年轻的分类,通常承载 7~8 人,使用滑动式后门令上下车更加方便。它采用基于乘客导向的总布置原则,座椅的形式或布置通常可变,并能够结合地板形成较大的载货空间。

(6)运动型多用途车

俗称 SUV(Suburban Utility Vehicle),能承载 4~8 名乘客,兼有安全、灵活性。与普通轿车不同,大型 SUV 采用非承载式车身结构、四轮驱动和高离地间隙的设计,还有适合长途旅行的悬架系统和强劲的轮胎,以应对越野路况和恶劣天气。值得注意的是,城市 SUV 虽然具有类似的形态比例,但尺寸和设计参数都缩小了,通常与乘用车系统共用平台,结构也同样是承载式车身。

(7)皮卡

为了能在各种环境中承载和拖拉重物,它通常具有耐久的车身结构、大扭矩的发动机和四轮驱动,悬架系统能够维持各种不同的装载条件,并提供各种不同的离地间隙选择。车身结构为非承载框架式车身,根据对载货空间的需求有单排驾驶室和双排驾驶室两种配置。

不同功能的车型总布置原则各不相同,但图 4-12 中所示的特征在大多数汽车中都有体现。在汽车设计和人机布置中需要认真考量每一个物理量,以得到高可信度的设计。

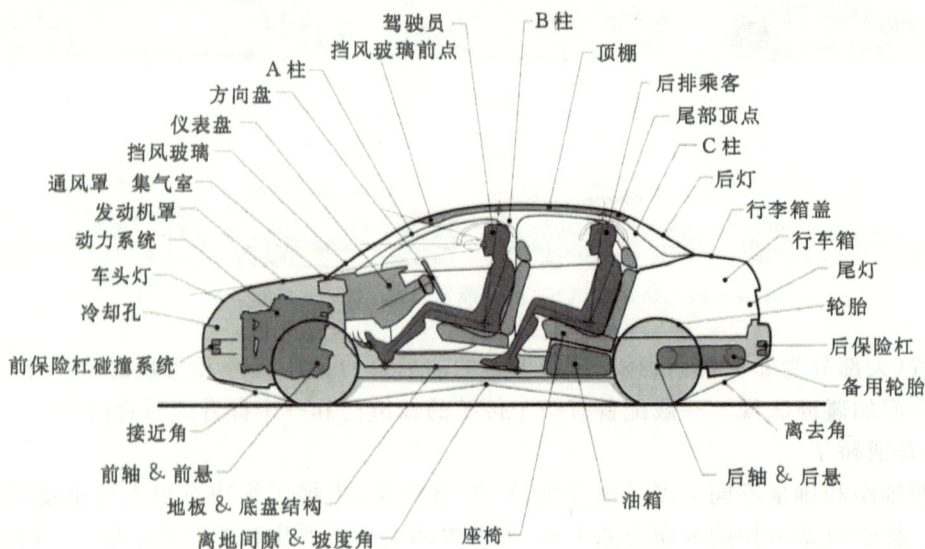

图 4-12 汽车设计和人机布置的典型物理量

对于某些特殊的车身结构,如图 4-13 中开放式货箱、举升式掀背门和自动收折的敞篷车顶等,应特别注意其活动部件对周边零部件布置的影响。

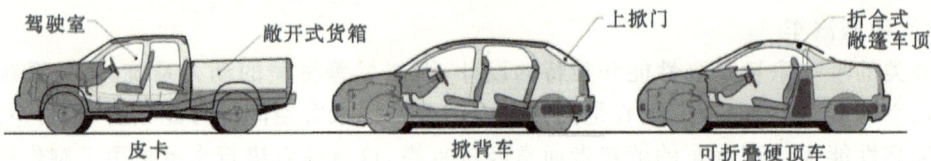

图 4-13 几种车身结构及其特殊布置

2. 按动力布置分类

功能用途定位可以帮助确立整车性质,但仍然无法完全反映出车身总布置,还需要动力布置来共同完成。图 4-14 所示的三辆跑车具有类似的目标功能,但看起来姿态与比例完全不一样,因为它们的发动机被放置在不同的位置,这个原因令汽车的性能和外型变化很多。左侧汽车有一个巨大的前置发动机,从而使得发动机罩很长,把驾驶者推向轴距后方;中间车辆是发动机中置且驱动桥布置在发动机后方靠近后轮,使得驾驶舱整体前移,后排无法坐人;右侧汽车是发动机后置,为设置第二排乘客空间提供了可能。

图 4-14 轴距、功能相同但不同动力布置的跑车姿态和比例

按照动力形式和布置分类,是车身总布置规划的另一种依据。汽车动力系统是提供并传送动力的装置,历史上绝大多数的汽车都使用内燃机和机械系统齿轮,利用传动轴将发动机和驱动轮相连,这套装置占去了很多空间,尤其是发动机尺寸和经常受到限制,需要在其他布置之前首先确定。

发动机布置与驱动型式紧密相连。四轮驱动固然是一种理想的驱动方案,但是成本巨大且制造难度较高;后置后驱的汽车传动简单但后排空间小;前置后驱的汽车在满载和加速行驶的工况下工作良好,但传动装置穿过汽车中心,这不可避免地影响到了乘坐舒适性;前置前驱发动机就安装在驱动轮上方,既没有长长的传动轴影响乘坐空间,也可以腾出尾部空间装载货物,是几种方案中弊端最小的,所以在民用市场中最为普遍。

随着技术发展出现了各种各样的驱动系统,比如用氢燃料电池和混合动力电池的电机,驱动系统的选择变得更为复杂,需要在发动机、变速箱以及最终传动系统的选型之前根据首要目标进行综合权衡,排列总布置中的优先考虑因素。对于某些汽车,动力大小和持续性是首要问题,因此动力因素可能支配整个布置;而对于另一些汽车,乘客和载物空间可能是优先考虑的因素,那么发动机和变速箱布置也需要被首先确定,以腾出更多的空间提供给乘客。这些先进的传动系统和传统内燃机相比,其比例尺寸和布置位置相差很大,所以在外型比例和特征上往往与传统内燃机驱动的汽车也有很大差异。

综上所述,动力形式的设计是一项基本布置,对车辆总布置设计和人机设计影响是巨大的,必须首先确定能源选型、大致体积、前置后置、驱动方式等。下面简列一些动力总成的考虑因素。

(1)功率

高性能汽车经常过分强调自己的引擎。其总布置中的动力系统在侧视图中占据很大的地位,以致于对外观设计和乘坐方式都产生了巨大的影响。

(2)重量分布及空气动力性

中置发动机的布置方式,对于高速度和操控性都是至关重要的。这种布置允许设计者将主要部件的重量分布更加靠近轴距的中间。这减小了惯性的影响,使汽车能够迅速改变方向,由于没有发动机空间的限制,发动机可以尽可能地降低位置,也不排斥可以从外部直接看到。

(3)牵引力及扭力

对于纯粹的越野车,牵引力是最优先考虑的。加上与低转速/高扭矩的特性,一个耐用的四驱系统是必需的。这通常会导致在与前排乘客之间有一条高高隆起的动力传动系统。

(4)乘坐及货运

小型货车需要一个非常有效的总布置,并且将驾乘人员作为首要考虑对象。横向发动机和变速器仅占据结构的一小部分,通常所有的动力系统部件都布置在乘客脚部的前方,所以整个地板可以设计成水平的。

(5)环境

新型的动力系统正在开发,以帮助减少有害气体排放,为创新布置方式提供了机会。通常,电机动力系统比传统内燃机动力系统要小很多,但燃料系统(电池和燃料电池)体积则远远大于汽油油箱。车身没有任何空间可以大到容纳整个燃料系统,所以很多时候整个动力系统会选择车顶安装,如大型燃料电池客车。

内燃发动机历史已久,几乎尝试了每一种可能的位置和方向,通常在优先考虑动力性能、空间利用率、牵引能力和重量分布等特定的功能目标时体现出其布置的价值。下面是一些典型方案,分别列出了动力总成的位置和方向,如图 4-15 所示。

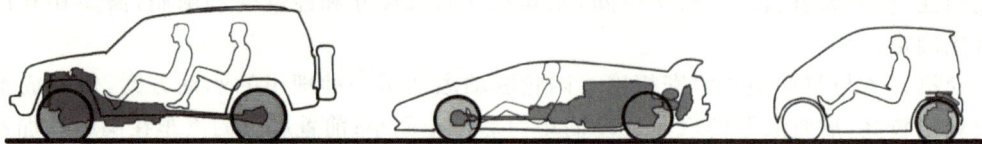

图 4-15　典型的动力总成的位置和方向

(1)前置横置发动机—前轮驱动

这是过去 35 年中最流行的配置,既是理想的小型经济型轿车或小型货车布置的首选,也大量用在标准的中型车上,是一个非常高效的空间布置,可以预先在动力系统和悬挂之前安装,如图 4-16 所示。但是,发动机长度受到前车架纵梁间的宽度的限制,所以这种布置不适合大功率的豪华轿车。变速箱的装配也导致在轮距间的驱动轴长度被缩短,限制悬架行程。这样,发动机位置就由前轮轴的位置所决定。该结构很容易适应小型车和并联混合动力系统。

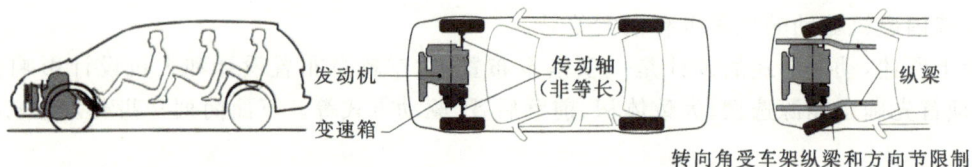

图 4-16　前横置发动机前驱的基本布置形式

(2)前置纵置发动机—后轮驱动或四轮驱动

这种传统的布置在 1900 年左右推出,目前还在绝大多数的皮卡车上使用。豪华轿车和跑车允许大体积引擎纵向安装在车架纵梁之间,它与后驱动轮之间有足够的连接空间,所以安装位置更自由,易于获得最佳重量分布。四轮驱动是通过分动器和额外的驱动轴前轴实现的,拥有更大悬架的越野车才有足够的空间布置使用,见图 4-17。

图 4-17　前纵置发动机后驱的基本布置形式

(3)前纵置发动机—前轮驱动和全轮驱动

这种配置通常是专门生产全轮驱动乘用车的制造商采用,它提供了一个轻便、高效的全轮驱动形式,固定差速器减少了"弹簧的重量",有助于改善固体轴的构造,见图 4-18。但该结构的主要缺点是主轴前端的传动系统较大,会使前悬变长。而横置发动机的传动轴在相同尺寸的车身上空间更优裕,因而发动机的位置更加灵活。

(4)中后置纵置发动机—后轮驱动和全轮驱动

当动力系位于车辆的后部时,冷却模块可以放置在前方或靠近发动机的位置,通常是在后

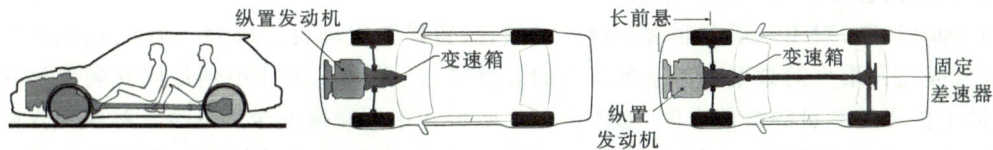

图4-18 前纵置发动机前动和全轮驱动的基本布置形式

轮之前,这也就是为什么跑车身上总有形状各异的导风孔洞用于风冷。此配置具有发动机纵置、前后轮优化处理、转弯性能好和配重分布均匀等特点,但同时也导致了后排无法乘坐,是一种典型的跑车外观特征,如图4-19所示,最适合于高性能跑车或全轮驱动布置。

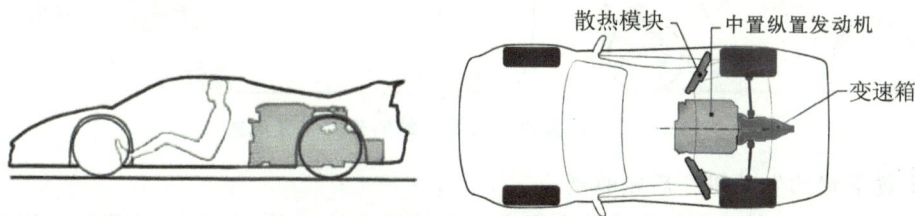

图4-19 中后纵置发动机后驱基本布置形式

(5)后纵置发动机—后轮驱动和全轮驱动

全轮驱动很容易采用这个布置,如图4-20所示。历史上不少跑车厂商都曾使用该种布置,但后部过重还是会导致操控难度加大。

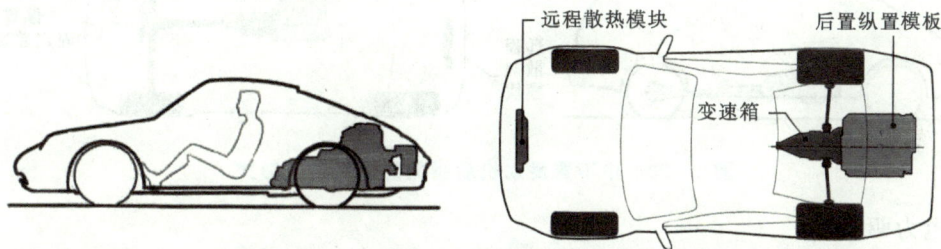

图4-20 后纵置发动机后驱的基本布置形式

(6)中置横置发动机—后轮驱动

这种动力总成由前驱车变化而来,为短轴距轿车提供了非常好的重量分布。但发动机尺寸受纵梁的宽度限制,所以这种布置通常只能在重量轻、高性能的小型跑车上找到,如图4-21所示。

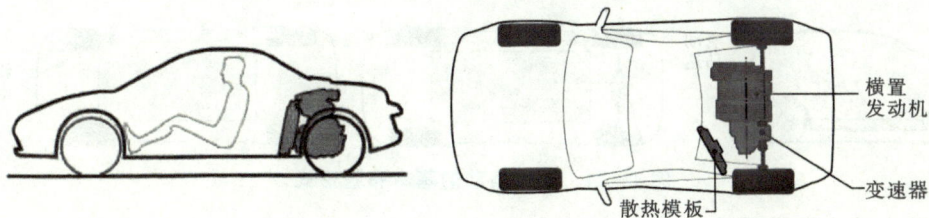

图4-21 中横置发动机后驱的的基本布置形式

（7）后置横置发动机—后轮驱动

当空间（长度）对于一辆车非常关键的时候，后置横置发动机就成为一个很好的选择，例如只能双人或三人乘坐的微型车。这种布置的好处是：当发动机尺寸小到足以安装在后轮轴附近，有助于扩展驾驶员的脚前空间，如图 4-22 所示。正面碰撞安全法规要求标车辆保险杠与驾驶员的脚之间有足够的空间发生挤压形变用以吸能，所以让刚性极大的发动机远离撞击区域有助于形成一个更为有效的总布置。

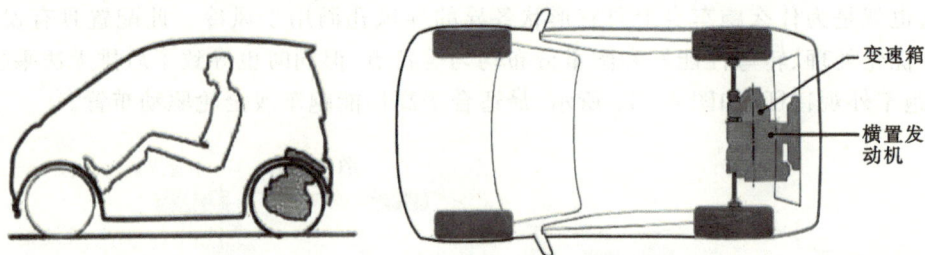

图 4-22　后置发动机后驱的的基本布置形式

（8）中置下置的发动机—后轮驱动

这种布置的空间利用率和重量分布通常适用于微型多功能车，但同时乘坐姿势和座椅限制了发动机大小，因而也就限制了车辆的重量和功率，如图 4-23 所示。虽然通过分动器可以实现全轮驱动，但发动机不便于经常检视和拆装，维修保养可能是一个问题。

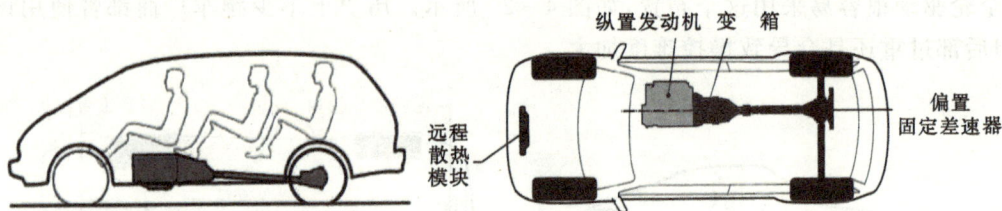

图 4-23　中下置发动机后驱的的基本布置形式

（9）电力驱动

电动机比内燃机小得多，从总布置角度来说，电力驱动为更高的空间利用率设计提供了一种史无前例的潜在可能。电力系统中最主要的部件都可以利用导线插接，便于分散安装在各处，突破了传统动力系统受大型、笨重的机械连接体的限制。但无论是电池还是燃料电池，都体积庞大而且沉重，因此尽可能分散布置或集成于底板之内将是一个好的布置方案，如特斯拉的底板就由 7000 多节高容电池平铺而成。当然，这也可以转化为一个优点：重量分布均匀且降低了重心。

图 4-24　电力驱动的基本布置形式

（10）混合动力驱动系统

这些系统被视为走向全电动系统的必经之路——它们结合内燃机和电动马达两者的优点，

以提供具有更高效率的燃料动力总成。尽管它们比传统系统有更多的部件,但由于电动机提供了额外的动力,内燃机体积却可以缩到很小,这是又一个转劣势为优势的地方,见图4-25。

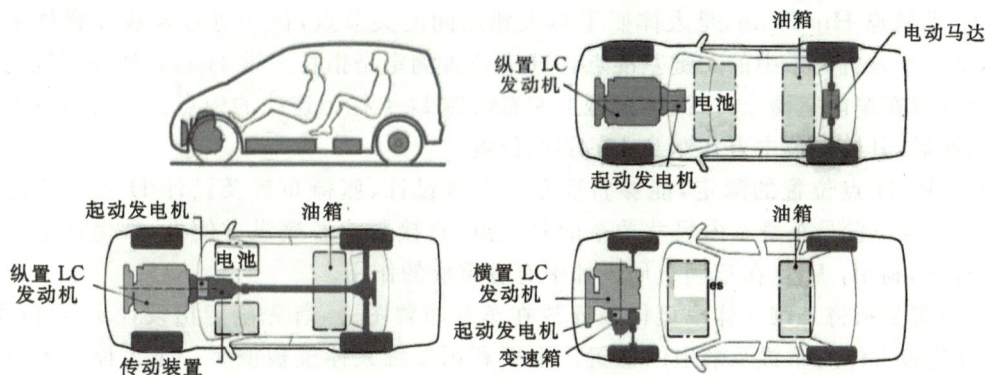

图4-25 混合动力驱动的基本布置形式

在规划基本的动力形式后,还需要对其支持因素进行考虑,即燃料和能源的储存。传统上油箱被认为是"底盘"组件的一部分,而替代动力则趋向于由动力系统整体负责,其存储的基本原则仍然相同,那就是燃料箱、电池或燃料电池不应该过度地影响到车辆的总布置。

能源存储的位置应该具备空间开放这个关键要素。燃料储存通常需要一个相对较大的空间,因此大多数位于后座下方的开放空间,并努力使燃料箱尽可能低,处于车辆的中心位置——这里是车身结构中最坚固的区域,车架纵梁和横梁有助于保护燃料免受冲击。由于燃料可燃,所以安全性是另一个考虑的重点:万一车辆在高速中撞击或翻滚,那么燃料应该被牢牢封闭在油箱里,且远离撞击区域和火源。汽车油箱通常是由抗撞击的工程塑料而非金属制成,这样是为了避免撞击时产生火花引起燃爆。

能源存储模块的大小根据续航和能耗两个主要因素来确定,其大小有时受总布置空间限制,燃料泵和测量系统也会占据一部分空间。如果是使用电池,还需要具备良好的冷却途径,为散热留出额外的空间。氢燃料电池会因压缩而产生非常高的压力,储存罐必须被设计成不会因撞击而破裂的理想形状。图4-26展示了一些典型的现有燃料/能源的存储布置。

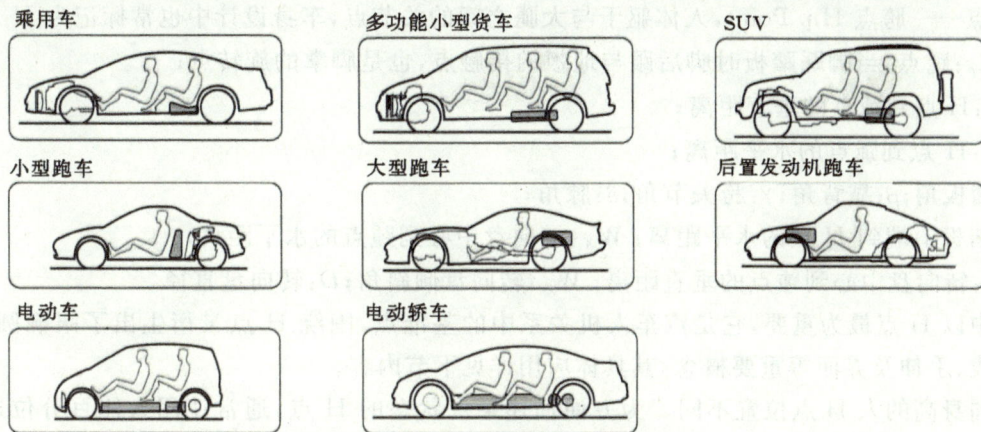

图4-26 各种燃料的储存位置

4.1.3　车辆 H 点基准

H 点,即胯点 Hip Point,是人体躯干与大腿之间的关节点,位于骨盆连线和脊柱延长线的交点,是汽车人机关系中的关键基准点。H 点位置测定是指将三维 H 点人体模型按规定的操作程序安放在车内座椅上时,人体模型上左右两侧 H 点标记连线的中点。它表示着驾驶员或乘员入座后,其胯关节中点在车身中的实际位置。

通过实际 H 点位置的测定,能够验证车身布置设计、座椅布置及设计 H 点位置的准确性。实际 H 点位置是车身室内尺寸关系的基准点,直接影响着操纵方便性,乘坐舒适性和室内有效空间的利用,H 点在车辆布局设计中有着重要的作用。

车内布置是指将二维人体模型样板安放在车身布置图上,首先确定出设计 H 点位置,并以此 H 点代表人体的布置及乘坐的位置。下面利用二维人体模板演示一下人体布置设计流程:二维人体模型样板由躯干、靠背角基准杆、大腿、小腿和脚(带鞋)等几部分组成,通过人体各关节点来连接。与总布置设计相关的主要特征点如图 4-27 所示,主要包括:

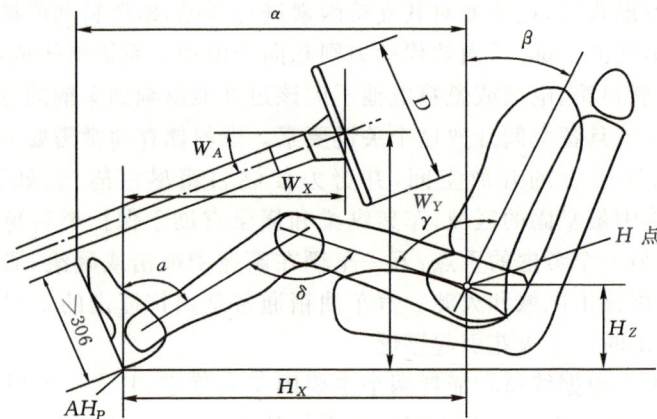

图 4-27　利用人体样板进行人体布置的情况

H 点——胯点 Hip Point,人体躯干与大腿之间的关节点,车身设计中也常标记为 H_p 点。

AH_p:踵点,当脚踩踏板时脚后跟与地板的接触点,也是脚掌的旋转点;

H_Z:H 点到踵点的垂直距离;

H_X:H 点到踵点的水平距离;

α:踏板角;β:靠背角;γ:胯关节角;δ:膝角;

a:踏板上端到 H 点的水平距离;W_X:转向盘中心到踵点的水平距离;

W_Y:转向盘中心到踵点的垂直距离;W_A:转向盘倾斜角;D:转向盘直径

其中以 H 点最为重要,它是汽车人机关系中的基准点,围绕 H 点又衍生出了眼椭圆、头部包络线、手伸及界面等重要概念,其具体应用详见下节内容。

不同身高的人 H 点位置不同。为方便描述某一状态的 H 点,通常使用人体百分位这个基础概念,最常用的而为人体模板有 5th、50th 和 95th 三种百分位,如图 4-28 所示。最流行的是美国汽车工程协会发布的 95th 百分位的男性人体模型,其意义是绝大多数的人可以适合这个乘座舱。同理,第 5th 百分位的女性人体模板则反映了最低身高。各人体模型中从 H 点到头部的长度是固定值,百分位的差异体现在下肢即大腿和小腿的长度,往往会制作几种比例(如 1:1、1:2、1:4 和 1:5 等)的二维人体模型样板用于设计。

第 95 百分位男性(美国)站姿身高

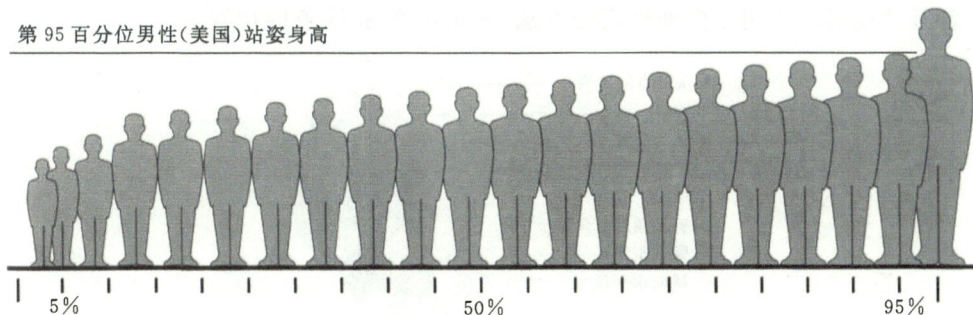

5%   50%   95%

图 4-28　百分位人体样板图

　　因此,选定适宜的百分位人体样板后,就可以参照水平线画出加速踏板位置,确定出踵点的位置;再以踵点为人体布置基准,分别将 95th、50th 和 5th 百分位的人体样板按选定的人体驾驶姿势摆放在车身布置图上,使人体的躯干和上、下肢处于最佳的活动范围和角度关系。依据布置好的人体样板位置,从样板上的 H 点确定出人体布置的设计 H 点位置。这样,就得到了分别对应于 95th、50th 和 5th 三种百分位人体布置的设计 H 点位置 H_{95}、H_{50} 和 H_5 点。确定出这些点是室内布置设计的首要工作。然后以 H_{95} 和 H_5 点间的水平距离和垂直距离选定座椅的水平及垂直调节量,以 95th 百分位人体样板和 H_{95} 点位置画出人体布置的轮廓形状曲线,画出三种百分位人体布置的腿部轮廓线,以便于设计伸腿空间。如图 4-29 及表 4-1 所示。

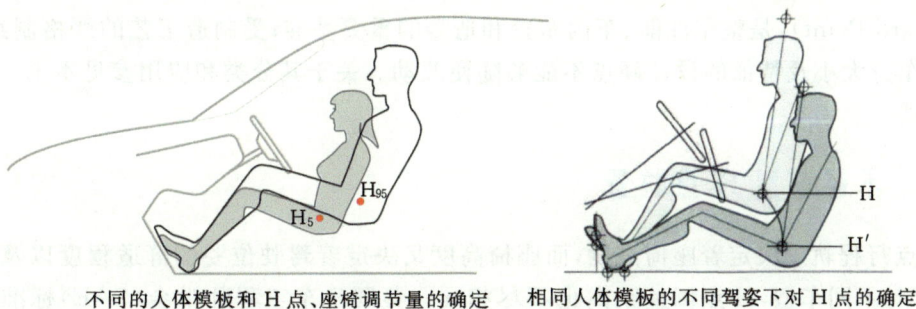

不同的人体模板和H点、座椅调节量的确定　　相同人体模板的不同驾姿下对H点的确定

图 4-29　不同驾姿下人体样板及 H 点的确定

表 4-1　不同驾姿下人体样板关键物理量的大致范围

H 点距离地面的垂直距离/mm	300~350	400~500	700~750	700~800	700~950
座椅高度/mm	135~180	200~250	300~350	300~350	300~350
有效头部空间/mm	950~960	970~1000	990~1010	1010~1020	1010~1020
靠背角(与竖直方向夹角)/度	28~30	22~25	22~24	22~24	22~24

　　在等比的车身内部模型或实车座椅上一般使用三维 H 点人体模型。如图 4-30 所示国

际标准 ISO6549－1980 中定义的三维 H 点人体模型与美国汽车工程学会标准 SAE－3DM 相似,以欧美人体尺寸为设计依据,将三维 H 点人体模型按标准规定安装在实车或 1：1 车身内部模型的座椅上,模型上 H 点标记钮的位置即为车身室内的实际 H 点位置。各个国家和地区几乎都等效或等同采用该标准规定的方法,来确定实际 H 点的位置。

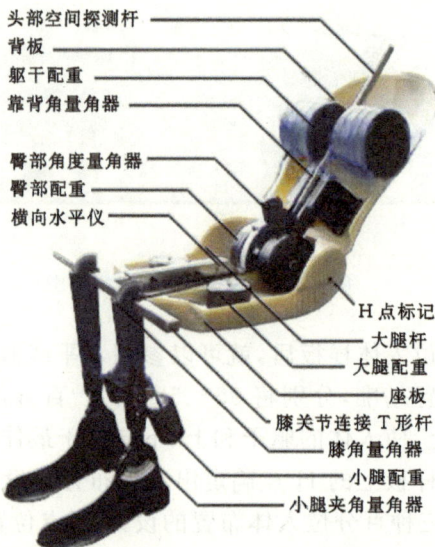

图 4-30 三维 H 点人体模型

除 H 点外,还有一系列关键性的尺寸约束来协助定义车身和进行总布置,这些称为设计硬点(Hard Point),是整车性能、车内布置和造型的重要基准;受制造工艺的严格制约,这些用于标定车身大小及特征的设计硬点不能够随便改动。关于其分类和应用参见本书 5.2 部分的详细论述。

4.1.4 不同车型 H 点位置

H 点行程轨迹决定着座椅高度,而座椅高度又决定着驾驶位姿的舒适程度以及上下车方便性,针对不同车型,H 点调整距离也不尽相同。美国汽车工程师学会(SAE)标准根据驾驶员乘坐空间尺寸的差异将汽车分为 A、B 两大类,A 类车主要指乘用车,包括轿车、旅行车、多功能车和轻型货车。B 类车主要指商用车,包括中、重型货车和大客车。A、B 类车乘坐空间尺寸范围见表 4-2。

表 4-2 A、B 类车乘坐空间尺寸范围

汽车类别	$H30-1$ /mm	$TH17$ /mm	$TL23$ /mm	$W9$ /mm	$A40-1$ /°
A 类	127～405	0～50	>100	<450	5～40
B 类	405～530	0	>100	450～560	11～18

我国 GB/T 15089 标准中将汽车主要分为 M、N 和 G 类(挂车和汽车列车等除外),又可

根据用途分为乘用车和商用车两大类。乘用车主要用于载运乘客及其随身行李和临时物品，其座位数最多不超过 9 个(含驾驶员)；商用车主要用于运送人员和货物，又分为客车和货车两大类。见表 4-3。

表 4-3　我国汽车类型

分类	定义	分类	定义
M 类	至少有四个车轮，且用于载客的机动车辆	N 类	至少有四个车轮，且用于载货的机动车辆
M1	包括驾驶员座位在内，座位数不超过九座的载客车辆	N1	最大设计总质量不超过 3500 kg 的载货车辆
M2	包括驾驶员座位在内座位数超过九个，且最大设计总质量不超过 5000 kg 的载客车辆	N2	最大设计总质量超过 3500 kg，但不超过 12000 kg 的载货车辆
M3	包括驾驶员座位在内座位数超过九个，且最大设计总质量超过 5000 kg 的载客车辆	N3	最大设计总质量超过 12000 kg 的载货车辆
G 类	在一定使用条件下，满足某些通过性指标的 M 类、N 类的越野车		

对于不同车型，乘员空间布置通过确定不同百分位乘员设计 H 点位置来实现。常见的四种调节方式，分别是固定 H 点、固定转向盘抓握点、固定眼点和固定踏板和转向盘，如图 4-31 和表 4-4 所示。这些调节方式都是尽可能的保证驾驶姿势、视线观察处于合理的舒适范围和安全区域。目前汽车布局大多采用固定踏板的调解方案，本节也主要以此为驾驶空间的基本布置方法。

表 4-4　不同固定点的调节

固定点		座椅调节	转向盘调节	踏板调节
踏板	水平	190	120	——
	垂直	10	——	——
H 点	水平	——	70	190
	垂直	——	80	——
转向盘	水平	70	——	120
	垂直	80	——	95
眼点	水平	20	80	210
	垂直	120	30	130
踏板/转向盘	水平	190	——	——
	垂直	10	——	——

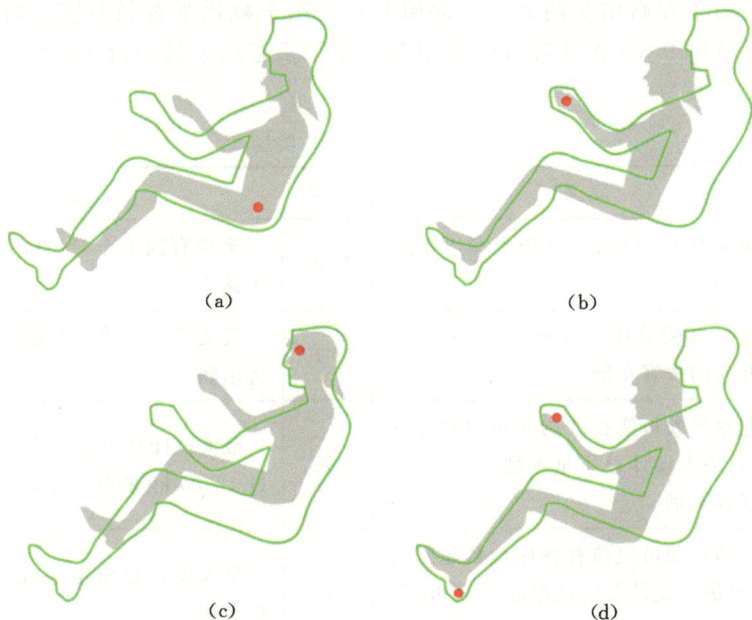

图 4-31　不同固定点的调节方式

　　不同类型汽车,驾驶室地板高度和驾驶室高度不同,驾驶员乘坐姿态也要与之相适应,如图 4-32 所示。设计 H 点调节范围(包括水平调节量 TL23 和垂直调节量 TH17)根据 5th 百分位女子和 95th 百分位男子设计 H 点位置确定,如图 4-33 所示。

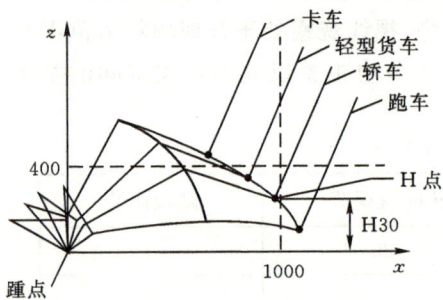

图 4-32　不同车型的 H 点调节位置

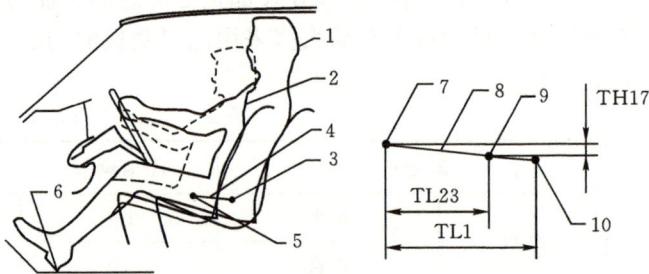

图 4-33　不同百分位人体 H 点位置

4.1.5　基于 H 点的辅助布置工具

　　H 点是汽车人机布置的核心,车内各种静态或动态的操作都是围绕 H 点展开的。本节将介绍一些与操作性、视野性相关的基础概念如手伸及界面、眼椭圆,头部包络线等,它们与 H 点直接相关,又可以各自衍生为更多的二级概念,涉及更详细的操作要点。

1. 手伸及界面

(1)手伸及界面的定义

驾驶员的手伸及界面是指驾驶员以正常驾驶姿势坐在汽车座椅上,身系安全带、右脚置于加速踏板上、一只手握住转向盘时另一只手所能伸及的最大空间曲面,一般是满足了测量台各种测试要求后再经过统计分析得到的平均结果。如图 4-34 所示,此网格曲面所提供的空间范围即为驾驶员的操纵范围,仪表台各种按键的基本布置应处于该曲面范围之内,SAEJ287—2007 对驾驶员的手伸及界面作了完整的描述。

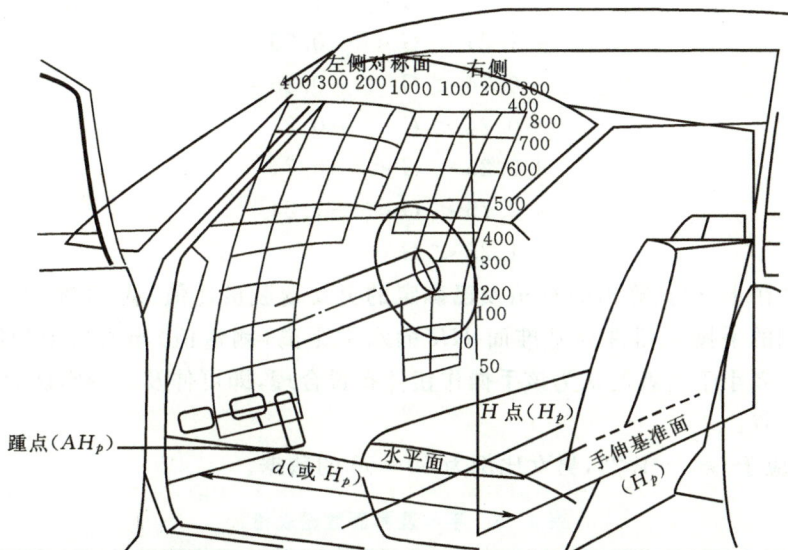

图 4-34　驾驶员手伸及界面的廓面示意图

显而易见,人体布置的 H 点位置直接影响着驾驶员的手伸及界面。除此之外的其他因素还有:安全带的种类、人体尺寸、座椅调整行程,最后 H 点位置、人体驾驶姿势、转向盘的尺寸、布置位置和倾角等。

(2)手伸及界面的测量和描述

为了量化地描述手伸及界面,通常引入"通用布置因子 G 值"(General Package Factor)来反映乘坐环境布置,简称 G 因子。手伸及界面是测量数据经过严格的统计分析后得到的。

与 G 因子相关的物理量可以在手伸及界面测量台上测得,如图 4-35 所示,再按下列公式计算得出:

$$G = 0.0018H_Z - 0.0197\beta + 0.0027D + 0.0106W_A - 0.0011W_X + 0.0024W_Z + 0.0027\gamma - 3.0853$$

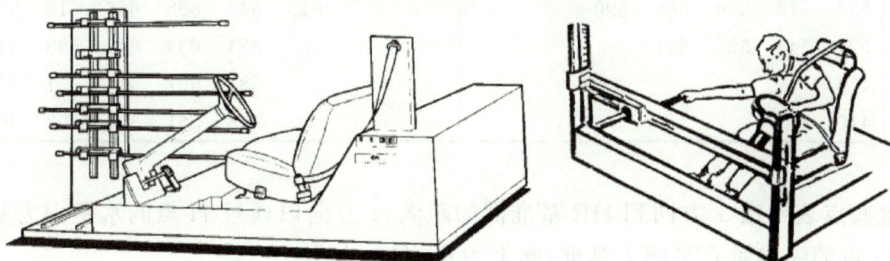

图 4-35　手伸及界面的测试实验台

其中 H_Z 为 H 点至加速踏板踵点的垂直距离;β 为靠背角;D 为转向盘直径;W_A 为转向盘

倾角;W_x 为转向盘中心至 H 点的水平距离;W_z 为转向盘中心至 H 点的垂直距离;γ 为臀部角。

根据国际标准 ISO3958—1977,G 因子范围可以分为七档,而驾驶员男女性别比例分为 50/50、75/25 和 90/10 三种,所以总共可得到 21 张描述表格来构造 21 种情况下的手伸及界面:

$$G < -1.25$$
$$-1.24 < G < -0.75$$
$$-0.74 < G < -0.25$$
$$-0.24 < G < +0.24$$
$$+0.25 < G < +0.74$$
$$+0.75 < G < +1.24$$
$$+1.25 < G$$

G 值的意义在于:根据算出的 G 值及已确定的男女驾驶员比值,从 21 张表中找出相应的表格。样车实测的手操纵钮件离基准面 HR 的水平距离(测量值)与表格中的给定值(极限值)相比较,若前者小于后者便认为该手操作钮件布置合理,即可伸及。否则认为不合理,应重新考虑其布置位置。

表 4-5 对应于 $G < -1.25$,男女比例为 50∶50 的数据。

表 4-5　手伸及界面数据表格　　　　　　　　　　　　　　　　　　mm

H 点高度	驾驶员中心线外侧							驾驶员中心线内侧								
	400	300	250	200	100	50	0	0	50	100	200	250	300	400	500	600
800	387	438	456	470	490	490	502	493	501	504	495	483	468	426	377	
700	463	506	520	531	546	551	556	550	562	566	557	546	532	499	455	
600	519	555	567	576	586	586	586	590	605	611	604	595	584	555	514	449
500	556	586	598	606	609	603	589	614	630	638	637	631	622	595	553	486
450	567	595	607	615	615	604	583	620	636	645	649	644	636	609	565	498
400	574	600	612	621	618	601	571	621	637	648	656	654	646	619	572	506
350	576	601	614	623	616	594	555	619	633	646	660	660	654	625	574	511
300	574	597	612	622	611					639	660	662	658	626	572	510
250	567	590	605	617	602					628	657	662	658	624	564	506
200	557	578	596	608	590					613	649	658	656	618	551	498
100	524	544	566	581							624	639	640	593	510	469
0	474										584	607	610	551	449	423
-100	410										528	561	567	493	367	360

表格这些点表示沿 x 方向到 HR 基准面的距离,z 方向以通过 H 点的水平面为基准,y 方向以通过 H 点的纵向垂直平面为基准,向上为正,向下为负。

(3)手伸及界面的定位

首先确定驾驶室内部设计尺寸和驾驶员男女比例,并根据 G 因子公式计算 G 值;然后根据以下公式计算 HR 基准面 x 方向的位置。

$$HR=786-99G$$

如果 $786-99G>L53$，HR 基准面位于 SgRP 处；相反，如 $786-99G<L53$，HR 基准面位于 AHP 后方 $786-99G$ 处，其中，$L53$：AHP 到 SgRP 的水平距离。

（4）室内操纵钮件的布置或位置校核

驾驶员手伸及界面用于辅助进行仪表板上操纵按钮的布置。如图 4-36 所示，常用的操纵按钮应该布置在驾驶员手伸及界面描述的界限范围内，且安排在驾驶员随手可及的位置。日本的保安基准十条规定，各种开关的位置必须设置在距转向盘为中心的左右 500 mm 以内；功能不同的开关应以转向盘为中心，左右分开布置，以避免误操作。我国 GB/T 17867—1999《轿车手操作件指示器和信号装置的位置》中明确规定了手操作开关、各种指示仪表和信号装置的具体位置。

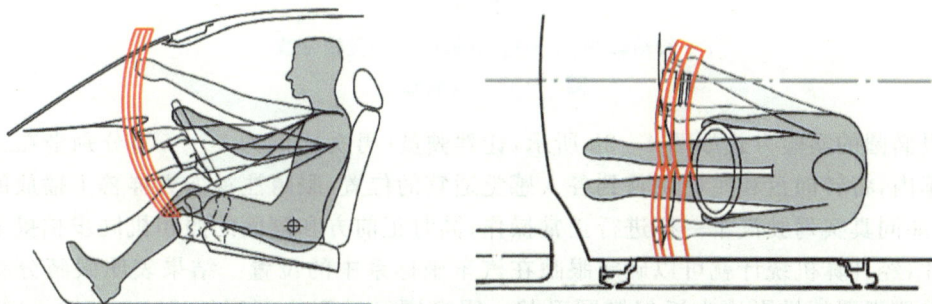

图 4-36 室内操纵钮件布置与手伸及界面的关系

随着"以人为本"的设计理念发展，室内操作钮件的人性化布置特点也日趋成熟，主要体现在：（1）大部分都设置在仪表板和中控板上，是以人的生理需求及功能需求而安排的。如通风口多布置在仪表台中部与两端，位置居高，进入车内的新鲜空气或冷暖气流易被乘员所感知。而在行驶中使用频率较高的音响系统多居于控制面板中部，驾驶员手伸距离较近，使用便捷；使用频率较低的空调系统旋钮则多居控制面板下部。（2）操作部件外型越来越趋于有机形态，它们与人手的接触表面变得越来越柔和、平滑，曲线流畅自然，有的甚至被特意塑造成一种"人留痕迹"的形态，这些都体现了设计师对人的关爱与呵护。车内按键式开关用的较多，那是因为它便捷、省力、准确（多用于音响及灯开关系统中）；旋转式旋钮常在分级调量系统中使用，如空调控制系统。此外，手部操作范围还与按键的设计形状、生物力取用规律相关，其具体应用详见本书 2.2.3 节内容。

2. 眼椭圆

汽车设计需要精准地确定驾驶员眼睛位置的空间分布，以布置风窗大小、A 柱位置及仪表，保证不同身高的人均可以获得良好的驾驶视野。

（1）眼椭圆的定义的测量

眼椭圆（Eyellipse，Eye 和 Ellipse 的合成）代表了不同驾驶员以正常驾驶姿势坐在座椅上时，其眼睛所在位置的分布范围，是一个统计学概念。通过对驾驶员眼睛所在位置的测量、统计分析发现，驾驶员眼睛的位置分布规律在不同视图中均呈椭圆状，故称之为"眼椭圆"，见图 4-37。

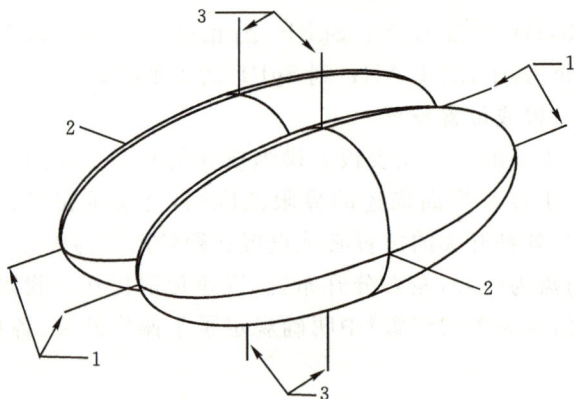

1—长轴轴线；2—短轴轴线；3—竖轴轴线

图 4-37　眼椭圆

　　获得眼椭圆的实验方式如图 4-38 所示:让驾驶员(男女比例为 50∶50)分别坐在三辆静止的敞篷车内,将转向盘和座椅调整到各人感觉适宜的位置,眼睛注视前方屏幕上播放的随机交通场景,如同真实驾驶汽车一样进行正常操作;同时正前方和侧面的照相机同步拍摄下眼睛位置的照片,经计算机统计就可以确定眼睛在汽车坐标系中的位置。结果表明眼睛分布范围在俯视图和侧视图的投影均为近似椭圆形状。眼椭圆已被列为国际标准 ISO4513—1978《道路车辆视野性能关于驾驶员眼睛位置眼椭圆确定方法》,为众多会员国所承认,其中包括美国、日本等国家。国际标准 ISO4513 来源于美国的 SAEJ941。

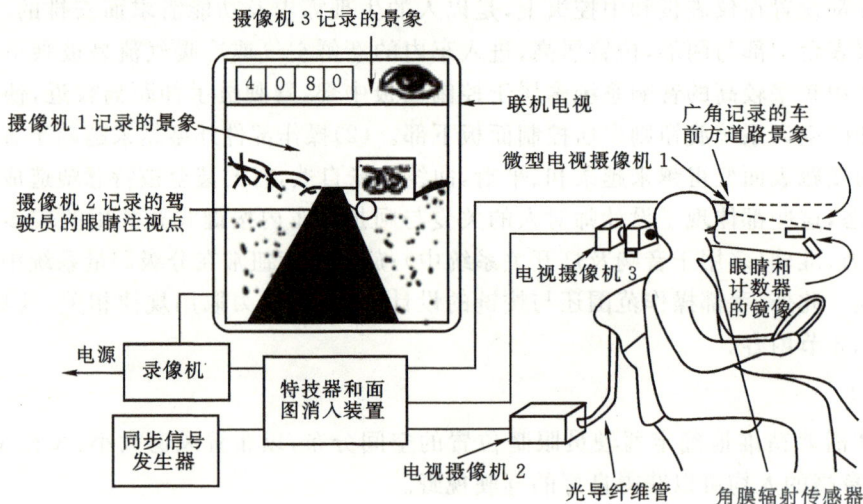

图 4-38　驾驶员眼椭圆实验装置

　　(2)眼椭圆的定位

　　眼椭圆的定位包括椭圆中心位置和倾角。2002 年 SAEJ941 标准不再根据乘员躯干角 A40 定位,而是将方向盘前后位置和座椅高度是影响眼椭圆中心的主要因素,新方法针对不同地区的人体尺寸特征给出了不同的眼椭圆尺寸和定位公式。图 4-39 为眼椭圆定位的相关参数,

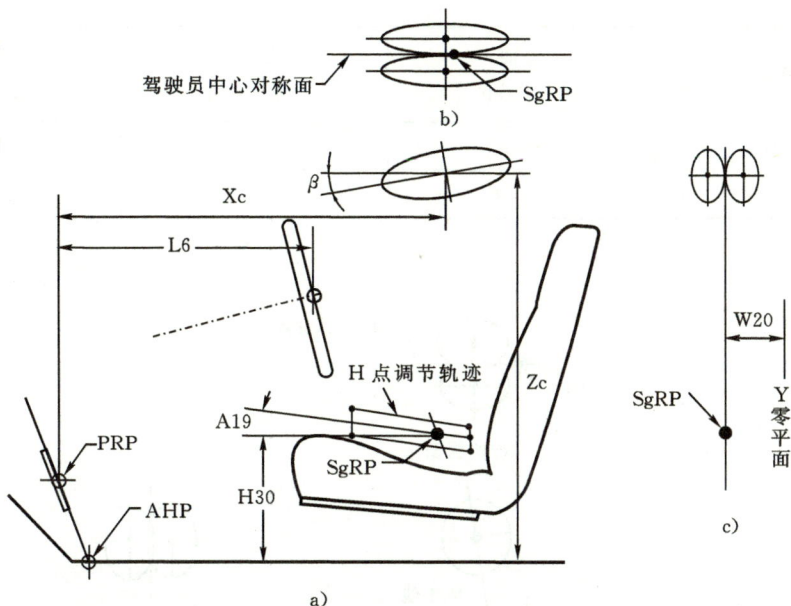

图 4-39　椭圆定位相关参数

以 A 类车、可调节座椅为例,由于美国人、日本人身高不同,故眼椭圆位置也有所不同,表 4-6 是美国人、日本人的眼椭圆尺寸,对应的眼椭圆定位公式如下 。

表 4-6　A 类车、可调节座椅眼椭圆尺寸

国家	百分位	$TL23$/mm	长轴 Lx/mm	短轴 Ly/mm	竖轴 Lz/mm
美国	$95th$	>133	206.4	60.3	93.4
	$99th$		287.1	85.3	132.1
日本	$95th$		195.1	60.3	93.4
	$99th$		271.5	85.3	132.1

$$\begin{cases} \beta = 18.6 - A19 \\ X_c = 664 + 0.587L6 - 0.176H30 - 12.5t \\ Y_d = W20 - 32.5 \\ Y_{cr} = W20 + 32.5 \\ Z_c = 638 + H30 \end{cases}$$

t 为变速类型,当有离合踏板时 $t=1$,否则 $t=0$。针对 A 类车固定座椅眼椭圆,由于座椅不可调节,因此 H 点位置固定,这种情况适用于后排乘员情况(见图 4-40)。固定座椅眼椭圆尺寸定位和计算公式如下

$$\begin{cases} \beta = 0.719A40 - 9.6 \\ X_r = 640\sin\delta \\ Y_{rl} = -32.5 \\ Y_{rr} = 32.5 \\ Z_r = 640\cos\delta \end{cases}$$

表 4-7 固定座椅眼椭圆尺寸

百分位	长轴 Lx / mm	短轴 Ly / mm	竖轴 Lz / mm
95th	99.2	104.1	119.6
99th	140.4	147.3	164.3

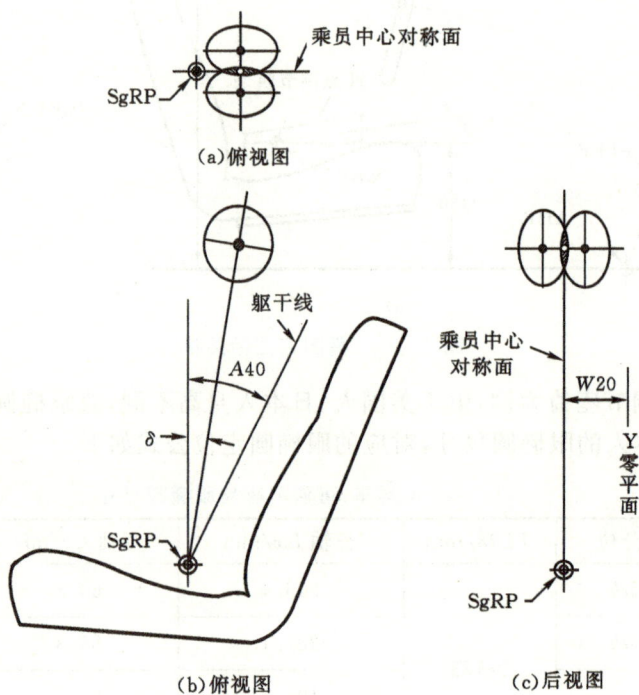

图 4-40 A 类车固定座椅眼椭圆定位

B 类车眼椭圆定位与 A 类车有所不同,是以 ATRP 作为基准点,定位时不但需要考虑男女比例,而且向前下方 11.6°的转角,左右方向有向右 5.4°的转角,如图 4-41 所示,表 4-8 为 B 类车眼椭圆尺寸。

表 4-8 B 类车眼椭圆尺寸

百分位	$TL23$/mm	长轴 Lx/mm	短轴 Ly/mm	竖轴 Lz/mm
95th	100~133	173.8	105.0	86.0
	>133	198.9	105.0	86.0
99th	100~133	242.1	149.0	122.0
	>133	268.2	149.0	122.0

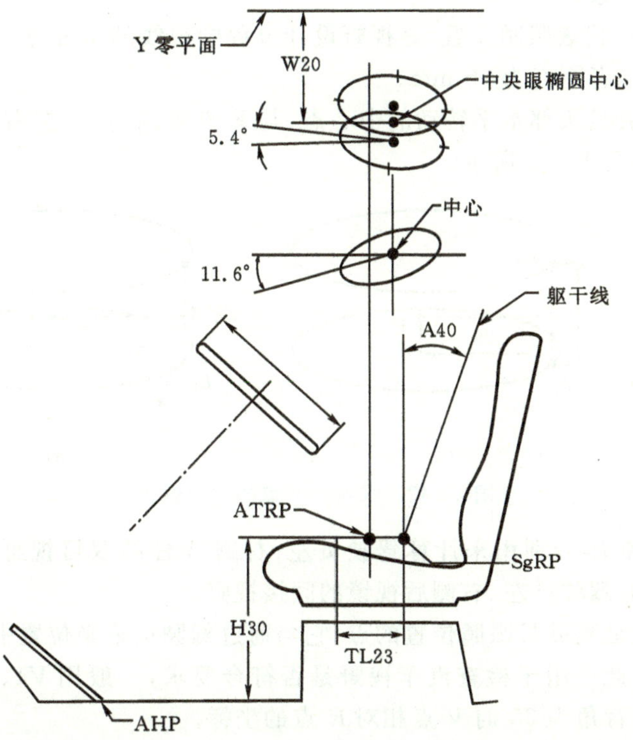

图 4-41　B 类车眼椭圆

　　眼椭圆中心相对于 ATRP 的定位公式见表 4-9。X 为椭圆中心相对于 ATRP 的水平距离；Y_L、Y_R 分别为左、右眼椭圆中心相对于 ATRP 的侧向距离；Z 为圆中心相对于 ATRP 的垂直距离。

表 4-9　眼椭圆中心相对于 ATRP 的定位公式

男女比例 90∶10	男女比例 75∶25	男女比例 50∶50
$X=-184.44+12.23A40$ $Y_L=-32.5$ $Y_R=32.5$ $Z=707.52-4.17A40$	$X=-20.15+13.65A40$ $Y_L=-32.5$ $Y_R=32.5$ $Z=699.66-3.82A40$	$X=-175.26+12.68A40$ $Y_L=-32.5$ $Y_R=32.5$ $Z=691.09-3.57A40$

　　ATRP 是 B 类车驾驶室布置工具图形定位基准点，A 类车几乎不采用 ATRP 来定位，对于 B 类车，一般根据 50th 百分位的 H 点位置曲线、H 点高度和驾驶员比例来计算 ATRP。定位公式如下：

$$X=\begin{cases}855.31-0.509Z & （男女比例为 90∶10）\\822.44-0.460Z & （男女比例为 75∶25）\\798.74-0.446Z & （男女比例为 50∶50）\end{cases}$$

式中，X 为 ATRP 到 AHP 的水平距离（mm），Z 为 ATRP 到 AHP 的垂直距离（mm）。

（3）眼椭圆基准参数

E点：E点（眼点）代表眼睛位置，是视野设计过程中视线的出发点。眼点有两个，分别代表左右眼睛的位置，二者距离为 65 mm。

P点：P点是驾驶员头部水平转动的中心点，与 E 点等高，位于左右眼点 E_L 和 E_R 连线中点后方 98 mm 处，如图 4-42 所示。

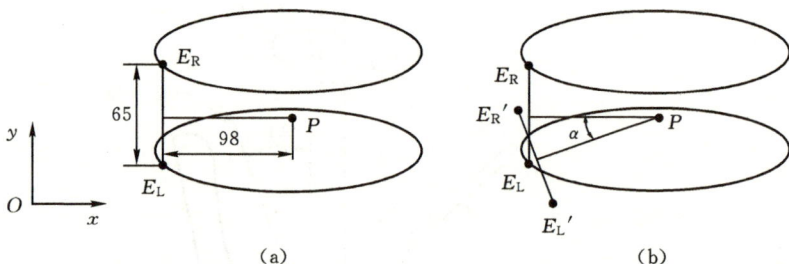

图 4-42　眼点与 P 点的相对位置

头部转动点 P_1 和 P_2 分别用来计算驾驶员左、右侧 A 柱的双目视野障碍角；头部转动点 P_4 和 P_3 分别用来计算驾驶员左、右侧后视镜的间接视野。

V点：视原点，表征驾驶员眼睛位置的点，它与通过驾驶员乘坐位置中心线铅垂面、R 点以及座椅靠背角有关。此点用于检查汽车视野是否符合要求，一般用 V1、V2 两点表示不同位置。如表 4-10 是靠背角为 25°时 V 点相对 R 点的坐标。

表 4-10　靠背角 25°的 V 点相对位置

V 点	X	Y	Z
V1	68	-5	665
V2	68	-5	589

眼椭圆的视切比：视切比定义为眼睛位置落在眼椭圆切线包含眼椭圆一侧的概率；对于眼椭圆的任意切线，眼睛位置落在包含眼椭圆一侧的概率都相等，且等于眼椭圆的百分位。如图 4-43 所示。

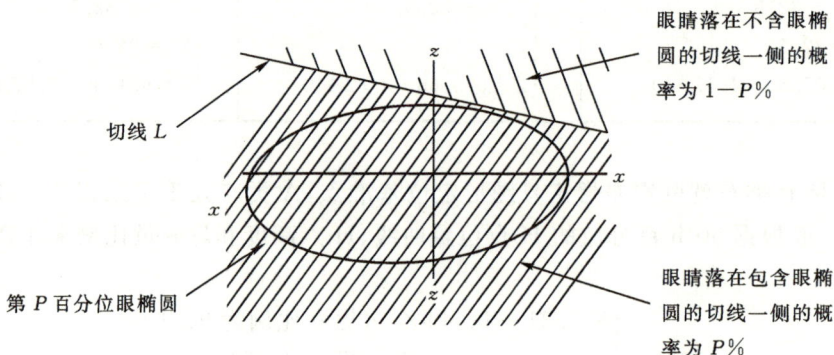

图 4-43　眼椭圆视切比

3.头部位置包络线

在车身人机布置中,还有另一个概念既与视野性相关,也和高度尺寸、风挡倾角有很大关联,这就是"头部位置包络线"——这条线是不同百分位身材的驾驶员和乘员在乘坐状态下其头部外轮廓的包络线,它提供了一定百分位的驾驶员头部位置的分布范围,如图 4-44 所示。确定人体头部位置包络线的位置是正确设计车身室内高度和头部空间的充分条件。

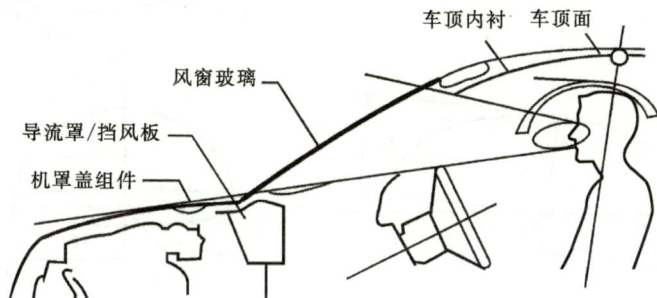

图 4-44 头部位置包络线示意简图

(1)头部位置包络面的形成

头包线是在研究人体眼睛位置分布的基础上,对头部位置轮廓线的位置作统计分析得到的,因此它与眼椭圆有直接的关系,将平均头廓线样板上的眼点沿着眼椭圆轮廓上半部分运动,平均头廓线随之平动,描绘出的各个位置平均头廓线的包络就是头廓包络线,如图 4-45 所示。

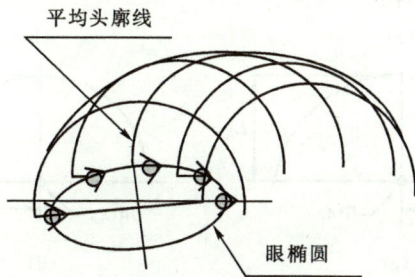

图 4-45 头廓包络线

1997 年,头廓包络面取代了头廓包络线。包络面的开发采用的是 CAESAR 人体数据库中三个平均身材男子头廓的三维扫描数据,为方便使用,将头廓包络面简化成为上半椭球面。与眼椭圆相对应,头廓包络面也包括座椅行程可调式(见图 4-46)和不可调式(见图 4-47)两种。

其中头廓包络面的尺寸包括长轴、短轴和竖轴的长度如表 4-11 所示。

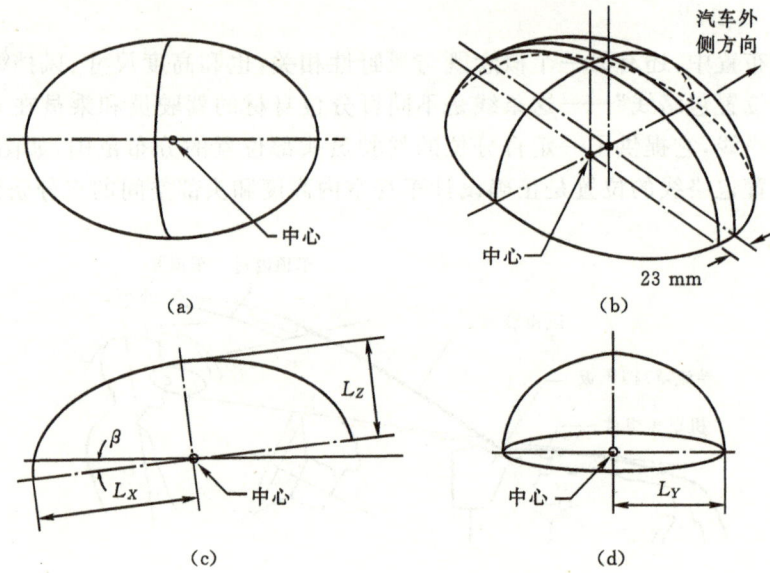

图 4-46　可调节座椅头部包络面

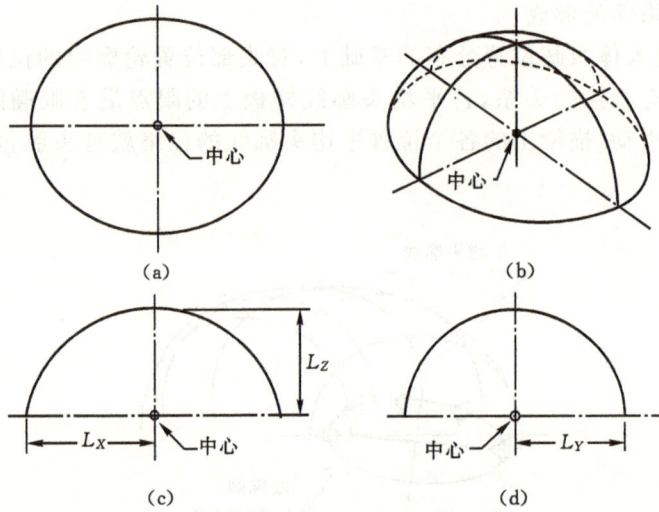

图 4-47　固定座椅(乘员)头部包络面

表 4-11　头部包络面的尺寸

百分位	乘员	$TL23$/mm	L_X/mm	L_Y/mm(车内侧)	L_Y/mm(车外侧)	L_Z/mm
95th	驾驶员和前排外侧乘员	>133	±211.25	143.75	166.75	+133.50
		≤133	±198.76	143.75	166.75	+133.50
		0	±173.31	143.41	166.41	+147.07
	前排中央乘员	>133	±211.25	143.75	143.75	+133.50
		≤133	±198.76	143.75	143.75	+133.50
	其他	0	±173.31	143.41	143.41	+147.07

(2)头廓包络面的定位

适合 A 类车、行程可调节座椅的头廓包络面只在侧视图有向前下方 12°的倾角 β,其他视图方向的倾角为零。对于固定座椅,在各个视图方向倾角均为零。

可调节座椅的头廓包络面中心位置计算公式如下:

$$\begin{cases} X_c = 664\text{mm} + 0.587L6 - 0.176H30 - 12.5t + X_h \\ Y_c = W20 \\ Z_c = 638\text{mm} + H30 + Z_h \end{cases}$$

式中,L6 为转向盘到 PRP 的水平距离;H30 为座椅高度;t 为变速类型;X_h,Z_h 取值见表 4-12。

表 4-12 X_h 与 Z_h 取值

TL23	X_h/mm	Z_h/mm
>133	90.6	52.6
≤133	89.5	45.9
0	85.4	42.0

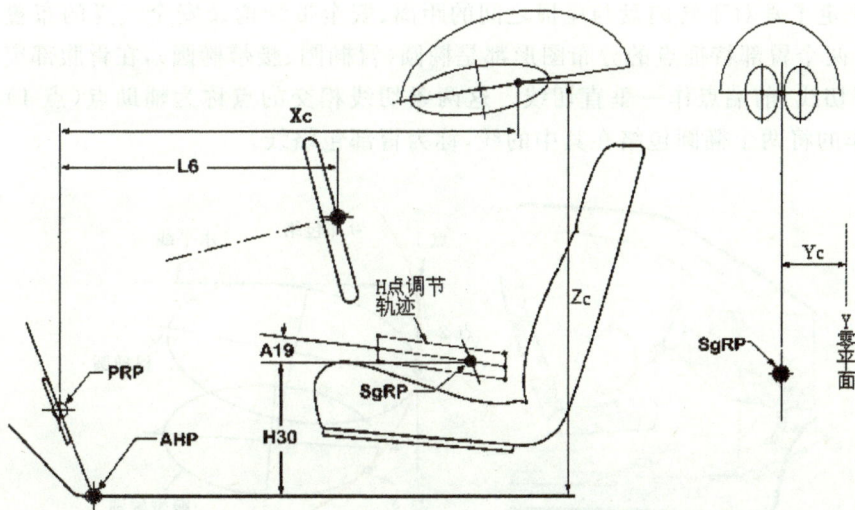

图 4-48 可调节座椅的头廓包络面

固定座椅的头廓包络面中心位置计算公式如下,头廓包络面中心相对于 SgRP 的三个坐标分量为:

$$\begin{cases} X_c = 640\sin\delta + X_h \\ Y_c = W20 \\ Z_c = 640\cos\delta + Z_h \\ \delta = 0.719A40 - 9.6° \end{cases}$$

式中,δ 为固定座椅眼椭圆侧视图倾角。

无论是固定座椅,还是行程可调节座椅,当定位眼椭圆之后,可以直接根据左右眼椭圆中心连线中点(中央眼椭圆中心)来定位相应的头廓包络;头廓包络中心相对于眼椭圆中心的偏移量如表 4 – 13 所示。

表 4 – 13　头廓包络中心相对于眼椭圆中心偏移量

TL23	ΔX	ΔY	ΔZ
>133 mm	90.6	0	52.6
≤133 mm	89.5	0	45.9
0	85.4	0	42.0

4.胃部包络线和膝部包络线

(1)胃部包络线

汽车驾驶员的胃部包络线反映了转向盘与驾驶员座之间的空间尺寸及座椅安全带结构取用范围,是由 SAE 和通用汽车公司通过采用摄影法联合测出的。

如图 4 – 49 所示,胃部包络线的确定需要三个点:两个部位特征点及一个辅助点。两个胃部特征点分别是驾驶员胃部最前突部位(点 2)与驾驶员的腰部前下方与安全带贴合的部位(点 3),这就决定了其对于转向盘与座椅之间的距离、安全带结构及安全气囊的布置方案所起的重要作用。两个胃部特征点的分布图形都是椭圆(胃椭圆、腰带椭圆),在胃腹部突出点椭圆上缘作一水平切线,前端点作一垂直切线。这两条切线相交的点称为辅助点(点 1)。通过点 1、点 2、点 3 作的将两个椭圆包络在其中的线,称为胃部包络线。

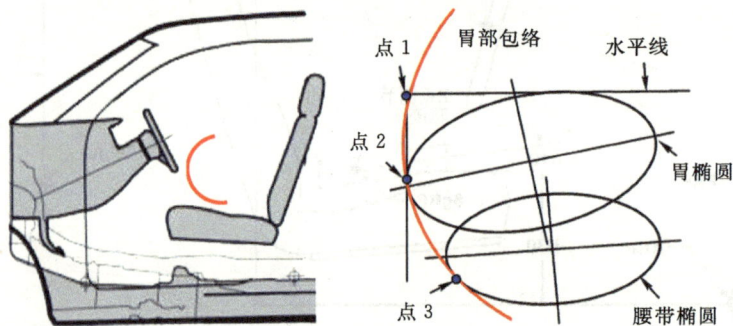

图 4 – 49　胃部包络线的成因和测试原理

为了方便定位及使用,通常将胃部包络线简化拟合成为一条半径为 157.45 mm 的圆弧,而圆心的位置有两种方法得到:一是查表;二是根据对应公式求得。受不同驾驶员男女比例决定,选取比例为 90/10 或 95/5 的对应公式,如式(2 – 5):

$$X = -788.548 + 1.0451H30 - 2[-788.548 + 1.0451H30 - (-424.852 + 0.5087H30)]$$
$$Z = 235.89 - 0.0793H30$$

式中　X、Z 分别为胃部包络线中心点与定位参考点 ATRP 之间的相对距离。

(2)膝部包络线

驾驶员膝部空间的形状和尺寸直接影响到操作便利性和撞车时驾驶员身体的运动轨迹及

伤害程度。膝部包络线为仪表板下方的空间设计提供了边界条件及校核理论依据,同样是由 SAE 和通用汽车公司通过采用摄影法联合得出的。

膝部包络线的生成需要三个因素:膝部特征点、膝椭圆和二维人体样板中的小腿部分。膝部特征点 K 点定义在通过膝关节、且垂直于膝关节和踝关节连线的线上,K 点至膝关节中心的距离为 50.8 mm,左右膝部特征点分别表示操作离合器踏板和操作加速踏板的膝部特征点,两膝部特征点的分布图形均为椭圆,称为膝椭圆,见图 4-50(a)。在二维人体模型中,小腿绕踝点摆动时,K 点的轨迹(或各膝椭圆的包络线)为膝部包络线。

通过摄影法所得到的数据经统计、拟合处理之后得到两条圆弧,分别代表左膝包络线和右膝包络线,其半径为 103.25 mm 和 113.25 mm,其在驾驶室中的位置见图 4-50(b)。

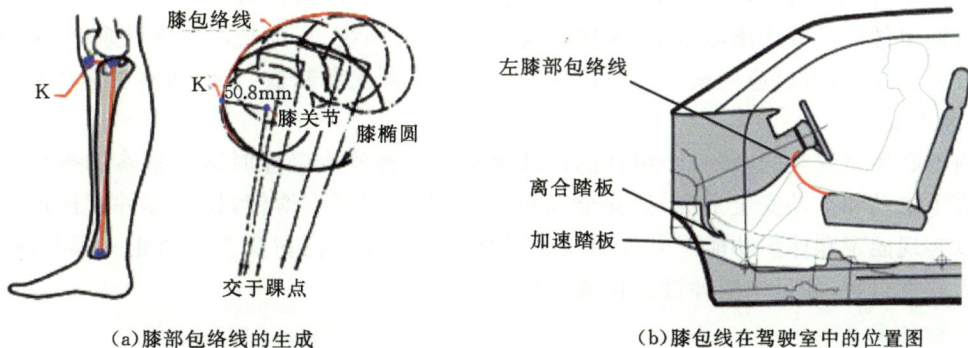

(a)膝部包络线的生成　　　　　(b)膝包络线在驾驶室中的位置图

图 4-50　膝部包络线的定义及示意图

其圆心位置的确定既可通过查表得知,也可根据公式计算求得。根据驾驶员男女比例 90/10 或 95/5,分别选择左膝包络线和右膝包络线所对应的公式,如下式。

左膝包络线:
$$X=14601.7633+CHx[-17.7652+0.0081Cx+CZ(0.0506-8.6\times10-9H30Cx)]$$
$$+H30(-8.7461+0.0034Cx+0.0243Cz)+Cx(-6.6220+5.7\times10-6Cx$$
$$+0.0035Cz)+Cz(-42.6080+0.0010Cz)$$
$$Z=13495.0413+CHx[-15.2231-0.3160Cx+Cz(0.1508+3.4\times10-8H30Cx)]$$
$$+H30(-8.8427-0.1641Cx+0.0769Cz)+Cx(271.9531-0.0013Cx-0.0085Cz)$$
$$+Cz(-127.735-0.0012Cz)$$

右膝包络线:
$$X=-1093.64+0.9932H30-2[-1093.64+0.9932H30-(-774.852+0.5087H30)]$$
$$Z=324.916-0.5832H30$$

式中,X 为膝部包络线圆心与定位参考点相对于水平方向的距离;Z 为膝部包络线圆心与定位参考点相对于垂直方向的距离;CHx 为定位参考点 $ATRP$ 与踏板踵点水平方向上的距离;Cx 为离合踏板上表面的中心点与踏板踵点在水平方向的距离;Cz 为离合踏板表面中心点与踏板踵点在垂直方向的距离;$H30$ 为 H 点的垂直高度,也就是座椅参考点的垂直高度。

4.2 车内人机空间划分

4.2.1 显控界面设计原则

有限的车内空间可以实现功能上的区分,根据前后排座椅分布特点和电子配置情况大致上分为工作区域、娱乐区域、休息区域等,某些特殊车型如 MPV 还可灵活调整座椅临时划分和拓展功能性空间。具体来讲,涉及行车和安全的电子仪器多分布在驾驶员座椅周围,形成明确的工作区,其他座椅则适当地配备电子娱乐设备,更注重私密性、舒适性的设备配给,如背挂式多媒体触屏、遮阳帘、按摩椅等,不同的设备暗示了了不同的人机需求。

内饰组件可以分为座舱系统、座椅系统、侧围饰板系统、顶饰与声学饰件系统、乘员约束系统等五大系统,由各供应商配合初始设计就开始进行开发和制造,它们通常会被送到装配线完成,并准备安装。

内饰必须是安全的,每一个组件的设计都是为了在发生碰撞时减少乘客的损伤。某些地方包含了主动和被动安全系统,如安全气囊、安全带和腿部束缚带,这些部件直接连接到车身结构以实现固定和保护功能。其他项目如 B 柱护板和车顶内衬是为了防止头部和颈部碰伤,一般为软性材料,并呈中空弹性结构或夹层。

1. 显控装置

显控装置可以分为 A、B、C、D 4 个区,如图 4-51 所示。A 区是驾驶员与副驾驶共用区域,主要布置收音机、暖风机等与附件相关的操纵件,不宜布置与驾驶直接相关的操纵件;B 区和 C 区主要是由驾驶员操作,宜布置与驾驶和汽车状态相关的操纵件;其中,行车过程中操作频繁的操纵件应布置在 B 区;D 区一般布置玻璃升降器开关。

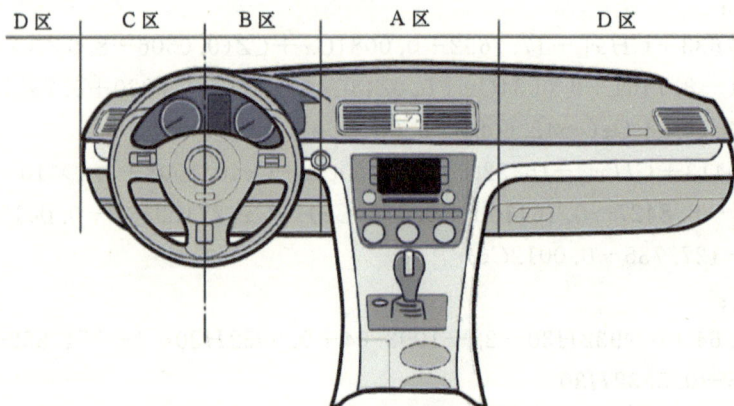

图 4-51 显控装置的大致分区

仪表台和转向盘附近的操纵件大致可以分为启动钥匙、旋钮、按钮、推杆等类别。

启动钥匙的操纵力通常为 0.25~0.8 N,

旋钮的操纵力为 0.1~0.5 N,

按钮的操纵力为 15~41.5 N,

对于推杆,当用手指操纵时,操纵力为18~55 N;当用手掌操纵时,操纵力为20~67.5 N,变速杆和手制动杆的操纵手柄布置合理与否对于操纵方便性和舒适性有很大影响,操纵过程通常是肩部不动、而通过手臂的运动来实现。上臂角在130°~170°范围内有较大的操纵力,是舒适的手操纵施力姿势;上臂角在150°时,操纵手柄最佳位置在距座椅靠背面约490~660 mm的范围,据此来制定合理的变速杆或手制动杆手柄位置和行程。通常手柄行程不宜小于50 mm,否则手感不明显,且不易识别所在档位。而对于装在地板上的操纵杆,其手柄向后移动时驾驶员右臂肘部不宜超出通过驾驶员左右肩部的铅垂平面。

2.仪表台

仪器板面板(Instrument Panel)俗称仪表台,用以区分各种显示仪表盘,它是车内最复杂的一个内饰配件,这块区域集成了多种控制按钮,如转向盘、仪器仪表、多媒体控制、暖通空调系统管道等等,很容易引起体积上的冲突。中心面板的布置需要小心地排列优先次序和组织各种出风口,还要考虑杯架、电源接口、烟灰盒等小型辅助附件也符合人体工程学的位置。

对于仪表台的设计和布置应当特别考虑安全问题,因为大部分的仪表台都位于头部撞击地带,这意味着形状硬度、壁厚、表面材质都必须设计成能顺利通过所有内饰安全条款和检测程序的样式。同时,高速的正面碰撞中依靠设置在仪表台上的膝挡和前置气囊来减少对肢体的惯性伤害。正是因为IP和控制装置之间的关系,更弥显出司机和前排乘客是至关重要的,必须把人与机的所有设置以融为一体,达成安全、协调、美观的环境。图4-52表达了仪表台与座位及周围其他配件的基本关系,实空间与虚空间相互交倚。

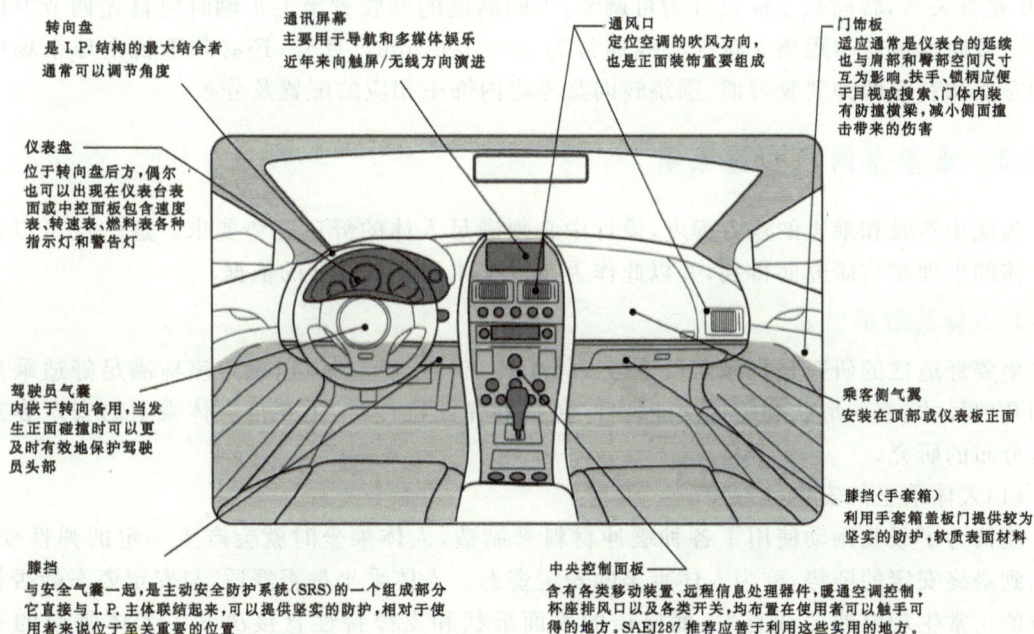

图4-52 仪表台各零部件总成的大致分布

3.仪表

仪表是仪表台上最重要的部分,因为几乎所有的安全数据都集成在此区域,所以转向盘的设计需要将上部镂空,保证无论是静止还是运动状态都需要始终清楚地透过转向盘看到这块主区域,如图4-53所示。

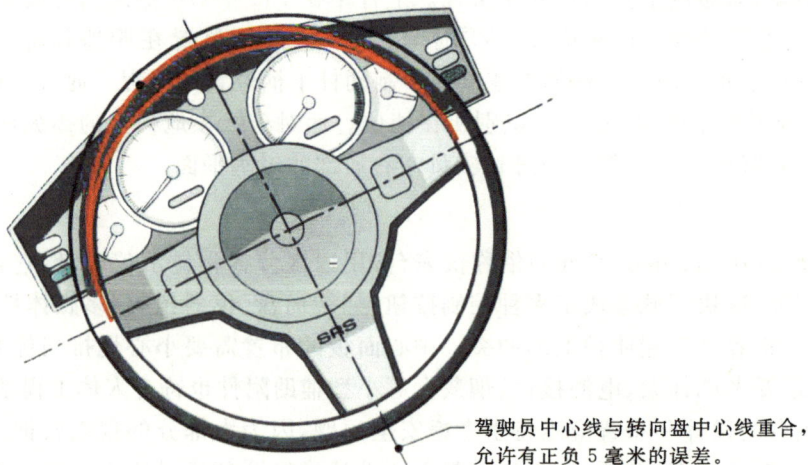

驾驶员中心线与转向盘中心线重合,允许有正负5毫米的误差。

图4-53 仪表与转向盘盘辐的关系,及转向盘中心线的布置

转向盘布置在仪表台之上,其位置依赖于 H 点纵向坐标——转向盘中心线与驾驶员身体中心线重合,误差通常可以控制在正负5毫米之内;盘面直径大约380～400 mm,与转向管柱呈90°垂直关系,转向盘基座设计为可调节,不同高度的驾驶者坐上车辆时应首先调节方向机角度。转向盘最低端距离大腿中心线通常为80～100 mm。此外,还必须重视全球市场中存在的左舵和右舵两种驾驶习惯,围绕转向盘考虑内饰中相应的配置及分布。

4.2.2 乘坐空间的布置原则

为减小驾驶和乘坐的疲劳程度,设计中必须满足人体的舒适姿势要求。这一点可以通过对人体的生理结构研究而得到,并以此作为布置人体和座椅设计的依据。

1.人体的舒适坐姿

坐姿舒适性的研究是将座椅设计与人体生理结构结合起来,以确定座椅满足舒适乘坐要求的几何尺寸、表面形状和结构功能特性(包括静弹性特件)。主要指人体乘坐的安定姿态和体压分布的研究。

(1)人体乘坐的安定姿态

座椅为了吸收振动使用了各种缓冲材料来制造,人体乘坐时就会产生一定的弹性变形。所达到最终安定的姿势,称为人体乘坐的安定姿态。人体乘坐是否舒适,与安定姿态能否符合人体的正常生理腰曲弧线有关,而座椅的表面形状和支撑特性直接决起了人体乘坐的支定姿态。

根据人体工程学研究的结果,人体呈正常的腰曲弧线时,各椎骨之间的间距正常,椎间盘上的压力轻微而均匀,椎间盘几乎无推力作用于韧带,人体腰部没有不舒适的感觉,即认定此为人体在松弛状态下侧卧时的脊椎所呈的自然曲线。若脊椎前弯,则椎骨之间的距离改变,两椎骨前端间距缩短,后端增大。椎间盘在间距缩短的前端受到推挤和摩擦,迫使它向韧带作用一推力,使正在被拉伸的韧带受到椎同盘的推力作用产生脊椎疲劳,而感到不舒适。图4-54(a)所示为人体脊椎构造及正常腰曲弧线的形状。显然,舒适的座椅对人体的支撑应保证人体在安定姿态下处于正常的腰曲弧线。

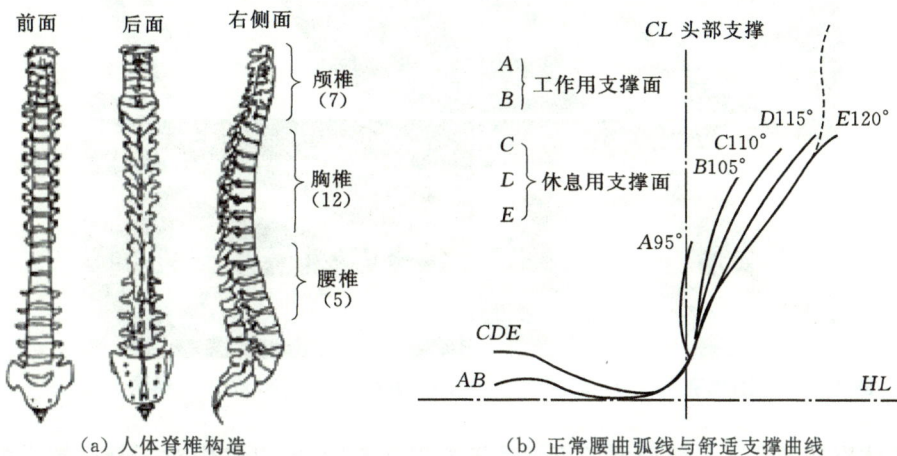

（a）人体脊椎构造　　　　　　　（b）正常腰曲弧线与舒适支撑曲线

图4-54　人体不同姿势时的舒适支撑面曲线

图4-54(b)为人体不同姿势时的舒适支撑面曲线。一般舒适座椅的设计,其靠背要能合理地支撑人体的肩部和腰部,是达到舒适支撑面的必要结构措施。所谓肩靠能减轻人体的颈曲变形,设置在5、6胸椎之间;腰靠则保证使人体的腰曲弧线呈正常形状,支撑在第2、3腰椎上,支撑量15～25 mm,这就是舒适座椅设计的二点支撑原则。图4-55表达了高级轿车的可调节腰靠机构的基本原理,通过改变支撑点的方向和压强,来改善某部位压力长时间过于集中的情况,人体驾驶姿势不需要做出大的改变即可感受到改换姿势的感觉,提高了行车安全性。

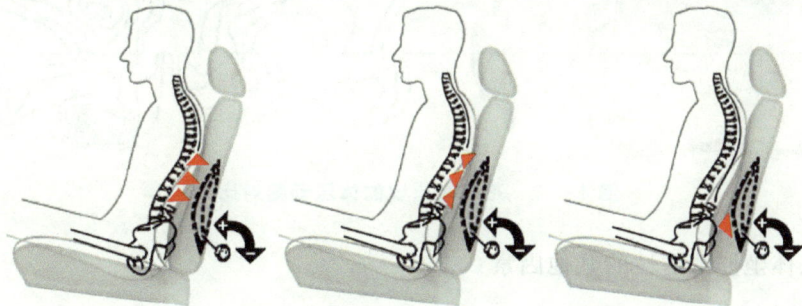

图4-55　可调节腰靠机构的工作原理

此外,头枕用来支撑人体头部也是非常重要的。当人体呈比较明显的卧姿时(例如驾驶跑车、赛车),视线前方与脊柱角度较近,此时必须使用头枕来保证头部始终处于平视状态。近年来的头枕设计已经逐渐注意到了这一点,并率先推行在概念车设计中,如图4-56所示。

（2）人体乘坐的体压分布

当人体处于乘坐安定资态时,人体质量作用于座垫和靠背面上的压力分布称为体压分布。其分布能否符合人体的生理承受感觉的舒适性要求,特别是臀部的压力分布,是影响坐姿舒适性的另一重要因素。

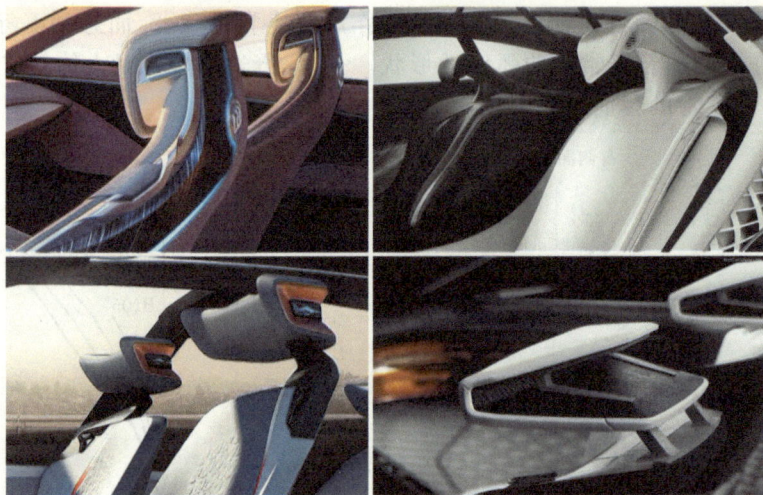

图 4-56　上：别克 Riviera、马自达 Taiki，下：宝马 Vision Next 100、标致 Fractal

由于人体臀部和背部各肌肉群的可承受压力程度不同，所以它们对不舒适感觉的敏感程度也不同，即体压分布是呈不同强度分布的，这称为舒适座椅设计的体压分布条件。合理的体压分布并非平均强度分布，也非阶梯形的递增递减，而是根据骨骼和肌肉的结构而形成的不规则分布。如图 4-57 所示，坐骨和腰椎骨（第 2、3 腰椎骨附近）处压力最大，且压力应缓慢向四周减小，从较高压力区向较低压力区平滑过渡，座椅设计的选材和弹性分布都应以此为依据。值得注意的是不同的坐姿下背部能够分担的百分比也不易，因此座椅的精确设计需要进行大量测试之后才能确定。

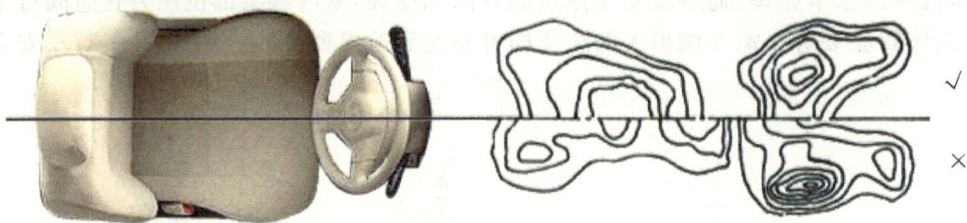

图 4-57　正确与错误的体压云图对比

（3）影响人体坐姿舒适性的其他因素
①座椅尺寸；
②调节功能及范围；
③座椅表面形状的乘坐稳定性；
④座椅蒙皮的触感特性等。

2. 人体的舒适驾姿

人体驾驶的舒适和疲劳程度与设计中选择的人体各关节角度所确定的驾驶姿势有关。图 4-58 给出了驾驶员舒适驾驶姿势所要求的人体生理角度范围。

由于驾驶员的舒适驾驶姿势随车型的不同而变化，往往各自选择的舒适姿势下的关节角度有较大的差别。对于轿车通常背角 A_1 最大不超过 35°，最舒适为 23°；人体躯干与大腿的夹

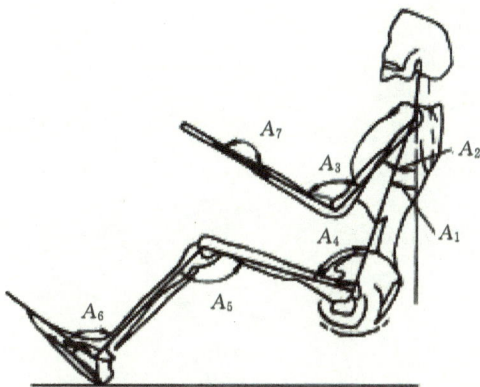

角度范围	
A_1	$10°\sim35°$
A_2	$10°\sim50°$
A_3	$80°\sim160°$
A_4	$90°\sim125°$
A_5	$95°\sim155°$
A_6	$85°\sim110°$
A_7	$170°\sim190°$

图 4-58 轿车舒适驾姿的人体生理角度范围

角 A_4 通常在 $105°$ 左右,在 $110°\sim115°$ 的范围为最理想;肘角 A_3 由于坐姿不同范围较大,轿车为 $105°$ 为宜;膝角 A_5 从 $90°\sim115°$ 为好;脚角 A_6 最小为 $85°$,最大不超过 $110°$。对于不同车型,驾驶室地板高度和驾驶室高度都不同,驾驶员乘坐位姿也要与之适应,座椅高度 H_{30} 也将不同,对于 A 类车,H_{30} 通常为 $127\sim405$ mm;对于 B 类车,H_{30} 为 $405\sim530$ mm。

不同车型的驾驶舒适坐姿具有很大差异性,因此对于 H 点的设计必须要根据实际情况来灵活应用。图 4-59 集成了不同的坐姿,可以看出于 H 点有关的物理量之间的内在逻辑。其中表 4-14 为几种车型中围绕 H 点的几个典型物理量的布置参数比较(平均值),图 4-60 为不同车型 H 点与相关物理量的分布范围。

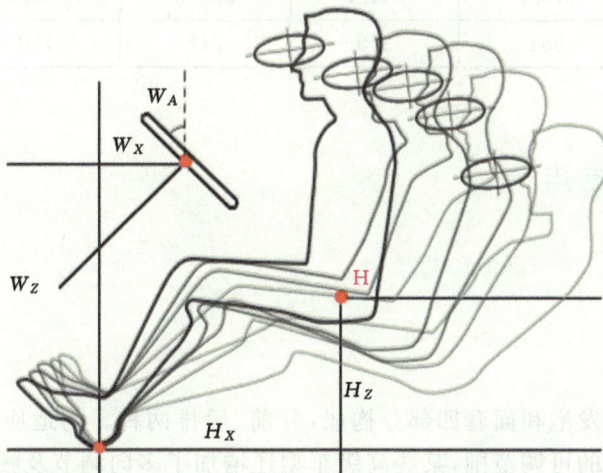

AM50%人体的眼点连线,SAE J941 眼椭圆(95%)

图 4-59 不同坐姿下 H 点与相关物理量的关系

133

H点距地平面高度	300·350*	400·500	700·750	700·800	700·950
座椅高度	135·180	200·250	300·350	300·350	300·350
有效净空高度	950·960	970·1000	990·1010	1010·1020	1010·1020
后背角度	28°·30°	22°·25°	22°·24°	22°·24°	22°·24°

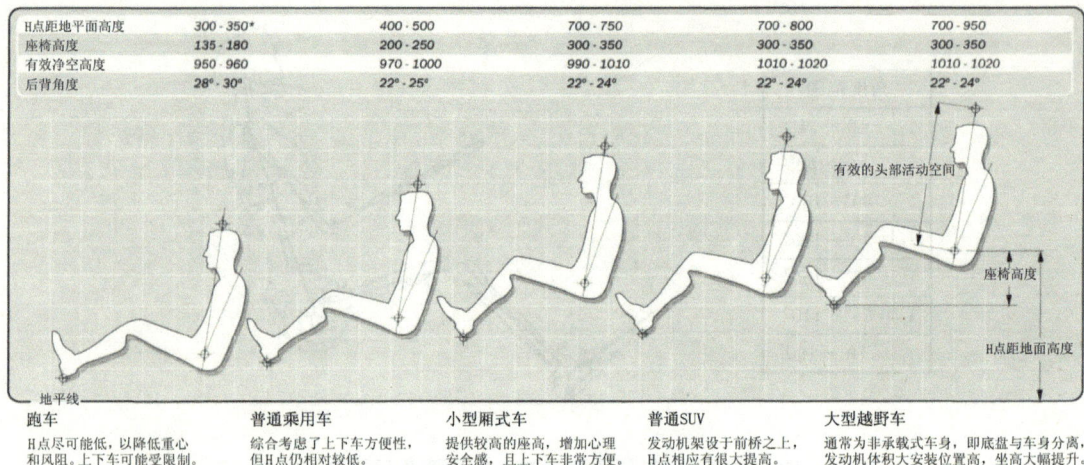

地平线

跑车	普通乘用车	小型厢式车	普通SUV	大型越野车
H点尽可能低,以降低重心和风阻。上下车可能受限制。	综合考虑了上下车方便性,但H点仍相对较低。	提供较高的座高,增加心理安全感,且上下车非常方便。	发动机架设于前桥之上,H点相应有很大提高。	通常为非承载式车身,即底盘与车身分离,发动机体积大安装位置高,坐高大幅提升。

图 4-60 不同车型 H 点与相关物理量的分布范围

表 4-14 几种车型中围绕 H 点的典型物理量布置参数比较(数据为平均值)

项目 车型	H_X/mm	H_Z/mm	W_X/mm	W_Z/mm	W_A
运动型轿车	830.0	132.0	525.0	500.0	23°
1500cc 级轿车	810.8	252.9	431.2	617.7	26.4°
微型轿车	766.3	254.3	419.8	610.7	28.3°
轻型平头货车	722.3	332.5	330.0	660.0	54.9°
短头型汽车	675.4	364.7	255.8	700.0	55.4°
中型平头货车	584	390	212	730	49°

4.3 H 点设计应用

4.3.1 座椅设计

1.座椅类型

座椅由骨架、头枕、发泡和面套四部分构成,分前、后排两种。为适应不同身高的驾驶者,前排座椅具有行程较大的可调范围,某些高级车型还增加了多向调节及腰部按摩功能;后排通常为固定座椅,一般为四六两片式,见图 4-61。近年来也出现了独立的后排座椅,并可以对坐垫与靠背角度进行微调。

座椅骨架提供机械装置的连接点和承载发泡材料,头枕则提供舒适支撑和碰撞吸能保护两大作用。座椅的设计应注意几个要点:

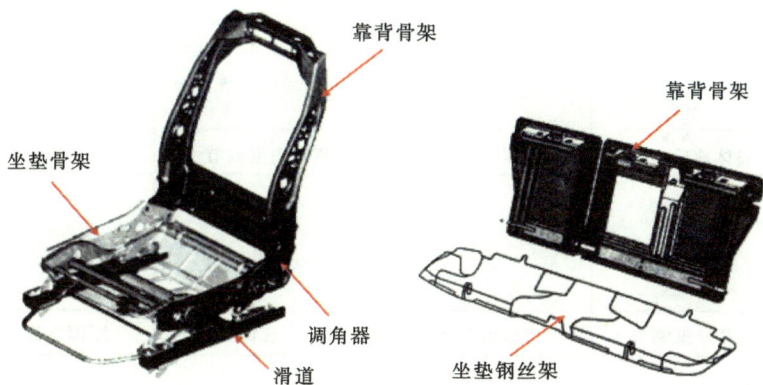

图 4-61 汽车座椅构成图

（1）人机适应性

人对座椅的评价可能随着时间而出现较大差异，如前 5 分钟称为"展厅舒适性"，基本上是对座椅物理用材的静态评估；驾驶 1 小时左右称为"日常舒适性"，进而驾驶 2 小时以上称为"长途舒适性"。这不仅要求座椅具有较好的物理性质，而且对座椅的多向可调节性提出了要求。

（2）选材

包括面料织物选择、发泡程度、面套紧张程度、两翼中央高度差等。座椅与人体接触面积大时间长，用材及表面触感要求环保、温和。注意所有金属件应尽量减少与人身体直接接触，必须为软性材料覆盖。图 4-62 为典型座椅结构解剖图。

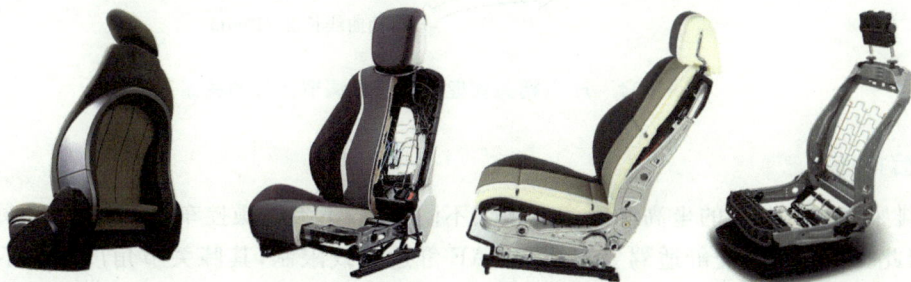

图 4-62 汽车座椅结构剖视图

2. 座椅调节参数

针对不同百分位人体乘坐，座椅通常会加装调节装置，包括靠背角调节装置、座垫角调节装置、座椅行程调节装置、腰部支撑调节装置，以及头枕高度和角度调节装置等，主要用来适应不同身材乘员对乘坐和操作，以及改换姿势等要求，如图 4-63 中展示的 8 种调节方式。设计 H 点调节范围（包括水平调节量和垂直调节量）根据 5th 百分位女子和 95th 百分位男子设计 H 点位置确定。

事实上，单个座椅的调节行程是有一定限制的，通常 x 向长度约 200mm 左右，同时座椅

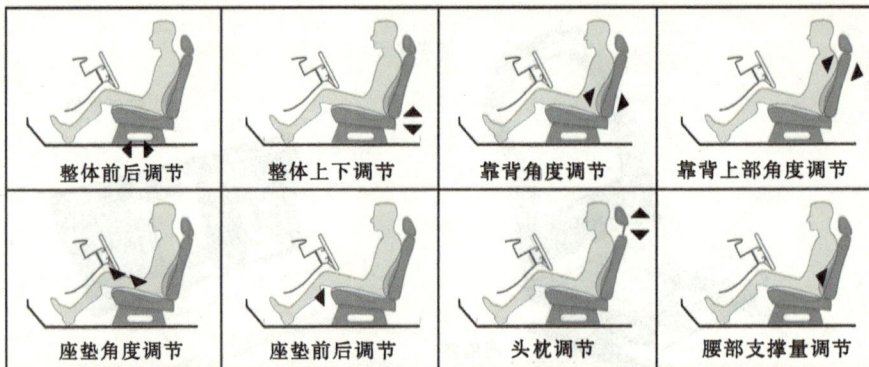

| 整体前后调节 | 整体上下调节 | 靠背角度调节 | 靠背上部角度调节 |
| 座垫角度调节 | 座垫前后调节 | 头枕调节 | 腰部支撑量调节 |

图 4-63　座椅可调节的不同方式

重心下移,这两者的变化是同步的,以保证驾驶员坐姿的舒适。如图 4-64 所示。

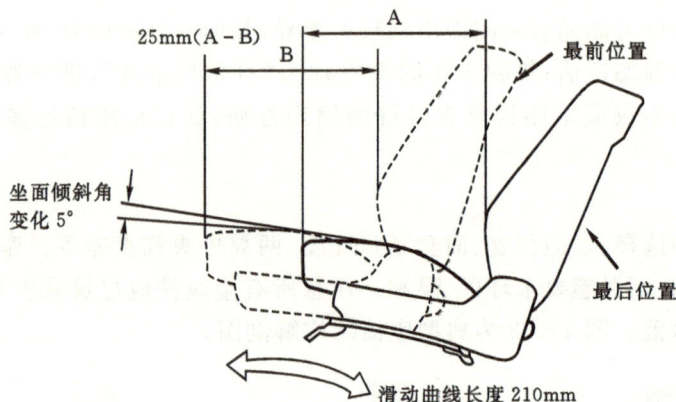

图 4-64　*H* 点相关物理量与座椅调节行程的关系

3. 后排座椅

后排乘客与驾驶员的坐高和坐姿有很大不同,他们不参与操控车辆,相比驾驶员居于从属地位,因此腿部姿势不受舒适驾姿规律和 SAE 舒适曲线限制,其膝关节角度完全不同于前排驾驶员,脚面也是平放在地板上的,如图 4-65 所示。而且后排乘客的数量变化较大,有时还

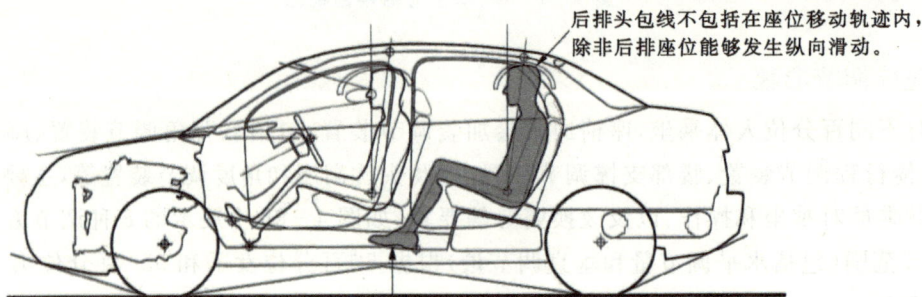

图 4-65　后排座椅的坐姿布置

会放空,很多情况下是体型较小的儿童或老人,通常后排空间余量相对前排较少。

最初总布置规划时,曾经广泛使用"前后排距离"来衡量后排乘客的腿部和膝部空间量,这是一个单向维度内的 H 点之间的水平测量,不足以反应真实情况和舒适程度。人机工程学研究介入之后,内部空间设计更加成熟,开始记录膝盖和腿部空间的具体测量值。后排乘坐舒适性并非单单取决于空间绝对尺寸,它也与座面进深、地板形状、脚部搁放空间等有关,如图4-66中所示。

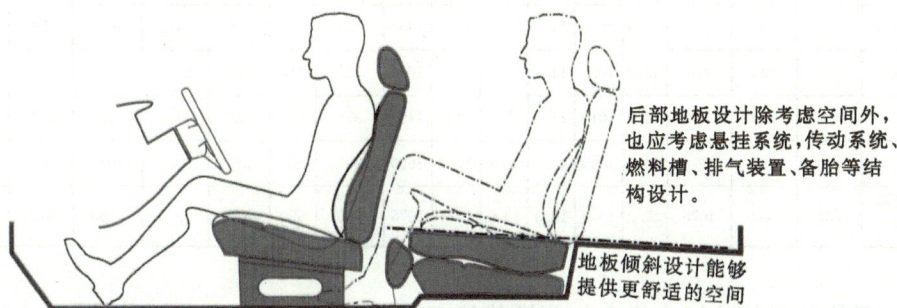

图4-66　后排座椅的布置与地板设计

掀背车多采用后排座椅折叠的设计,正常状态下可以提供舒适的座椅位置,也可以把靠背头枕向前翻折,提供出一个与后备箱地板平齐的浮动平台。当然,该种结构取决于悬架、传动系统、油箱、排气管和备胎布置。

表4-15给出了某些类型汽车的人机控制尺寸,虽然这些数据在具体运用中可能会改变,但在工作过程中学会主动管理这些内饰环境尺寸显得至关重要,能给车身设计带来便利。

表4-15　某些类型汽车的人机关键控制尺寸

		驾驶员和前排乘客										后排乘客					
		踵点到地面(Ref)	座高 H30	H点到地面 H5	靠背角 A40	头部空间 H61	前视角 A60	后视角 A61	后视角 W3	肩部空间 W5	臀部空间 W20	双座 L50	座高 H30-2	后视角 A40-2	头部空间 H61-2	肩部空间 W3-2	臀部空间 W5-2	横向定位 W20-2
轿车	社区电动车	325	400	725	15.0	1075	11.0	10.0			275							
	跑车	175	150	325	28.0	950	8.0	5.0	1350	1275	325/400							
	微型车	350	275	625	21.0	1000	14.0	11.0	1200	1150	300							
	小型电动车	450	250	700	24.0	975	15.0	9.0	1325	1325	350	750	275	26.0	950	1325	1325	325
	小型车	225	250	475	24.0	975	15.0	7.0	1350	1325	350	750	275	27.0	950	1350	1325	325
	中级车	250	250	500	24.0	975	14.0	7.0	1475	1400	350	850	275	27.0	950	1475	1400	325
	中级轿跑车	250	175	425	24.0	950	13.0	6.0	1275	1325	350	750	200	27.0	875	1375	1325	325
	大中型车	275	250	525	24.0	975	14.0	5.0	1500	1450	375	900	275	27.0	975	1500	1450	400
	豪华车	275	215	550	22.0	975	15.0	7.0	1550	1500	400	975	300	28.0	975	1550	1450	375

		驾驶员和前排乘客										后排乘客					
		踵点到地面 (Ref)	座高 H30	H点到地面 H5	靠背角 A40	头部空间 H61	前视角 A60	后视角 A61	肩部空间 W3	臀部空间 W5	横向定位 W20	双座 L50	座高 H30-2	后视角 A40-2	头部空间 H61-2	肩部空间 W3-2	臀部空间 W5-2	横向定位 W20-2
卡车	箱式旅行车	425	350	775	20.0	1010	19.0	11.0	1575	1525	425	850	375	22.0	1000	1575	1525	400
	小型 SUV	400	350	750	22.0	1010	15.0	9.0	1425	1400	400	800	375	24.0	1000	1425	1375	375
	中型 SUV	450	300	750	22.0	1010	14.0	5.0	1500	1450	400	825	325	24.0	1000	1500	1450	425
	大型 SUV	450	325	775	22.0	1025	14.0	7.0	1650	1600	375	875	350	24.0	1025	1650	1600	375
	轻卡	400	300	700	22.0	1010	14.0	7.0	1475	1450	375	675	325	18.0	950	1475	1425	400
	重卡	600	350	950	22.0	1025	15.0	8.0	1700	1650	475	950	375	18.0	1025	1700	1650	475
	商业物流卡车	725	350	1075	22.0	1010	10.0	10.0	1675	1675	525	900	425	19.0	1000	1675	1625	500

最后,后排位置的功能往往会与前排截然不同,可能需要乘客斜倚、旋转,这些都将影响对空间的布置和后排 H 点的位置。其他需要考虑的因素还有:两座/三座、车顶高度、油箱大小、后方货物、后悬挂和后轮位置等。

4.特殊座椅

在如今的汽车设计中,早已突破了传统前后排座椅的形态局限,出现了各种各样更适合日常生活使用的座椅设计,如多排可拓展设计、不对称设计、残障关怀设计等。

(1)可拓展设计

奔驰 F700 属于大型豪华车,一改传统单纯营造宽敞座舱空间的设计,加入了大量的弹性创意。车门开启模式采用了两侧的不对称设计,对进出频率最高的右侧前后车门采用对开方式,不仅便于后座乘员上下车,也让副驾驶能迅速帮后排乘员开关车门,如图 4 - 67 所示。

图 4 - 67　奔驰 F700 座椅设计

其中最为惊艳的是座椅设计,独特的结构和地面轨道可以实现座椅两头滑动,则乘员可以选择面向或背向行驶方向的姿势,方便与其他乘员交流。这样的可变设计,正是充分考虑了不同人体比例、不同行为习惯之后的用心之作。

（2）残障关怀设计

日本社会的老龄化现象较为明显，对残障人士的关怀无微不至，出现了各种针对老年人、残障人方便上下车的汽车座椅设计，含有大量的人体工程学和机械设计原理应用技术。这种车一般称为 Wheelchair Accessible Vehicle。图 4-68 示意了丰田 Alphard 对行动不便人士的温馨关怀，包含有车侧自动举升旋转的座位和车尾轮椅收放机构。

图 4-68　丰田埃尔法对残障人士的的通用性设计

（3）概念设计

概念设计的座椅形式和布置更加灵活，可出现较大的形态变化或虚拟技术集成等。如图 4-69 中奔驰 F015 采用了无 B 柱对开门设计，3610 mm 的超长轴距相比长轴版 S 级还多出了 445 mm，异常宽大的车体内部只安排了 4 个可以万向转动的大型座椅，这时的设计已经远远超过了 H 点的工程布置要求，而是在探索新的使用方式，这种可能性是基于人体工程学的人—车—环境系统的交互设计，是驾驶方式、交流方式、行为方式的革命和展望。

图 4-69　奔驰 F015 概念车座椅设计

4.3.2　视野设计

前文 4.1.4 节已经对眼椭圆的定义和意义做了概要介绍，本节将对其具体应用做详细介绍，其中主要包括风窗刮扫面积设计、前后视野校核和特殊视野设计等。

1. 前风窗刮扫面积设计

由于驾驶员需要通过雨刮刮扫的玻璃区看清楚车辆前方的景物或后视镜,因此必须要有足够大的刮扫面积和有效的刮扫部位,保证该区域满足驾驶员视野要求是布置刮扫器的依据。刮刷面积与刮扫器布置位置、刮刷摆角和刮片尺寸有关,通常使用刮净率作为校核前风窗刮扫器的主要标准,即实际刮扫区和理论刮扫区重合部分面积与对应的理论刮扫区面积之比。刮扫面积一般采用 SAE 眼椭圆法来计算,如表 4-16 所示。

表 4-16 轿车前风窗玻璃的刮刷要求(SAE J903C)

区域	刮净率	眼椭圆百分位	角度			
			上	下	左	右
A	80%	95%	18°	56°	10°	5°
B	95%	95%	14°	53°	5°	3°
C	100%	95%	10°	15°	5°	1°

具体做法是:从 95th 百分位的眼椭圆出发,按表中所规定的角度分别作眼椭圆的左、右、上、下四个切平面,并交于前风窗玻璃于四条交线,在正视图上得到一组四边形,从而构成了保证驾驶员前方视野要求的一组刮刷区域,分别记作 A、B、C 区,见上表中对各区域的刮净率要求,以此进行前风窗玻璃的刮扫面积设计。

为保证刮扫面积在 A、B、C 三个区域的百分比要求,设计中要适当选择雨刮轴位置、雨刮挺度和刮扫角度。雨刮布置方法是将刮扫面积确定在 A、B、C 三个区域内,见图 4-70,并得到最大的刮扫百分比。雨刮器有多种形式,如图 4-71 所示为提高刮净率,一般把雨刮摆动设计成顺摆或对摆。

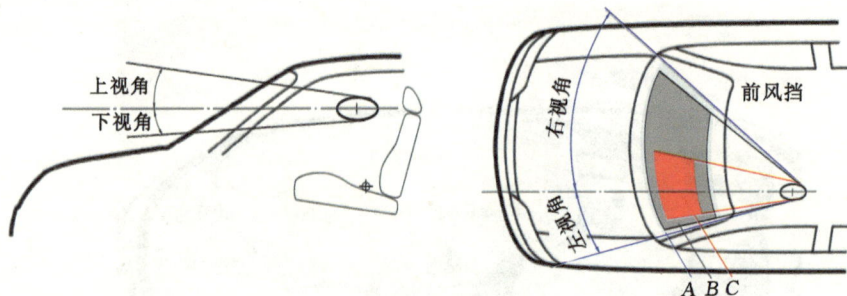

图 4-70 风窗刮扫面积的确定方法

图 4-71 雨刮器的不同摆动方式

此外,对于除霜装置只提出了对 A 区域和 C 区域的除霜要求。除霜率一般与刮水器的刮净率要求相同,并要求除霜开始半小时后实现。对于玻璃洗涤器喷射的有效洗涤面积,一般要求为 A、B、C 区的 75%。

2.视野校核与盲区

眼椭圆的确定代表驾驶员实际视野范围的确定,包括直接视野和间接视野,本节将分条详述。

(1)前方视野校核

前方视野是直接视野的主要内容。驾驶员前方视野不仅要考虑人眼自身的视野范围,更重要的是考虑车身设计,如图 4-72 所示中前风窗开口面积、风窗倾角和位置、A 柱尺寸和位置等,这直接影响着前方视野性。从眼椭圆出发,可提供前方视野的设计原则。

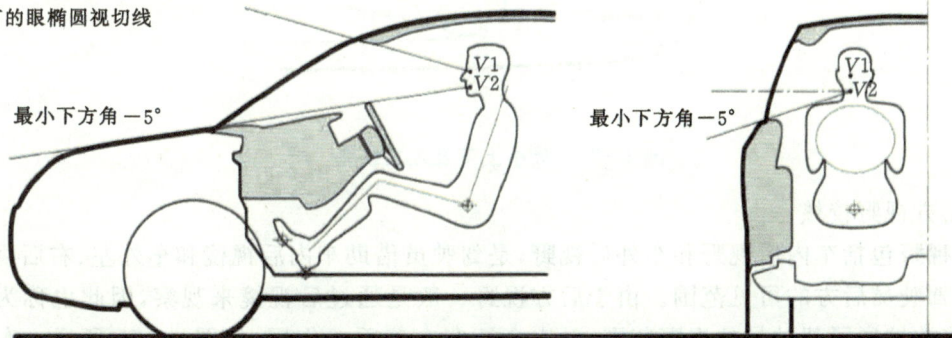

图 4-72 车内最小视角的临界限制

①最小垂直视角。如图 4-73 所示,一般最小垂直上视角设计应保证能观察到车辆前方 12 m 远、5 m 高的信号灯.则最小上视角 α 为: $\alpha = \arctan(5-h)/(12+l)$

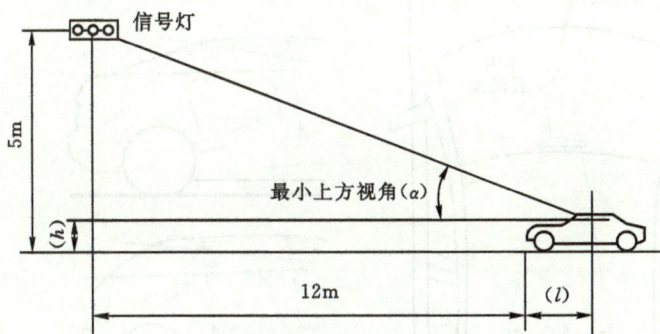

图 4-73 最小垂直上视角的确定

式中,h 为眼睛距地面的高度(m),l 为眼睛距车辆前端的距离(m)。

注意最小下视角不应在车辆前端产生过大的盲区。

②最小水平视角。轿车的水平视角一般大于 70°,并随车宽的增加而增大,最小水平视角的设计对后视镜的布置位置的确定有直接关系。一般来说,上下及左右视角不应低于图4-74中的数值。

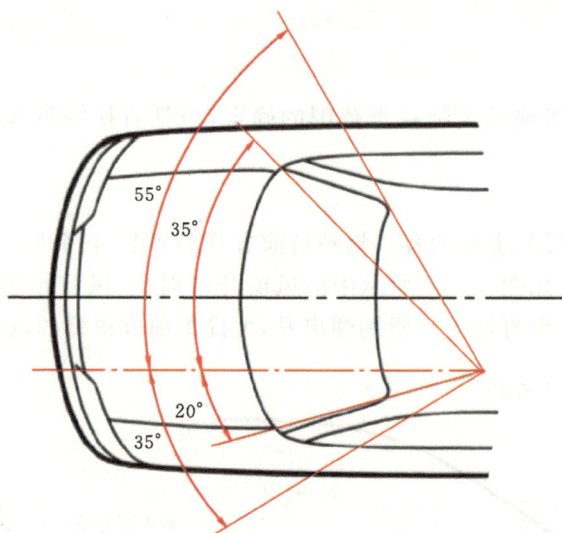

图 4-74 最小上下及左右视角

（2）后方视野校核

后方视野包括车内后视野和车外后视野，是驾驶员借助车内后视镜和车外左、右后视镜所能看到的驾驶员后方的可见范围。由于后方视野一般是通过后视镜来观察，因此也称为间接视野，它有效扩展了驾驶员的视野范围，对安全行车有着重要作用，如图 4-75 所示。车身设

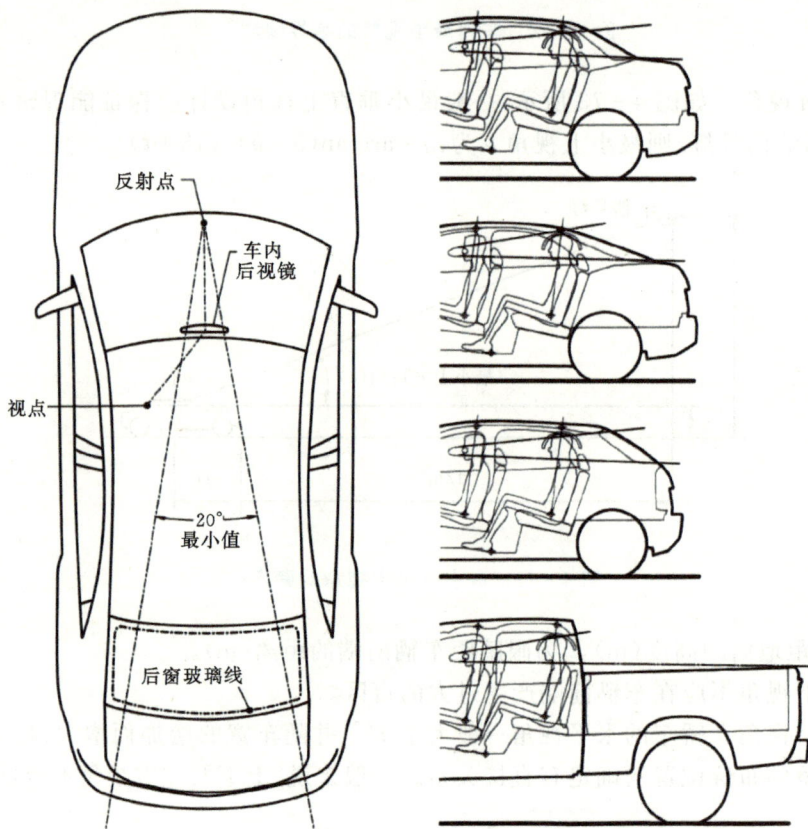

图 4-75 不同车型后窗形状对后方视野的影响

计中应根据汽车的间接视野要求,以驾驶员能充分确认后续车辆、侧方后续车辆以及车前下方路况为前提,来设计后视镜以及确定后视镜的布置安装位置。

①车内后视镜的布置位置。确定后视镜的布置位置应充分考虑人眼的视野角度。后视镜位置越靠近直前视线就越方便观察和看清楚,因此它的位置应以接近直前视线为宜,如图4-76所示。这样,车后的交通状况就可直接映入直视前方的驾驶员的眼睛内。具体布置时还应考虑以下方面的问题:

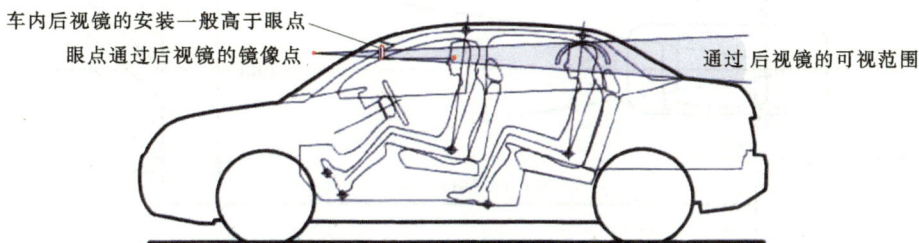

图4-76 车内后视镜的位置选择

- 尽量减小因后视镜位置、体积对前方直接视野的影响。
- 根据人眼和人体头部的自然转动角度,后视镜的布置在水平方向上应位于从直前视线起向左、右夹角均为60°的范围之内;在垂直方向上应位于从直前视线起向上夹角为45°的范围之内。这样,能使驾驶员在主视野范围内有舒适的观察效果。
- 后风窗的开口尺寸决定了后视镜的大小和角度,对于不同而车型需要灵活校核后视镜的角度,并快速适应后方视野里干扰车辆的车速,在后视镜中得到正确的判断。
- 某些特殊车型的后视镜设置在翼子板上,需要通过前风窗玻璃观察,则后视镜的布置应布置在有效刮扫范围之内。
- 后视镜的布置位置应考虑车身具体结构,注意与整车造型相协调。

此外,有些后视镜上在外端采用了不同曲率的反光镜,可以有效地扩大视野范围,减小后侧方的盲区。欧美的交通法述规定,行车并线或转弯时必须有明确的扭头动作,主动观察以补充后视镜视野不足的后方盲区,这是十分人性化的。

图4-77为轿车车外后视镜的安装位置及角度范围。

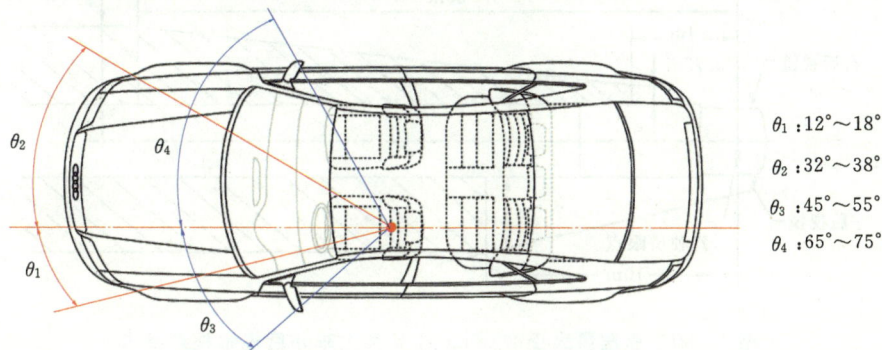

$\theta_1:12°\sim18°$

$\theta_2:32°\sim38°$

$\theta_3:45°\sim55°$

$\theta_4:65°\sim75°$

图4-77 车外后视镜的安装位置

在我国，强制标准 GB15084 规定：M 和 N 类汽车必须在左、右两侧各装一个外后视镜；M1 和 N1 类汽车上必须安装一个内后视镜；当汽车满载，外后视镜的底边离地面高度小于 1800mm 时，其单侧外伸量不得超出汽车最大宽度以外 200mm。

内后视镜视野法规要求：总质量小于 2000kg 的 M1 和 N1 类汽车，驾驶员侧和乘客侧外后视镜视野要求见图 4-78 范围：

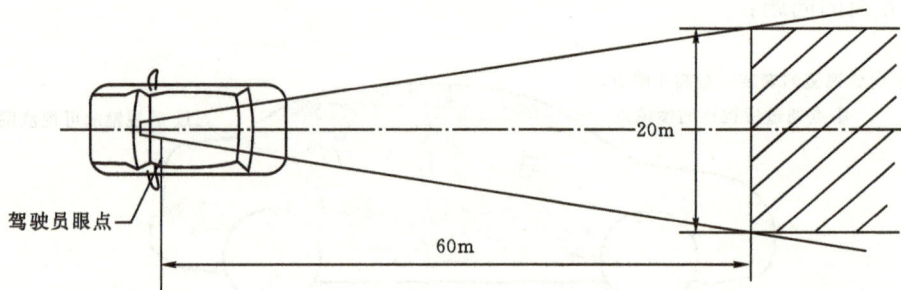

图 4-78　总质量小于 2000kg 的 M1 和 N1 类汽车外后视镜视野要求

总质量大于 2000kg 的 M 和 N 类汽车，驾驶员侧和乘客侧外后视镜视野要求见图 4-79、4-80 的范围：

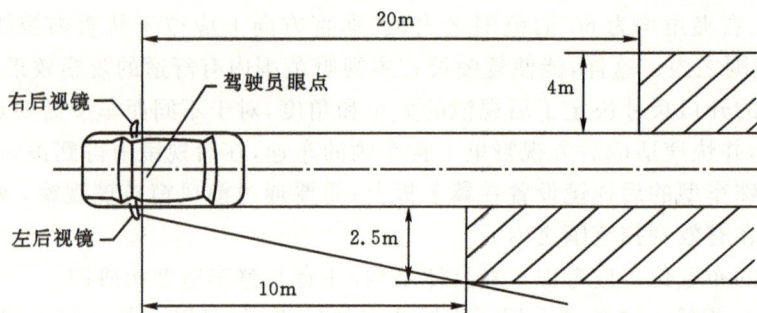

图 4-79　总质量大于 2000kg 的 M 类汽车外后视镜视野要求

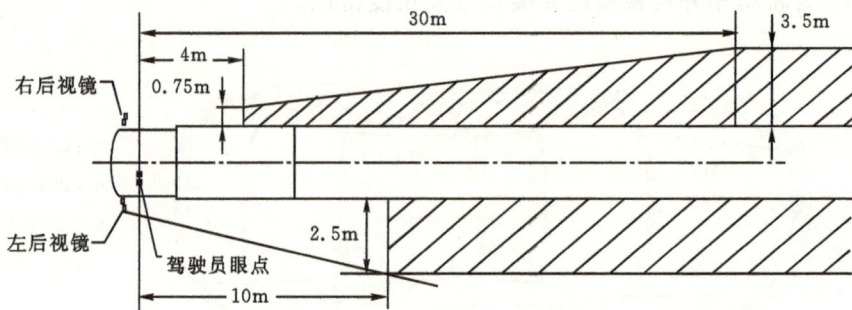

图 4-80　总质量大于 2000kg 的 N 类汽车外后视镜视野要求

②车外后视镜布置。内后视镜及后风窗用于观察正后方,而外后视镜设计直接影响着乘员向侧方观察时能看到的最大范围(见图4-81),缺一不可。后视镜设计主要包括正确选择曲率半径、镜面大小、安装位置及倾角、后视镜个数,以及为实现后视野要求的特殊视镜结构设计。

图4-81 车内外后视镜的可观测范围

(3)视野盲区校核

按驾驶员观测情况,视野盲区分为单眼盲区和双眼盲区。单眼盲区指左眼或右眼单独观察时,由于视野障碍的阻挡而看不见的区域;双眼盲区指由于视野障碍的阻挡而两眼都看不见的区域。大型商用车驾驶室位置较高,导致紧贴车头车尾的区域变为绝对盲区,一般可借助安装下视镜来改善。

车辆按外形可分为五大盲区,分别为A柱盲区、B柱盲区、C柱盲区、车尾盲区和车头盲区,如图4-82所示。车内布置主要为仪表板盲区。

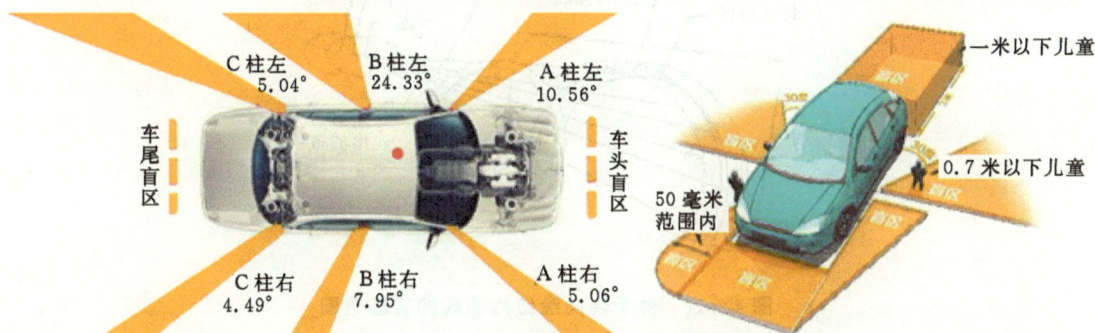

图4-82 轿车的视野盲区

①A柱盲区校核。驾驶员一侧的A立柱盲区是驾驶员前方视野盲区中最主要的部分。A立柱盲区用双目障碍角表示,其大小与A立柱本身结构尺寸和驾驶员眼睛到A立柱的距离有关,GB11562《汽车驾驶员前方视野要求及测量方法》中规定,每根A立柱的双目障碍角不能超过6°。SAE J1050推荐方法为:计算头部转动点P,按头部转动角为零时计算两眼点坐标,作眼点高度上的A立柱断面,计算最小头部水平转角,计算A立柱双目障碍角。如图4-83所示。

②仪表台盲区。驾驶员在观察仪表等显示装置时,其视线会受到转向盘结构阻挡,在仪表台上会形成盲区,必须确定仪表板上盲和可视区范围,将仪表布置在驾驶员无需转动头部和躯干就能看到的地方。

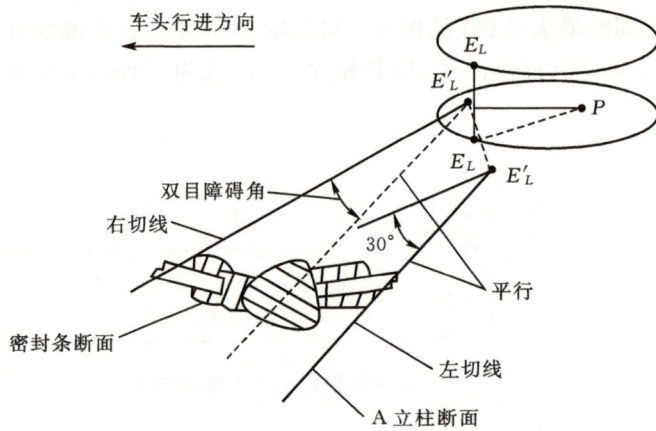

图 4-83 汽车 A 柱盲区计算示意图

转向盘在仪表板上形成的盲区包括转向盘轮缘形成的盲区、轮毂及轮辐形成的盲区两部分。特征盲区是选取左右眼椭圆中心点为左右眼点时计算出来的双眼盲区,它是左右眼点单眼盲区的公共部分,见图 4-84。

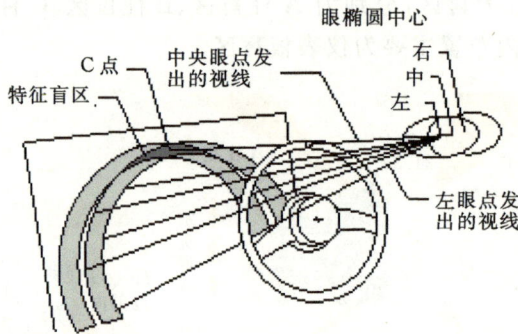

图 4-84 由于转向盘结构造成的盲区范围

③转向盘轮缘盲区。仪表区域最严重障碍点是图 4-85 中的 C 点,是左右眼点连线中点出发向转向盘轮缘上中心点所作射线与仪表板工作平面的交点。过转向盘轮缘上中心点作一系列中央眼椭圆的切线,与仪表板工作平面相交得一系列交点,交点围成的椭圆就是 C 点运

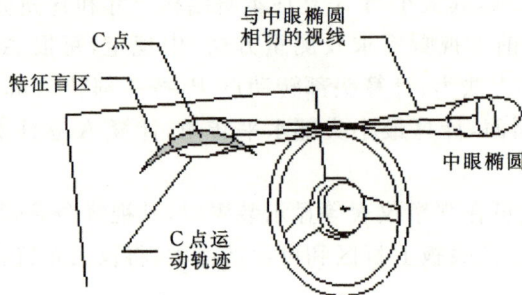

图 4-85 转向盘轮缘盲区范围的确定

动轨迹。

将 C 点沿其运动轨迹椭圆移动一周,特征盲区随之平动,在仪表板工作平面上扫过的区域便是双眼总盲区。自转向盘轮毂中心点分别作左右眼椭圆最下端的切线,分别取左右切点作为左右眼点,过左眼点作一系列转向盘轮毂和轮辐上切线,与仪表板工作平面相交得一系列交点,交点连线下方区域就是左单眼盲区。同理可得右单眼盲区。左右单眼盲区公共部分即为对应95%驾驶员的总盲区,如图 4-86 所示。

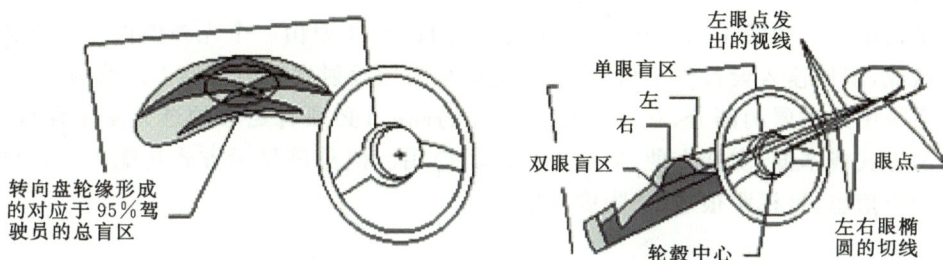

图 4-86 转向盘双眼总盲区范围的确定

军车的风窗玻璃角度为负角度,这一是因为避免玻璃反光被空中侦查,二是车窗向下能够让流弹反射到地上,避免向四方飞射导致二次伤害。玻璃角度不会影响视野,军车的车体很宽,大面积的平面玻璃具备良好的视野,而且便于安装。最近美军安装了一种名叫"VEE"的紧急逃逸风窗,操作内部两端的释放装置,可以在几秒内完成逃逸,如图 4-87 所示。

图 4-87 军车风窗的特殊结构设计

除了驾驶室视野,军车应避免车体出现大面积的透明玻璃窗口。这是因为作战视野并不倚靠视觉,而是靠雷达保证的。出于对运送物资或战士的保护和防止敌人看到车内状况,车体应尽量封闭,只留有孔径有限的瞭望孔和射击孔。与此非常相似的还有运钞车、运囚车。另外有些高档轿车采用单向透光的贴膜来有效保护车内隐私,这些都是较为特殊的人机视野应用。

一种能够不影响驾驶员观察前方路况、同时又能方便获得汽车行驶状况信息的头前显示器(Head Up Display)正被有效地应用于汽车上。驾驶员通过前风窗玻璃上的虚拟显示来读取信息,这属于前方视野范畴之内。这种抬头显示称为平视显示系统,主要包含 3 个核心元件:图像源、光学系统和图像合成器。

(1)图像源

车载平视显示系统最初采用阴极射线管(CRT)作为图像源。虽然 CRT 技术很成熟,但由于其具一定的局限性,例如径向尺寸偏大、需要高压源和使用模拟接口、对磁场很敏感等,逐渐被别的发光源所取代。现在 HUD 投影单元的发光源使用较多的有液晶显示器件 LCD、发光二极管 LED、激光显示等。

LED 显示技术可以在使用寿命范围内有稳定的亮度、良好的色彩、较大的色域,呈现较艳丽的色彩。并且在明或暗的环境,驾驶员都能把抬头显示器调整到合适的亮度。

激光显示可实现最多色彩、最鲜艳、最清晰显示,是当前保真度最高的显示技术。随着大功率半导体激光技术、全固态激光(DPL)技术和微显技术的快速发展,激光显示技术已经开始向实用化迈进,特别是激光投影显示技术。

(2)光学系统

当前的抬头显示系统主要有直接投射式、间接集成式、挡风玻璃集成式,以及全息投影式几种形式。

①直接投影式。如图4-88所示,直接投影式HUD主要由一个光源图像输入设备、半透明反射屏组成,图像输入设备位于仪表盘上,将信息图像投射到挡风玻璃上的反射屏上。反射屏是这个系统中最重要的部分,在反射信息图像的同时,必须有足够的透光率来保证驾驶视野。该显示方式成本低、安装方便,后装市场广泛应用。但是该显示方式功能很少,只能显示仪表盘的相应信息,且视距很短,清晰度一般。

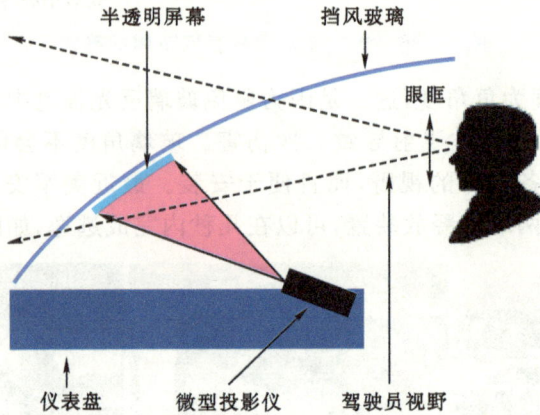

图4-88　直接投影式抬头显示装置原理

②间接集成式。目前,大多数车型选用的就是这种使用组合器的间接集成式HUD,其结构如图4-89所示。在驾驶室内设置了一块辅助玻璃显示屏作为组合器,通过两次反射,可将视距提高到1.80~2.15米。这种结构中组合器与风挡玻璃是相互独立的两个部分,并不需要对风挡玻璃做镀膜等其他处理。此外,反射屏可以前后转动,投影角度比较灵活。但是该显示结构受制于组合器大小的约束,不能大范围的显示,显示内容有一定的局限性。

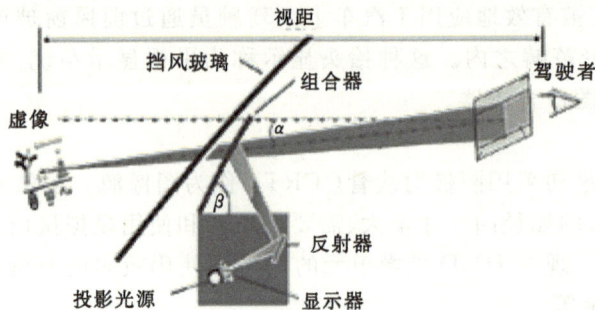

图4-89　间接集成式抬头显示装置原理

③挡风玻璃集成式。挡风玻璃集成式是真正意义上诠释了抬头显示在汽车上的完美应用,主要应用于高端车型,如宝马、奔驰等车的 HUD 抬头显示系统均为此显示方式。其结构如图 4-90 所示,它将从仪表接受到的信号经过处理后,通过投射光源投射在显示器上,通过显示器的图像,经过反射器一次反射至弧面反射器上,再经过二次反射至前挡风玻璃上,最后通过前挡玻璃第三次反射进入人眼。这种显示方式显示内容多样,全彩显示,并且可以根据环境光的变化自动调节亮度,视距大于 2.5 m,视场足够大。但是成本高,对工艺要求高。

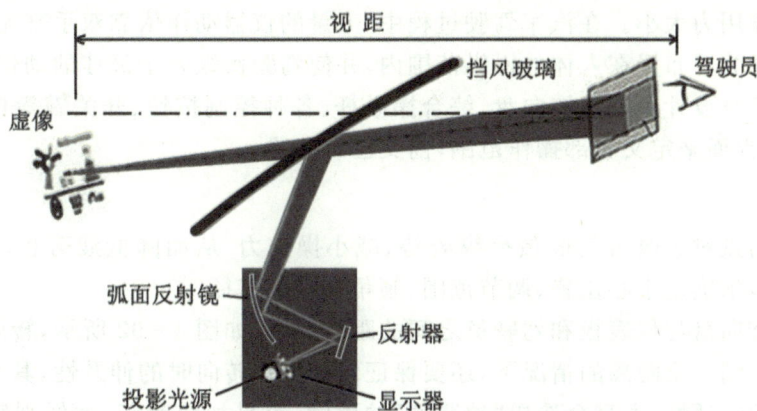

图 4-90 挡风玻璃集成式抬头显示装置原理

④全息光学平视显示系统。传统平视显示器视场小,图像亮度低,而使用全息光学元件的平视显示器可以有效地增大系统的视场。同时具有窄波段符号图像的高反射率和宽波段外界景物的高透过率,可以有效地提高图像的显示亮度。其结构如图 4-91 所示,图像源发射出的符号图像先经过中继系统,再经过平面反射镜反射,所形成的中间像经过全息组合玻璃,最终为人眼所观察。

图 4-91 全息光学平视显示系统

(3)图像合成器

在汽车平视显示系统中,一般将风挡玻璃作为将外部景物信息和内部投影信息合成到一起的元件,因而在它相应的反射区域不同波段上需要镀上一种透明的高折射率的材料。这种材料含有氧化的 Ti 和 Si,折射率介于 1.8~2.2,远远大于普通玻璃 1.52 的折射率。同时,由于光折射与反射的存在,使得入射光线会在风挡玻璃的前后两个反射面均被反射回来,产生重影现象,因而挡风玻璃应当做成上薄下厚的"楔"形结构以消除这种重影现象。

综上所述,无论未来技术如何发展,最终都必须遵循人机工程学的发展,遵循人体视力及视野的基本规律,才能更好地为驾驶员提供准确安全的数据读取保障。

4.3.3 手控界面设计

人体的操纵范围是指人体在正常的驾驶姿势下四肢所能伸及并控制的区域,以及四肢动作时所能产生的作用力大小。在汽车驾驶过程中,大量的仪器动作依靠双手来完成,这就要求车身设计时把各种装置布置在人体的操纵范围内,并使驾驶操纵处于最佳的动作和施力状态。手的操纵范围是车身设计中确定转向盘、综合操纵杆、各种控制按钮、开关键等位置的必要条件,通常用手伸及界面来定义手部操作范围,前文已有叙述。

1.转向盘的布置

合理布置转向盘对于改善驾驶员操纵姿势、减小操舵力,从而降低疲劳程度具有重要意义。转向盘布置包括确定中心位置、调节范围、倾角及轮缘直径。

首先要保证转向盘与仪表板和驾驶员之间的距离合适,如图4-92所示,转向盘前后位置在保证与驾驶员之间安全距离的情况下,还要保证驾驶员打转向时的伸及性,其高度的确定要考虑驾驶员上肢的舒适性,太高会造成"端胳膊"的感觉,容易加快疲劳,太低则容易与腿干涉(尤其是操作制动或离合踏板时)。转向盘轮缘到驾驶员躯干的最小距离不宜小于250 mm。

图4-92 普通轿车的转向盘操作

由于不同身材驾驶员乘坐位置和肢体尺寸的离散性,上述要求不可能对所有人都同时满足,因此,转向盘位置一般设计成可调节的,使得大多数人能够通过调节获得舒适的转向盘操作位置。轿车转向盘通常直径在400 mm以内、转幅4圈,倾斜角度在20°~30°。

转向盘倾角(A18)的选定应该使转向盘轮缘所在平面尽量与驾驶员观察仪表时的视线接近垂直,以获得最佳的仪表视野;同时还要与手部抓握轴线的方向相适应。图4-93为人手施加于转向盘上的力和力矩与转向盘的布置倾角、转速、直径之间的关系。

一般转向盘倾角选在容易控制的15°~70°范围内,同时应考虑车身的总体布置方案、车型和驾驶姿势。轿车的转向盘倾角在20°~30°范围内,直径通常小于400 mm;太小则操纵不稳定,且影响仪表视野;太大则会浪费布置空间,上下车方便性也受到影响。轿车标配的转向助力装置代替了加大直径的办法来减小操舵力。转向盘轮缘截面应尽量采用圆形,直径取19~28 mm为宜。当然,最终所确定的转向盘中心位置、倾角和转向盘直径,还需要依据具体车型的人机关系,反复进行驾驶员人体、座椅、转向盘布置和位置的检验。

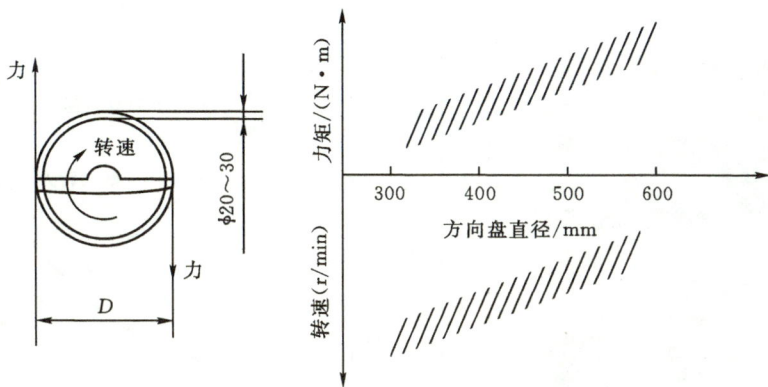

图4-93 手施加于转向盘上的力和力矩与转向盘转速、直径之间的关系

例如图4-94中F1赛车的转向盘,正是考虑了高速过弯的操作效率和准确性,将转幅行程设计为正负110°,且采用"车把"式以提高安全性,与此同时取消了普通轿车上的排挡杆和仪表台中央控制面板的各种操作按键,而把所有功能全部集成到拇指可控区域内,以达到安全驾驶的目的。看起来似乎违背了前文的人机规律,但其实质却是完全从人机角度出发来设计的结果。

图4-94 F1赛车的转向盘演化和功能键集成

在确定轮盘直径和倾角关系时,可参看4-95的基本规律图,当转向盘倾角 W_A 较小即躺姿驾驶时(赛车)作用于转向盘的操纵力较小且转速较快,因此需要迅速适当减小转动力臂即转向盘直径以获得较好的平衡;反之,当转向盘倾角 W_A 较大即以端坐姿驾驶时(公交车),不仅转动费力而且转速较慢,所以采用加大转向盘直径的方法以获得较长的力臂,减小施力负担,同时将转幅设计为正负三圈,以稀释单圈上的操作力度。从这张图可以看出较好的平衡点是转向盘角度为40°时。结合车身结构和人体舒适驾姿,轿车通常设计在20°到30°的转向盘倾角。

转向盘中心位置的确定应首先选定转向盘直径和倾角,然后根据人体的舒适驾姿来加以布置。对于轿车,一般取大臂垂直夹角 A2 为 10°~50°,肘角 A3 为 105°左右,并以此布置人体的上臂、前臂和手的位置,使驾驶员能舒适操纵转向盘,从而得到转向盘的中心位置。

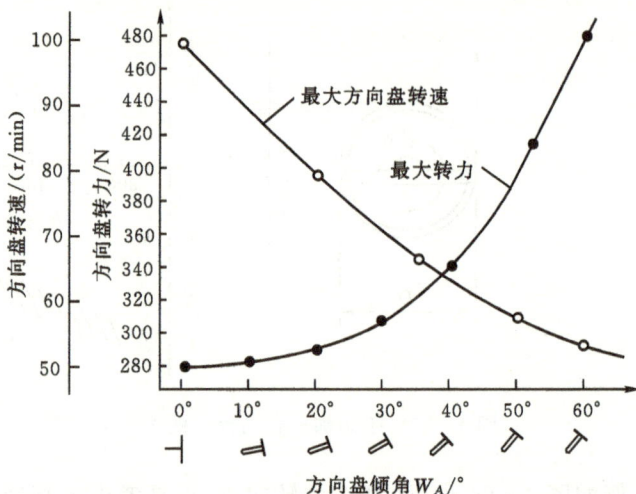

图 4 – 95　转向盘转速与倾角的关系

应该指出,最终所确定的转向盘中心位置、倾角和转向盘直径,是通过反复进行人体布置、座椅布置、转向盘布置、操纵范围确定及操纵钮键布置和位置校核后得到的。转向盘布置的确定为手伸及界面的确定提供了室内结构尺寸参考。

此外,转向盘的布置还应考虑不同车型,转向盘与人体间的间距、转向盘对视野的影响等因素,从而提高上下车方便性、安全性。

在车辆使用过程中,不少用户喜欢在车内加设一些美容饰品,有的无伤大雅,有的则可能造成致命危害。比如很多女性用户喜欢毛茸茸的转向盘套,感觉摩擦力增大、冬天暖和,似乎人机工程体验更佳,殊不知这样令转向盘环体直径增厚,反而超过了手掌所能把握的最佳尺寸;转向盘辐之间的孔洞变小,容易阻挡表盘阅读;选型不好容易令内部跟转向盘之间发生滑动,致使转向不足和滞后;若驾驶习惯不规范、不健康还容易在快速打满转向盘时发生卡手的现象……这些看似微小的改动其实大大地增加了安全隐患,得不偿失。一般来说,出厂配置管径 33mm 的转向盘环体是比较合适的。如果确实手感欠佳,最好使用原厂经过精确计算和人机工程学测试的缝制型转向盘套,这样可以严格贴合环身尺寸,并且散热、排汗效果也会得到良好的保证。

2. 手部动作特点

除了双手把握转向盘之外,在驾驶过程中左右手还会频繁地操作一些电子电器元件,比如按压电动车窗按键、拨动大灯或雨刮拨杆、点触多媒体屏幕、开关空调和音乐等,这就需要对不同的动作予以分类,分别衡量动作习惯和肌肉力分布,从而对按键的大小,朝向,突出量,阻滞力甚至反馈声音做出合理设计。如图 4 – 96 所示。

图 4 – 96　按键的操作方式与手型

操作此类控件一般不需要施加很大的力,影响操作疲劳的因素主要还是来自于钮键的布置位置和操纵方式。因此,这类控制件必须布置在手的操纵范围内,并根据其使用频率、操纵力大小和操纵动作幅度来设计适宜的操纵方式。

此外,还需要根据操纵对象、动作特点来进行主动式操纵姿势和施力方式设计,才能实现舒适的驾驶性和操纵性。

(1)变速杆和手制动杆的布置

变速杆和手制动杆(手刹)的操纵动作,是一类特殊的施力动作,一般是在人体肩部不动的情况下通过手臂的运动来实现的。因此,研究手臂的最佳作用力操纵姿势,对于合理布置变速杆和手制动杆的位置并确定手柄的操纵移动量是有指导作用的。

图 4 - 97 为手臂操纵力与操纵姿势和操纵位置的关系。显然,上臂角在 130°~ 170°范围内有较大的操纵力,是舒适的手操纵施力姿势。实验证明,上臂角在最舒适的 150°时,操纵手柄的最佳布置位置在距离座椅靠背面的 490 mm~660 mm 之间。一般地,对于装在地板上的操纵杆,其手柄向后操纵移动时驾驶员的右臂肘部不得超出通过驾驶员肩部的垂直横向平面,否则驾驶员作用在手柄上的力将明显减小。

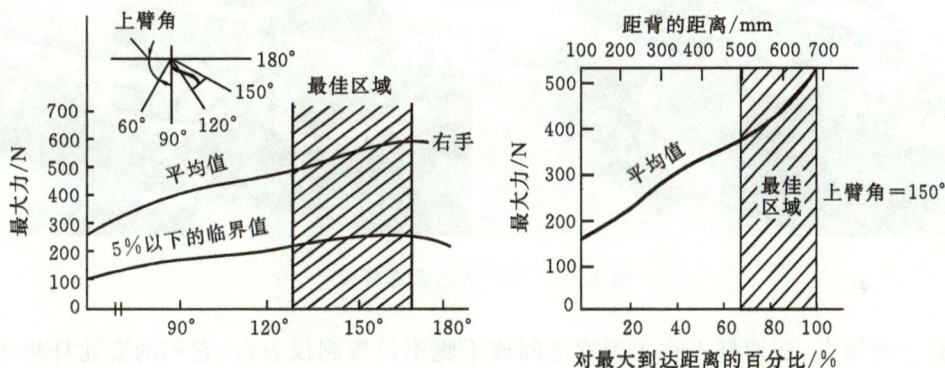

图 4 - 97　手臂操纵力与操纵姿势、操纵位置的关系

变速杆的设计是竖直方向上的,其操作动作是靠手掌心推动,因此柱头形状适于轻松搭倚而非费力抓取,这是很多初学驾照的学员容易犯的错误。为防止滑动,变速杆设有档位卡槽,行车过程中靠手感而非目光检视完成操作。大客车或早期的越野或皮卡车由于坐姿较高,所以变速杆较长,从地板高高伸出,柱头位置都位于适于右手把握的高度,见图 4 - 98。另一方面,力臂的延长减小了施加的力度,便于操控此类较重的车身。轿车通用都有手动和自动两种版本,为了消除设计难度和降低装配成本,自动挡的轿车的变速杆布置与手动挡车型别无二异,都统一设立在副仪表台位置。

与普通轿车不同,MPV 的变速杆位置设计在仪表台下端,如图 4 - 99 所示,这种布置是由日本人发明的。除了最初有意区分两类车型之外,还因为早期 MPV 通常都是自动档,启动之后变速杆操作不多,右手动作相对简单,将变速杆集成在仪表台上可以取消副仪表台,最大限度地增加车内使用空间,便于乘客安放随身小件行李。有些老式车型甚至因此把前排设计成了三个座位。

图 4-98　纵变速杆的位置和形状设计

图 4-99　MPV 的变速杆设计

　　还有一类轿车,变速杆不在主副驾之间或干脆不设置副仪表台,它们的变速杆集成在转向盘转向管柱基座上,俗称"怀档",见图 4-100。这种布置方式由美国人发明,除赛车之外大部分出现在宽大的美系车上,而欧洲人比较抗拒这种设计,除了奔驰和宝马 i 系中鲜有存在。

图 4-100　拨片式变速杆设计

　　手刹的使用一般发生在临时或长时驻车状态,此时左手已经停止转向盘操作,因此右手动作的发生和用力更加集中。手刹的位置设计于主副驾驶座之间略偏主驾,高度正好是右手垂下所能够自然触碰到的位置,非常适合于抓取和拉动。取力时肩关节固定,肘关节向上抬起作为悬空转动轴心,同时小臂与大臂夹角变小从而完成动作。因此,驻车手柄顶端运动曲线应与此过程中手部的运动同轨迹。

手刹是重要的驻车零部件,与安全性息息相关。为防止行车过程中的误操作,这类动作需要较大的取力和较为复杂的动作才可完成——手掌紧握柄柱之后,大拇指应触摸顶部金属按键,大力按压的同时收缩臂关节向上拉起,这一系列动作不仅流程有序,而且必须相互配合才能顺利完成,这就是有意增加操作复杂性以保证安全。近年来电子手刹设计比较流行,其位置的设计也充分地考虑了人体工程学元素,多设计于不能发生误操作的位置,而且多配置有自动解除的功能,大大减小了因此而带来的干扰。

4.3.4 脚控界面设计

脚部动作频繁程度不亚于手部,只是动作复杂程度次于手部,所以脚控界面的设计也十分重要。近年来广泛流行的自动挡大大减少了手脚动作配合的复杂程度,深受大众青睐。即便如此,与脚部动作相关的零部件布置与设计也应引起足够重视。

1.踏板的工作行程

踏板布置必须考虑长时间操作的舒适性。首先是加速踏板,由于加速踏板操作比较频繁,因此加速踏板布置必须考虑长时间操作的舒适性,且加速踏板未踩下时,踝关节角度 A46 不小于 87°,踩到底后角度 A46 不大于 105°,其基本关系如图 4-101 所示。在驾驶状态时,为使驾驶员的拇趾点(BOF)踩在踏板中心位置,需要计算踏平面角度和踏板中心高度;为使驾驶员鞋底脚掌处很好地与踏板表面贴合,踏板表面的倾斜角度 A47 可以参照踏平面角来确定,具体计算方法如下:

$$A47 = 78.96 - 0.15(H30) - 0.0173(H30)^2$$

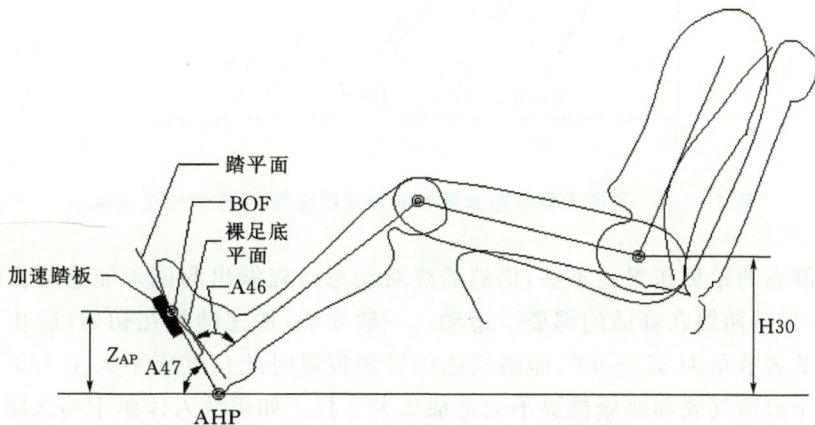

图 4-101 加速踏板与踵点及相关物理量的关系

踏板行程的确定应该保证在踏板踩下后,踝关节角始终处于 78°~105° 的舒适范围内。行车过程中由于频繁踩踏,加速踏板要求操纵轻便的同时,也要保持一定的力反馈,即保持合适的操纵力梯度,如图 4-102 所示。

由以上可知,作用于加速踏板所需的踩力和行程并不大,造成驾驶疲劳的主要原因是频繁踩踏。因此,加速踏板的位置和角度布置应使人体处于舒适的驾驶姿势上,这也是为什么室内

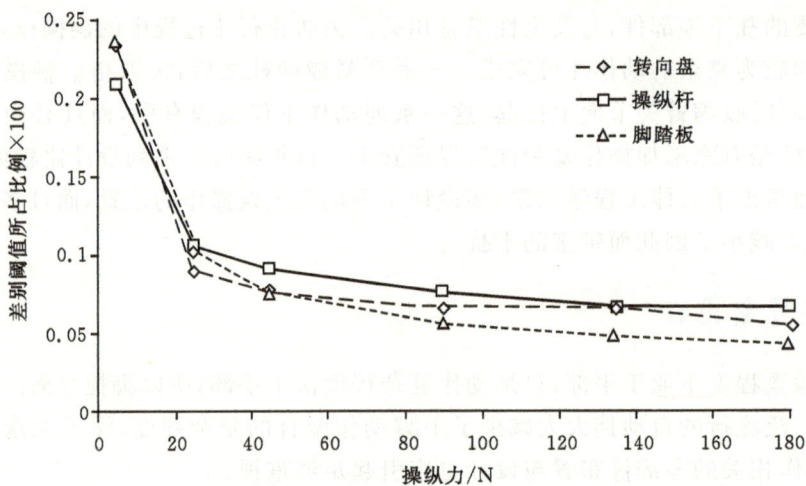

图 4-102　加速踏板的操纵力梯度曲线

人体布置设计常以踵点作为基准点开始布置人体的原因。图 4-103 所示为各种人体舒适驾驶时的加速踏板（踵点）与 H 点的位置关系。

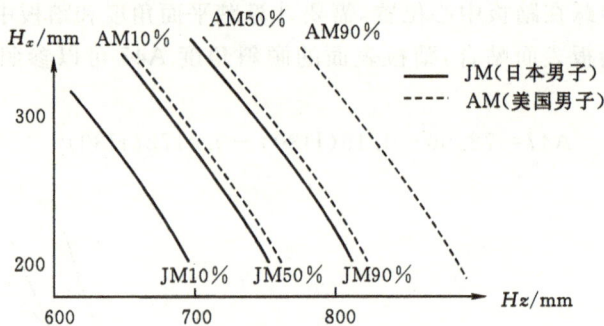

图 4-103　各种人体舒适驾驶时的加速踏板与 H 点的位置关系

　　仅仅研究静态的踏板布置还不够，仍然需要对动态行程做出测试。加速踏板的行程是一个范围，人体应保持始终在舒适的驾姿下运动。一般来说，加速踏板在初始（静止）位置时，人体右脚与小腿的关节角为 87°～90°，而踏板达到极限位置时此角度应不大于 130°。处于这个变化范围内对于舒适驾驶和频繁操纵不会造成太大干扰。如果从人体躯干与大腿的关节角度来研究，那么在整个踩踏过程中其夹角变化不应超过 2°～3°。

　　制动器和离合器踏板的操作应保证人体的腿部处于最佳的施力姿势。由于此类踏板的操纵需要一定的操纵力，采用蹬踏的姿势是必要的，一般从已确定的 H 点位置开始布置。

　　本书第 2 章中图 2-16 反映了踏板行程方向与最大踏力的关系。试验表明，人体双腿只有在曲膝时才能产生蹬踩作用力，从图中可以确定出适宜的踏板行程方向和布置位置。同样，在两种踏板的踩踏过程中，人体躯干与大腿的关节角不应比初始位置时的角度大 9°～10°，膝关节角不应超过 170°，小腿与脚的关节角应为 90°～110°。

2.踏板的布置

制动和离合踏板布置内容包括二者与驾驶员中心线的距离,以及制动踏板与加速踏板之间间距。轿车应保证踏板中心线之间的距离在100~150mm之间;商用车应使制动和离合踏板到转向柱外壳之间有足够的间隙,以保证驾驶员的鞋距离转向柱外壳仍有少许空间。

从脚踏板的纵向位置来看,制动踏板和离合器踏板比加速踏板离驾驶员要近些。这是因为最大踩踏力的分布规律是越接近人体对称轴线越集中,这样制动踏板的踩踏更容易些,而加速踏板分布在边缘,脚掌踩踏时呈外八字,力度来自于脚踝以下部分而非强劲的腿部,在某种程度上这是对加速行为的隐性制约。

3.脚部摆动空间

驾驶员的脚和汽车前轮之间的空间关系,在很大程度上会影响整车的设计,尤其是不同类型的汽车可能差别很大,每个类型车辆的驾驶员脚与前轮外径之间的关系都有所不同,这同时也反映在挡风玻璃的位置、主轴前段和整体前段轮廓上。

从工程角度来看,全面优化这种关系是非常困难且耗时的。A柱下方是整个车身的基础,以及必须留出车轮跳动空间,这与试图留出司机脚部摆动空间一样困难。图4-104显示了车门饰件和A柱饰件需要足够的空间,以便留给司机舒适的脚部摆动间隙。

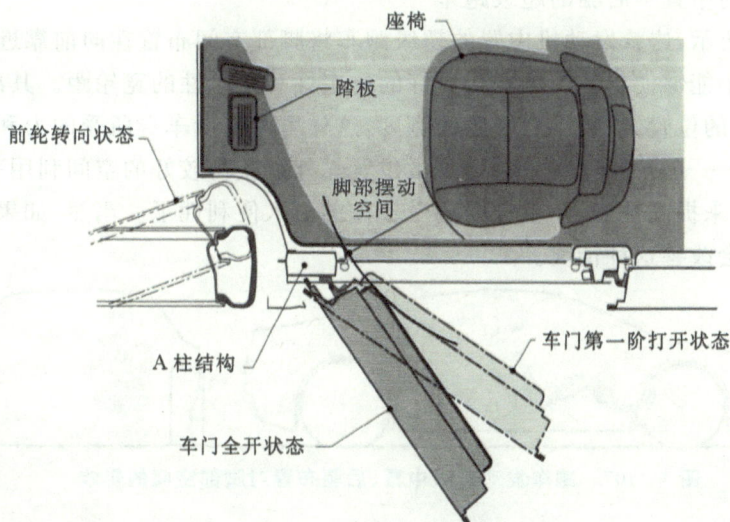

图4-104 驾驶员脚部空间示意图

脚部空间的设计对于车身总布置非常重要,需要以动力系统布置为基础进行。下面分六种情况来讨论脚部空间的布置。

(1)发动机纵向前置+后驱的超级跑车

如图4-105所示,司机的脚部和车轮布置之间没有任何关系。这种高性能的两座跑车前轴有着最佳的车重分配比例,所以沿y轴纵置发动机是最好的形式。这种情况下,司机脚部的摆动是非常自由的。

图 4-105　跑车发动机纵前置、后驱布置对脚部空间的影响

(2)发动机纵向前置＋后驱的豪华轿车

这种后轮驱动的轿车也有一个纵置的发动机,但是相对于(1)来说,发动机更短且有着更为高效的空间布置方式。如图 4-106 所示,前轮被尽量地向后布置,脚部空间比较充裕。

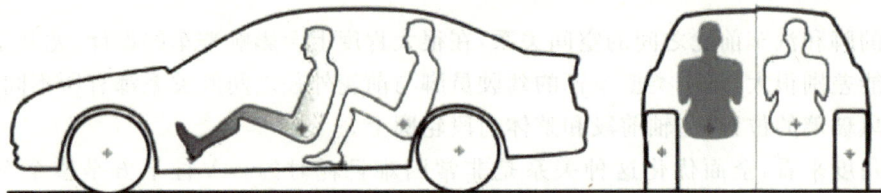

图 4-106　豪华轿车发动机纵前置、后驱布置对脚部空间的影响

(3)发动机纵向中置＋后驱的超级跑车

如图 4-107 所示,这款发动机中置的超级跑车将脚部空间布置在向前靠近车轮外径的地方。首先,需要一个能够使轮胎外侧获得更好的稳定性和操纵性的宽轮距。其次,驾驶员的位置要放在车体靠里的位置,以减小驾驶舱的宽度,这样可以降低车身所受的力和力矩。这个模式正好和(4)相反——(4)中车辆很窄,驾驶员位置靠外以获得较好的空间利用率。最后,这种超级跑车牺牲空间来提高性能,车主只能忍受较差的出入便利性了。当然,如果采用非传统的开门方式,有可能会改善这种情况。

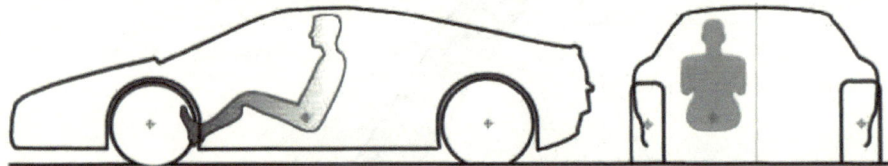

图 4-107　跑车发动机纵中置、后驱布置对脚部空间的影响

(4)发动机横向前置式前驱的经济型轿车

图 4-108 是一个典型的发动机横置前轮驱动轿车案例,车内空间利用更加高效,驾驶室被尽可能地向前轴推进,从而在较短的车身创造出较大的内部空间。这种类型的车辆要注意

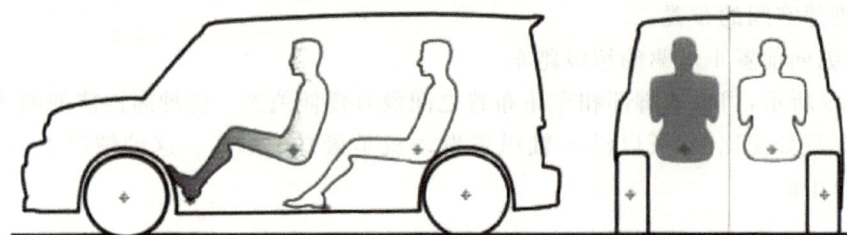

图 4-108　轿车发动机横前置、前驱布置对脚部空间的影响

不能让驾驶员太靠近车轮,否则会出现脚伸过深、出入困难的现象。

(5)发动机横向前置式前驱的商务车

如图4-109所示,这种车驾驶高度和位置都很高,从结构比例角度上说更为有利,这种结构比例更好,因为A柱结构可以再向上部区域移动,以优化进入车辆的空间和脚部摆动间隙。这个例子可以帮助说明较高的车体如货运车、客运车或休闲小货车是如何创造出更高效的空间利用方式的。

图4-109 商务车发动机纵中置、后驱布置对脚部空间的影响

(6)驾驶室前置式后驱的商务车

图4-110展示了驾驶室前置式汽车类型。驾驶员在摆动脚部或是出入驾驶室时必须错开车轮位置,不可避免地使驾驶员位置在前轴之前,导致正面碰撞存在安全隐患。由于近些年汽车前端碰撞的法规更加严格,关注程度也大大提高,现在这种车辆已非常少见了。

图4-110 商务车车发动机前置、后驱布置对脚部空间的影响

4.3.5 其他设计

本书4.2中已经对显控界面、乘坐空间等做了概要论述,它们决定了汽车内部空间的人机布置关系基本原则,但与人相关的零部件也需要注意人机关系的匹配性,其中比较有代表性的是安全气囊、安全带和安全座椅。

1.安全气囊

安全气囊是汽车被动安全技术最广泛的应用之一。行车电脑探测到事故发生后,主安全气囊会以300 km/h的速度打开来缓冲头部振荡。如图4-111所示,在完成动作的30毫秒内,撞击力大约为180公斤,音量均值为130分贝。气囊的容积为50~90L,其中78%的气体为氮气,并伴有润滑粉末,可降低64%的伤害程度。但气体冲击仍然存在撞击或灼伤乘员的可能。即便如此,气囊也是汽车安全中最常用、最有效的方式之一。

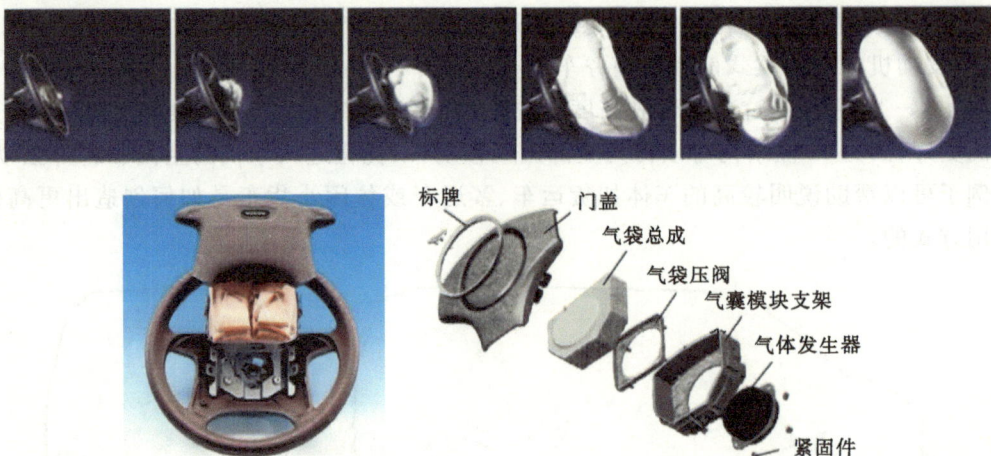

图 4-111　安全气囊的工作机制和结构分解

乘客侧气囊从顶部或后方中的任意一方以与主安全气囊同样的方式弹出，侧窗帘和阀座也支持部署气囊从侧面轨道和阀座垫上保护乘客头部和躯干免受旁边的撞击，如图 4-112 所示。

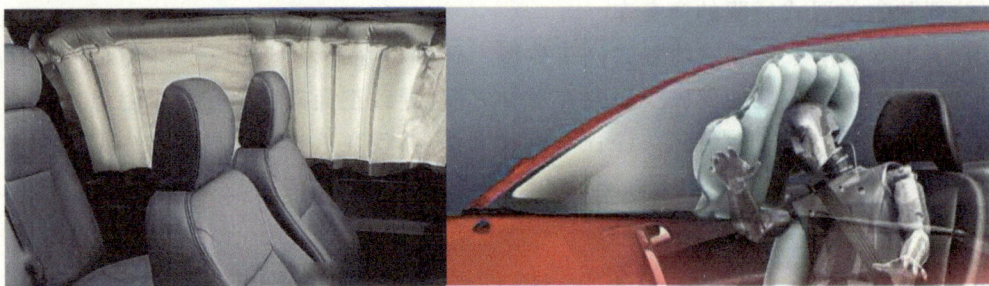

图 4-112　侧向安全气囊

但是仅有侧向气囊只能防止人与玻璃的撞击，乘客在车内的摇摆无法顾及。一种有效的补充办法是设置中央安全气囊，见图 4-113（a）。这是一种在主副驾之间展开的纵向隔离气囊，可以避免人与人之间的碰撞，而且把每个位子的晃动范围降到了最小，减轻了随机的二次伤害。另外，发生撞击时安全带对上身有较好的固定作用，但下身的防护薄弱，事故中人体小腿碰到仪表台下沿停止，而大腿肱骨沿行车方向继续运动导致刺穿膝盖的现象很多。为了解

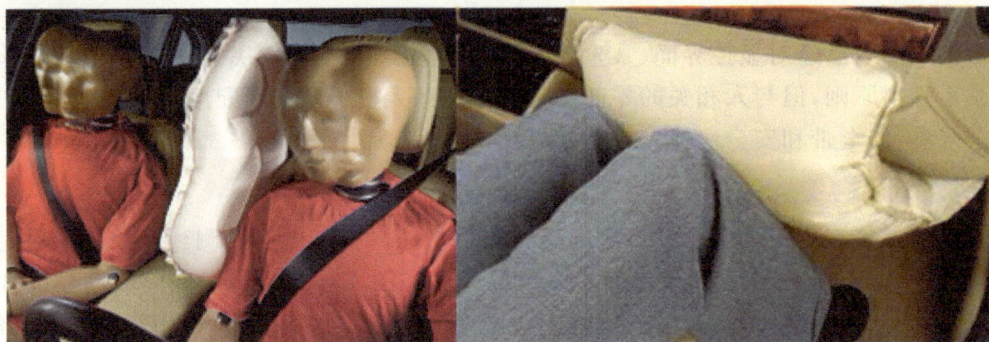

（a）中央安全气囊　　　　　　　　　　（b）膝部安全气囊

图 4-113　安全气囊

决这个问题,膝部安全气囊应运而生,如图4-113(b)。它是一种能在仪表台手套箱的位置展开的横向隔离气囊,有效地减轻了腿部与仪表台的致命撞击。

人机工程学的应用不仅表现在车内,而且在车外也大有应用之道。众所周知,安全法规对车前后保险杠的形状和突出量有严格规定,就是为了保证碰撞中对行人的保护。而近年来出现的行人保护安全气囊则对车外行人进一步提出了人文关怀,见图4-114。这种外置式安全气囊能够检测到车外行人与汽车的接触点,撞击的瞬间安全气囊充气后在前照灯之间的部位展开,由保险杠顶面向上伸展到发动机罩表面以上,避免人体尤其是头部严重撞击到风挡玻璃,同时也减轻了来自外力撞击对车内乘客的伤害。

图4-114 外部安全气囊

2.安全带和安全座椅

作为现代车身上最基本配置,安全带其实早在1885年就被发明,应用于马车上,甚至早过于汽车的诞生。如图4-115所示,现代汽车安全带结构简单使用方便,而且效果非常明显,所以行驶过程中必须正确使用安全带一直是标准安全法规中很重要一条。

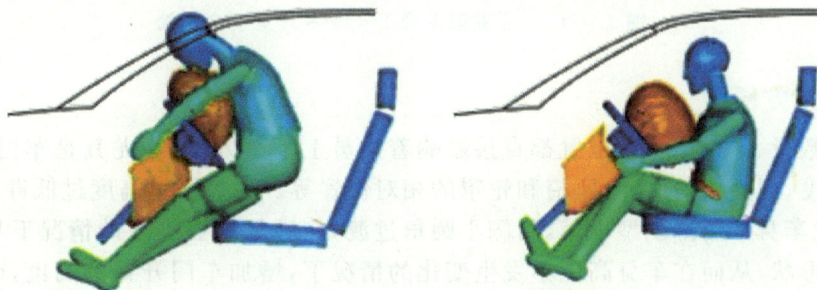

图4-115 无安全带和系安全带的碰撞模拟实验

近年来,一些新科技加强了安全带的使用效果和趣味,如图4-116中的气囊型安全带。在撞击的一瞬间安全带可以快速充气,与人体躯干的接触面提升5倍,大大增加了受力面积,使躯干惯性前冲时身体所受的压强显著降低,避免了安全带在束缚中造成对身体的二次伤害。

未成年人是另一类特殊人群,欧美国家对于儿童乘车安全就有着近乎苛刻的规定。14岁以下儿童不得坐在前排副驾位置,只能在后排乘坐大小合适的安全座椅,否则视为违法行为,有权剥夺车主对儿童的继续抚育权。其中由于婴幼儿颈椎发育脆弱,还特别要求0~2岁的儿童必须乘坐一种脸部朝后的摇篮座椅,如图4-117所示。摇篮安全座椅令颈椎-脊椎与行车

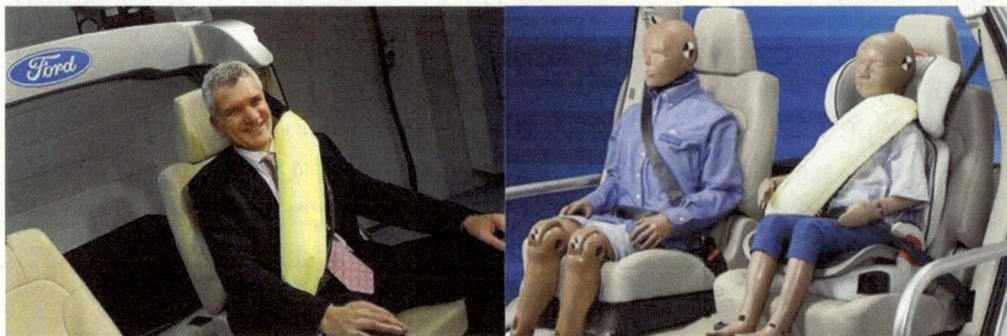

图4-116　气囊型安全带

方向相同,以避免巨大的冲击惯性引起颈椎错位脱节。除此以外,儿童安全座椅有严格的使用期限,出厂6年后强制报废,否则视为违法。安全座椅使用的实质,是为体型较小的儿童创造一种合适的人机关系,尤其满足行车中对舒适坐姿和关键部位保护的需求。我国于2015年正式颁布了类似的安全法规,强制儿童乘车必须使用安全座椅。当然,相比法律的执行,全民意识的普及更为重要。

图4-117　2岁以下及2—14岁儿童安全座椅

3. 上下车方便性

车门的数量、开口形状和位置都直接影响着乘员上下车方便性,尤其是车门的门槛高度、顶盖横梁弧度、门支柱角度、与座椅和轮罩的相对位置等。顶盖横梁高度过低肯定会影响进出门,所以现代车身采用薄顶型顶盖,两侧小圆角过渡,在满足顶盖刚度的情况下尽量减小顶盖横梁的断面形状,从而在车身高度不发生变化的情况下,增加车门开口的高度,改善乘员的上下车方便性。

在确定了车身侧壁倾斜角的同时,加大顶盖边梁与门槛在竖直投影上的偏移量也有利于上下车方便,此偏移量称为k值,如图4-118所示反映了k值不同时对上下车所带来的影响。当k值为0时,顶盖边梁与门槛同处于90°的竖直平面内,乘员上身必须倾斜30°以上才能缩进车内,骨骼肌肉感觉很不舒服,当k值为100～150时,人体只要稍微倾斜就可以坐入车内,能够避免不适。但k值过大则相当于汽车断面呈梯形甚至三角形趋势,内部空间利用率反而降低了,且大曲面的玻璃升降会成为难题,影响到汽车外观协调。图4-119体现了k值的实质即侧窗曲率与上下车方便性的定性关系。可以看出,圆筒曲面的侧车窗板有利于玻璃升降,而且加大了k值,方便进出车门。因此,最合适的侧壁弧度应该是同时外切人体耳朵、肩头、座椅边缘所形成的弧线。

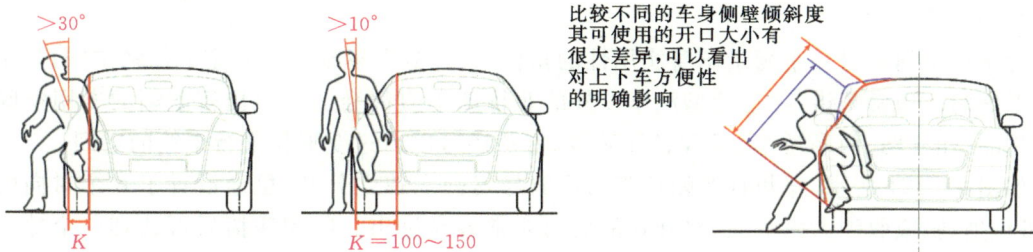

图 4-118 k 值示意图

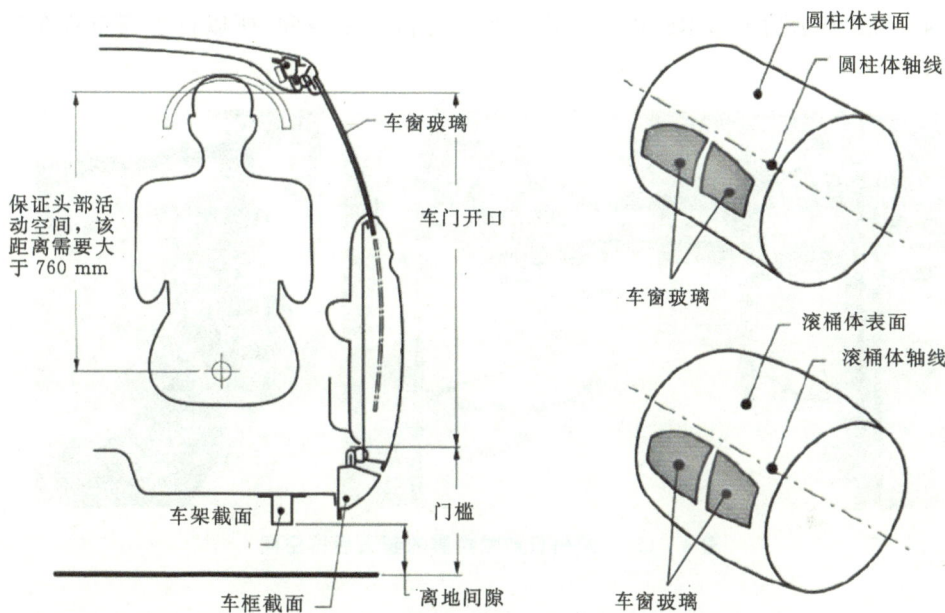

图 4-119 侧车窗曲率对上下车方便性的影响

对于四门轿车,B柱应布置在后座通道之前并适当倾斜,以此让出后排乘员上车时的脚部踏点。对于前门,A柱底端应尽量前移,增加驾驶员的脚部踩踏空间。

对于双门轿车,为保证后排乘员能较为方便地上下车,一般车门布置中采取增大车门开口宽度、前排座椅可移动翻转、B柱尽量垂直布置以让出后排脚部空间等措施。图 4-120 所示为 B 柱位置和倾角对上下车方便性的影响。

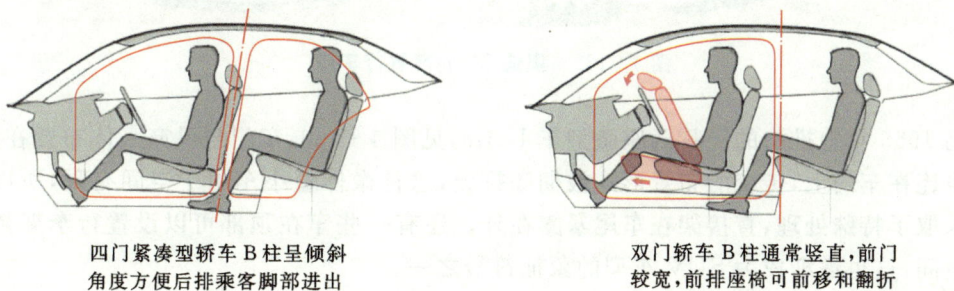

四门紧凑型轿车B柱呈倾斜
角度方便后排乘客脚部进出

双门轿车B柱通常竖直,前门
较宽,前排座椅可前移和翻折

图 4-120 B柱位置和倾角对上下车方便性的影响

4.行李箱空间

行李箱空间是另一个衡量车身实用性的指标,大多数车辆都会有一定的储物空间,甚至是优先考虑的。通常来讲,除运动型汽车以外的非特殊车型都会适当留出行李箱的专用空间供盛放物品,如三厢、两厢轿车、SUV、MPV 等,有些还可以通过变形拓展行李箱的空间。

如图 4-121 所示,郑州日产帕拉骐的后舱与驾驶室独立分开,里面设置了 8 个对向的座位,可供坐、躺或收纳大宗货品,对开式的后门非常容易进出。收起座椅后可达到一个惊人的最大载货容积,可供改装为工程抢险车、野外救援车等,作为个人用户也可以改装成一台多功能车或旅行房车。超大的容积和单面全开车门保证了行李箱空间的最大利用。而对于某些特殊用途的汽车,盛物载货并非其主要功能,有时甚至还会影响速度和使用性,所以不做特别要求。如图 4-122 所示的奥迪 R8,由于后置后驱已经占用了空间,所以行李箱布置在车前,而且空间很小。

图 4-121 郑州日产帕拉骐的超大后排空间

图 4-122 奥迪 R8 的前置行李箱

宝马 1955 年曾推出的一款两座微型车 Isetta,见图 4-123,车门与风窗一体布置在前端,转向盘也连在车门上,传统的布置形式被彻底打破,这种微体量小车由于空间有限,所以行李箱布置采取了特殊处理,直接架在车尾暴露在外。还有一些车在顶部可以设置行李架拓展外部盛物空间,这也逐渐成为 SUV 车型的象征符号之一。

行李箱的高度是由设计携带物品的种类、大小,以及目标储物空间所决定的,其衡量标准

图 4-123 宝马 Isetta 车的外置行李箱架

有两个,第一是容积,即深宽高;但更重要的是第二点,即开口形状或打开方式。早期的行李箱设计呈池状,为端面开口,物品取用必须抬过尾灯高度才能放入;近年来的行李箱盖多为折线 L 形状,高度降低到保险杠,减少了抬放物品的难度。而且,实际开口面积由端面变成了对角线截面,能够更容易地盛放大件货品。对于离地间隙相对较高的 SUV,尾部加装了第五门,可以横开货上掀,有些还设计两段式,可以同时上掀和下翻,令物品的抬放高度更低。这些看起来似乎是车身设计的内容,但其实质是由人机工程学来驱动的,这也是为何本书中时时穿插车身设计的原因,这些都是人机工程学在汽车设计内部和外部的应用。

斯柯达昊锐则采用了双段式行李箱设计,外形与标准三厢轿车无异,后备箱盖初步打开时与普通三厢轿车丝毫没有区别。但一旦需要装载一些大尺寸货品时,行李箱盖可以继续沿后风挡继续上掀,连后风窗玻璃一起举升,如图 4-124 所示。这样的行李箱设计可以有效增大开口面积便于物品盛放,只是空间并未因此增大。在解决了一个人机工程学问题的同时,也带来另一个问题,即两段同时开启时离地较高,关闭箱门需要较高的手位和较大的拉力。对应地,昊锐采用了行李箱盖内部加装橡胶拉手和电吸功能,令闭合省力不少。

图 4-124 斯柯达昊锐的双段式行李箱设计

标致 3008 的尾门能够分上下两段分别开启,下端开启后最大承重能够到达 200 公斤,可以作为临时置物架甚至暂时倚靠的座位,开拓了额外的使用方式。不单是尾门,地板也设计有夹层,轻易创造高-低两种储物模式,配合后排座椅 4/6 分折放倒与全部放到,储物空间较变形之前增大几乎一倍。与它相映成趣的,是 Mini Clubman 的左右对开式尾门和一体掀背式,如图 4－125,此处不再赘述。

图 4－125　3008 的上下对开式和 Mini Clubman 的左右对开式及掀背式尾门

　　值得注意的是,虽然有种种造型设计或理想的空气动力学形状,但行李箱的高度往往是受到后方视野限制的,需要结合后风窗的开口大小和角度综合考虑。在深度方向上,前端受后排人体乘坐空间影响,尾端则直接涉及到离去角大小,直接影响车辆通过性,所以看似从属的行李箱设计决不可随意。

4.4　本章小节

　　本章围绕 H 点,首先确定了舒适坐姿,其次对座椅的布置和调节做了合理的设计考虑,然后对汽车驾驶过程中视野性、手控、脚控界面分别进行了宏观规划和详细的应用性剖析,明确了其中的人机关系以及量化出各种物理量的计算方法,为汽车人机的布置和校验提供了有益的参考。

思考题

　　1.分别以轿车、卡车、跑车为例,描述车辆动力型式的布置对于 H 点位置的影响。
　　2.简述如何利用 H 点来进行相关的整车人机布置。

3.如何理解 95th 百分位眼椭圆与 95th 百分位的二维人体模型所覆盖的燕园。

4.论述转向盘直径、角度、最大转动圈数与驾姿的关系。

5.以前排 H 点为参照，后排乘客 H 点布置与哪些物理量相关，如何确定。

6.现代中控面板流行大屏幕触控方式，对传统手伸及界面的定义和应用有何冲击？如何看待新条件下的人机界面特点和展开研究？

第5章
H点装置测量实验

H点装置(H Point Device)是车身布置和测量的重要工具,对于进行驾驶室人机工程学设计和参数测量、辅助进行驾驶室内部基准点的定位具有重要意义。H点装置包括H点测量装置(H-Point Machine,HPM)和H点设计工具(H-Point Design Tool,HPD)。

5.1　HPM装置介绍

5.1.1　HPM装置关键基准点

HPM-Ⅱ是基于SAE-J4002标准开发的符合SAE-J4002标准的新一代H点装置,在美国、欧洲和日本等汽车发达国家得到了广泛应用。HPM-II型H点测量装置由座板总成、背板总成、大腿总成、小腿总成、头部测量装置、鞋固定装置组成,各部分均可以拆卸,如图5-1

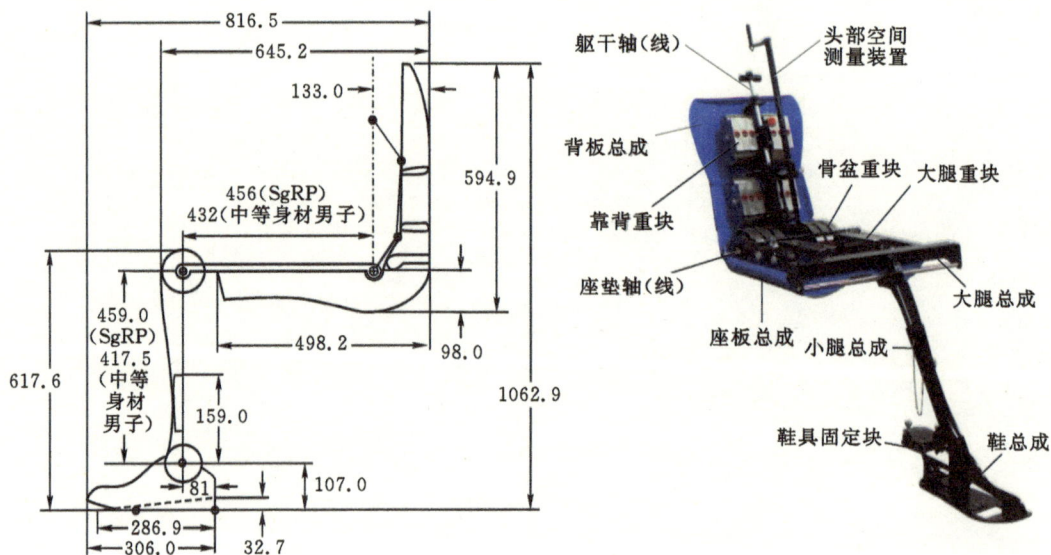

图 5-1　HPM-Ⅱ外形

所示。

H 点装置可用于建立车内关键基准点和尺寸,在 HPM-II 上定义了与设计和人机关系相关的点和基准线,包括 H 点、D 点、K 点、躯干线、腿线、座垫线等,下面将详细介绍一些关键基准点:

1. H 点

H 点是用来定义和测量车辆座椅位置的二维或三维人体模型上躯干和大腿之间的铰接中心。

设计 H 点:设计 H 点是指将二维人体模型放置在指定座椅位置上而在图面确定的与人体模型上 H 点相应的那一点。如果设计的座椅位置是可调的,设计 H 点通过座椅全过程的调整所形成的设计 H 点的轨迹在三维坐标系中用数字标定。

实际 H 点:是将 HPM 按规定步骤安放在座椅上时,所测得的 H 点位置(相对于整车坐标系,或者相对于座椅结构)。

2. 乘坐基准点 R 点(SgRP):是一个特殊的设计 H 点。

①R 点是在车辆设计过程初期就定义的重要基准点

②行程可调节座椅在其 H 点调节轨迹上有许多设计 H 点,但只有唯一一点定义为 SgRP,考虑了各种调整(水平,垂直,倾斜)之后的最后正常驾驶或乘坐位置上的 H 点,由 $X/Y/Z$ 坐标来标定,模拟人体躯干与大腿的铰接轴心的位置,是用于定位二维 SAE 人体作图模板的 95th 百分位人腿尺寸的参考点。驾驶员 SgRP 很重要,它用于定位一些布置工具,且用来定义许多关键尺寸。

③D 点:是坐姿状态下 H 点装置臀部的最低点,如图 5-2 所示。

④K 点:H 点装置上大腿和小腿铰接点,即膝关节点。

⑤躯干线:H 点装置上,自 H 点出发、平行于后背腰部区域外表面、用于定义躯干角度的直线。

⑥腿线:连接腿部两端关节的直线,包括大腿线和小腿线。大腿线连接 H 点和 K 点,小腿线连接 K 点和踝关节点。

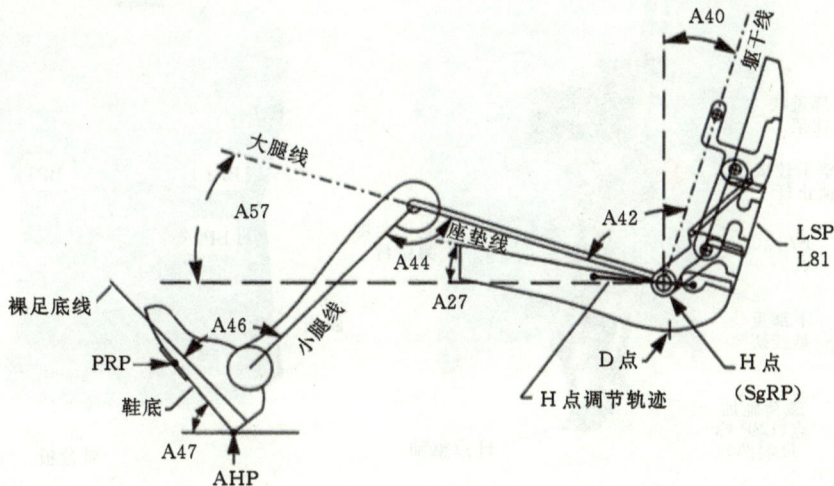

图 5-2 H 点装置上的关键基准点

⑦座垫线：H 点装置上，自 H 点出发，用于定义座垫角度的直线。

⑧鞋上的基准点 AHP：当 H 点装置的鞋按照适当方法根据自由状态加速踏板定位后，其踵点与地板表面（考虑地毯压塌量）的交点，脚放在踏板上（未踏下），脚与小腿成 87°。

⑨鞋底 BOF：与踵点相距 200mm。其侧向位置位于鞋宽度的一半处。

⑩踝足底线：鞋底附近与鞋底成 6.5°的直线，用于定义踝关节角度。

⑪地板基准点（FRP）：将 H 点装置的鞋按一定方法定位（鞋底与考虑地毯压塌量的地板表面接触）后，踵点与地板的交点。FRP 不适用于驾驶员右脚（用 AHP 代替）。

⑫踏板基准点（PRP）：当鞋按照适当方法根据加速踏板定位后，加速踏板表面上与 BOF 接触的点。

5.1.2　H 点装置构造

H 点装置具有测量和设计两大功用。当 H 点装置用于测量时，能够将座椅和车内硬点和硬点尺寸测量出来。按照测量的用途区分，可分成方案对比分析（对标分析，Benchmarking），方案审核以及定位内部基准点。在开发新车型时，由于缺乏经验和数据，无法给出某些关键参数值，为获得其他样车的设计意图和布置参数，常常借助 H 点装置对目标车型进行测量和对标分析来获得参考数值。同时也可以对已有车型进行空间布局校核，分析布局的合理性并对其不足地方加以改良，对新车型开发中的概念设计有重要的指导和参考价值。

当 H 点装置用于设计时，就需要在方案设计中用 H 点装置建立室内人机工程学基本布置方案所涉及的关键基准点和尺寸，这些关键基准点和尺寸称为硬点和硬点尺寸。详见 5.3。

下面将详细介绍 H 点装置的构造和测量过程。

1.背板总成

背板总成（见图 5-3）由背板的胸部、腰部和骨盆组成。它包括把手，躯干铰接锁止杆，H点枢轴，载荷施加点，躯干角度测量台，上部重块悬挂架，下部重块悬挂架。其上有两个标记点

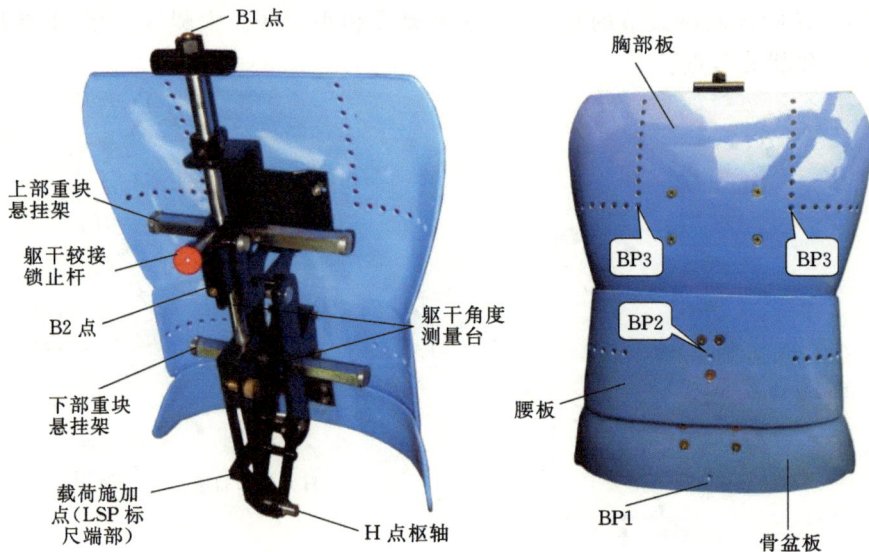

图 5-3　背板总成

(B1,B2)和四个支撑点(BP1,BP2,两个 BP3)。标记点用于 CMM 设备的测量。在 HPM 上,标记点位于黄铜小圆盘的中间。所有标记点的主要用途是用来计算关键的基准点和基准线。提供支撑点是为了方便座椅设计。

安装背板时,会发现腰部支撑突出量标尺(LSP),LSP 定义为:

$LSP=57\text{mm}-X$,其中 X 是腰部-骨盆枢轴中心到躯干线的距离,即 B2 到躯干线的距离。在中立姿势(LSP 等于零)时腰部-骨盆枢轴中心到躯干线的距离为 57 mm。当 LSP 增加时,背板总成的腰部向前推移,骨盆与胸部前倾,腰部-骨盆枢轴移近躯干线(见图 5-4)。使用过程中,可以直接从标尺上读出腰部支撑突出量的值。

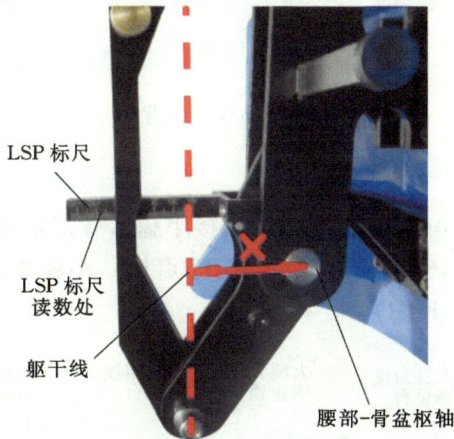

图 5-4 腰部支撑突出量(LSP)标尺

2.座板总成

座板总成包括(见图 5-5,图 5-6)座板,把手,带有骨盆重块位置的 H 点支撑座,H 点杆,连接背板的锁止衬套,连接大腿的锁止衬套,弹簧探头载荷施加点,侧向水平仪,大腿重块安装台和安装销。其上有三个标记点(C1,H1L,H1R),五个支撑点(CP1,两个 CP2,两个 CP3)以及一个基准点(D 点)。

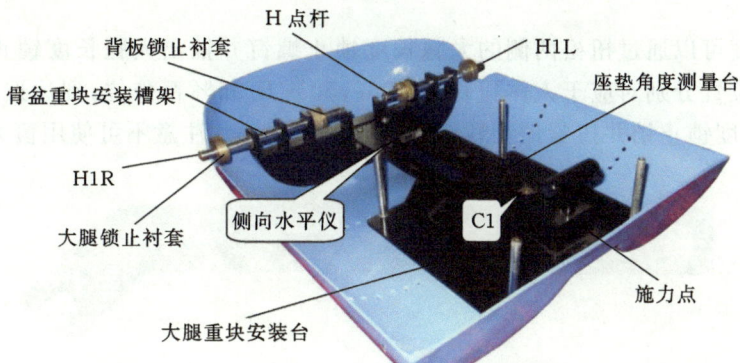

图 5-5 座板总成

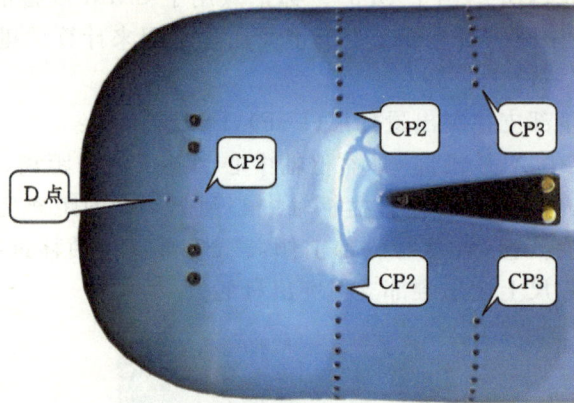

图 5-6　座板总成背面

3.大腿总成

大腿部分包括(见图 5-7)锁止衬套(用于连接小腿),膝部枢轴杆,大腿长度标尺,大腿长度锁止销,大腿长度锁止螺钉,安装叉(用于连接 H 点杆),小腿侧向位置标尺,大腿角度测量台。其上有两个标记点(K1L,K1R)。

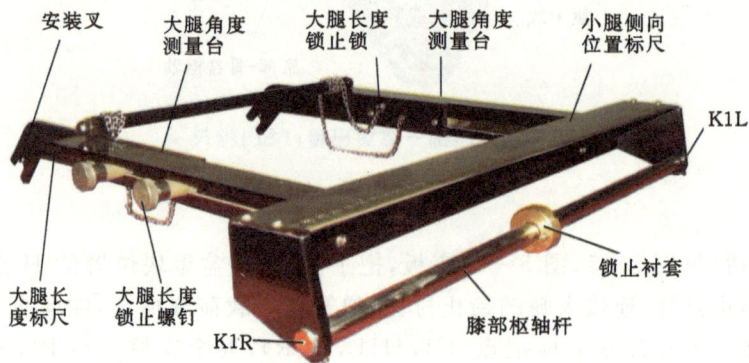

图 5-7　大腿总成

调整大腿长度可以通过扭松两侧的大腿长度锁止螺钉并抽出大腿长度锁止销来实现;大腿的 3 个销孔的位置分别对应于人体腿长的 10%,50% 及 95% 百分位;到达选定的百分位长度后,插入大腿长度锁止销并扭紧锁止螺钉,如图 5-8 所示。注意不可使用蛮力拉动,以免对

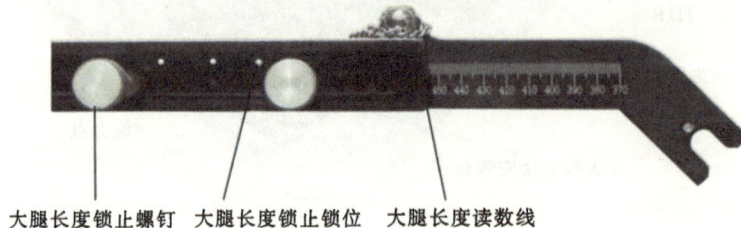

图 5-8　大腿长度标尺

附件造成损坏。

4.小腿部分

小腿部分包括(见图5-9)膝部枢轴安装槽,腿长标尺,腿长锁销,腿长锁止螺钉,膝部角度尺,小腿角度测量台。其上有1个标记点(K2,见图5-12)。

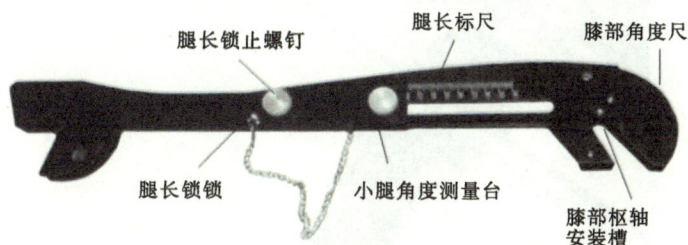

图5-9　小腿部分

小腿侧向位置标尺是膝关节的角度值,标尺的读取线为小腿膝板侧平面。如图5-10所示。

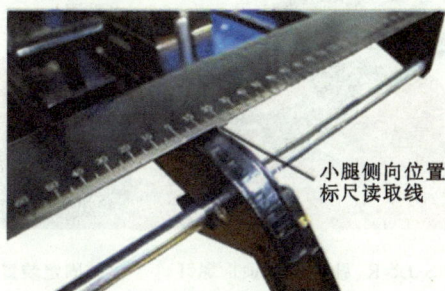

图5-10　小腿侧向位置标尺

小腿长度标尺调整可以通过扭松小腿长度锁止螺钉并抽出腿长锁止销来实现;拉动小腿,可以调整长度。小腿的3个销孔的位置分别对应于人体小腿长的10%,50%及95%百分位;到达选定的百分位长度后,插入腿长锁止销并扭紧锁止螺钉。如图5-11所示。

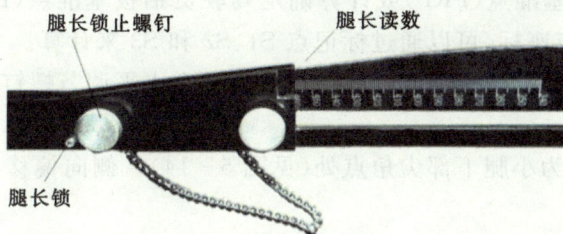

图5-11　小腿长度标尺

安装小腿到大腿总成后,从大腿上的侧向位置标尺边缘读取膝部角度。如图5-12所示。

5.鞋具和鞋固定装置

鞋具零件包括(见图5-13)锁止螺钉,踝部角度尺,AHP(加速踏板踵点)至PRP(踏板基准点)侧向偏移标尺,踏板平面角度测量台,鞋固定装置。

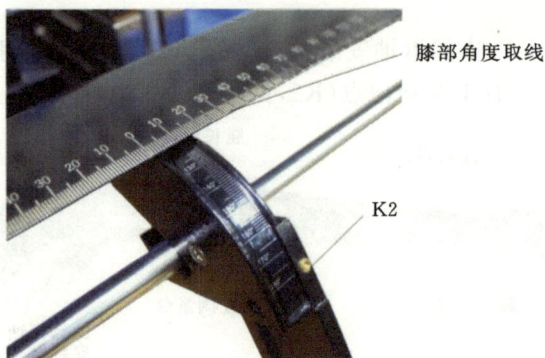

图 5-12　膝部角度尺

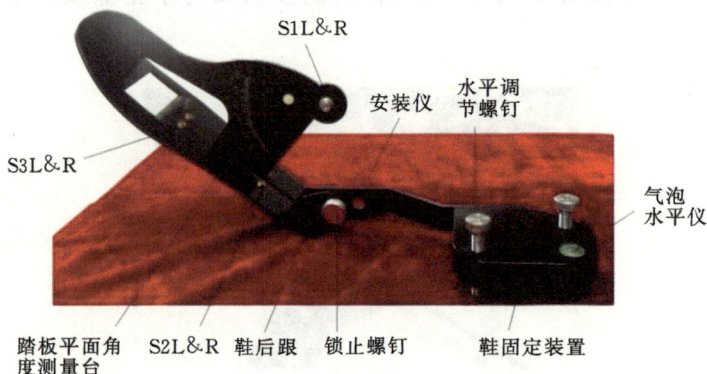

图 5-13　鞋具和鞋固定装置

鞋具上有跖球(BOF)、鞋后跟(HOS)和鞋底,它们是使用 H 点装置的关键基准点或基准面。

鞋具上有标记点 S1、S2 和 S3。它用于确定驾驶员加速踏板踵点(AHP,使用过程中与 HOS 点重合)和乘员地板基准点(FRP)或计算确定驾驶员踏板基准点(PRP)。当 HPM 安装之后,如不能获取鞋后跟点座标,可以通过标记点 S1、S2 和 S3 来计算。

鞋固定装置用于保持鞋具位于加速踏板上。包括 2 个水平调节螺钉,气泡水平仪,鞋具安装叉。

踝部角度尺的读数点为小腿下部尖角点处(见图 5-14)。侧向偏移标尺读数线为标尺与踏板中线的交点处。

6. 躯干配重

HPM 有三种重块:骨盆重块,大腿重块和靠背重块。重块的总数是 24 块:骨盆重块 6 块,大腿重块 6 块和靠背重块 12 块。两个骨盆重块有斜边,安装的时候,应注意,这两块分别安装在两侧最外边。斜边是用来防止重块与座板内表面干涉的,如图 5-15 所示。

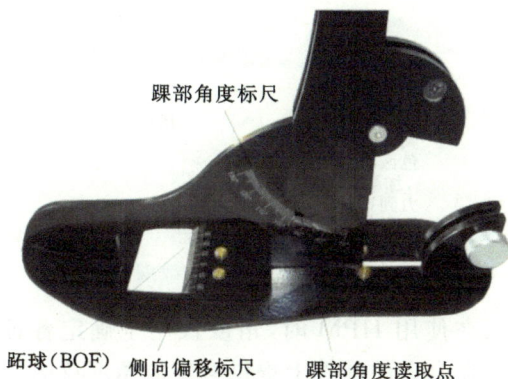

图 5-14 鞋具标尺

图 5-15 躯干配重

7.头部空间装置

HPM 提供一个单独的装置用于测量有效头部空间。这个装置包括(见图 5-16):安装叉(用于连接到 HPM),用于设定装置角度的调节螺钉,用于测量装置角度的角度测量台,带探头的滑动管,有效头部空间标尺。

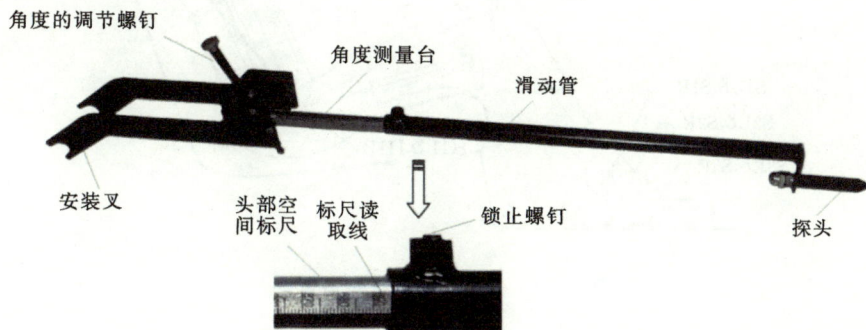

图 5-16 头部空间装置

8.其他辅助测量设备

弹簧加载探头:此探头用于在适当的加载点上(一个在座板总成上,另一个在 LSP 标尺端部)施加 89N(20 磅)的力,如图 5-17 所示。

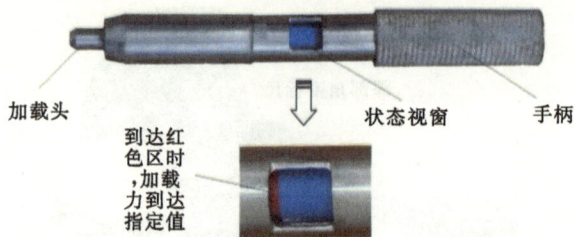

图 5-17 弹簧加载探头

角度仪(电子水平仪):在使用 HPM 时,角度仪用于确定各种姿态角,包括躯干角,大腿角,座垫角和踏板平面角。在合适的部件上提供有安放角度仪的具体位置——称为测量台。

HPM 上有六个位置用于放置角度仪的角度测量台:小腿,大腿,头部空间装置,鞋具,背板,座板。

9. H 点装置辅助测量点说明

H 点测量装置上提供了 14 个辅助测量点,在以上介绍中都一一进行了说明,总体概括如图 5-18 所示,这些辅助测量点主要是借助三维坐标测量仪进行坐标测量的,目的是为了方便地计算出某些关键点和关键参数,如 B1 与 H 点的连线可用来计算躯干角;B2 到躯干线的距离可用来计算腰部支撑量 L81;C1 与 H 点的连线为坐垫线,用于计算坐垫角。B1,B2,C1 这三点决定的平面即为 HPM 的中心对称面;H1L 和 H1R 连线中点即为 H 点;鞋上的 6 个辅助测量点用于确定 AHP、PRP、A47(A48);K1L,K1R,K2 用于确定膝关节点(K 点)位置。H 点、K 点、S1(S1L,S1R 连线中点)位置还可用于计算膝关节角 A44。如图 5-18 所示。

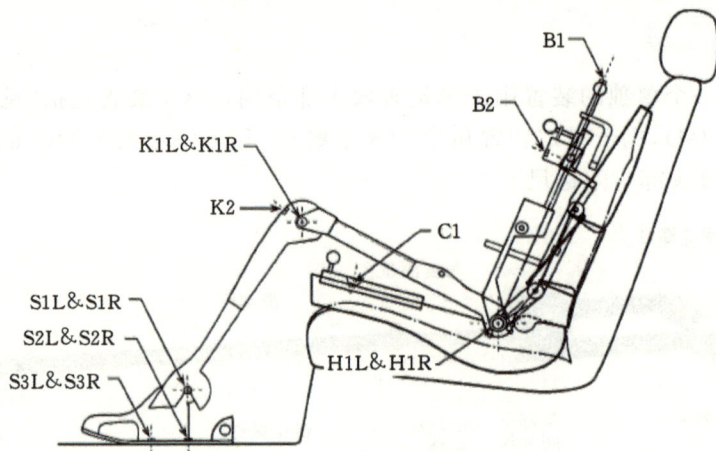

图 5-18 H 点装置辅助测量点

5.2 H 点装置安装程序

1. 按厂家规定准备车辆,并放置在 $20\pm10℃$ 的温度环境中,以确保座椅材料达到室温

如果被检验的座椅从未有人坐过,则应让与三维 H 点装置质量相当的人或装置在座椅上

试坐,使座椅和靠背产生应有的变形。如果制造厂有要求则所有座椅总成在安放三维 H 点装置前,应至少让它们保持 30min 的空载状态。

2. 安放座板总成和背板总成

首先调节座椅位置,将座椅位置调整到上述 4 个位置(最低最后、最高最后、最高最前、最低最前)中的某一个固定位置,将座板总成安放在座椅上,使得座板的 H 点连线中点与座垫的 SgRP 重合。

再将背板总成的 H 点枢轴座放入到 H 点支撑座相应的槽口内,两侧锁止衬套向内侧滑动,套牢 H 点枢轴。安放背板总成之前,手握把柄向后靠。当座椅靠背与腰板接触时,LSP 标尺外凸。在 LSP 标尺端部施力点施力,标尺内陷。可使腰板与座椅靠背贴合。移动或搬运背板总成时,应使躯干处于垂松状态并锁止躯干铰链。套牢 H 点枢轴并安置好背板后,方可旋开躯干锁止杆,以便背板与座椅靠背贴合。如图 5-19 所示。

套装后,如要整体搬运,应左右手分别握提背板把手和座板把手。此时,座背板上不应安装其他附件,以避免附件掉落。套装后,不允许背板折合到座板上,否则可能会将侧向水平仪压破或 LSP 标尺被磕碰变形。如图 5-20 所示。

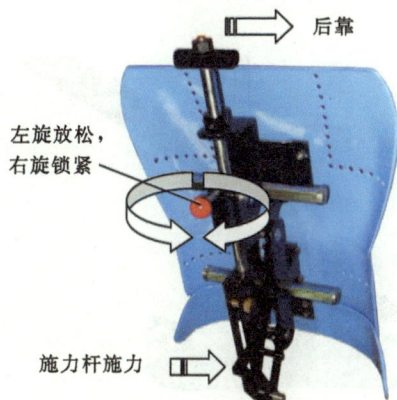

图 5-19 躯干的调整

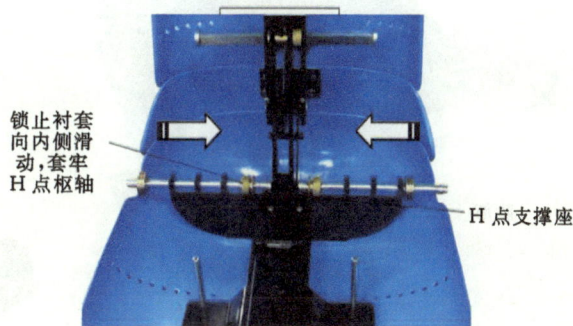

图 5-20 背板总成与座板总成的连接

3. 安装大腿部分

将安装叉叉入到 H 点轴上;将锁止衬套上的销钉与大腿叉处的销钉孔对齐后,将锁止衬套向内侧滑动,锁住大腿。如图 5-21 所示。

4. 安装小腿与鞋固定装置

将小腿叉入到膝部轴上。将锁止衬套上的销钉与小腿叉处的销钉孔对齐后,将锁止衬套向小腿侧滑动,锁住小腿。将小腿叉对齐鞋具踝部枢轴后,将小腿卡入,与鞋具连接,如图 5-22,图 5-23 所示。

如腿长采用 50th 百分位,双脚则取自然伸放姿势。必要时,可以放在操纵踏板之间,通过调节座板或小腿和脚总成,使装置达到水平,用水平仪校核;如腿长采用 95th 百分位的数据时,右脚和小腿总成放在加速踏板上,脚踵支承在地板上,尽可能向前,并将三维 H 点装置的限位销插入脚总成中,保证小腿夹角不小于 87°。如果三维 H 点装置的踵点只能搁在脚趾支承上,而不能放到地板上,则应移动脚,直至脚踵触及脚趾支承与地板覆盖层的相交处为止,然后再

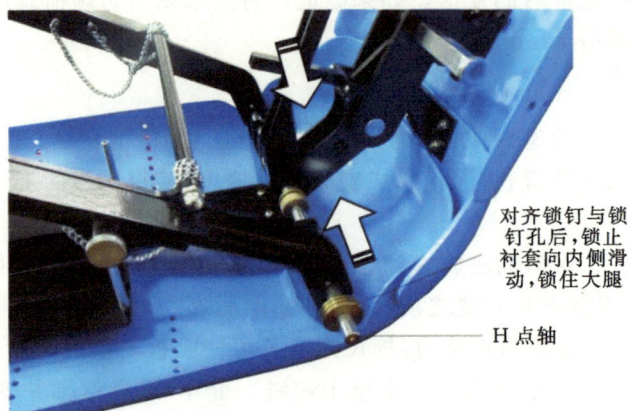

图 5-21　大腿安装

将脚转动，直至脚底与加速踏板相接触。

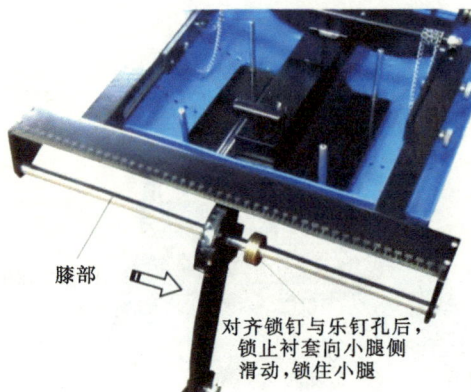

图 5-22　小腿安装

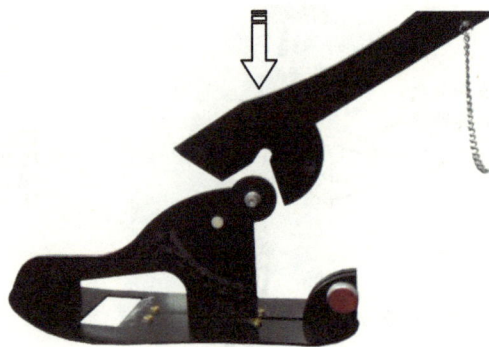

图 5-23　小腿与鞋具的连接

5.头部空间装置安装

　　将头部空间装置安装叉叉入背板锁止衬套中，使可旋转钢珠卡座与角度调整螺钉对齐后，将角度调整螺钉头部推入卡座中，直到内部钢珠限住 U 形环槽。

　　按下快速调整按钮，解除螺纹的限制，摆动整个头部空间装置到达预期位置附近。旋转角度调整螺钉，进行微调，可使头部空间装置到达正确位置；使用 3mm 六角扳手松开滑管锁止螺钉（见图 5-24），滑动滑管到指定位置后锁紧，锁紧的时候要注意保证锁止螺钉被固定在 V 型槽内。

6.安装配重

　　最后将安装不同部位配重，再交替加上八块躯干重块，每添加一件配重，都要检查一下躯干角和水平仪是否有变化，如果发生改变，则需在加载点前后施加 20 磅的推力以保证 HPM 与座椅表面的贴合性。如图 5-25 所示。

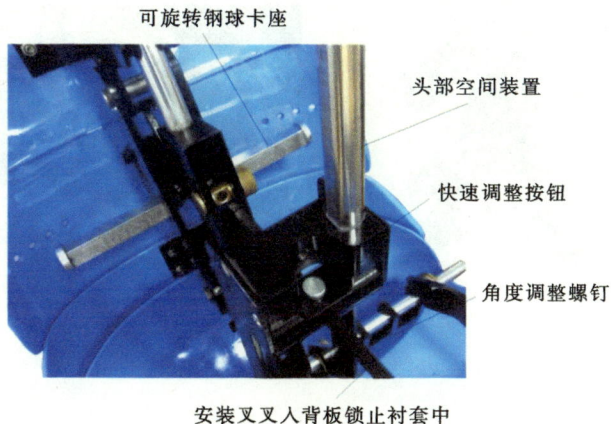

可旋转钢球卡座

头部空间装置

快速调整按钮

角度调整螺钉

安装叉叉入背板锁止衬套中

图5-24 头部空间装置安装

图5-25 H点装置在座椅上安装

5.3 H点实车测量步骤

1. H点

位于HPM中心对称面内,通过三坐标测量仪可测得H1L,H1R。

首先在座垫上任意取一点作为标记点,用三坐标测量仪(Coordination Measurement Machine,CMM)测得,如图5-26(a)所示,然后将座椅位置调整至最低最后、最高最后、最高最前、最低最前位置,在每个位置都测量出标记点坐标,如图5-26(b)所示,将标记点每个位置连接,就得到座椅行程。然后将HPM一侧的H1L或H1R点沿座椅行程平移,就得到了H点行程。

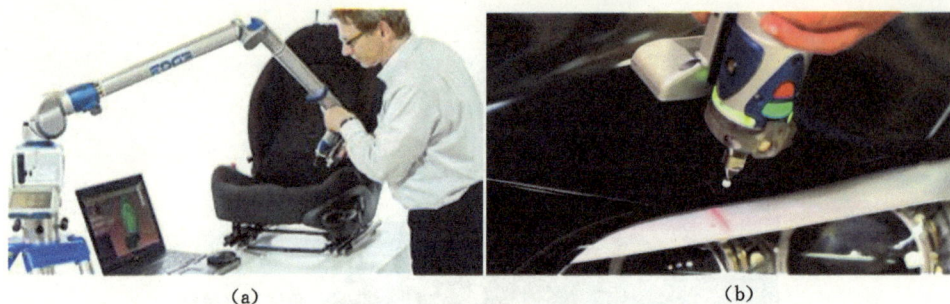

(a)　　　　　　　　　　　　　　(b)

图 5-26　H 点实车测量

2. PRP

位于鞋底与加速踏板中心线接触点处,可直接测量也可计算得出。

首先在加速踏板表面中心画一条标记线,代表加速踏板中心线,将鞋的固定装置放在加速踏板后方 100mm 左右。然后安装鞋具,使鞋底的 BOF 与加速踏板中心线接触,该接触点即为 PRP,而地板上与鞋底踵点 HOS 接触的点即为 AHP,此时,鞋底与水平面的夹角即为踏板平面角 A47。

3. 计算 AHP、PRP、A47

鞋上面的辅助测量点 S1L,S1R,S2L,S2R,S3L,S3R 可以测得坐标,根据以下公式即可求得。

$$A47 = \sin^{-1}(Z_{S3} - Z_{S2})/94$$
$$X_{AHP} = X_{S1} - 134.20134\sin(A47 - 37.126062)$$
$$Z_{AHP} = Z_{S1} - 134.20134\cos(A47 - 37.126062)$$
$$X_{PRP} = X_{S1} - 160.03125\cos(A47 - 41.960602)$$
$$Z_{PRP} = Z_{S1} - 160.03125\sin(A47 - 41.960602)$$

4. 确定 SgRP 位置

若座椅只能前后调节,则 SgRP 位于 H 点调节轨迹与 SgRP 曲线的交点处;如座椅能够垂直调节,则 SgRP 处于 H 点调节轨迹一半高度线与 SgRP 曲线的交点处。

X_{SgRP} 曲线方程如下:

$$X_{SgRP} = 913.7mm + 0.672316(H30) - 0.0019553(H30)^2$$

式中,$H30$ 为座椅高度;X_{SgRP} 为 SgRP 曲线上的 H 点到 PRP 的水平距离。因为座椅高度可调节,因此 SgRP 轨迹实则为一条二次函数曲线,如图 5-27 所示。

5. 躯干角 A40、座垫角 A27、大腿角 A57、踏板平面角 A47、踝关节 A46、膝关节角 A44、腰部支撑量 L81、有效头部空间 H61 都可直接测得或简单计算得出。

以上测量及步骤可以用图 5-28、5-29 简单归纳:

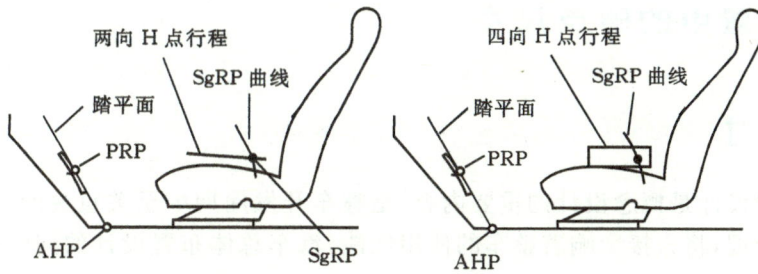

图 5-27　SgRP 的确定

图 5-28　H 点装置在实车上测试

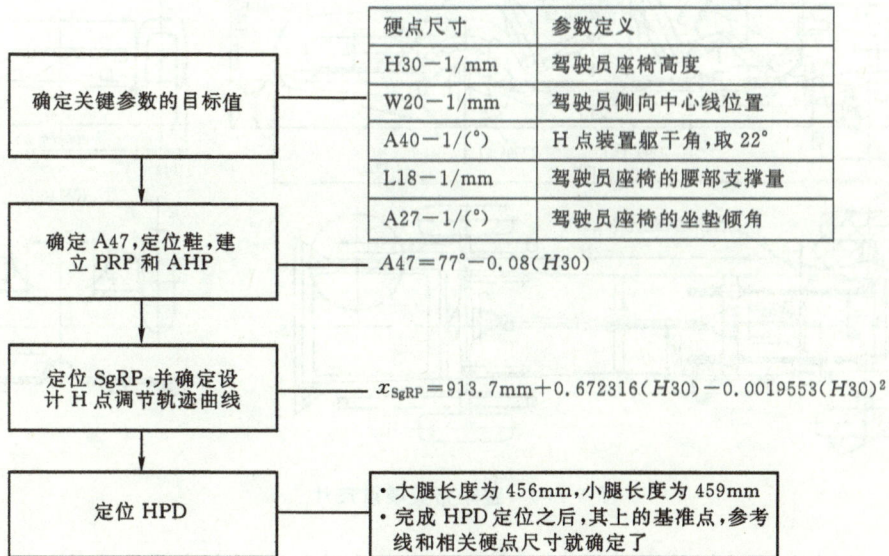

硬点尺寸	参数定义
H30-1/mm	驾驶员座椅高度
W20-1/mm	驾驶员侧向中心线位置
A40-1/(°)	H 点装置躯干角,取 22°
L18-1/mm	驾驶员座椅的腰部支撑量
A27-1/(°)	驾驶员座椅的坐垫倾角

确定关键参数的目标值

确定 A47,定位鞋,建立 PRP 和 AHP

$$A47 = 77° - 0.08(H30)$$

定位 SgRP,并确定设计 H 点调节轨迹曲线

$$x_{SgRP} = 913.7\text{mm} + 0.672316(H30) - 0.0019553(H30)^2$$

定位 HPD

• 大腿长度为 456mm,小腿长度为 459mm
• 完成 HPD 定位之后,其上的基准点,参考线和相关硬点尺寸就确定了

图 5-29　H 点装置的测量流程

5.4 整车布置中的硬点尺寸

5.4.1 硬点尺寸

汽车总体布置设计是概念设计的重要内容,是整车开发周期中至关重要的阶段。汽车总体布置设计是否合理,将直接影响着整车的使用性能,汽车总体布置设计的同时,造型设计也在进行,汽车总体布置定型以及造型的确定,标志着概念设计的完成。

整车基本定义完成后,即进入总体布置设计阶段。从产品策划到造型完成是总布置设计的主要工作阶段,本阶段是产品开发过程中最重要、最具创造性的一个阶段,内容包括对汽车外形和内部形式,发动机舱,底盘系统(动力传动系统,行驶、转向和制动系统,以及其他底盘总成),乘员舱和驾驶员操控系统(仪表板、座椅、操纵机构等),车身结构总体型式(底架、立柱、骨架等承载结构),行李箱和货箱,以及备胎、燃料箱和排气系统等,在满足整车性能和造型要求下进行尺寸控制和布局的过程。

对于全新开发的产品,总布置图的绘制非常重要,内容包括:汽车外形,主要部件(发动机总成、动力传动系总成、行驶系、转向系、后视镜、排气系统、备胎、座椅、仪表板、货箱等)外形和内饰轮廓曲线;室内布置工具图形(眼椭圆、头廓包络、人体模板、视线、安全带固定点布置区等);驾驶员座椅、变速杆、驻车制动杆、踏板在其整个活动范围内的若干主要位置;空载、设计载荷和满载状态的车轮和地面线,立柱盲区,最大开度时的车门、发动机罩和行李箱罩,行李箱容积,主要外形和内部关键尺寸等。示例如图 5-30 所示。

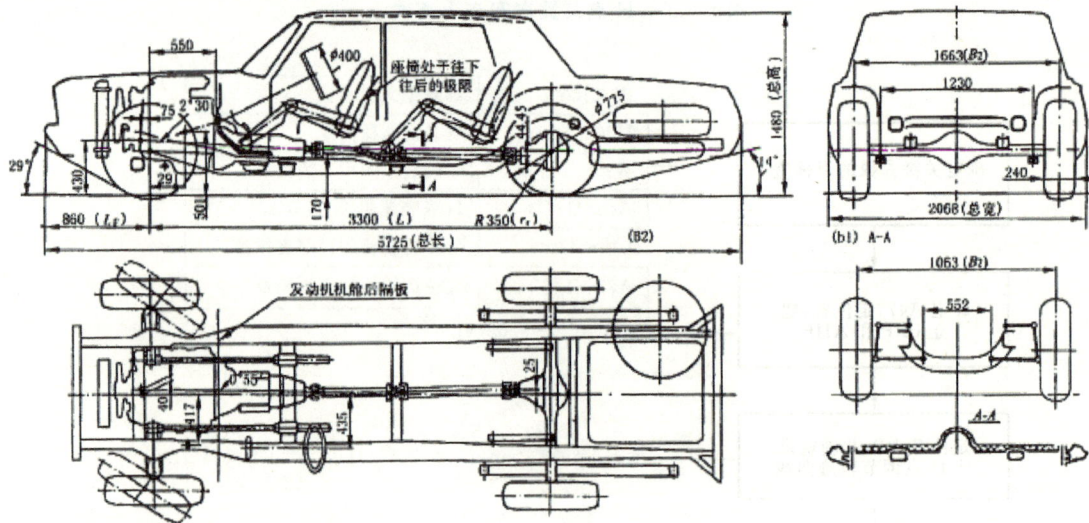

图 5-30 整车布置硬点尺寸

而图 5-30 中各尺寸间的逻辑递推关系则需要一系列布置硬点来定位和定义,硬点是对于整车性能、造型和车内布置具有重要意义的关键基准。这些基准在总布置方案确定之后就固定下来,不能够随便改动。经过整车、底盘和人机工程学布置之后,就得到了一些作为造型设计输入的关键点,这些点称为硬点,造型设计中必须严格遵守硬点所限定的尺寸和形状。常见的硬点代号见表 5-1,硬点尺寸通常采用前缀+数字+后缀的形式表示,后缀用"-1"、"-2"形式表示该尺寸为第一排、第二排,等等,依此类推,如图 5-31 所示。

表 5-1 硬点代号含义

前缀	L	W	H	A	TL、TH	PL、PW、PH	S、V
含义	长度尺寸	宽度尺寸	高度尺寸	角度尺寸	H点位置和行程的长度、高度尺寸	踏板布置尺寸	面积和容积尺寸
编号	1~99	100~199	200~299	400~599			
含义	内部尺寸	外部尺寸	行李箱尺寸	货车、厢式货车和运动车尺寸			

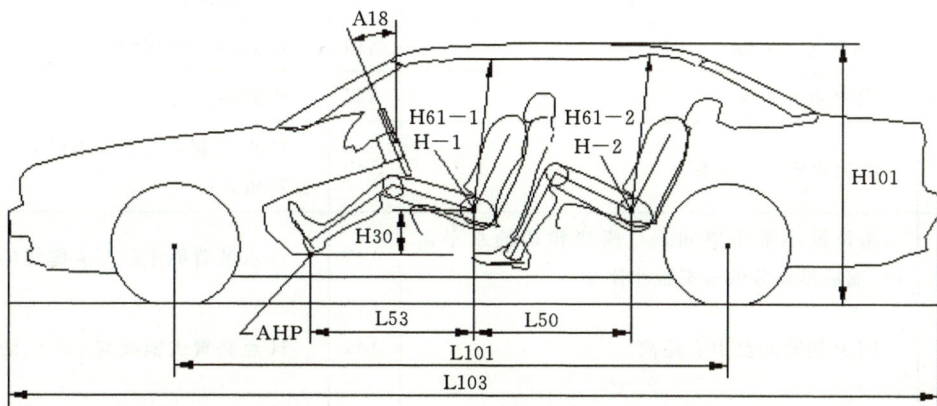

图 5-31 H点装置驾驶室内的相对位置关系

硬点尺寸指连接硬点之间、控制车身外部轮廓和内部空间,以满足使用要求的空间尺寸。硬点和硬点尺寸是汽车制造公司长期产品开发过程中总结出来的经验和规范。美国 SAE J1100 标准专门定义了整车和内部的硬点和硬点尺寸,自 1973 年 9 月颁布以来,经过数次修改和完善,已被世界各大汽车公司借鉴和使用。表 5-2 和表 5-3 分别给出了车辆内部和外部常用硬点尺寸,该表以两排座轿车为例。

表 5-2 车内主要硬点尺寸

代号	含义	代号	含义
L31	SgRP 点 x 坐标	H14	眼椭圆上缘到内后视镜下缘垂直距离
W20	SgRP 点 y 坐标	H17	转向盘中心到 AHP 的垂直距离
H70	SgRP 点 z 坐标	H30	SgRP 到 AHP 或 FRP 的垂直距离

代号	含义	代号	含义
L8	AHP 点 x 坐标	H35	后视图上,头廓包络线垂直移动到与顶盖零件接触时,头廓包络线中心移动的距离
W8	AHP 点 y 坐标	H41	头廓包络线到顶盖的最小距离
H8	AHP 点 z 坐标	H56	乘员中心面内,D 点到地板的距离
L1	PRP 点 x 坐标	H61	SgRP 沿后 8°线到头顶线的距离加上 102mm
W1	PRP 点 y 坐标	H74	转向盘中心 y 平面内,转向盘到未受压座垫距离
H1	PRP 点 z 坐标	A18	转向盘倾角
L98	FRP 点 x 坐标	A19	H 点调节轨迹倾角
H98	FRP 点 z 坐标	A27	座垫倾角
W7	转向盘中心 y 坐标	A40	H 点装置躯干角,用以表示座椅靠背角
L3	乘员最小乘坐空间。与座垫相切的水平面内,前后排靠背的水平最小距离	A42	H 点装置躯干线与大腿线的夹角
L6	PRP 到转向盘中心距离	A44	H 点装置大腿线与小腿线的夹角
L7	转向盘后边缘到躯干线的最小距离	A46	H 点装置小腿线与裸足底线的夹角
L11	转向盘中心到 AHP 的水平距离	A47	踏板平面倾角
L18	前排入口足部间隙	A48	地板平面与水平面夹角
L22	转向盘中心 y 平面内转向盘下缘到靠背最小距离	A57	H 点装置大腿线与水平面夹角
L34	加速踏板自由状态时,踝关节点到 SgRP 的距离加上 254mm	A60	乘员中心面内,95th 百分位眼椭圆最高点到风窗开口最高点连线与水平面夹角
L38	驾驶员头部(头廓包络线)到前风窗及其附件的最小距离	A61	乘员中心面内,95th 百分位眼椭圆最低点到风窗开口最低点连线与水平面夹角
L39	最后排乘客头部(头廓包络线)到后窗内饰的最小距离	PW7	PRP 到驾驶员中心面 y 方向距离

代号	含义	代号	含义
L48	后排膝关节 K 点到前座椅靠背最小距离	PW8	PRP 到制动踏板中心面 y 方向距离
L50	相邻前后 SgRP 间水平距离	PW9	PRP 到离合器踏板中心面 y 方向距离
L51	乘客踵点位于 FRP 时,其踝关节到 SgRP 距离加上 254mm	PH30	PRP 到 AHP 垂直距离
L53	SgRP 到 AHP 水平距离	TL23	正常驾驶时 H 点水平调节行程
L81	腰部支撑量	TH17	H 点垂直调节行程
W3	过 SgRP 的 x 平面上,SgRP 上方 254mm 到腰线高度范围内左右车门间最小距离	H11	车门入口高度
W5	SgRP 下方 25mm 到上方 76mm 高度范围内,SgRP 前后各 76mm 范围内,左右车门内表面最小距离	H13	转向盘下边缘到大腿线最小距离
W9	后视图上转向盘最大直径	W31	过 SgRP 的 x 平面上,肘靠上方 30mm 处左右车门间最小距离
W27	过侧视头廓包络线最高点 x 平面内,头廓包络线自其对称线和 $y-y$ 定位线交点斜向上 30°方向移动到遇到障碍物时的距离	W35	过侧视头廓包络线最高点的 x 平面内,头廓包络线后视图的最小水平向外方向移动量

表 5 - 3 车身主要硬点尺寸

代号	含义	代号	含义
L101	轴距	L128	前轮心 x 坐标
L103	车长	H114	罩点 z 坐标
L104	前悬	H138	后备箱 D 点 z 坐标
L105	后悬	H101	车高
L114	前轮中心线到 SgRP 的水平距离	H156	最小离地间隙
W101	轮距	A106	接近角(A106-1)或离去角(A106-2)
W103	车宽	A121	前、后风窗倾角
L125	发动机罩 C 点 x 坐标	A122	侧窗倾角
L127	后轮心 x 坐标	A147	纵向通过角

5.4.2 整车布置程序

1.输入已知整车控制参数及边界条件

(1)绘制整车载荷、设计载荷、最大载荷下前/后车轮(已知轴距)。

(2)绘制整车载荷、设计载荷、最大载荷下各地面基准线。

(3)绘制底盘系统、动力总成和主要附件轮廓、前围挡板位置。

(4)绘制总高控制线。

(5)绘制前/后边界线(控制前/后悬)、绘制整车宽度边界线。

(6)确定接近角 H106－1、离去角 H106－2,并在图中绘出。

(7)确定最小离地间隙 H156(可能是车身件、也可能是底盘件),并在图中绘出。

(8)确定过桥角 H147,并在图中绘出。

(9)确定前地板基准面,并在图中绘出,如图 5-32 所示。

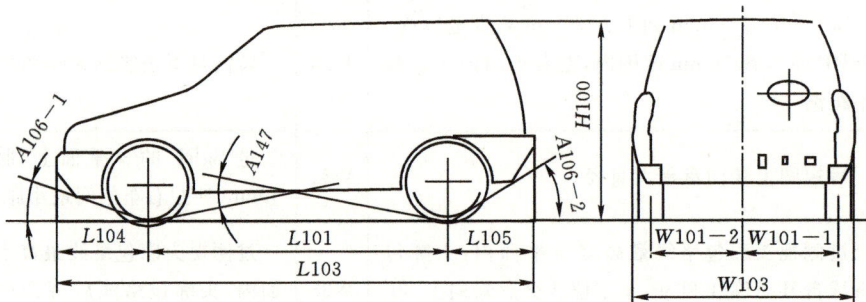

图 5-32　绘制整车控制参数

2.前排人体布置

(1)R 点设计

①计算室内净高度并参考同类车型,选定 $H30-1$ 高度。

②计算踏板平面角(A47): $A47=78.96-0.015Z-0.000173Z^2$ (Z 即 H30-1 高度)

③计算踏板参考点(PRP)到 H 点的水平距离: $X_{95}=913.7+0.672316Z-0.0019553Z^2$

($A47$、X_{95} 使用前提条件:SAE 95％人体模板,$A46=87°$,BOF 至 HOS 距离 203mm,100 $\leqslant$H30-1$\leqslant$405)

(2)确定加速踏板踵点(AHP)、加速踏板参考点(PRP)

①将脚跟点(BOS)放在压缩地垫表面上(DFC),地垫压缩量由制造商确定,压缩后的地垫厚度一般为 18～20 mm。

②将脚的球形点(BOF)与油门踏板参考点(PRP)重合,定位 AHP 点,摆放 95％人体模板。(BOF 到 HOS 的距离:在 175～203 mm 范围内选择,一般情况下推荐值:200 mm),如图 5-33 所示。

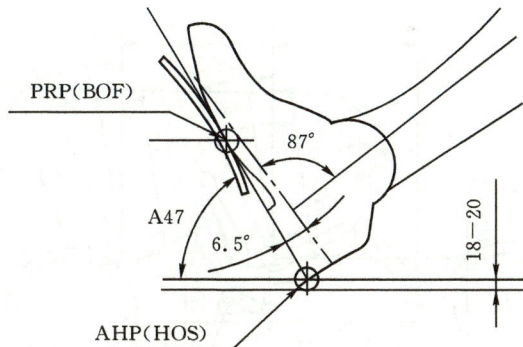

图 5-33 确定 *AHP* 和 *PRP*

（3）前排座椅靠背角 A40-1 设计

A40-1 的设计范围：5～40°，一般情况下，设定在 25°。

（4）参考同类车型的布置尺寸，确定 W20-1、W3-1、W5-1 值，如图 5-34 所示。

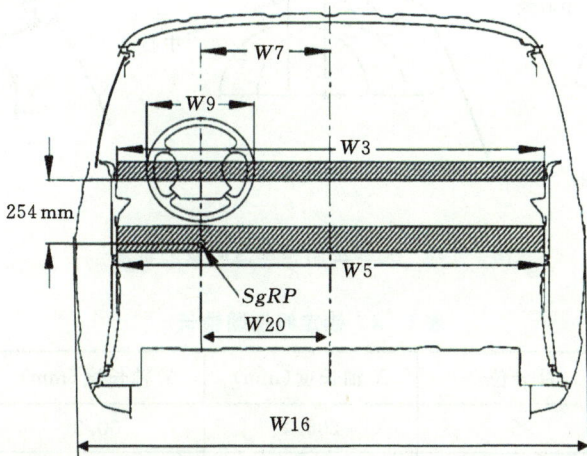

图 5-34 整车宽度尺寸

（5）确定前排人体头部空间尺寸 H61-1、W27-1、W35-1、H35-1、L38、H46-1、H47-1。参照同类车型尺寸确定 H61-1 、W27-1、W35-1、H35-1、L38、H46-1、H47-1 值，并协调与 H30-1 之间关系。如图 5-35，图 5-36 所示。

（6）确定方向盘位置及直径

①方向盘的直径 W9 视设计车型的具体情况定，一般范围：300～405 mm；

②A18 一般范围：18°～35°，具体按设计车型的仪表视野范围而定；

③参考同类车型设计尺寸，确定方向盘的位置尺寸 *H17*、*L11*、*H13*、*L7*。

（7）确定座椅滑轨水平行程 TL23 及升程 TH13

（8）确定眼椭圆位置

①确定眼椭圆轴长，如表 5-4 所示。

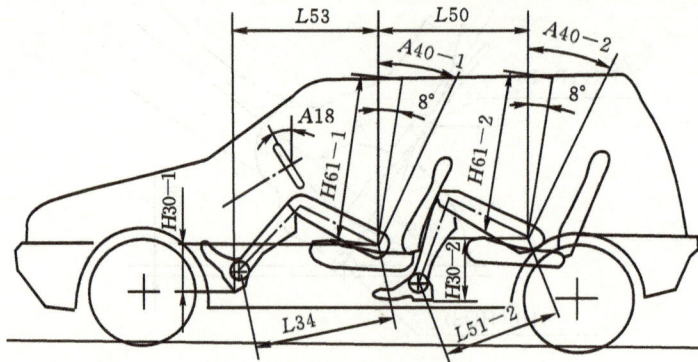

图 5-35 前后排位置关系

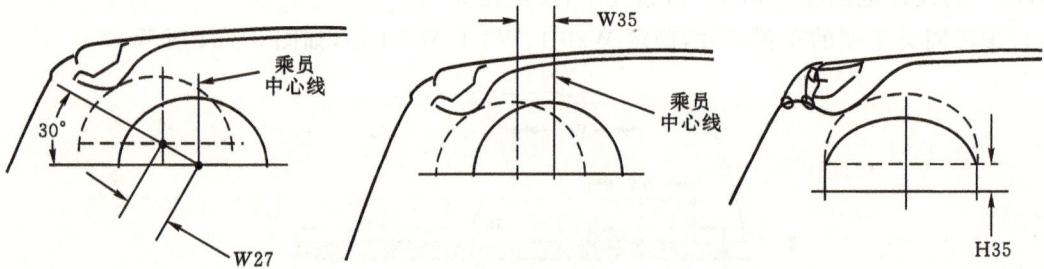

图 5-36 头部空间和顶盖高度的确定

表 5-4 确定眼椭圆轴长

座椅行程(TL23)	百分位	X 轴长度(mm)	Y 轴长度(mm)	Z 轴长度(mm)
>133 mm	95	206.4	60.3	93.4
	99	287.1	85.3	132.1
1～133 mm	95	173.8	60.3	93.4
	99	242.1	95.3	132.1

②在俯视和后视图中,沿椭圆轴长分别与车身坐标轴相同。

侧视图中,眼椭圆长轴倾角:$\beta=12.0°$

中心点位置:

$$Xc = L1+664+0.587(L6)-0.176(H30)-12.5t$$

$$Ycl = W20-32.5;$$

$$Ycr = W20+32.5;$$

$$Zc = H8+638+H30$$

其中

$L1$：PRP 点的 x 坐标，

$L6$：方向盘中心到 PRP 点 X 方向距离

$H30$：SgRP 点的到 AHP 的 z 方向距离

t：变速箱种类（当有离合器踏板时为1，无离合器踏板时为0）

$W20$：SgRP 点 Y 坐标

$H8$：HP 点 Z 坐标。

眼椭圆定位关系如图5-37所示。

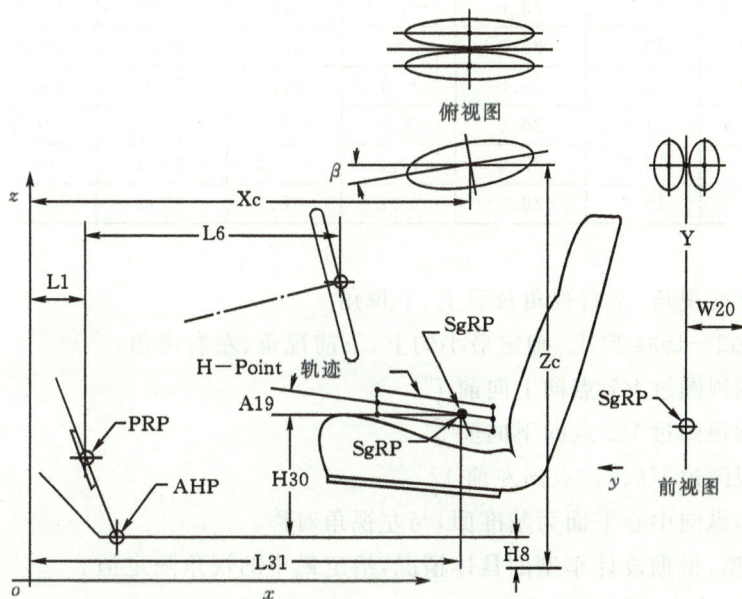

图5-37 眼椭圆的定位

(9)绘制眼点 $V1$、$V2$

V 点相对于 H 点的位置由三维坐标系 X、Y、Z 坐标确定。A40-1 为 25°时，其坐标值如表5-5。

表5-5 各位置坐标

V	X	Y	Z
$V1$	68	−5	665
$V2$	68	−5	589

若设计靠背角不是 25°时，其坐标偏移值按表5-6进行修正。

表 5－6　坐标偏移值

A40－1(°)	水平偏移 X	垂直偏移 Y	A40－1(°)	水平偏移 X	垂直偏移 Y	A40－1(°)	水平偏移 X	垂直偏移 Y
5.0	－186.4	27.6	17.0	－71.5	16.7	29.0	34.2	－11.2
6.0	－176.5	27.3	18.0	－62.3	15.0	30.0	42.6	－14.3
7.0	－166.6	27	19.0	－53.2	13.2	31.0	50.9	－17.5
8.0	－156.8	26.5	20.0	－44.2	11.3	32.0	59.2	－20.8
9.0	－147.1	25.9	21.0	－35.2	9.3	33.0	67.4	－24.3
10.0	－137.4	25.1	22.0	－26.3	7.2	34.0	76.6	－27.9
11.0	－127.8	24.3	23.0	－17.5	4.9	35.0	83.6	－31.5
12.0	－118.3	23.3	24.0	－8.7	2.5	36.0	91.6	－35.4
13.0	－108.8	22.2	25.0	0.0	0.0	37.0	99.6	－39.3
14.0	－99.4	21.0	26.0	8.6	－2.6	38.0	107.5	－43.3
15.0	－90.0	19.7	27.0	17.2	－5.4	39.0	115.3	－47.5
16.0	－80.7	18.3	28.0	25.8	－8.2	40.0	123.0	－51.8

(10)确定上、下前视角、左右视角及后上、下视角

①按照 GB11562—1994 要求,确定最小的上、下前视角、左右视角。

上前视角:在侧视图过 V1 点向上向前 7°

下前视角:在侧视图过 V2 点向下向前 5°

左视角:在俯视图过 V1、V2 点向左前 17°

右视角:以汽车纵向中心平面为基准面,与左视角对称。

②参考同类车型,根据设计车型的具体情况,给定最小的视角限定值。

(11)确定前排人体头部包络线位置

头部包络线是指不同百分位的驾驶员和乘员在乘坐状态下,他们头廓线的包络线。

①头部包络线的空间构成为 3D 椭圆。其轴长见表 5－7。

表 5－7　头部包络线轴长

座位位置	座椅行程(TL23)	99%模板				95%模板			
		X	Y(内侧)	Y(外侧)	Z	X	Y(内侧)	Y(外侧)	Z
驾驶员和前排副驾驶座乘客	＞133mm	±246.04	166.79	189.79	151.00	±211.25	143.75	166.75	133.50
	≤133mm	±232.40	166.79	189.79	151.00	±198.76	143.75	166.75	133.50
	0mm(固定式座椅)	±198.00	165.20	188.20	169.66	±173.31	143.41	166.41	147.07
前排中间乘客	＞133mm	±246.04	166.79	166.79	151.00	±211.25	143.75	143.75	133.50
	≤133mm	±232.40	166.79	166.79	151.00	±198.76	143.75	143.75	133.50
其他乘客	0mm(固定式座椅)	±198.00	165.20	165.20	169.66	±173.31	143.41	143.41	147.07

驾驶员和前排副驾驶座乘客头廓包络面以头廓包络面中心为基准向车外偏移 23 mm,如图 5-38 所示。

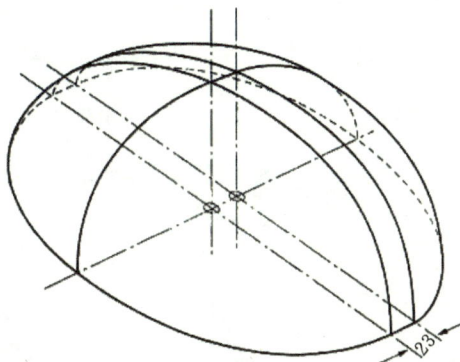

图 5-38 头部包络线

②相对于眼椭圆中心坐标的头部包络线中心坐标如表 5-8,不同座椅所对应的头包线椭圆中心坐标如表 5-9。

表 5-8 头包线中心坐标(相对于眼椭圆)

TL(23)	X_h	Y_h	Z_h
>133 mm	90.6	0	52.6
≤133 mm	89.5	0	45.9
0 mm	85.4	0	42.0

表 5-9 头包线中心坐标(相对于座椅)

座椅行程(TL23)	头部包络线椭圆中心坐标
>0	$X=L1+664+0.587(L6)-0.176(H30)-12.5t+X_h$
	$Y=W20$
	$Z=H8+638+H30+Z_h$
0(固定式座椅)	$X=L31+640\sin\delta+X_h$
	$Y=W20$
	$Z=H70+640\cos\delta+Z_h$

③确定头部空间和顶盖、车窗的位置关系,如图 5-39 所示。

$L1$:PRP 点 x 坐标

$L6$:方向盘中心到 PRP 点 X 方向距离,

$H30$:SgRP 点的到 AHP 的 Z 方向距离

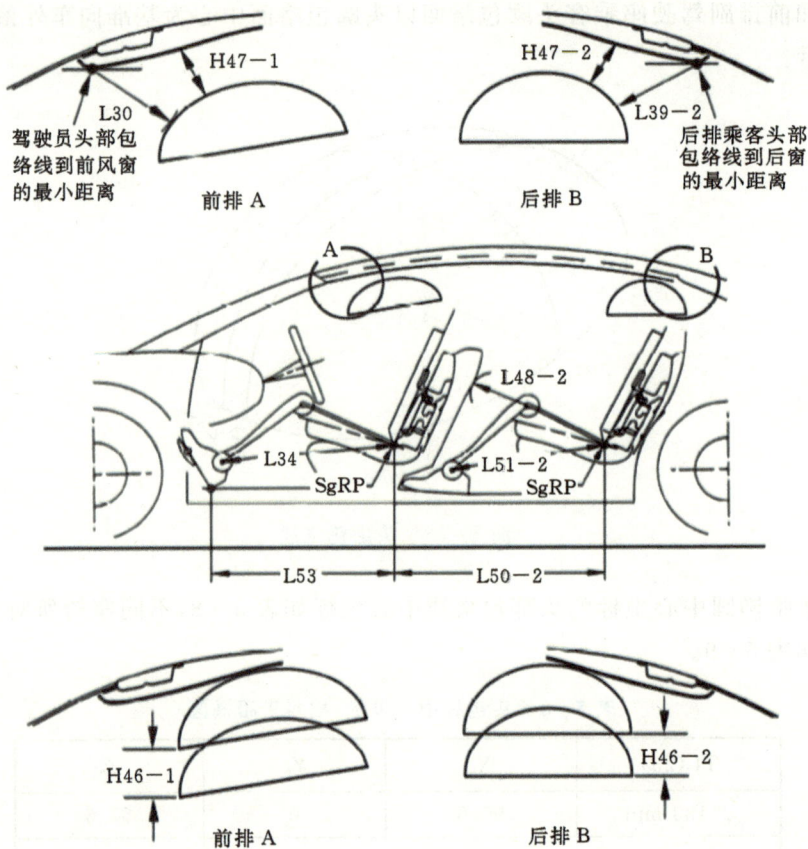

图 5-39 头包线与车内空间关系

t：变速箱种类（当有离合器踏板时为 1，无离合器踏板时为 0）

$W20$：SgRP 点 y 坐标

$H8$：AHP 点 z 坐标

$A40$：座椅靠背角

$L31$：SgRP 点的 X 坐标值

$H70$：SgRP 点的 Z 坐标值

（12）绘制驾驶员手伸界面

①计算 G 值，具体公式参考 4.1.4.

②按 G 值范围、男女用户比例（50：50）及安全带形式在 SAEJ287—1988 中查出对应表格，绘制手控制区域包络面。

③以上确定的手控制区域包络面为三指接触面，单指按压区域增加 50 mm，手掌握控区域减 50 mm。

④确定手控制范围参考平面（HR），$HR=786-99G$，依此定位手控制区域包络面。如图 5-40 所示。

（13）绘制前排座椅及靠背初步轮廓

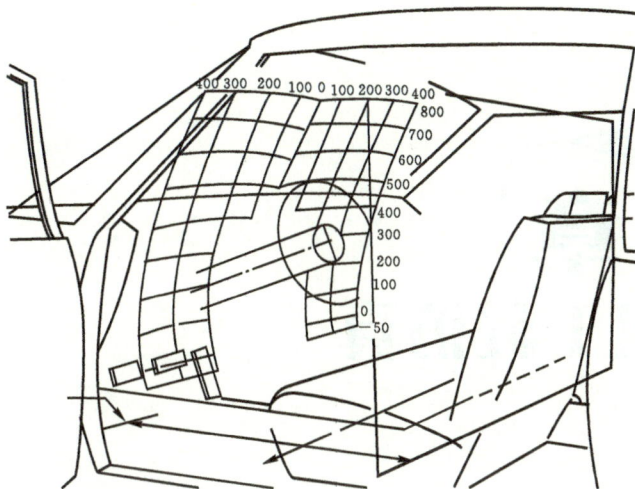

图 5-40　手伸及界面参考平面

3. 后排人体布置

(1)选用 95% 或 50% 二维 H 点人体模板

(2)确定后地板基准面

(3)后排 R 点设计

①将人体模板的脚放在压缩地垫表面上(DFC),参考同类车型尺寸,协调 L51-2 与 L48-2,确定 L50-2 值、H30-2 值。

②参考同类车型尺寸确定 W20-2、W3-2、W5-2。

(4)确定后排座椅靠背角 A40-2。

(5)确定后排人体头部包络线位置,后排人体头部包络线位置的确定方法同 4.2.11。

(6)确定后排人体头部空间尺寸 H61-2、W27-2、W35-2、L39、H35-2、H46-2、H47-2,参照同类车型尺寸确定 H61-2、W27-2、W35-2、L39、H35-2、H46-2、H47-2 并与 H30-2 之间进行平衡。

(7)绘制后排座椅及靠背初步轮廓。

5.5　本章小结

　　H 点定位就犹如车内布局的原点定位,借助 H 点装置进行车内布局,正是目前通用的汽车人机工程设计方法。只有掌握了 H 点测量与定位方法,才能更好地理解整车布置设计中的硬点尺寸,也能对第 4 章中的眼椭圆、头包线、手伸界面等汽车布局统计工具有更深入的理解。

思考题

　　1. H 点装置有哪些功能?

　　2. H 点装置包含哪些重要硬点尺寸?

　　3. 实验:了解 H 点装置构造和安装程序,进行 H 点座椅安装和实车测量,提交实验报告。

第6章
车辆人机工程仿真

目前 CATIA 软件已成为欧洲汽车工业乃至北美、亚洲汽车工业的行业标准,其客户涵盖了欧洲著名的汽车一线品牌,如宝马、奔驰、克莱斯勒等。CATIA 在汽车风格造型,车身设计、发动机引擎开发以及车辆人机关系分析校核等方面提供了有效的解决方案,可有效降低汽车研发设计复杂度和工作量,提高产品设计的标准化程度,加速汽车新车型新产品的上市进程。本章简单介绍 CATIA 的基础功能;利用 CATIA 完成对人车系统工具模型的构建,奠定 CATIA 人机分析基础;最后对 CATIA 车辆人机分析的功能及方法进行阐述。系统地介绍了 CATIA 软件在汽车人机布置中涉及到的基本功能。

6.1　CATIA 软件及人机模块简介

6.1.1　CATIA 软件的简介

CATIA(Computer Aided Tri-Dimensional Interactive Application 计算机辅助三维交互式应用系统)是法国 Dassault 公司于 1976 年起开始发展的一套完整的 3D CAD/CAM/CAE 一体化设计软件。其内容涵盖了从概念设计、工业设计、三维建模、分析计算、动态模拟与仿真、工程制图的生成到加工成产品的全过程,被广泛应用在航天航空、汽车制造、造船、机械制造、电子电器和消费品等行业。它的集成解决方案覆盖了所有产品设计与制造领域,其提供的解决方案适应所有工业领域的大、中、小型企业需要,其应用范围从大型的飞机、火箭发动机到化妆品的包装盒,几乎涵盖了所有制造业的产品设计。

CATIA V5 版本是 IBM 和 Dassault 公司长期以来在数字化企业服务过程中不断探索的结晶。主要围绕数字化产品和电子商务集成概念进行系统结构设计的 CATIA V5 版本,可谓是为数字化企业建立了一个针对产品整个开发过程的工作环境。CATIA V5 具有 14 个模组,上百个模块,利用不同的模块来实现不同的设计意图,其功能如下:

1. 装配设计

CATIA 装配设计可以使设计师建立并管理基于 3D 的零件机械装配件。装配件可以由多个主动或者被动模型中的零件组成。零件间的接触自动地对连接进行定义,方便了CATIA运动机构产品进行早期分析。基于先前定义零件的辅助零件定义和依据零件间接触进行自动放置,可加快装配件的设计进度,后续应用可利用此模型进行进一步的设计、分析、制造等。

2. 制图功能

CATIA制图产品是2D线框和标注产品的一个扩展。制图产品使用户可以方便地建立工程样图,并为文本、尺寸标注、客户化标准、2D参数化和2D浏览功能提供一整套工具。

3. 特征设计模块

CATIA特征设计模块通过把系统本身提供的或者客户自行开发的特征用同一个专用对话结合起来,从而增强了设计师建立零件的能力。

4. 高级曲面设计

CATIA V5有非常强大的曲面造型功能,是目前其他CAD产品无法比拟的。包括有:线框和曲面设计、创成式外形设计、自由曲面造型、汽车白车身设计和快速曲面重建等模块,这些模块与零件设计集成在一个程序里,可以互相切换,进行混合设计,提供了更加灵活多变的曲面设计功能。

5. 钣金设计

CATIA钣金设计模块使设计和制造工程师可以定义、管理并分析基于实体的钣金件,采用工艺和参数化属性,设计师可以对几何元素增加材料属性,以获取设计意图并对后续应用提供必要的信息。

6. 白车身设计

白车身设计模块对设计类似于汽车内部车体面板和车体加强筋这样的复杂薄板零件提供了新的设计方法。可使设计人员定义并重新使用设计和制造规范,通过3D曲线对这些形状的扫略,便可自动地生成曲面,结果可生成高质量的曲面和表面,并避免了耗时的重复性设计。

7. 逆向工程模块

产品可使设计师将物理样机转换到CATIA Designs下并转换为数字样机,并将测量设计数据转换为CATIA数据。该产品同时提供了一套有价值的工具来管理大量的数据点,以便进行过滤、采样、偏移特征线提取、剖截面和体外点剔除等。由点数据云团到几何模型支持由CATIA曲线和曲线生成点数据云团。反过来,也可以由点数据云团到CATIA曲线和曲面。

8. 人机工程设计

人机工程学是运用生理学、心理学和医学等有关科学知识,研究组成人机系统的机器和人的相互关系,以提高整个系统工效的综合科学。为了在产品设计过程中就很好地解决"人机环境"之间的问题,CATIA V5最早提出了人机设计与分析解决方案,在CATIA V5中集成为4个模块:人体建模(CATIA Human Builder)模块,人体活动分析(Human Activity Analysis)模块,人体模型尺寸编辑(CATIA Human Measurements Editor)模块,人体姿势分析(CATIA Human Posture Analysis)模块。

6.1.2 CATIA 人机工程模块简介

CATIA V5 中的人机工程模块是商业人机工程软件 Safework 的简化版本。其建立了一个友好的用户接口,确保人体因素分析能够由非人体分析专家进行研究,有效地将人体建模与人体活动分析、人体模型尺寸编辑及人体姿势分析四大模块结合起来,生成更高级的人体模型,得到更详尽的分析结果,使设计更符合人机工程学对舒适性、功能性及安全性的要求。该模块可分成以下四个部分:

1. 人体建模(Human Building)

人体建模包含一些高级工具来创建、操作、分析一个人体模型(基于 5th、50th、95th 的人体百分位)是如何与产品发生互动的。人体模型用来评估人与产品关于外形、相配、功能的适应性。

其提供的工具包括:人体模型生成、性别和身高百分位定义、人机工程学产品生成、人机工程学控制技术、动作生成及高级视觉仿真等。

2. 人体模型尺寸编辑(Human Measurements Editor)

人体模型尺寸编辑针对具体的人体参数逐条创建数字化人体。除了系统默认的六个地区人体模型外,用户可以根据世界上任何地区的情况创建新的人体模型。用户可以修改 103 个人体参数或操作零件的参数并让此模块自行确定其他的参数。这些参数可以被手动修改。该模块能够满足专业人机工程分析师、技术支持维护工程师等不同设计人员的需要。

3. 人体姿势分析(Human Posture Analysis)

人体姿势分析作为人体建模的辅助模块,可以对处于虚拟环境中的人机互动进行特定的分析。其优点在于能够精确地预测人的行为。其可以对关节自由度范围和当前姿势进行编辑,设置首选角度及其得分,对姿势进行分析和优化。它提供了多种高效的人机工程学分析工具和方法,可以全面分析人机互动过程中的全部因素。

姿态编辑是用来调节人体模型各个部分的正向运动的,人体片断或自由度(DOF)的运动是分步骤进行的,这里可以精确地给出具体的数值。人体模型由 68 个铰接点组成,每个点的运动都会受邻近的点的位置的影响。

4. 人体活动分析(Human Activity Analysis)

人体活动分析模块通过分析当地和全世界的人体姿态、身体角度、舒适性来了解这些动作是如何影响作业的执行的。

此模块允许使用者从数量上和质量上分析关于人体模型的姿态的所有方面。全身和局部活动都是可以被检查、计分和重复的,并且在公布的舒适性数据库中可以优化操作的舒适性和贯穿于整体作业范围的执行行为的一致性。

友好的对话界面提供了关于人体模型的任何一个身体片断的姿态信息。色彩块确保有问题的地方可以被迅速地识别出来并且强调需要优化的姿态。

6.2 CATIA 基本功能示例

6.2.1 CATIA 的界面及操作简介

1. CATIA 界面简介

CATIA 不同模块下的用户界面基本一致,都包括了标题栏、菜单栏、工具栏、罗盘、命令提示栏、绘图区和特征树,双击桌面上的 CATIA 快捷方式图标![图标],打开软件启动界面,如图 6-1 所示,进入 CATIA 的欢迎界面,CATIA 启动完成之后就会进入上次关闭前的操作界面界面,如图 6-2 所示。

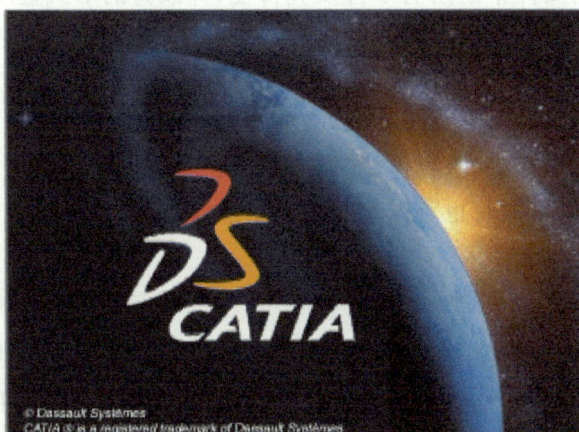

图 6-1　CATIA 欢迎界面

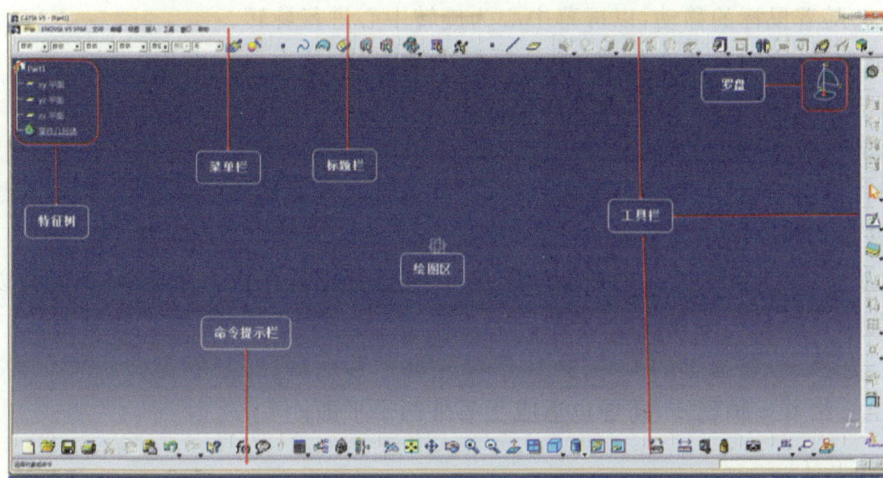

图 6-2　操作界面

(1)标题栏、菜单栏

标题栏位于用户界面的最上面,用于显示当前正在运行程序的程序名及文件名等信息,分别单击标题栏最右端的 按钮。可以实现程序窗口的最小化、最大化和关闭功能。

菜单栏中包含文件、编辑、视图、插入、工具窗口和帮助指令,如图6-3所示。

开始 ENOVIA V5 VPM 文件 编辑 视图 插入 工具 窗口 帮助

图6-3 CATIA菜单栏

(2)工具栏

工具栏的命令按钮可更加方便调用CATIA指令。CATIA在不同的工作环境中,其工具栏也会有相应的变化。用户可以在工具栏中的空白处右击,点选当前模块里任意的子工具栏命令,实现子工具栏的显示和隐藏。

(3)特征树

特征树中列出了活动文件中的所有零件及其特征,并以树的形式显示模型结构,根对象显示在特征树的顶部,其从属对象位于根对象之下。在特征树中可以实现对特征的各种编辑,如:隐藏、显示、删除、移动、激活、展开和折叠等功能。

(4)罗盘

罗盘代表当前的工作坐标系,当物体旋转时,罗盘也将随之更改旋转。罗盘可以实现模型或工件整体的移动旋转操作,同时也可以配合其他功能,对零件实现单独的移动旋转操作。

2.CATIA的快捷操作

(1)鼠标的快捷操作

①图像移动:在绘图区任意位置,按住鼠标中键不放,移动鼠标,此时,模型就会随着鼠标的移动而移动。在模型上点击鼠标中键,模型将会自动移动到窗口的中间位置。当模型在绘图区外,可在工具栏中点击【适应】图标,图片便会回到绘图区的中心位置。

②图像旋转:在绘图区任意位置,按住鼠标中键不放,按住鼠标左键/右键不放,移动鼠标,此时,模型就会随着鼠标的移动,以屏幕中心为旋转中心进行旋转。

③图像缩放:在绘图区任意位置,按住鼠标中键不放,单击鼠标左键/右键,移动鼠标,此时,模型就会随着鼠标的上下移动而实现缩放。

(3)罗盘的快捷操作

(1)线平移:选择罗盘上的任意一条直线,按住鼠标左键并移动鼠标,则可以实现绘图区中的模型沿着这条直线方向进行平移。

(2)自由旋转:点击罗盘上z轴顶端的圆点,按住鼠标左键并移动鼠标,则模型会以罗盘中心红色方块为旋转中心自由旋转。

(3)旋转:选择xy平面上的弧线,按住鼠标左键并移动鼠标,则罗盘会绕着z轴旋转,绘图区的模型也会绕着z轴旋转,同理也适应于另外两个平面。

3.其他快捷方式

(1)Ctrl+Z:撤销;

(2)Ctrl+Y:重做;

(3)Ctrl+N:新建;

(4)Ctrl+O:打开;

（5）F3：打开/隐藏目录树；

（6）Ctrl＋鼠标中键：视图放大缩小；

（7）Alt＋鼠标中键：视图平移；

（8）Alt＋Enter：属性。

6.2.2 CATIA 的零件设计基础

1.草图设计

绘制草图是生成模型零件的基础步骤，绘制草图是在【草图编辑器】中进行的，使用草图绘制工具命令绘制出实体模型的截面轮廓，然后使用零件设计功能生成实体模型。【草图编辑器】是 CATIA 进行草图绘制的专业模块，与其他模块配合进行 3D 模型的绘制。该功能模块主要由草图绘制、草图编辑、草图标注和草图的几何约束四个部分组成。

（1）草图绘制

草图绘制是在某一基准面内完成的，由大量的草图绘制命令组合完成的，如直线、圆（弧）、椭圆、圆角、样条曲线和多边形等命令，如图 6-4 所示；图 6-4（a）为草图命令中的"线框"命令工具栏，图 6-4（b）为草图绘制示例。

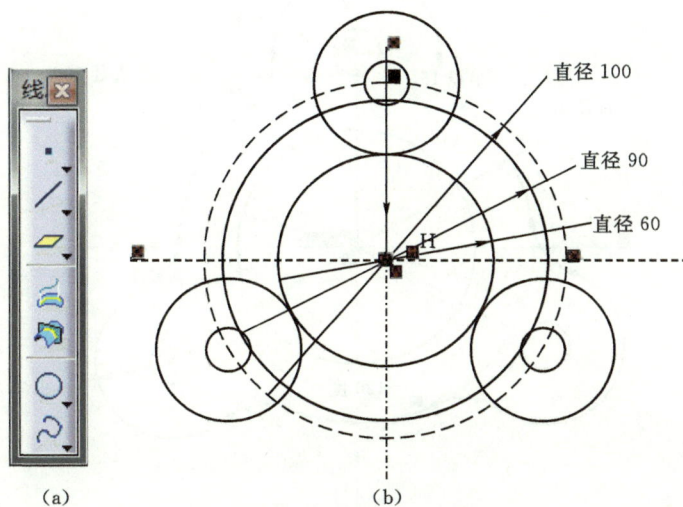

图 6-4 草图绘制工具及示例

（2）草图编辑

草图绘制完成后，需要对其进一步编辑以符合设计的需要，如删除、缩放、平移、旋转、对称、修剪等功能，如图 6-5（b）所示，即对图 6-4（b）进行修剪、圆角等功能，完成对所绘制草图的编辑。

（3）草图标注和几何约束

草图标注是用于决定草图中的几何图形的尺寸，如长度、半径、角度、距离等，是一种以数值形式来确定草图元素精确尺寸的约束形式，在草图绘制的过程有非常重要的作用。

草图的几何约束是通过定义草图元素之间的几何关系来完成草图元素定位的，如平行、垂

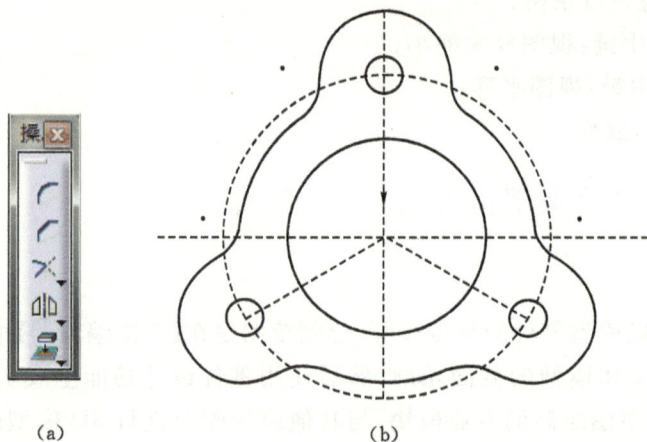

(a)　　　　　　　　　　(b)

图 6-5　草图编辑工具及示例

直、相切、共线、同心等。如图 6-6 所示,对草图中的各个元素的尺寸进行定义,并添加了水平、垂直、相切等几何约束,完成草图的绘制。

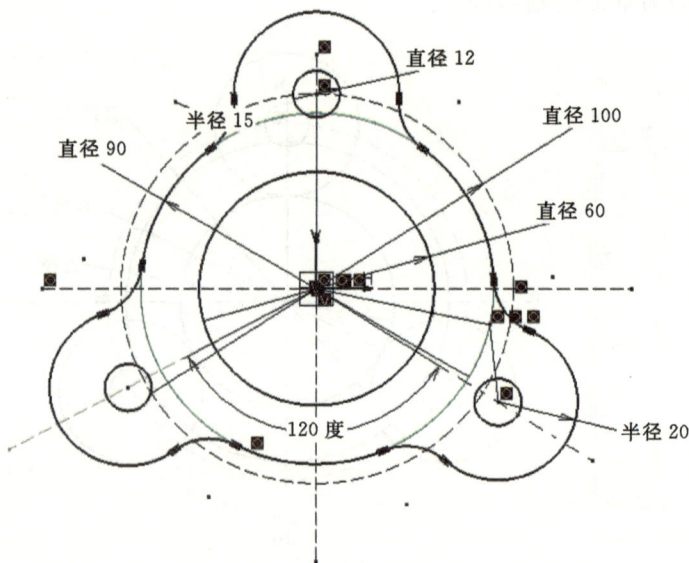

图 6-6　草图标注和几何约束

2.零件设计

零件设计模块是 CATIA 中进行机械零件的三维精确设计的功能模块。在众多三维 CAD 软件中,CATIA 的零件设计模块以其界面直观易懂、操作丰富灵活而著称。将草图绘制的几何轮廓线,经过拉伸、旋转、钻孔、扫面和放样等工具生成实体模型。该功能模块主要有基础特征工具、基础特征的修饰和变换工具以及对模型的操作工具等。

（1）基础特征工具

基础特征工具是将草图绘制的几何轮廓线,经过拉伸、旋转、钻孔、扫描和放样等工具生成实体模型,如图6-7(a)所示的"特征工具栏",图6-7(b)为将图6-6的法兰盘草图进行拉伸操作完成的实体特征。

图6-7 特征工具栏及法兰盘实体图

(2)特征修饰及变换

特征修饰是在其他特征上进行创建的,并能够在模型上清楚地展现出来的起修饰作用的特征,主要有螺纹修饰特征、倒角特征、圆角特征、盒体特征和拔模特征等,其工具栏如图6-8(a)所示。

特征变换是用于创建一个或多个特征的副本,基于已有特征进行的,包括有镜像特征、矩阵阵列、圆周阵列、删除阵列等,其工具栏如图6-8(b)所示。

无论是修饰还是变换都不能单独进行创建,只能建立在其他特征的基础上,如图6-9所示为添加了特征修饰(圆角)和特征变换(镜像)的三维实体模型。

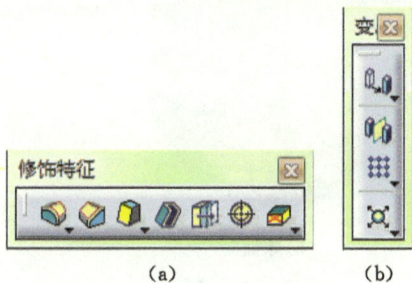

(a)   (b)

图6-8 特征修饰及变换工具栏

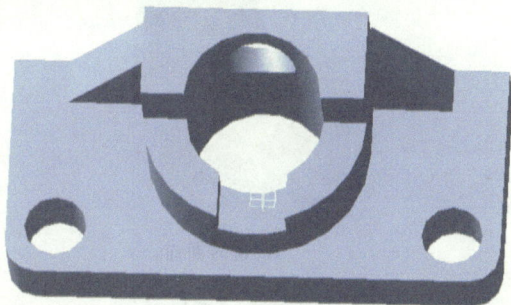

图6-9 三维实体模型

3. 曲面设计

CATIA V5有非常强大的曲面造型功能,在汽车车身设计和人机模块设计中有着非常重要的地位。主要有拉伸曲面、旋转曲面、填充曲面、扫掠曲面、桥接曲面和多截面六种基本曲面;偏移曲面;球面和圆柱面两种预定义曲面。

以拉伸曲面为例,简单介绍创建曲面的过程。

①打开草图绘制如图6-10所示的矩形框。

②点击开始菜单栏中的【机械设计】—【线框和曲面设计】,点击【插入】—【曲面】—【拉伸】,弹出拉伸曲面编辑框,对拉伸参数进行定义,选择图6-11所示的矩形框,选择拉伸方向、输入拉伸高

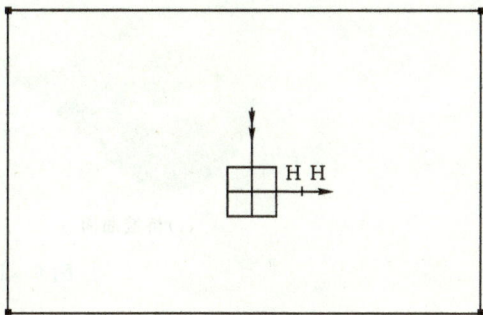

图6-10 矩形框草图

度,点击【确定】完成曲面拉伸。

图 6-12 所示为几个基本曲面操作的示意图,展示了曲面操作的基本草图元素和生成的曲面样图。

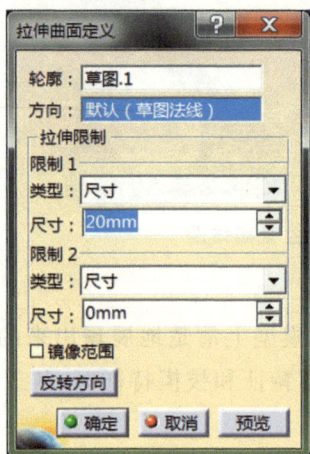
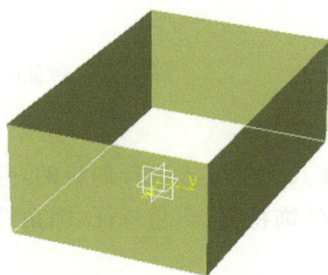

图 6-11　曲面拉伸

(a)旋转曲面

(b)球面

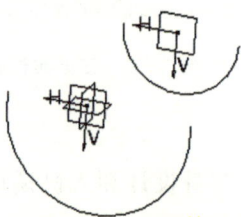
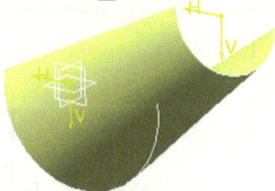

(c)桥接曲面

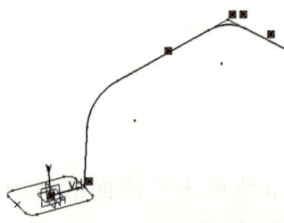
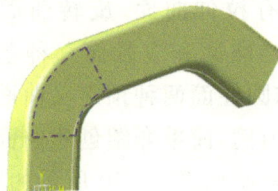

(d)扫掠曲面

图 6-12　曲面设计实例

4. 零件装配

一个产品往往是由多个零件装配组合而成的，在 CATIA V5 中零件的组合是由装配模块来实现的。装配模块用来建立零件间的相对位置关系，从而形成复杂装配体。零件间位置关系的确定主要通过添加约束实现的。

装配设计主要有两种基本方式：自底向上装配和自顶向下装配，这和零件在实际设计和加工的时候的顺序有一定的关系，也可以将两种装配方式结合使用。

装配约束是建立装配体的一个重要部分，通过定义装配约束，可以指定零件相对于装配体（部件）中其他部件的放置方式和位置。装配约束的类型包括有：相合、接触、偏移、固定等。在 CATIA 中，一个零件通过装配约束添加到装配体后，某个部件的改变，与其有约束关系的部件也将随之改变。

（1）新建装配文件

①点击【文件】-【新建】命令，在系统弹出的【新建】对话框中选择【product】，点击确定，生成装配文件。

②直接点击【开始】-【机械设计】-【装配设计】，形成装配文件；

③可在【属性】对话框中装配体的名称等进行编辑。

（2）装配零件引入

①第一个零部件的引入：点击菜单栏中【插入】-【现有部件】，或者直接点击【产品结构工具】栏中的【现有部件】图标💠，双击上文定义的装配体，弹出"选择文件"对话框，通过浏览目录选择要引入的零部件；

②其他零部件的引入：该部件的引入会出现与已引入零部件的重叠，导致装配配合约束很难加载，可以点击菜单栏中【编辑】-【移动】-【操作】（见图 6-13），对活动部件进行移动，以方便约束的添加。

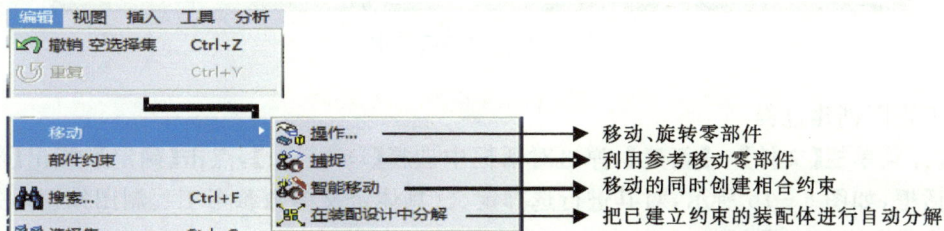

图 6-13　编辑菜单栏

（3）约束的添加

①对引入的第一个基础零部件，可以选择将其固定，然后针对该零部件完成其他零部件的约束和定位。点击菜单栏中的【插入】-【固定】完成对零部件的固定操作，如图 6-14 所示。

②对第二个及后续引入的基础零部件，选择其他约束方式对其约束，以形成配合。

5. 工程图生成及导出

工程图是贯穿产品的研发、设计和制造等过程的重要交流工

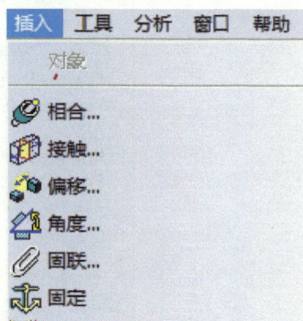

图 6-14　操作菜单栏

具，虽然 3D 设计技术已经发展的很完善，但其仍然无法将所有的设计要求表达清楚，比如加工精度、公差和粗糙度要求等。所以仍需要借助二维工程图将其表达清楚，因此创建工程图是产品设计的一个重要环节，本节就前文所绘制的零件工程图的生成和输出做简要的介绍。

（1）工程图的组成

①视图：包括基本视图、轴测图、剖视图、局部放大图等。

②尺寸、公差、表面粗糙度、标注等。

③图框标题栏。

图 6-15 所示为一个工程图示例。

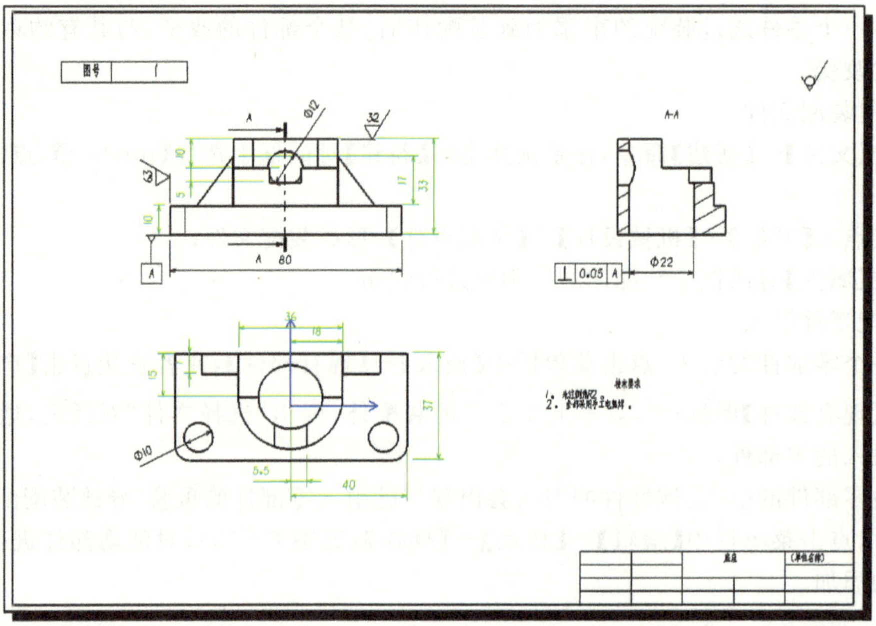

图 6-15　工程图示例

（2）工程图创建过程

①选择菜单栏【文件】-【新建】，弹出对话框中选择【Drawing】，点击【确定】，弹出【新建工程图】对话框，如图 6-16 所示，对其进行选择定义（具体定义参数参考工程制图知识），并点击【确定】，生成空白工程图纸。

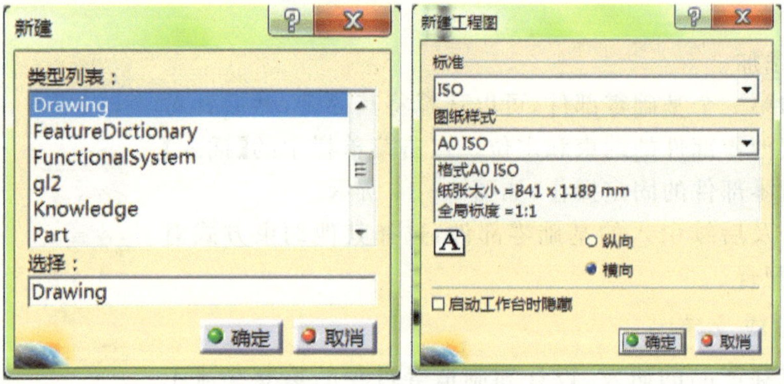

图 6-16　新建工程图

②创建视图。菜单栏【插入】—【视图】下拉框中可以选择视图的类型，并进行下一步选择，例如如图 6－17 所示的投影视图可以选择正视图、展开视图等。

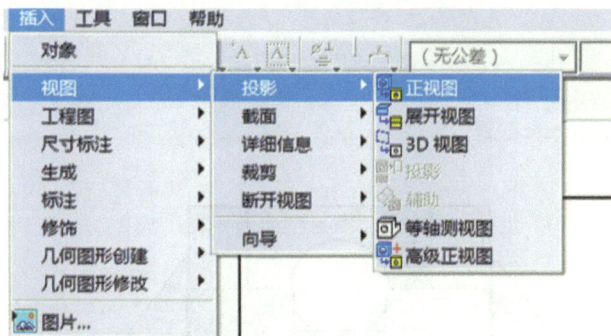

图 6－17　视图菜单

③选择【投影】—【正视图】，点击菜单栏中【窗口】，在其下拉菜单中选择三维零件图，进入零件图的界面，在该界面中选择投影方向，如图 6－18 所示，将光标放在 ZX 平面时，右下角出现视图的预览，点击鼠标左键即确定视图，自动返回工程图界面。

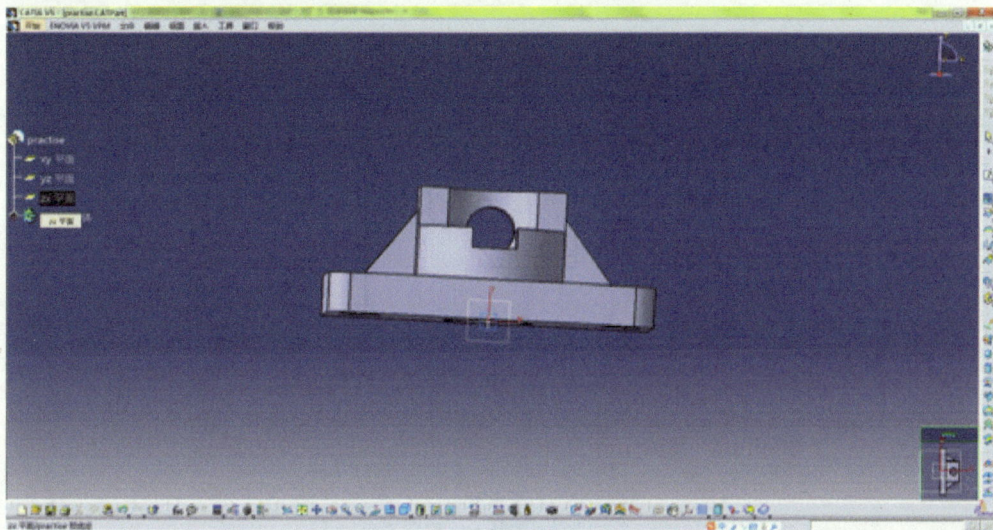

图 6－18　视图选择预览

④在工程图界面有如图 6－19 所示中右上角的调节盘，鼠标单击方向，对视图的方向进行调整，使其旋转至和目标视图的方位一致，点击鼠标左键，完成正视图的建立，如图 6－20 所示。

⑤依次插入俯视图和右视图，必要的情况下还需要插入局部放大图、剖视图等。

⑥完成视图的插入后，利用图 6－21 中的工具完成框图、标题栏的绘制，尺寸、公差、粗糙度等的标注，技术要求的添加，具体内容参考工程制图的知识；

⑦完成工程图的绘制如图 6－15 所示。点击菜单栏【文件】—【保存】，选择存储位置，并在【保存类型】中选择要保存的格式。点击【保存】完成文件的保存，再次打开只需在该文件夹中找到该文件双击或者在 CATIA 界面中的菜单栏点击【文件】—【打开】中寻找该文件，点击打开。

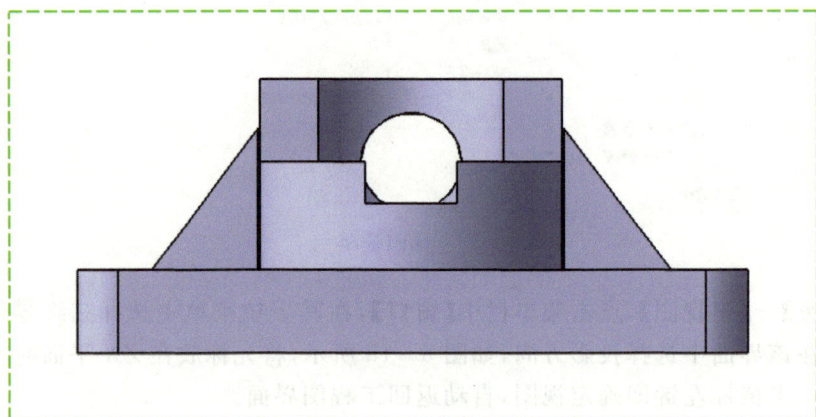

图 6-19　视图方位调节

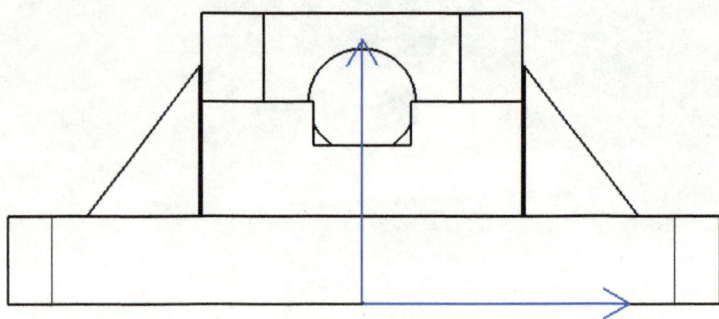

正视图
缩放：凸

图 6-20　生成正视图

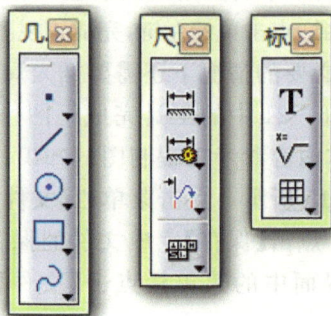

图 6-21　工程图工具

6.3 CATIA 人机系统工具模型构建

基于 CATIA V5 基本功能,对第 4 章提到的车辆人机工程中几个典型人机模型(眼椭圆、头部包络面和手伸及界面)进行建模并完成在实车模型中的定位。

6.3.1 眼椭圆建模

如第 4 章中眼椭圆的基础所讲,影响眼椭圆尺寸及位置的因素有车辆类型、人体尺寸、座椅的可调节性及范围。本文选择 SAE J941 标准中的美国人作为人体的眼椭圆参数模型、TL23>133mm 的座椅可调节 A 类车进行建模,尺寸如表 6-1 所示。

表 6-1 适合美国人的 A 类车、可调节座椅眼椭圆尺寸

百分位	长轴	短轴	竖轴
95th	206.4	60.3	93.4

在 2002 版的 SAE J1052 标准中,适合 A 类车、行程可调节座椅的眼椭圆只在其侧视图有向前下方 12°的倾角 β,其他视图方向的倾角为零(6.3.2 中头部包络面的倾角与之相同)。

具体建模步骤如下:

①新建"part"零件,绘制一个点(0,0,0)作为眼椭圆的双眼点中心,并将其命名为"双眼眼点",如图 6-22(a)所示,点击菜单栏【插入】—【轴系】,完成如图 6-22(b)、(c)所示的轴系插入;

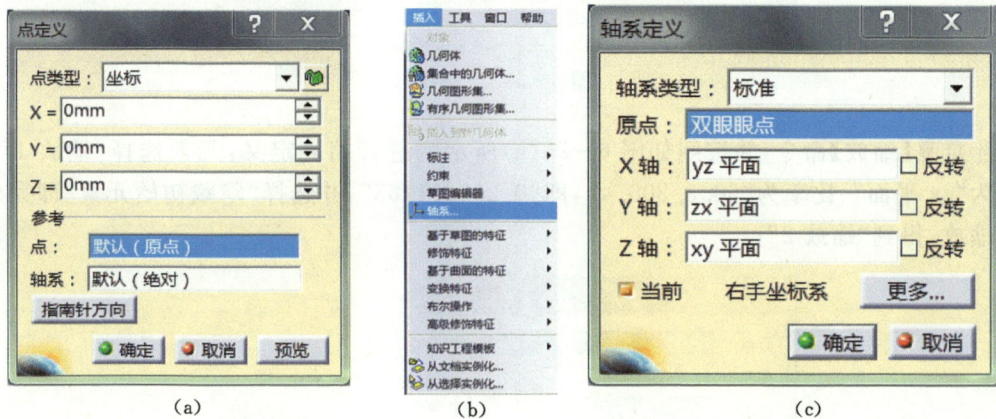

（a）　　　　　　　　（b）　　　　　　　　（c）

图 6-22 建立基准

②点击【开始】—【机械设计】—【线框和曲面设计】,选择主菜单栏【插入】—【曲面】—【球面】,绘制一个以"双眼眼点"为球心,直径为 206.4mm 的球面—"球面 1",定义过程见图 6-23(a)所示。

③点击【插入】—【操作】—【缩放】,弹出"缩放"定义框,如图 6-24(a)进行定义:元素为

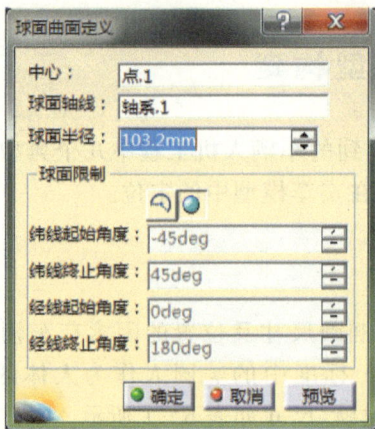

（a）　　　　　　　　　　　（b）

图 6-23　球面生成

"球面1"、参考平面为"xy平面"、比率为"93.4/206.4"，并选择"隐藏初始元素"，即完成对 z 轴的缩放，得到"缩放1"；

（a）　　　　　　　　　　　（b）

图 6-24　z 轴缩放

④重复【缩放】命令，并按照如图 6-25（a）所示的进行缩放定义：元素选择"缩放1"、参考平面为"zx平面"、比率为"60.3/206.4"，即"0.292151163"，并选择"隐藏初始元素"即完成对 y 轴的缩放，得到"缩放2"；

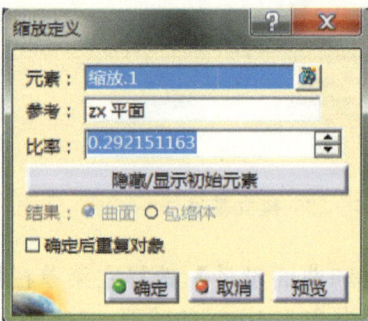

（a）　　　　　　　　　　　（b）

图 6-25　y 轴缩放

⑤点击【操作】—【平移】,弹出"平移定义"对话框,按照图 6-26(a)所示,对其参数进行编辑定义:向量为"方向、距离",元素为"缩放 2",方向"y 轴"距离定义为"-32.5mm",并选择"隐藏初始元素",得到"平移 1";

⑥重复【平移】操作,并按照图图 6-26(b)所示进行参数编辑定义:向量为"方向、距离",元素为"平移 1",方向"y 轴"距离定义为"65mm",去掉"隐藏初始元素"的勾选,即完成对 y 轴的平移,得到"平移 2";

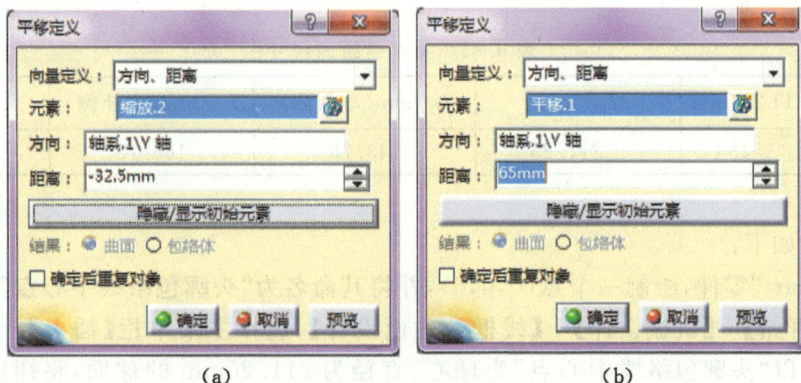

图 6-26 平移操作

⑦点击【插入】—【操作】—【旋转】,弹出"旋转定义"对话框,按照图 6-27 所示,对步骤5中的"平移 1"进行旋转,并在其属性框内,将新生成的眼椭圆定义为"右眼椭圆",角度值设置为"-12°"(参考 6.3.1);

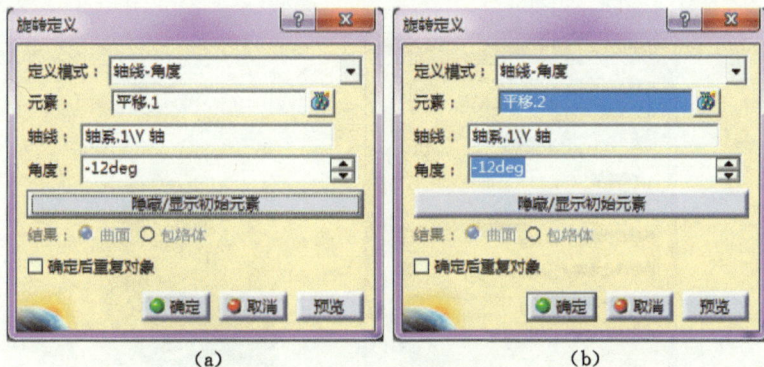

图 6-27 旋转操作

⑧重复【旋转】操作,弹出"旋转定义"对话框,按照图 6-28 所示,对步骤 6 中的"平移 2"进

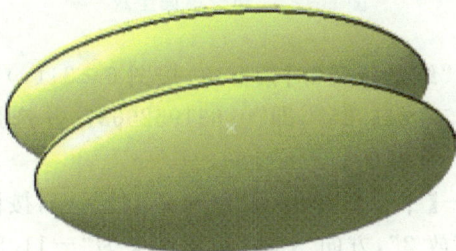

图 6-28 眼椭圆生成

行旋转,并在其属性框内,将新生成的眼椭圆定义为"左眼椭圆"。

6.3.2 头部包络面建模

与眼椭圆一样,头包络面也是根据座椅的可调节性、车类型以及驾驶员的身形特征等因素决定的。本文是以美国人作为人体的头廓包络数字化模板,针对 A 类车进行建模,其尺寸如表 6-2 所示。

表 6-2 头部包络面尺寸

百分位	TL23/mm	L_x/mm	L_y/mm(车内测)	L_y/mm(车外侧)	L_z/mm
95th	>133	±211.25	143.75	166.75	+133.50

建模步骤如下:

①新建"part"零件,绘制一个点(0,0,0),并将其命名为"头廓包络线中心点",插入轴系;

②点击【开始】-【机械设计】-【线框和曲面设计】,选择主菜单栏【插入】-【曲面】-【球面】,绘制一个以"头廓包络线中心点"为球心、直径为 211.25mm 的球面,将纬度起止角度设为 0°、90°,终止起止角度设为 0°、180°,得到如图 6-29(b)所示的部分球面—"球面 1";

③点击【插入】-【操作】-【缩放】,弹出"缩放定义"对话框,如图 6-30(a)进行定义,选择参考为"zx 平面",缩放比率为"143.75/211.25",即"0.680473373",并选择"隐藏初始元素",得到如图 6-30(b)所示的椭球面—"缩放 1";

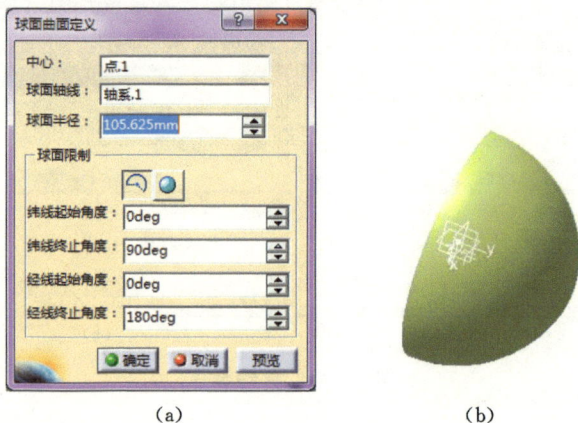

(a)   (b)

图 6-29 部分球面生成

④重复【缩放】操作,并在"缩放定义"对话框中,按图 6-31(a)所示进行定义,选择参考为"xy 平面",缩放比率为"133.50/211.25",即"0.631952663",并选择"隐藏初始元素",得到如图 6-31(b)所示的椭球面—"缩放 2";

⑤点击【插入】-【操作】-【平移】,弹出"平移定义"对话框,按图 6-32 所示进行定义:向量为"方向、距离",元素为"缩放 2",方向"y 轴"距离定义为"-11.5mm",并选择"隐藏初始元素",得到"平移 1";

(a)   (b)

图 6-30　y 轴缩放

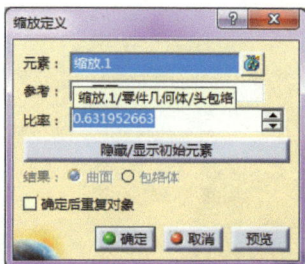

(a)   (b)

图 6-31　z 轴缩放

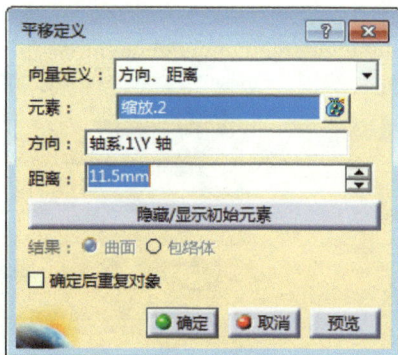

图 6-32　平移操作

⑥点击【插入】—【操作】—【对称】,弹出"对称定义"对话框,按图 6-33(a)进行定义:元素为"平移 1",参考为"zx 平面",去掉"隐藏初始元素"的勾选;

(a)   (b)

图 6-33　对称操作

⑦点击【插入】—【曲面】—【桥接曲面】,弹出"桥接曲面定义"对话框,按图 6-34(a)所示进行定义,实现曲面的桥接;

⑧重复步骤(6),如图 6-35(a)所示进行定义;

⑨点击【插入】—【曲面】—【接合】,弹出"接合定义"对话框,按图 6-36 所示进行定义,将"对称 1"、"桥接 1"、"平移 1"3 个独立曲面接合为一个整体;

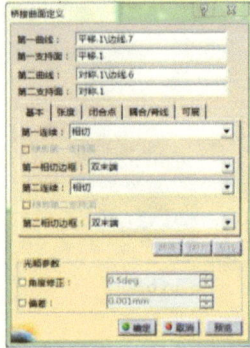

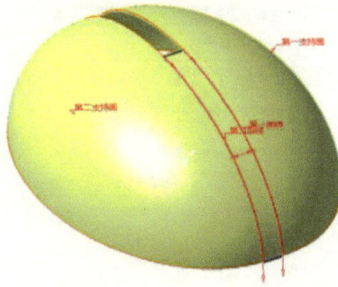

(a)   (b)

图 6-34　桥接曲面 1

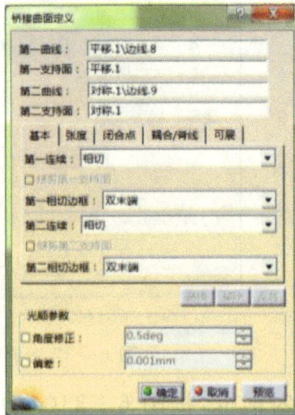

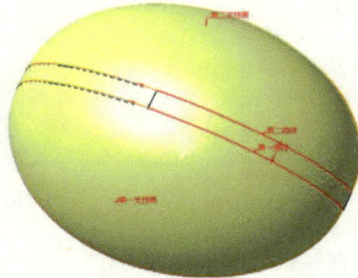

(a)   (b)

图 6-35　桥接曲面 2

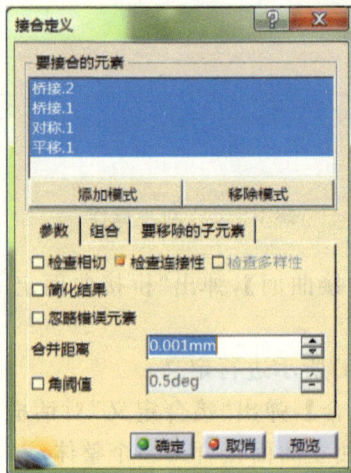

图 6-36　曲面接合

⑩点击【插入】—【操作】—【旋转】,弹出"旋转定义"对话框,按图6-37(a)所示进行定义,将头廓包络的草图沿着z轴进行旋转,完成头廓包络曲面的建模。

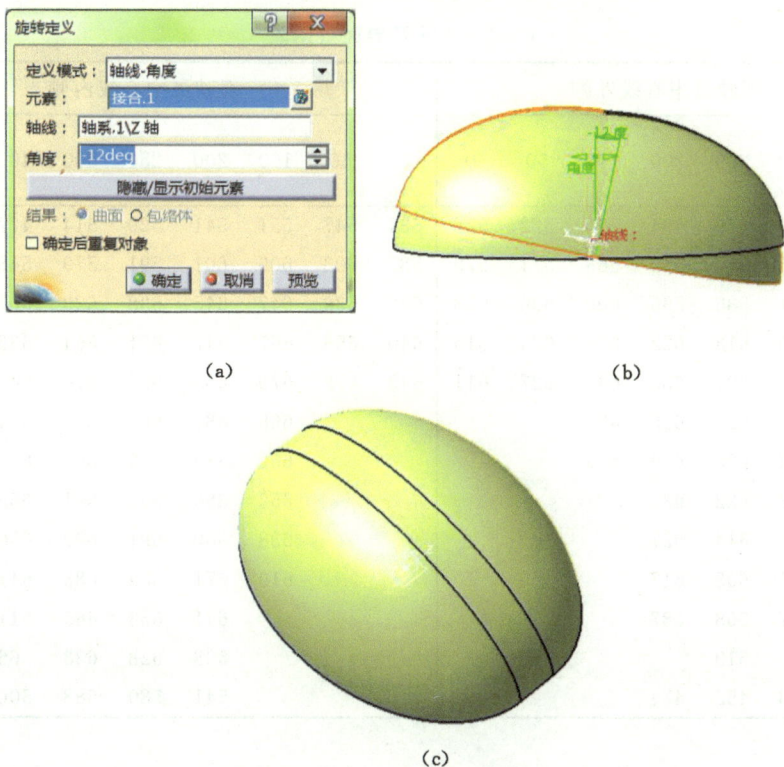

(a)

(b)

(c)

图6-37 旋转-生成头包络面

6.3.3 手伸及界面建模

在汽车驾驶空间布局设计过程中,为了确保驾驶员的行车安全,驾驶员在行车过程中所需要用到的各种操纵件应当布置在驾驶员的手伸及界面范围内。在分析过程中,驾驶员的手伸及界面就可以用来检验各个操纵件在车室中的布置位置是否合理,当操纵件在手伸及界面的内侧即靠近驾驶员一侧时,操纵件的布置就可以满足手伸及性的要求,从而确保了驾驶员行车过程中的操纵方便性和安全性。

按照SAEJ287-2007[34]中对手伸及界面的分类,驾驶员在正常坐姿下,由于安全带的约束、踵点的支撑及方向盘的限制,其手伸及界面有三个影响因素:安全带的形式、驾驶员自身的伸及能力和驾驶室的内部设计尺寸:

①安全带的形式主要分为2种:三点式和两点式。

②驾驶员自身的伸及能力:该因素主要是由男女比例来区分的,分为50/50,75/25,90/10三种;

③汽车驾驶室内部设计尺寸:影响驾驶员手伸及界面的驾驶室内部设计尺寸变量有9个:L53、H30、A40、L23、A42、W9、L11、H17和A42,将这9个因素综合后,形成G因子,其计算方法见本书4.1.4相关内容。

本章针对三点式安全带、$G>1.25$、男女比例为 50∶50 的数据建立手伸及界面,其数据参数如表 6-3 所示。

表 6-3　手伸及界面数据表

距 H 点的高度	驾驶员中心线外侧							驾驶员中心线内侧								
	400	300	250	200	100	50	0	0	50	100	200	250	300	400	500	600
800	408	460	479	494	515	522	528	534	547	551	541	529	514	477	430	
700	480	525	540	552	568	574	579	587	603	609	601	591	579	548	505	
600	533	571	585	595	606	608	608	622	639	647	645	638	629	601	558	490
500	568	600	613	622	629	625	615	640	656	667	647	671	664	636	590	523
450	579	608	621	630	635	627	611	643	658	670	683	682	676	647	598	533
400	586	612	625	635	637					668	687	689	684	654	601	538
350	588	612	625	636	636					662	689	693	690	657	599	540
300	586	607	622	633						652	686	694	691	655	592	537
250	580	598	614	627						638	680	691	690	650	580	530
200	569	585	603	617						619	671	685	685	641	564	520
100	535	547	568	587							641	663	665	611	517	486
0	485		519								598	628	633	566	453	428
−100	418	423	455	484							541	580	588	506	371	374

手伸及界面上的点位于 HR 基准面前方,表格中数据表示这些点沿 x 方向到 HR 基准面的距离。数据在 z 方向以通过 H 点的水平面为基准,向上为正、向下为负;在 y 方向以通过 H 点的纵向垂直平面为基准,驾驶员向左为外侧,向右为内侧。

由于手伸及界面的数据点较多,如果手动依次绘制,工作量较大,在建立该手伸及界面的模型时,选择数据直接驱动绘制的方法来绘制草图,具体操作过程如下:

①打开 CATIA 软件,点击【文件】—【新建】,选择"part",生成 CATpart 文件;

②利用 CATIA 直接调取 Excel 宏数据的功能,首先将点在 Excel 表格中存储好,再进行调用,一步完成绘制。具体操作为:右击 CATIA 图标 ,打开属性对话框,点击"打开文件位置",在 CATIA 的安装目录中找"command"文件夹,点击搜索"GSD_PointSplineLoftFromExcel. xls"文件。将其复制至桌面,并打开;

③将表中的坐标点依次录入在"startcurve"与"endcurve"之间,点击保存后,打开"Excel"的宏设置后,选择"查看宏",点选" Feui1. Main",在弹出的对话框中输入"1",按 Enter 键进入回执过程,返回 CATIA 查看绘制结果,如图 4-38 所示;

④点击菜单栏中的【插入】—【线框】—【样条线】,弹出如图 6-39(a)所示对话框,对上一步绘制的点进行点选,生成样条曲线,如图 6-39(b)所示;

⑤点击菜单栏中的【插入】—【曲面】—【填充】,弹出如图 6-40(a)所示对话框,选择上一步绘制的样条曲线,生成填充面,如图 6-40(b)所示;

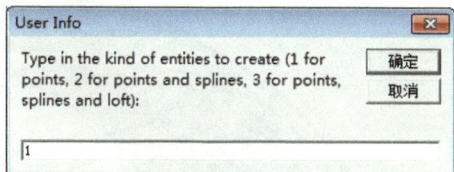

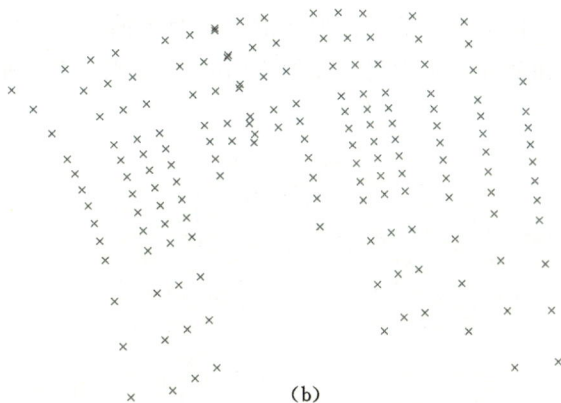

(a)　　　　　　　　　　　　　　　　　(b)

图 6－38　载入点云

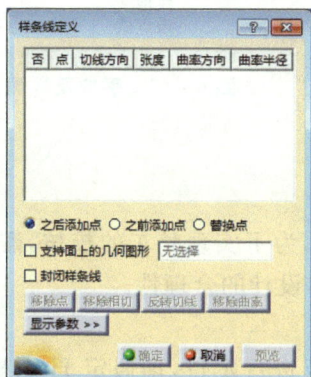

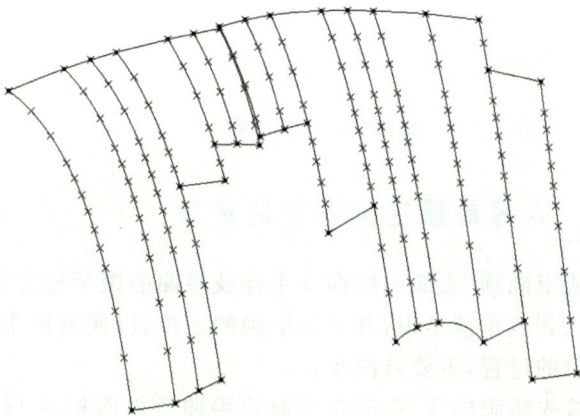

(a)　　　　　　　　　　　　　　　　　(b)

图 6－39　生成样条曲线

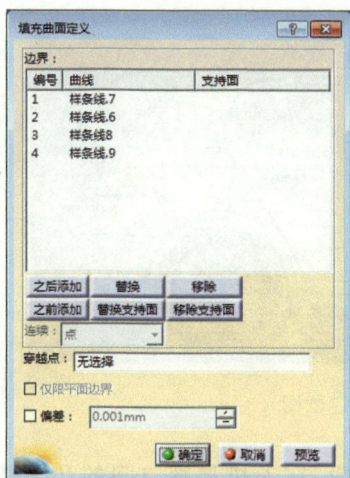

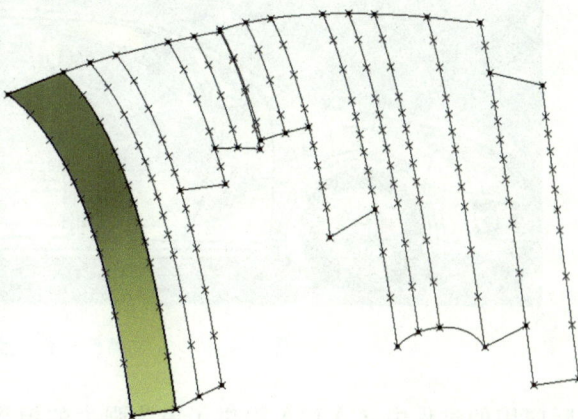

(a)　　　　　　　　　　　　　　　　　(b)

图 6－40　形成填充面

⑥重复步骤⑤,依次完成填充面的操作,如图 6-41 所示。

以上建立的是抓捏式的手伸及界面,指点式按钮的手伸及界面需要加长 50 mm,手推式按钮的伸及范围需要缩短 50 mm。形成一个完整的手伸及界面,如图 6-42 所示。

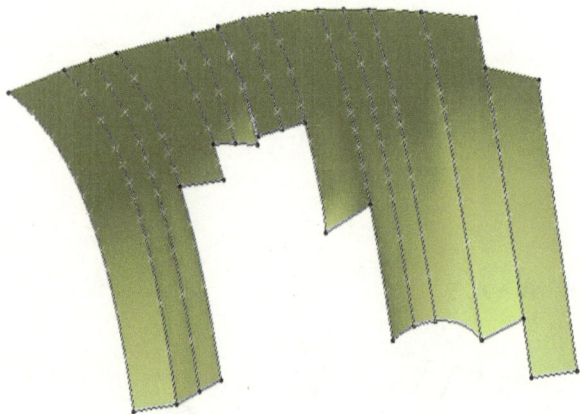

图 6-41　抓捏式手伸及界面

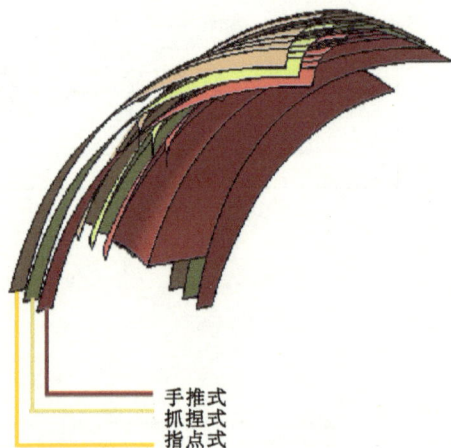

图 6-42　手伸及界面

6.3.4　人体局部空间模型的定位

完成眼椭圆、头部包络面及手伸及界面的模型建立后,为了实现整车的校核,需要将三个模型导入到汽车模型中,并进行准确的定位,以便分析车体设计的合理性。

定位的过程,主要分两步:

①首先将眼椭圆、头部包络面及手伸及界面相对 H 点进行定位,即假定 H 点坐标为(0,0,0),反求眼椭圆、头部包络面及手伸及界面模型零点的坐标位置,将其进行依次平移;

②在导入车体模型后,将 H 点移至车座椅的 SgRP 点,即完成三个模型在车体里的定位。

其定位结果如图 6-43 所示。

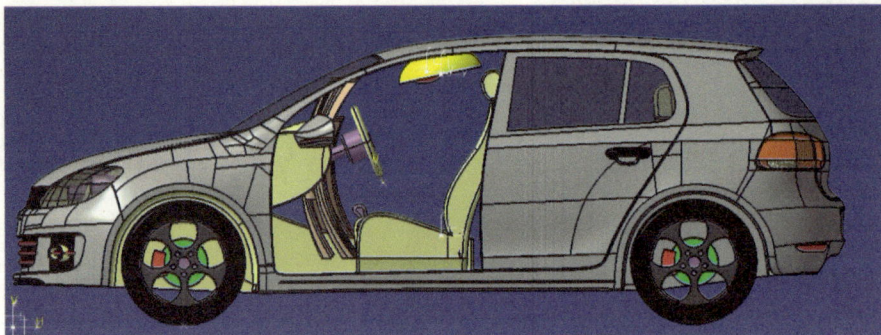

图 6-43　人体局部空间模型定位图

实际应用的过程中,CATIA 提供了更为强大的模型库,在人机局部空间的几个基础模型下,建立了更为直观和具体的分析模型。并提供了测量工具等,可以对人体与车辆之间的空间进行最小距离判断以分析其是否满足设计需求。例如 CATIA 人机中的视野圆锥就是基于眼椭圆形成的、手伸及包络面就是在手伸及界面的基础上构建的,所以在实际分析校核的过程中,软件将其基础特征隐藏。显示出更直观的分析工具模型。

6.4　CATIA 车辆人机分析

汽车人机系统是互相作用和互相依赖的,由人—车—环境三个因素构成的典型三要素模型,以人(包括驾驶员和乘客)为中心,研究车身设计(包括车身的结构尺寸和内部布置等)如何适应人的需要,创造一个舒适的、操作轻便的、可靠的驾驶环境和乘坐环境,完成人—车—环境系统的最优化设计。

人体模型的位置和姿势是影响工效分析结果的重要因素。一方面,位置和姿势要根据设计参数来定位,并与设计要求和意图相符;另一方面,姿势的差异导致分析结果可能相差很大,驾驶姿势的不准确会导致视野/操纵力等分析结果和优化方向偏离正确的方向。

如 6.1.2 节中关于 CATIA 人机部分的介绍中,CATIA 人机模块可以完成目标人体的建立,及分析,同时可以完成人车之间的分析校核,例如:视野分析校核、驾驶空间的校核分析等。本节主要介绍 CATIA 车辆人机部分的一些功能及用法。

6.4.1　人体模型的建立及定位

在进行产品的人机工程分析时,首先要建立合适的人体模型,不同比例的人体模型对分析校核的结果影响较大。CATIA 数据库提供了非常全面的人体数据库,主要由国籍、性别、百分比以及模型显示方式等几个因素决定。

1. 人体模型的建立

打开 CATIA V5 软件,点击菜单栏【开始】—【人机工程学设计与分析】—【Human Builder】,进入人体建模模块。在"Manikin Builder"中点击 <sup> 建立人体模型,弹出如图 6-44 所示对话框。

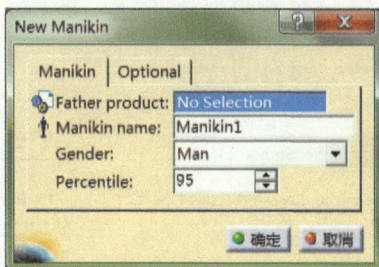

图 6-44　人体模型参数定义框

该定义框中会出现两部分设置,分别如下:

(1)"Manikin"选项卡

①在"Father product"文本框中选择特征树里的"产品 1(或 Product1)";人体模型必须附加在左边树形图的一个 Product 内,这个 Product 可以是任何级别的,但不可以是其他任何人

体模型；

②在"Manikin name"文本框中给人体模型命名为"driver"；在这里为新建的人体模型命名，如：驾驶员、乘客、机械工等。多个人体模型可以有同一个名字，如果将这栏空白，系统默认命名为 Manikin1（2,3…）；

③在"Gender"下拉列中选择性别：Men 或 Women；

④在"Percentile"微调框中调节人体身高百分比；可以选择从 1% 至 99% 的人体百分位。

（2）"Optional"选项卡

①"Population"：这里选择人体模型的国籍，系统默认有，美国、加拿大、法国、日本、韩国；

②"Model"：这里选择希望得到的人体模型的类别，系统提供三种：全身、只有左臂、只有右臂；

③"Referential"：这里选择人体模型上面的参考点：眼点、H 点（默认）、左脚、右脚、脚底、胯部；

④"Set Referential to Compass Location"：如果这个参数是激活的，就可以使用罗盘指定人体模型的初始位置，如一个平整的地板。如果这个参数没有被激活，人体模型就会被放置在系统默认的位置中（坐标原点）。

设置完成后点击确定按钮，系统会自动生成要求的人体模型，如图 6－45 所示：

在实际应用时，人体模型参数的设定主要是根据校核分析的项目和参考的标准来确定的。例如根据 SAE 标准中前方视野的校核就分为上方和下方视野，校核上方视野时，就需要以的男性模型，而在校核前方视野的下方视野就需要选取的女性模型。

图 6－45　人体模型

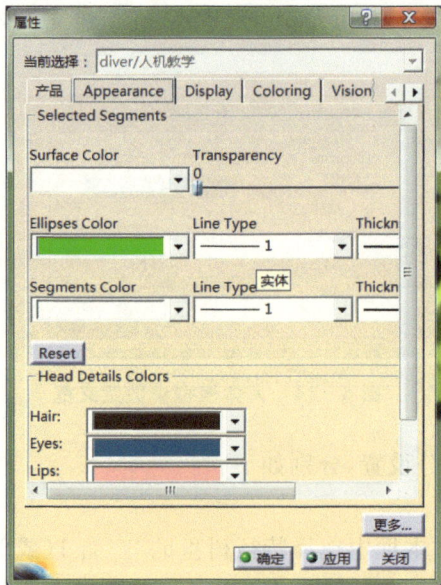

在特征树中找到人体模型，点击鼠标右键，在右键菜单栏中选择"属性"命令，弹出"属性对话框"，如图 6－46 所示，可以对人体的名称、外观颜色、显示、视野属性、

图 6－46　人体属性对话框

人体测量学、人体基准点等进一步设置。

2. 人体驾驶定位

人体模型的位置和姿势是影响人机分析结果的重要因素。既要考虑车辆设计的因素，又要考虑实际人的驾驶习惯等因素，所以人体模型和车辆之间的定位就显得尤其重要。

CATIA 提供了完备的驾乘环境，同时可以根据该驾乘环境，进行驾驶姿势的预估和驾驶操纵的模拟，如图 6-47 所示。

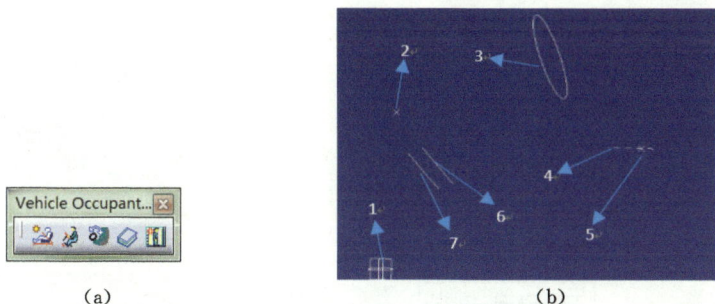

图 6-47 驾乘工具栏和驾乘环境模型

1—车体模型原点；2—加速踏板转动轴心；3—方向盘；4—座椅调节形成线；
5—SgRP；6—加速踏板；7—离合器踏板（左脚垫板）

点击 ，弹出驾乘环境定义框，选择"New Vehicle Interior Dimensions"，点击确定，生成一个驾乘环境模拟系统，包括有方向盘和脚踏板等。双击驾乘环境中的任意元素，即弹出驾乘环境的定义框。

在该定义框内可以对驾驶员、第二排成员和第三排成员的布置参数进行设置，前排驾驶员主要可以对四个组成部件进行设置：座椅的布置参数、转向盘的布置参数、加速踏板的布置参数和脚的定位参数，如图 6-48 所示。实际应用的时候可以调节这几组参数，使其与待分析车辆模型的驾乘装置相匹配，有利于更准确和更快速地完成驾驶员的驾驶姿势的调整。

参数设置完成后，就可以建立驾驶姿势预测了，点击"New OccupantPosture Prediction"图标 ，在定义框内，选择人体和已建立的驾乘环境模型，即可完成驾驶姿势的预测。如图 6-49所示。

为了能够更加准确地完成驾驶员的驾乘姿势的模拟，还需要对预测后的驾驶员的姿势进行手动调整，利用"Human Posture"中的以下 5 个功能进行调节。

（1）姿势编辑器（Posture Editor）

姿势编辑对话框，可以选定人体任意肢体部位的任意自由度，拖动滑块，即实现肢体姿势的调节；或者在角度框中输入最大值与最小值中间的任意角度值，完成姿势调节，如图 6-50 所示。

（2）正向运动学（Forward Kinematics，FK）

正向运动学功能可以直接对某一肢体进行自由拖动。点击 ，并激活人体模型，此时，鼠标接近某一肢体部位时，会出现一段双向箭头的圆弧，用鼠标左键左右拖动该圆弧，即可实现该肢体的某一自由度的改变。此时系统默认要改变的参数为弯曲/伸展的自由度，如需改变外转/内转和绕关节转动/侧向转动的自由度，只需在圆弧处点击鼠标右键，选择需要改变的自由度即可，如图 6-51 所示。

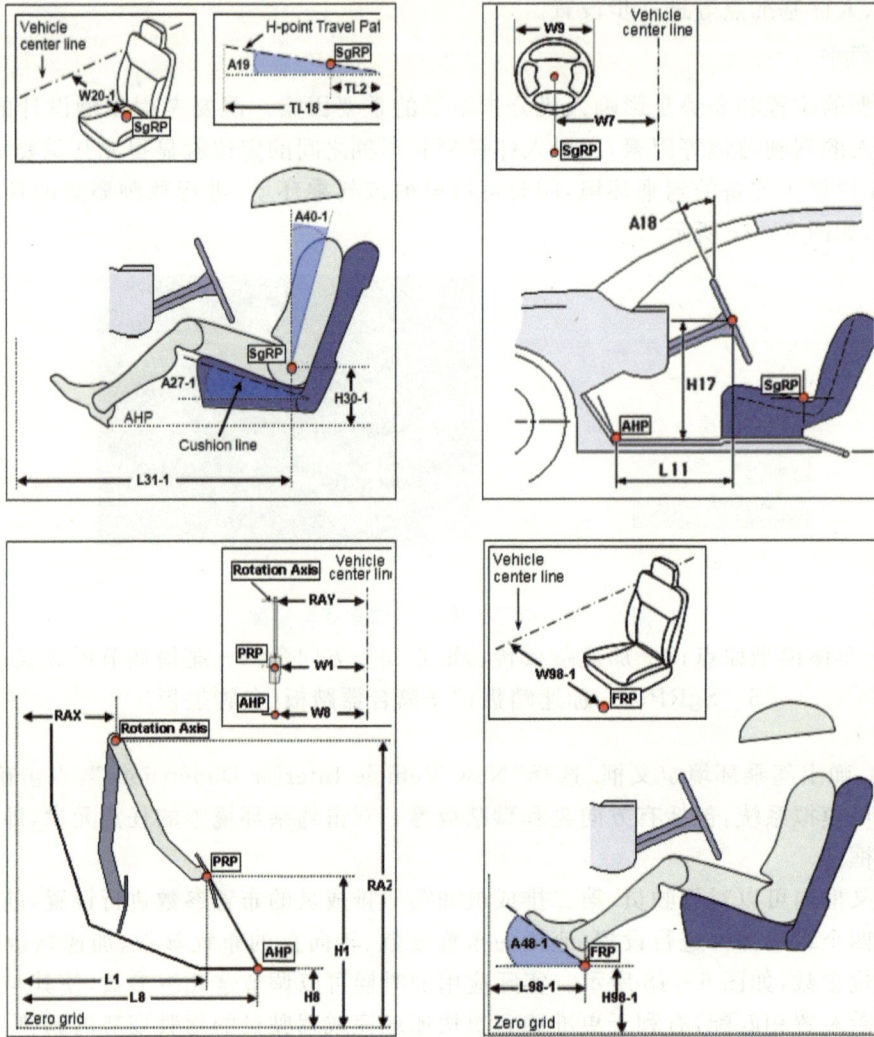

图 6-48　驾乘环境定义参数

图 6-49　驾乘姿势预测

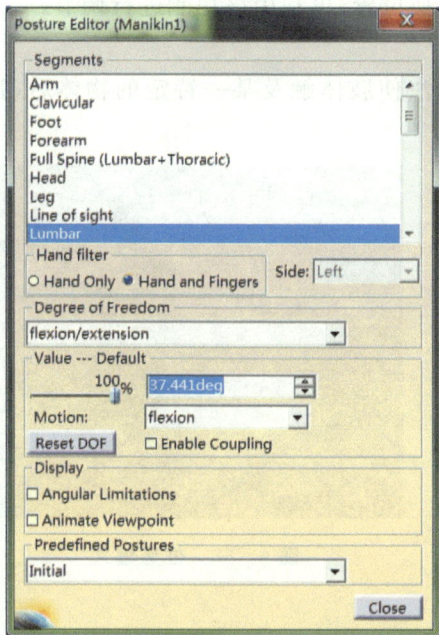

图6-50 姿势编辑对话框

图6-51 正向运动学

（3）反向运动学(Inverse Kinematics，IK)

反向运动学是根据肢体末端的位姿，进行自动求解身体其他相关关节的自由度的一种姿势调节方法。点击"IK"工具 ，有两种不同的方式，区别于罗盘的方位，第一个为整体罗盘，即罗盘的方向保持不变，与系统的坐标系一致。第二个为局部罗盘，即当罗盘拖动至某肢体部位时，罗盘的方向会自动随着局部进行适应更改，如图6-52所示。但是在反向运动学姿势自求解的过程中，也会触发一些错误，往往是因为肢体端的位姿与当前姿势的差距太大造成

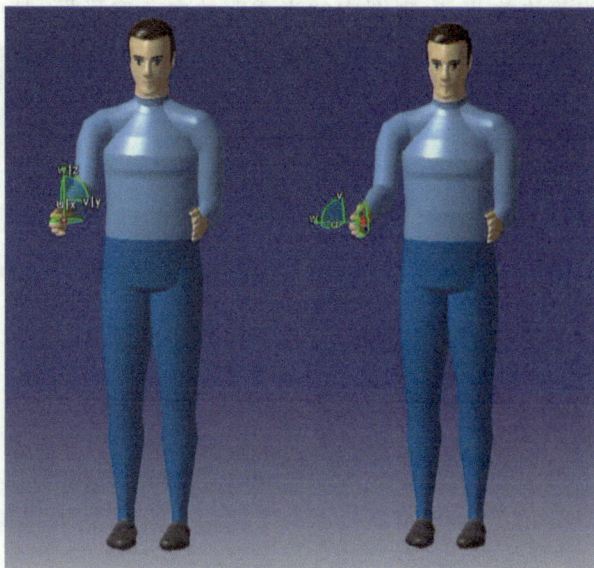

图6-52 整体罗盘和局部罗盘的对比

的,所以在实际应用的过程中,应将人体姿势调节至近似位置,再利用该功能进行调节。

(4)触及功能(Reach(position only))

触及功能也是反向运动学的一种。利用反向运动法使肢体触及某一特定的物体后,自适应的完成其他关节的调节。

(5)位置模式(Place Mode)

位置模式主要是利用罗盘来拖动人体模型。如图 6-53 所示,点击图标后,将罗盘拖至人体定位点(本文为 H-point),拖动鼠标即会出现图中的十字交叉线,将该交叉线拖至所需位置,双击鼠标左键,该人体模型的定位点就会移动至该坐标点。

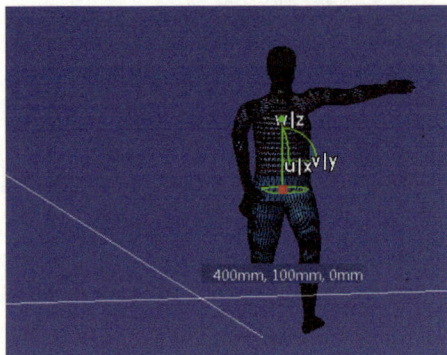

图 6-53　位置模式

3.姿势编辑及评估

驾驶姿势的舒适度是影响汽车座椅和驾乘环境设计的一个重要因素,在做人机分析时,无论是驾驶员的驾驶姿势还是乘客的乘坐姿势,都要进行舒适度评估,以判断驾驶姿势是否合理、座椅设计是否合理。

(1)人体姿势优选编辑

人体姿势评估主要是在 CATIA 的【人机工程学设计与分析】—【Human Posture Analysis】模块中,根据不同舒适度要求(主要取决于车的类型、厂家等因素),定义要评估的身体各部位各关节自由度的首选角度及其得分值。在姿势评估的过程中,系统会自动根据当前姿势下的各关节角度进行插值和加权运算,得出各部位的评估分值,以判断其姿势的舒适程度。

在已建立的人体模型基础上,点击开始菜单,选择【人机工程学设计与分析】—【Human Posture Analysis】模块,点击上一步建立好的人体模型进入该模块,人体模型会出现各关节之间的角度控制线,如图 6-54 中人体模型中的白色实线。点击图标进入"角度限制及最佳角度编辑"状态,并点选相关的关节,出现图中的半透明的白色扇形框,其中绿色和黄色为两条

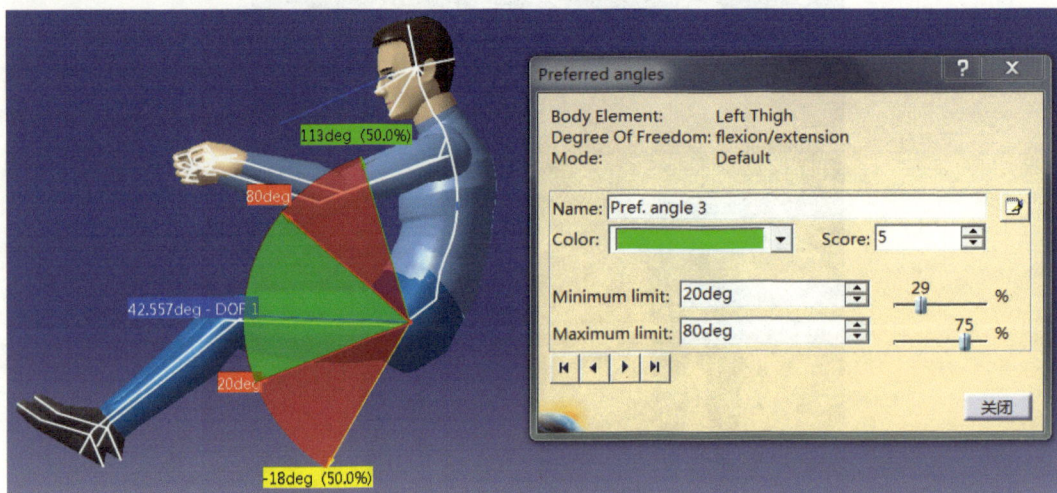

图 6-54　最优角度编辑器

角度的边界线,蓝色角度线对应当前关节所处于的状态。在该扇形区域点击鼠标右键,弹出浮动菜单,选择 Add 选项,进入"Preferred angles"编辑界面,在原有运动边界角度的基础上,对扇形区域进行分区编辑。添加最佳角度区域,并定义该区域的颜色及分值,以便进行姿势分析时,得出姿势的分值,完成舒适度的评价。

根据本书 4.2.2 节中人体姿势介绍,设置表格中的角度范围为最佳角度,并定义该角度的得分值为 5,完成对各个关节之间的最佳角度的设置,即可对人体的任意姿势做针对性的评价。

(2)人体姿势评估

按照上一节的步骤完成最佳角度(或最优姿势)定义,对图 6-49 所示的驾驶姿势进行评估,点击姿势得分工具栏的图标![],弹出姿势评估得分对话框,如图 6-55 所示,该对话框可以以两种形式展示得分情况:列表和直方图。![] 图标是寻找得分最高的人体姿势,即点击该图标后,人体模型的姿势将自动变为所设姿势模板中的最优姿势。

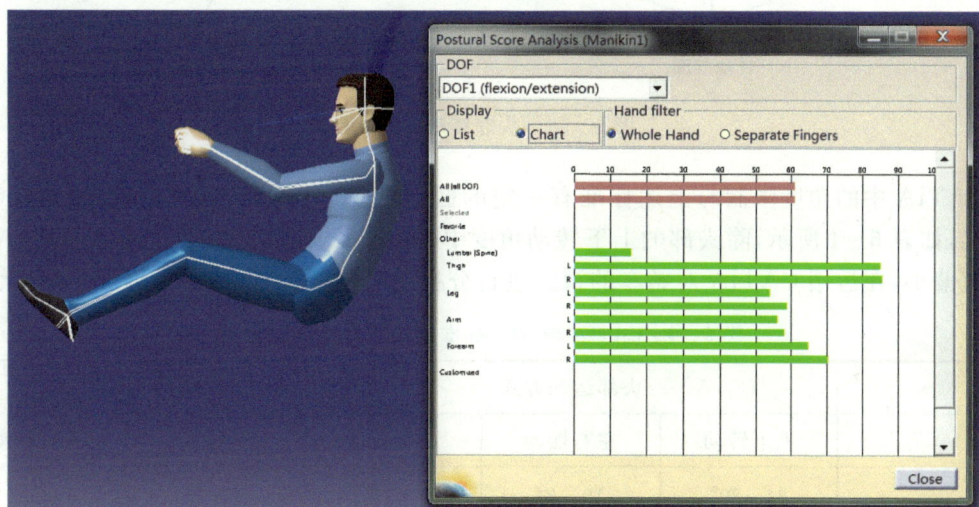

图 6-55 姿势评估结果

图 6-55 所示为驾驶姿势分析结果,分别以列表和直方图的形式给出。列表结果中包括有当前姿势的角度值、最优百分比和得分,根据图中结果可以看出该驾驶姿势的得分值都在第一步设定的范围内,但其最优百分比每个关节都不一样,其中大臂与身体的角度值得分偏低,也就是说其在最优范围的边缘,直方图是将列表形式中的百分比用柱状表示出来,其结果是一致的,两个粉色柱状表示总体姿势的最优百分比为 60.7%。

6.4.2 车辆人机分析工具及应用实例

1.车内视野分析工具

通过对人眼的视觉特性、视野效果的研究、试验和校核驾驶员的信息系统,以保证驾驶员获得正确的驾驶信息。驾驶员视野是汽车行驶过程中的一个非常重要的因素,是汽车主动安全的主要影响因素。因此,保证汽车驾驶员的最大外界视觉信息需要,对外界信号如:指示牌、道路边界、通过车辆、各道路行人等信息的识别和获取,都是汽车视野设计的任务。

图 6-56 所示是根据 SAE J1050 标准得出的人体的头部及眼睛的转动极限示意,分为自然转动区域和勉强转动区域,在车辆设计的视野分析过程中,应尽量使头部及眼睛的转动在自然的区域内,以保证驾驶的舒适性。

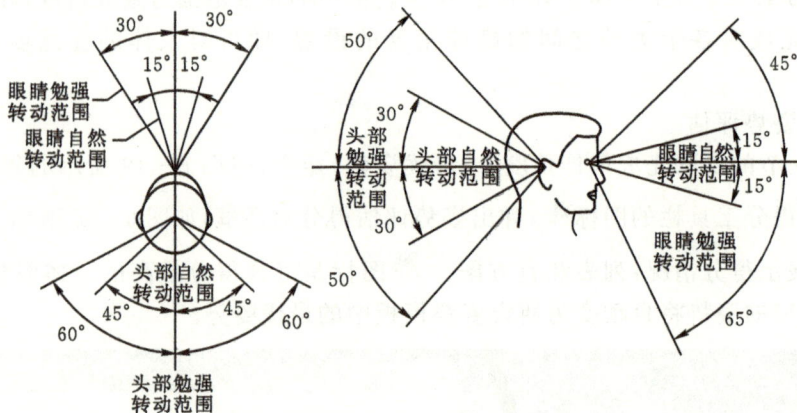

图 6-56 头部转动的角度围

CATIA 中的角度限制与上述标准有一定的区别,现将两者关于头部和眼睛的转动角度做对比,如表 6-4 所示,除头部的上下转动角度中 CATIA 极限角偏小外,其他均是标准中的极限值偏小,在运用 CATIA 对整车的视野进行分析的时候,要注意将两个极限角相结合。

表 6-4 CATIA 与 SAE 标准的头部转动角度对比

	头部运动方式			眼睛运动方式	
	上下转动	左右摆动	左右转动	上下转动	左右转动
CATIA 极限角	24.189° −20.707°	19.17° −18.979°	75° −75°	24.7° −34.7°	35° −35°
SAE J1050 标准 (自然转动)	30° −30°	未规定	45° −45°	15° −15°	15° −15°

驾驶员视野直接影响汽车主动安全性,是整车总布置及造型设计要始终关注的一个重要因素,驾驶员视野设计主要包括有以下几个方面:前方视野、交通灯视野、A 柱障碍角、直接后方视野及间接后方视野、仪表板视野,本书以间接视野为例进行汽车模型的视野分析。

单击"Open Vision Window"图标 👁,双击驾驶员或者在特征树中选择"driver",打开驾驶员的视野窗口,如图 6-57 所示。

人体模型看到的它所在环境,可以五种形式展现。Type 选项允许使用者选择五种视野的表达方式。分别为:Binocular—双眼视野(左/右单眼视野的交集);Ambinocular—总视野(左/右单眼视野的并集);Right monocular—右眼视野;Left monocular—左眼视野;Stereo—立体视野(同时显示左/右眼视野);其区别见图 6-58 所示。

图 6 - 57　视野窗口

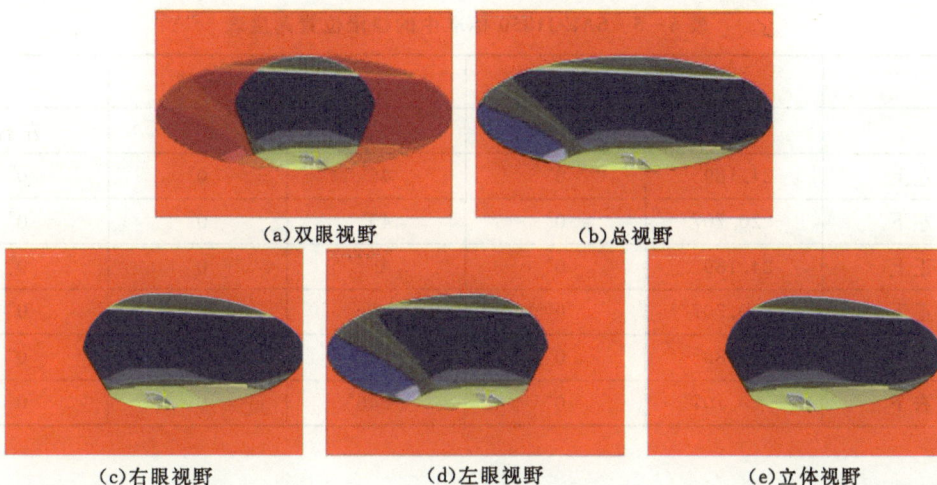

（a）双眼视野　　　　　　　　　（b）总视野

（c）右眼视野　　　　　（d）左眼视野　　　　　（e）立体视野

图 6 - 58　不同视野对比

单击 ❓，编辑要显示的视野类型和项目，将视锥打开，便于在视野分析的过程中观察，如图 6 - 59 所示。

在 CATIA 人机工程模块中，对整车视野的分析校核方式有两种操作方式：主动分析和被动分析。

（1）主动分析

该方法是预设头部及眼睛的转动角度，从而得出视野范围和视野聚焦点，以判断视野设计的合理性。首先根据图 6 - 56 所示的参数，得出需要分析的几个极限位置。

在分析几个极限位置时，由于眼睛的转动范围较小，对视野的影响相对较小，将其设为固定值，即中间值 0°，同时应尽量避免头部的左右摆动，也将其设置为中间值 0°，得到表 6 - 5 所示的几个极限位置对应的角度值。

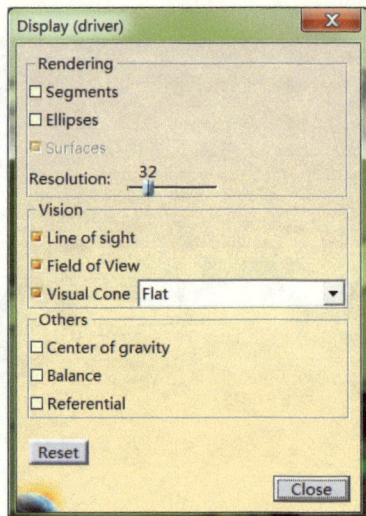

图 6 – 59　显示编辑框

表 6 – 5　SAE-J1050 标准中的极限位置角度表

	头			眼睛	
	上下	左右摆动	左右转动	上下	左右
左上	24.189°	0°	45°	0°	0°
左下	−20.707°	0°	45°	0°	0°
正上	24.189°	0°	0°	0°	0°
正下	−20.707°	0°	0°	0°	0°
右上	24.189°	0°	−45°	0°	0°
右下	−20.707°	0°	−45°	0°	0°

　　以头部左右转动的三个位置为准,即先将"rotation right/rotation left"的值设为−45°、0°、45°三个值,使头部先转动到某一预设值,然后再分别拖动"flexion/extension"的百分比进度条,从1%至100%,完成头部的上下转动,观察视野窗口中的双眼视野的范围,分析整车的视野设计的合理性。

　　以左右后视镜为例,将头部左右转动的角度设为两个极限值,上下转动和左右摆动都设置为中间值,观察左右后视镜在视野范围内的位置。

　　根据图 6 – 60 所示可以看出,此时左后视镜处于双眼视野的较中间的位置、右后视镜在偏右侧一点,也就是说在实际驾驶的过程中,头部稍微偏转就能够将后视镜内的外部环境看清。

　　(2)被动分析

　　利用"Reach(position only)"功能,点击图标 🖱,选择视野线,罗盘坐标出现在视野线上,并变为绿色,双击车体模型上的点,视野将会自动聚焦到该点,此时头部和眼睛都将自动以最合理的转动角度,完成该点的自适应。

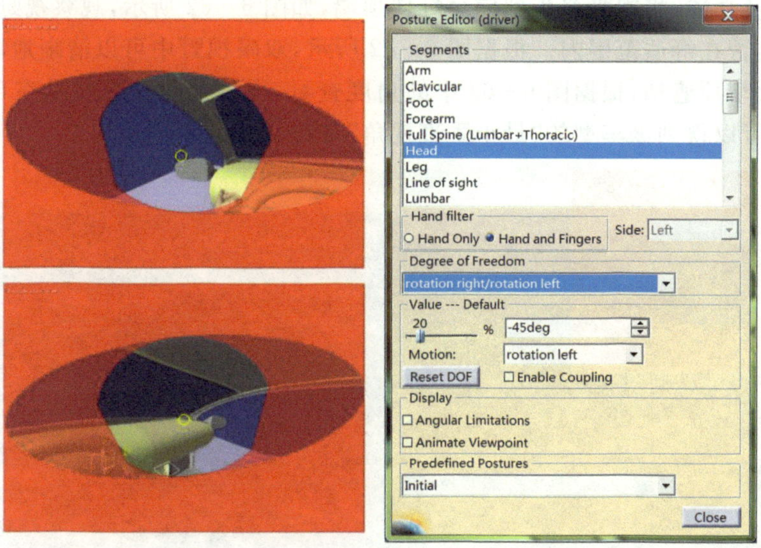

图 6-60 上下转动为 0°左右转动角度为－45°、45°时的视野范围

左后视镜的视野分析：双击左后视镜的中心点，完成自适应转动后，打开"Posture Editor"窗口，查看视野和头部的转动角度值，判断其是否在自然转动范围内。

根据表 6-6 所示，以左、右后视镜的中心点为视野聚焦点，自适应后，除右后视镜为焦点时头部转动角度在勉强范围内，其余均在自然转动范围内，但是这并不意味着，该车的设计不合理，此时可以结合主动分析方法，调节头部转动角度到自然转动的极限位置后，观察后视镜在视野范围内的位置，如图 6-61(b)所示，后视镜仍处于双眼视野范围内是合理的。

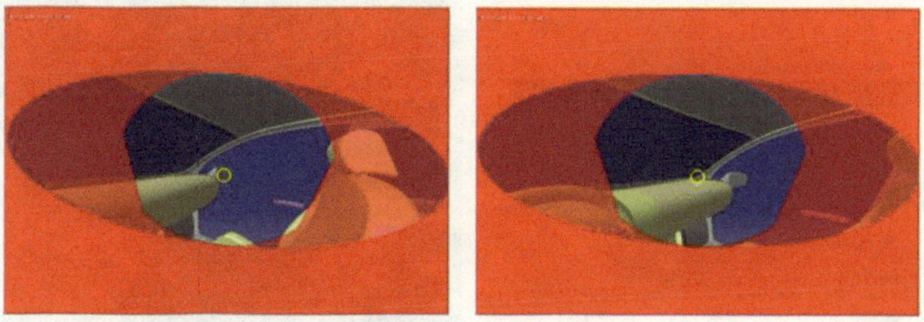

图 6-61 视野图

表 6-6 自适应后的头部转动角度

	头			眼睛	
	上下	左右摆动	左右转动	上下	左右
左后视镜	2.129	0	－40.072	－6.595	0
右后视镜	0.827	0	62.865	－6.596	0

同时利用被动分析的方法来对本书 4.3.2 节中前方视野中的"最小垂直视角"进行校核验证，按照 4.3.2 节中的内容，绘制一个距离车体前端 12 m、高为 5m 的信号灯柱，按照前面介绍

的方法,利用触及功能,将视野聚焦到信号灯柱顶端,如图 6-62 所示,观察视野范围并查看头部转动的角度是否在舒适范围内。根据图 6-62 所示,双眼视野中可以清晰地看到信号灯柱,未被车窗边框及车顶遮挡;根据图 6-63 中的角度查看,得到此时头部转动在自然地范围内。结合两个结果,可以得到该车型的"最小垂直视角"是符合标准的。

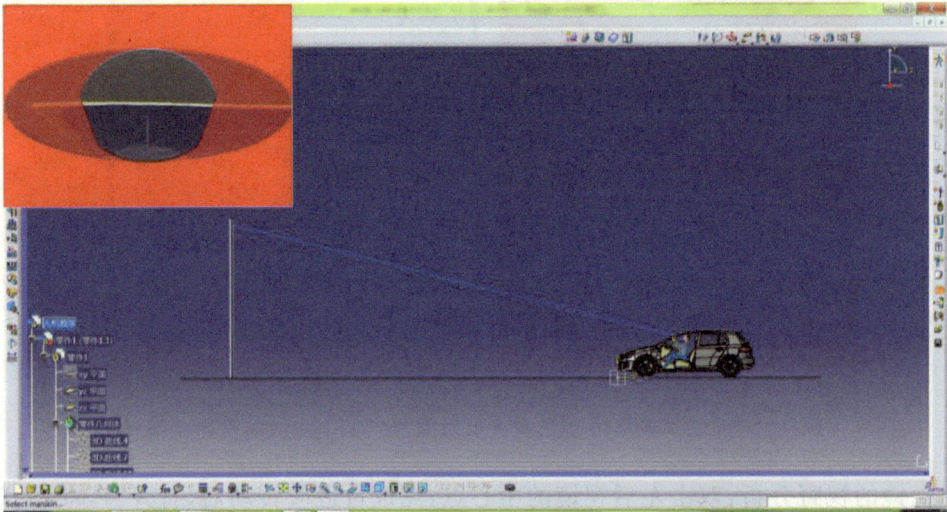

图 6-62　信号灯视野校核

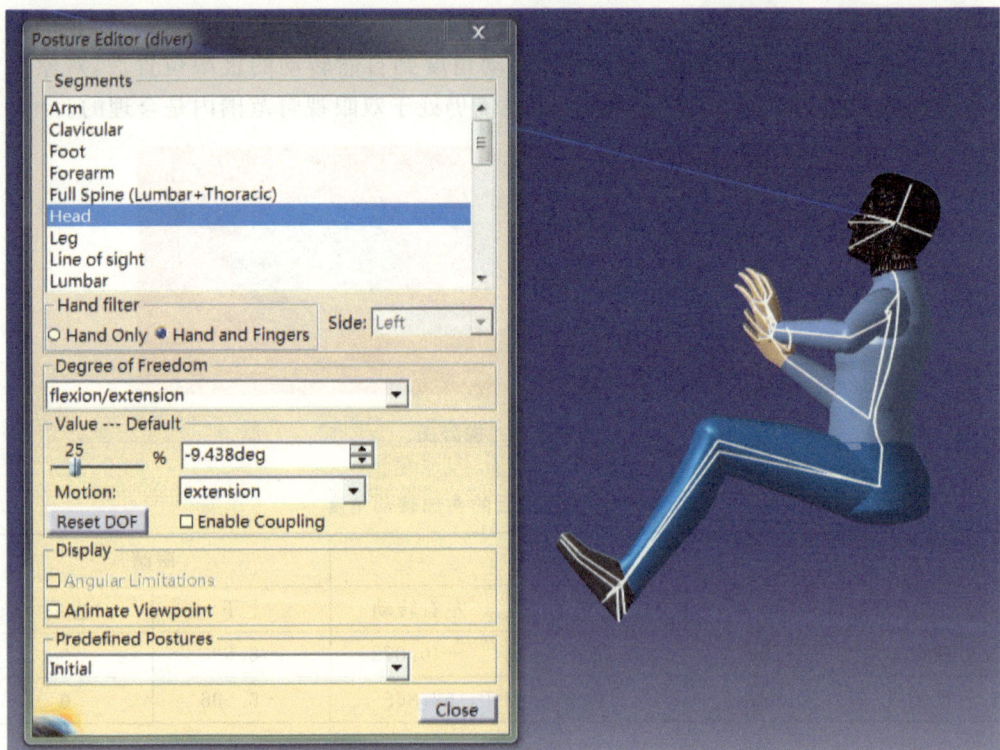

图 6-63　角度分析

2.车内操作性及乘员的空间分析工具

1)操作性分析工具

车内的操作性主要针对驾驶员而言,驾驶室内的一切手操作钮件、杆件、开关等位置均应在驾驶员手伸及的范围之内,充分考虑人机工程学原理,使驾驶员在驾驶过程中,在相对较小的动作范围内可以完成各项操作,最低限度地减少操作错误频率,进而达到安全驾驶的目的。

（1）手伸及包络面

在 CATIA 人机模块中,可以通过"Computers a reach envelope"功能自动针对驾驶员的当前驾驶姿势计算出其手能伸及和操作的范围,形成包络面,要求驾驶室内手操纵装置的位置都应该布置在该包络面内。

手伸及界面是一个表征人体模型仅仅使用大臂和前臂能够触及到的范围的空间曲面。整个运动的中心是肩轴点。可以创建两个伸及界面:左手和右手。使用 Posture Editor（姿态编辑）改变人体模型的姿态,手伸及界面也会发生变化。在分析的过程中,可以分别使一只手紧握方向盘,分析另一只手的伸及范围。

激活"Computers a reach envelope"功能:点击 ![icon] 图标,选择驾驶员－"driver"的任意手的任意点,及弹出如图 6－64 所示的对话框,动作范围选择"Current",可以显示双手或者单手的手伸及包络面,点击"确定"后,软件会自动生成包络面。

图 6－64　手伸及范围包络面

根据生成的包络面,利用鼠标快捷键对模型整体进行旋转,全方位地判断是否能够将操作界面、方向盘、档位操作杆及座位中间的储物箱等包含在内,以判断设计的合理性。

（2）手伸及功能

在 CATIA 人机模块中,可以利用"触及"功能实现手或脚触及某一位置时,人体姿势的自动调节和距离的自动计算。如图 6－65 所示,激活"Reach"功能,将白色坐标轴放置在储物箱位置,并点击右手食指,使其自动触摸。根据图中所示,在保持驾驶姿势不变的情况下,右手食指并不能直接去操作储物箱,右手食指的触及极限距离储物箱表面还有 43 mm,需要驾驶员将身体稍微倾斜,即可完成储物箱的操作。

2)乘员的空间分析

人机工程分析中有一个很重要的部分就是乘员的空间分析,主要涉及驾驶员和后排乘客,

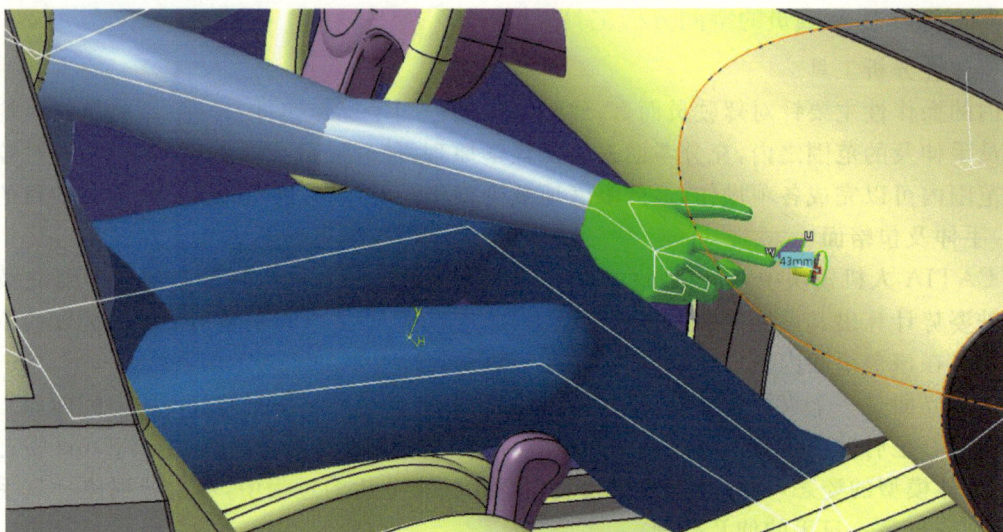

图 6-65　手操作储物箱

主要有三个关键的距离：膝部空间将直接影响到驾驶员的操作的方便性以及撞车时驾驶员身体的运动轨迹和伤害程度；头部空间直接影响驾驶员的驾驶舒适度；方向盘与大腿之间的距离也直接影响着驾驶员的舒适性和面板的设计合理性。

激活测量工具 ⬌ 图标，选择驾驶员的头部和车顶面，计算项目选择"最小距离"，得到如图 6-66 所示的结果。

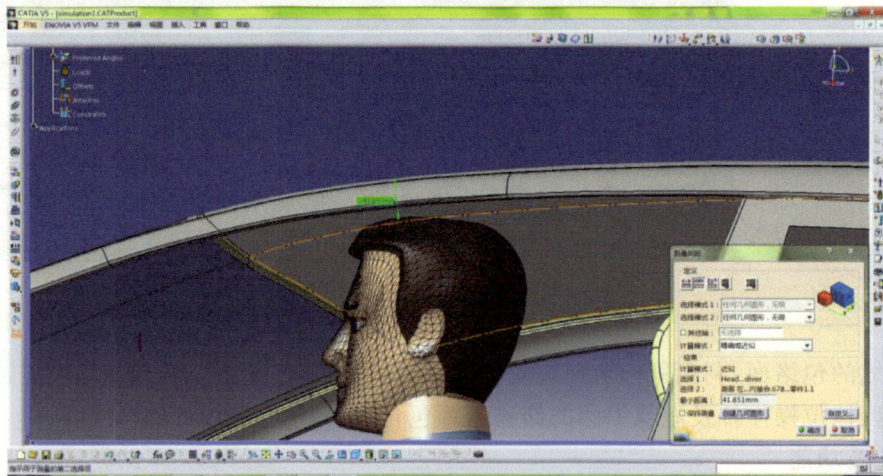

图 6-66　头部空间测量

在对头部与车顶之间距离做分析的过程中，如选用的人体模型为 95th，所测出最短间距为 41.851 mm，也就是说有 95％ 的人坐在该车的驾驶位可以保证头顶有 41.851 mm 的空间余量，即该车的驾驶座头部空间的设计能够满足绝大多数的用户需求。

同样可以测量膝部空间和大腿与方向盘之间的最小距离，如图 6-67，图 6-68 所示。

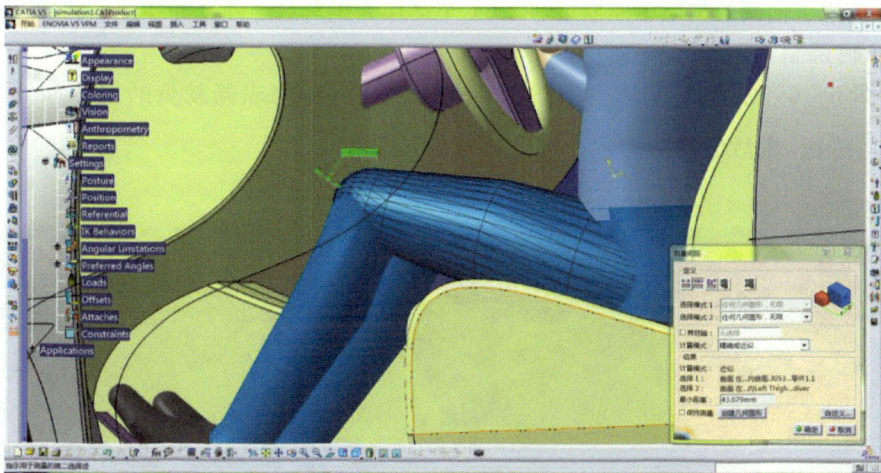

图 6-67　膝部空间距离

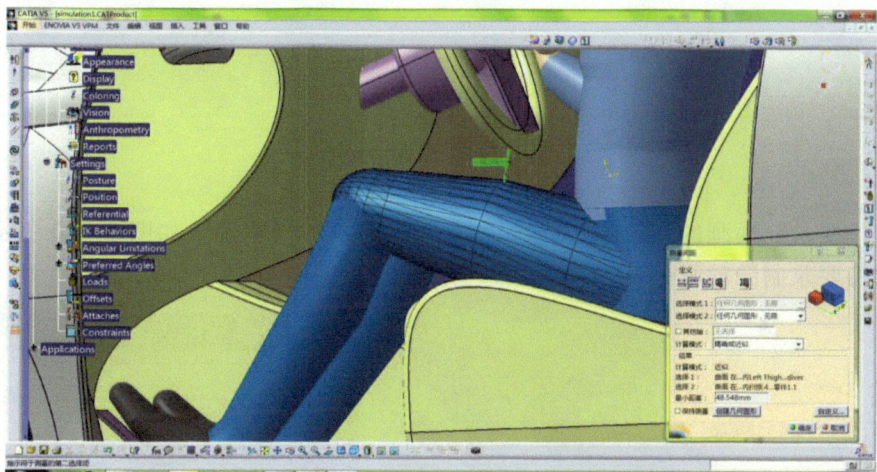

图 6-68　大腿与方向盘测量结果

1.人机干涉分析工具

上下车的方便性主要是使驾驶员和乘客应该能够方便、迅速和舒适地进出汽车,而不需要采取诸如过度的弯腰、转身、扭转、伸长身体,让身体倾斜,或者身体产生于车体的碰撞之类的尴尬姿势或者说极其费力的动作来完成的。本节主要利用 CATIA V5 人机工程的"Human Activity Analysis"模块来设计和录制驾驶员上下车时候的动作,将其录像,并在仿真的过程中打开碰撞检测,实时观察驾驶员在上下车的过程中,是否与方向盘,门框等出现干涉,或者说是否需要较费力的姿势才能完成上下车的动作。

为了更加直观地展示驾驶员与车之间的关系以及更加清楚地观察干涉部分,本书将干涉贯穿在下车动作的动画仿真中完成。

动画仿真一共分为三个部分:动画录制、生成重放或视频文件,在仿真过程中添加干涉分析。为了更清楚地展示人体在下车时与车身之间是否存在干涉关系,以便对人体上下车时的动作进行调整,本节选用了前面的框架车体模型,并以下车动作为例对这三部分的详细步骤进行说明。

(1)动画录制

①如图 6-69 所示,将车体模型载入,并插入驾驶员,完成驾驶员的定位和驾驶姿势的调节,点击 🔘 按钮,激活仿真功能;

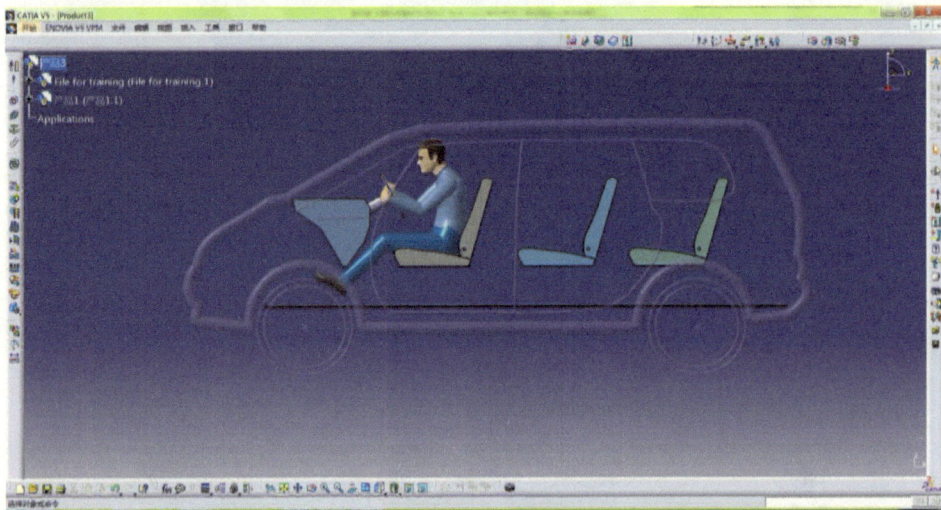

图 6-69　完成驾驶定位

②选择要录制动画的对象(本文选择"driver"),并点击【确定】,如图 6-70 所示;
③为将要录制的动画命名,如图 6-71 所示;

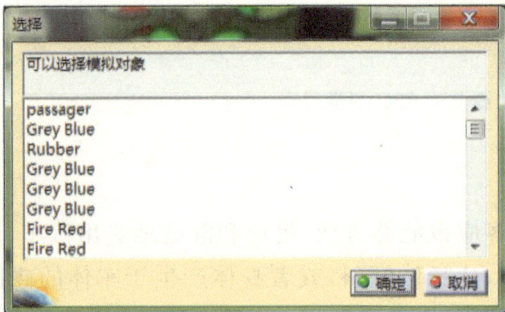

图 6-70　选择对象　　　　　　　　图 6-71　命名模拟

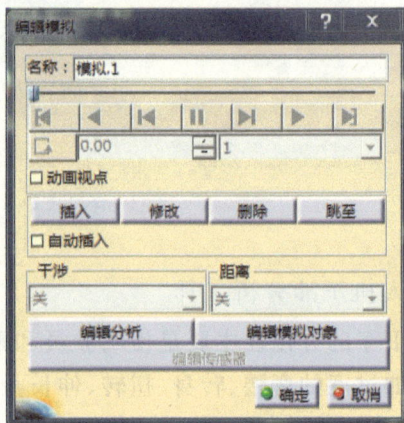

④点击[插入]按钮,添加第一个动作;

⑤选择要发生动作的部位,并使用"Posture" 🧍、"Forward Kinematics" 🔁、"IK" 🔧、"Reach" 🔧 和"Place Mode" 🔧 等功能,实现姿势的变化,以组成动作,如图 6-72 所示,第一步先将手从方向盘上拿掉,同时将脚也从踏板上取下来;

⑥上一动作完成后,继续点击"插入",同上一步的操作过程一样来编辑下一个动作,以此

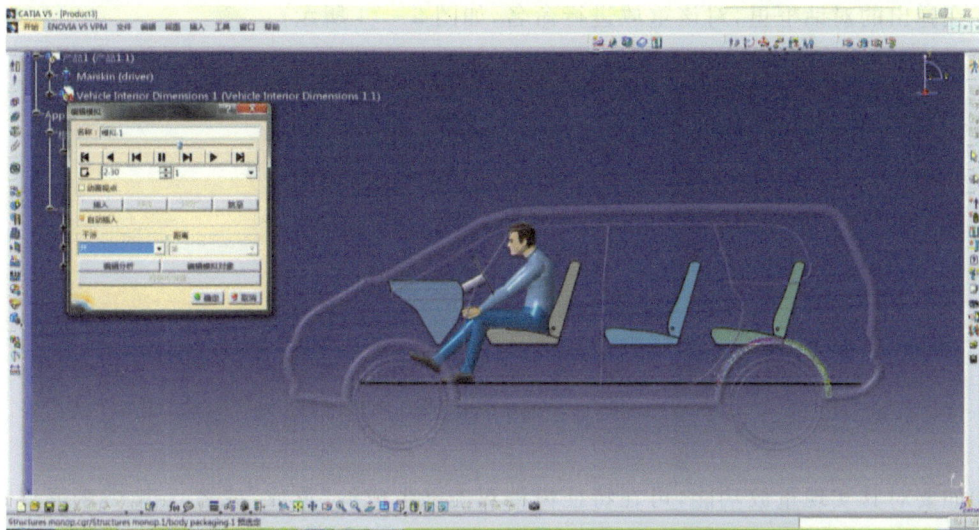

图 6 - 72　动作插入

类推,直至完成所有的动作;

⑦在记录的过程中可以选择相应的步数,点击【跳至】,查看、修改或删除该动作,直至将人体移动到如图 6 - 73 所示的位置;

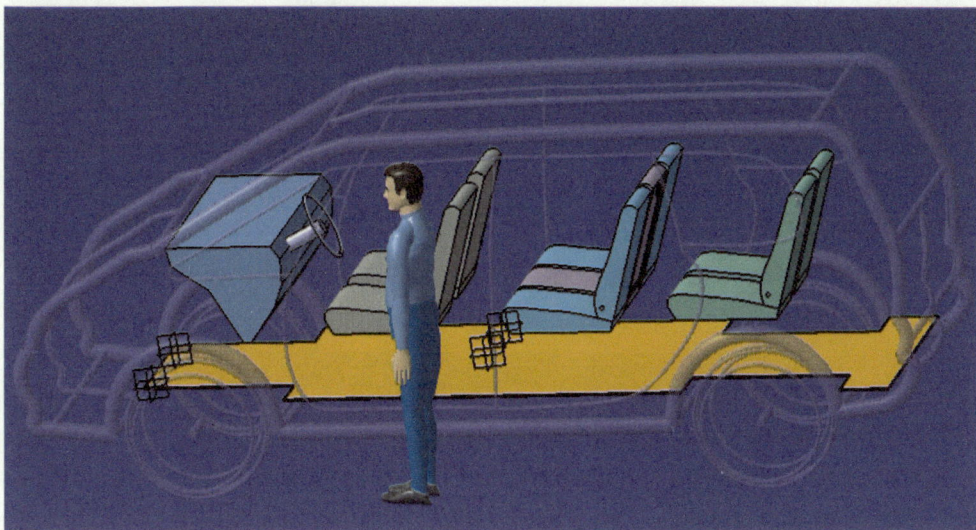

图 6 - 73　完成下车动作添加

⑧可以通过修改步长去改变仿真动画的速度;

⑨动作编辑完成后,点击【确定】,该动画就生成了,可以通过点击播放按钮来实现动画的放映;

⑩该动画仿真将出在特征树的"Applications"栏里。

(2)生成重放或视频文件

①点击 ▦ 按钮,激活重放制作功能;

②在特征树里选择要输出视频文件所对应的动画,此时,该"重放"就会出现在特征树里;

③在弹出的对话框里,对该重放进行命名,如图 6-74 所示;

图 6-74　命名重放

④如要对其实现重放功能,可在特征树种双击已生成的"重放"或者点击 来完成;

⑤点击"Generate Video"按钮 ,弹出"视频生成"对话框,如图 6-75 所示,可在该对话框中设置动画的格式和动画的存储位置,选择要输出的模拟动画,点击【确定】后,就回自动生成视频文件。

图 6-75　选择存储位置

(3)干涉生成及添加

①选择干涉按钮 ,弹出"检查碰撞"对话框,在该对话框中对干涉命名,如图 6-76 所示;

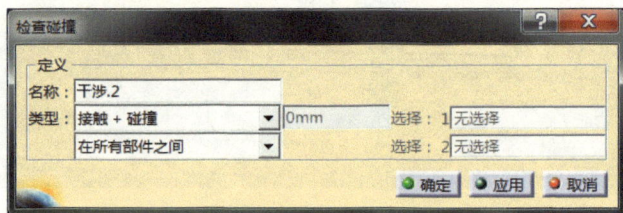

图 6-76　添加干涉选项

②选择接触的类型,方式为:"接触＋碰撞","在两个部件之间";

③将"选择"框激活后,"选择:1"点击选择驾驶员,"选择:2"选择驾驶座,点击【应用】后点击"确定",完成驾驶员和驾驶座椅的干涉生成;

④陆续添加动画过程中可能产生的干涉关系,如图 6-77 所示,如:驾驶员和车身的底座地板;驾驶员与车身框架、驾驶员与方向盘、驾驶员与座椅等;

⑤在特征树内双击前一步生成的重放文件,如图6-78所示,在弹出的对话框内,点击【编辑分析】后,弹出编辑对话框,选取已建立的干涉文件,点击"确定";

图6-77 特征树中的干涉

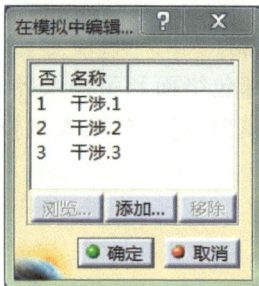

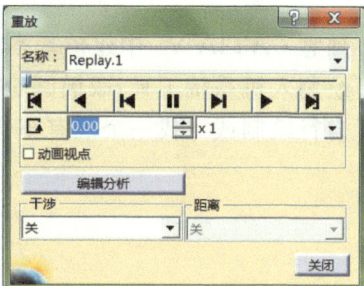

图6-78 干涉添加入动画中

⑥返回"重放"对话框,将"干涉"的选项设置为"开",点击播放动画,此时驾驶员若和车体部分发生干涉,两者都会变成橘色,如出现橘色部分就需要再返回该动作中进行重新编辑,如图6-79所示。

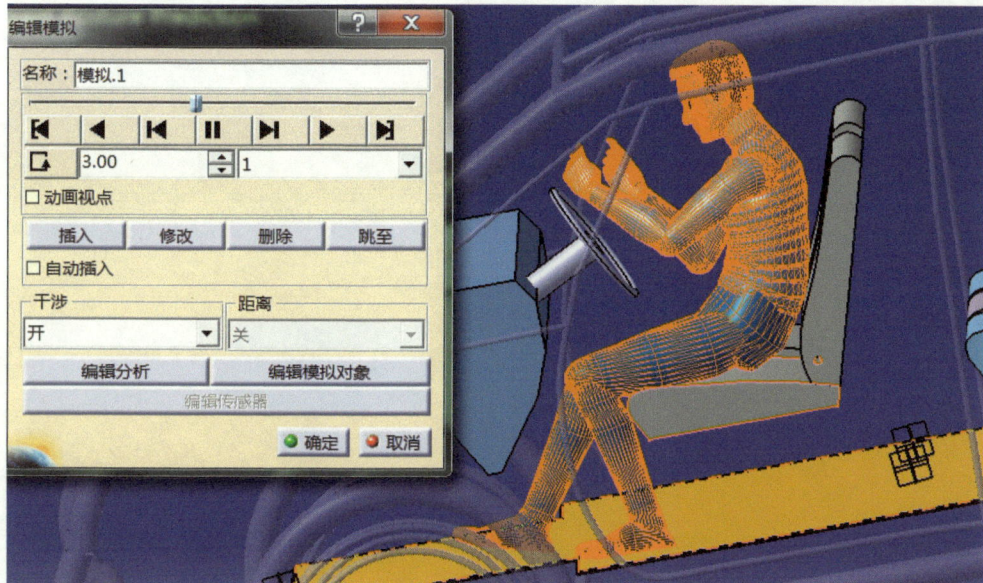

图6-79 干涉生成

6.5 本章小结

本章主要结合前面的理论知识,将CATIA运用到人机建模和人机分析校核中,讲述了CATIA中一般人机分析校核的基本操作和分析方法。在人体模型选用时较单一,实际工程应用分析的过程中,要严格对同一校核项,应用不同百分比、不同性别的人体模型进行多次分析,以增加分析结果的准确性。实际应用的过程,要结合实际车型所对应的校核要求和所对应的问题,有针对性的进行人机校核分析。

思考题

1. 熟悉 CATIA V5 中建模基本功能。
2. 绘制人机系统工具：眼椭圆、头部包络面和手伸及界面。
3. 自行绘制或寻找一个现有车体模型，进行各项人机校核分析。

第7章
未来车辆发展趋势

随着现代汽车电子技术的发展和人们生活水平的日益提高,消费者对现代汽车的个性化需求越来越高。驾驶员在驾驶过程中不但需要更加方便的操作体验,而且需要尤为智能的信息支持,汽车室内的科技性将成为提升汽车产品性能和满足消费者需求的重要部分;与此同时,环境保护和能源供给也要求汽车在动力和结构上不但满足安全需要,也要符合环保节能这一时代趋势。

7.1 智能化趋势

7.1.1 车载信息人机交互系统

车载信息人机交互系统,是指采用车载专用中央处理器,基于车身总线系统和互联网服务,形成的车载综合信息处理系统。能实现包括三维导航、实时路况、辅助驾驶、故障检测、车辆信息、车身控制、移动办公、无线通讯、基于在线的娱乐功能等在内的一系列应用,极大地提升了车辆电子化、网络化和智能化水平。

车载信息交互系统已经发展成为集中央控制信息娱乐系统、抬头显示装置、车内娱乐功能装置和乘客座椅系统于一体的整车全方位解决方案,在这样的解决方案下,无论是驾驶员还是乘客、行车还是停车、商务需求还是娱乐需求都可以得到全方位的满足。驾驶员可以根据驾驶情景,选用触控、手势、语音或者控制按钮来对中央控制系统进行操作,如图7-1所示,其人机交互功能也在不断完善的同时得到了更大的提升,主要体现在以下方面:

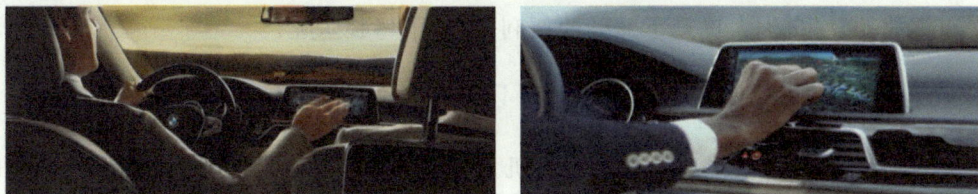

图7-1 宝马 idrive 系统手势操纵

（1）车主识别技术

生物扫描确认车主身份，根据偏好自动调节座椅位置、车内温度等。

（2）需求预判技术

根据用户的驾车习惯、日程规划、交通路况等背景资料，由计算机实现大数据分析，为驾驶者甄选并提供出有价值的出行资讯，自动预判车主需求、进行推荐。

（3）智能行车记录系统

系统能够自动下载行车路线图、给予行车建议和行车注意事项，还包括拍摄景点，与全路况领航系统结合，提前进行极端路段评估与提醒。

（4）全景物联网系统

根据当前道路上车辆、行人移动状态，同步扫描交通设施状态，进行实时信息沟通与数据交互，并可在发生紧急状况时，对驾驶员发出预警信号。

（5）高负荷运转模式

系统自动对路况的复杂程度进行智能分析与评估，过滤并屏蔽无用信息，以免对驾驶者造成干扰。

此外，智能遥控装置也将革新已有的钥匙概念。智能"钥匙"将借助智能芯片和高清显示屏，显示车辆各种状态信息，并且可以通过集成触摸屏控制所选功能，不仅可显示时间、剩余油量、当前行程、服务通知、遥控泊车和辅助加热等功能，还可以及时告知中央锁系统、窗户和玻璃车顶的当前状态，以防粗心的驾驶者蒙受损失，如图7-2所示。

图7-2　宝马智能钥匙自动泊车

这种多功能集成的、灵活的、人性化的多模式操作方式大大地简化了出行的路线规划、路况检测、车辆运行状态检测等方面的问题，行车将是一种集合信息与娱乐的体验，不再只是集中注意力于路面和车辆的单调的驾驶过程，同时能及时的将路况及告警信息传递给驾驶员，从而避免交通事故的发生，大大提升了驾驶的便利，增加了驾驶乐趣。

7.1.2　车载平视显示系统（Head UP Display，HUD）

平视显示系统（HUD）最早应用在军事飞机上，可以将一些飞行器上的重要驾驶信息以图片的形式，通过全息投影系统投影到驾驶员目光正前方的位置。目的是减少飞行员低头看仪表的时间，增加飞行员的战场生存力（见图7-3）。不同于OLED（Organic Light－Emitting Diode）透明成像系统，利用全息投影技术的HUD将所要呈现的图像远离汽车的挡风玻璃，能够真正地实现所投影的图像与车外的景物相融合的视觉效果。这种成像系统不仅可以减少驾驶员低头看仪表的时间,也能够减少驾驶员因为看不同距离图像产生的视觉变焦时间,如图7-4所示。

图7-3 战机上的平视显示系统

图7-4 车载HUD效果图

2014年美国Navdy公司推出的HUD设备给消费者带来了全新的交互模式,不同于以前的HUD或是其他安装在中控台上的车载设备,Navdy可以识别驾驶员的手势和语音命令,从而与驾驶员进行交互,这样极大程度的减小了驾驶员在行车过程中因为操作HUD设备而造成的注意力分散问题,如图7-5所示。

图7-5 Navdy HUD交互示意图

随着国外HUD产品的发展,国内也相继出现了大量的HUD产品,例如Carplus、Carpro以及Carrobot等。与Navdy相同,这些产品也都提供了相应的手势交互和语音交互功能。目前,HUD系统的最新发展方向便是"将增强现实技术应用到HUD系统之中",如瑞士Way-Ray公司正在研发的产品Navion,它不仅仅只是满足于向驾驶员提供简单的速度显示功能和导航方向指针,而且致力于将路径导航信息以及相应的道路环境提示信息以增强现实的方式展现在驾驶员的眼中,如图7-6所示。根据全息投影的特点,所投射的图像将会直接显示在前方的道路上,增加图像信息的融入感。当然,这一技术并不仅仅是将原来的2D投影图像转换成3D图像,还涉及了交互界面设计、增强现实等一系列技术的研究;宝马汽车公司已经研制出具有夜视功能的HUD产品,相较于一般汽车100米左右的照射距离,夜视系统可探测到450米以外的路况信息,对于高速行驶中的驾驶员而言,无疑是大大提高了行车的安全性。

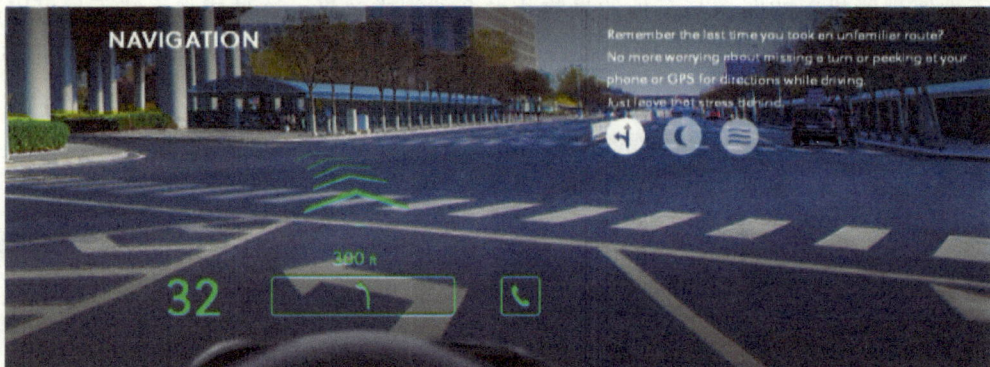

图 7-6　Navion 全息投影导航仪概念效果图

7.1.3　多功能座椅

当今汽车座椅发展十分迅速,它不再仅仅只是个座椅,而是被商家赋予了更多功能以提高其舒适性的人性化产品。比如在功能上,温度湿度控制功能,自动按摩功能等,在材质选择上,很多座椅采用了真皮或毛绒材料,这些都是人们追求座椅舒适性的体现。根据调查显示,61.5%的受访者认为座椅可调节性仍是影响座椅舒适性最重要的因素,所以,汽车座椅的舒适性仍待提升,理想中的座椅需要满足的舒适性要求有:

(1)合理的体压分布

乘员坐在座椅里时,为了保持乘坐姿势,座椅对乘员身体支撑部分压力的大小分布称为体压分布。体压分布是决定座椅舒适性的重要因素。

(2)维持脊柱正常的生理弯曲

根据人机学理论,腰椎承受人的上体全部质量,同时承受因汽车振动等产生的冲击载荷。不正确的坐姿会使腰部脊椎弯曲超出正常生理弯曲弧形,从而产生附加的椎间盘压力,这种情况下,腰椎部分最容易受到损伤。

(3)横向振动的抵抗能力

椎间盘有较大的压缩潜力和很好的弹性,所以,脊柱能忍受较强的纵向振动。在横向上,脊柱只有前纵韧带和后纵韧带,忍受横向力的能力很低。座椅靠背后倾斜能使腰部得到依靠,加之靠背衬垫的适度柔软,致使摩擦力较大,同时加上靠背侧向护耳,可缓冲横向振动对人体的冲击,提高乘坐舒适性。

目前汽车座椅在国际上的发展趋势有:

①电动座椅。电动座椅用按钮代替手柄,极大地提高了便捷性。

②悬挂座椅。在座椅与地板之间增设一悬挂装置,用以缓解座椅的振动。悬挂装置由缓冲元件、减振元件及定位元件组成。缓冲元件有钢板弹簧及螺旋弹簧等。

③记忆座椅。电动座椅和微机结合,实现了座椅的记忆功能,使得每个人都能找到最适合自己的坐姿。

④悬浮式座椅。利用磁力悬浮装置,除座椅自身的重量外,还可以承载一定重量的物体。由于悬浮状态隔离了力波的直接传导,从而具有减振、隔振等特征,座椅更加舒适。

⑤调节座椅。增加按摩、加热等调节功能，让驾驶者在长时间的驾驶过程中能够得到充分舒适的乘车体验。

7.1.4 智能空间布局

如今的汽车已不再只是纯粹的载人、运货工具；汽车室内空间也已不再只是单纯的工作空间，它已经成为了人们的生活、居住空间。因此，汽车室内设计已不再只是纯粹的"功能与造型"设计。这就要求设计师更多更好地从人的生理和心理需求出发——即以"人"为中心的设计，在人机工程学原理指导下，设计更加安全、舒适、操控方便的汽车内部形态、内部空间、内部功能和人—车界面。目前车内空间的设计趋势包括：

1.乘坐空间智能化

随着后排空间的扩大和乘客对乘坐愉悦性的需求，智能化后排操控系统应运而生。它可以是集成在后排中央扶手上的一台7英寸平板电脑，也可以是安装在座椅靠背的一台液晶显示器。通过该系统可以让后排乘员对车辆进行除干涉驾驶员驾驶以外的全面操作和设置。如乘员可以使用平板电脑调节后座和前排乘客座椅的姿态；可操作后排空调和实现座椅加热；可操控车内灯光、天窗或百叶窗；选择音乐、游戏，使用车载电话等。如图7-7所示为智能后排控制，图7-8所示为使用平板电脑调整座椅姿态。

图7-7 智能后排控制

图7-8 使用平板电脑调整座椅姿态(图片来源:宝马中国官网)

2.乘坐空间娱乐化

结合日臻成熟的自动化驾驶技术,驾驶员与乘员的区别将越来越小,最终实现汽车全乘员化。所以汽车空间的灵活配置与娱乐体验就显得尤为重要。

在汽车空间布局上,折叠桌、储物箱、个性化调节的座椅、智能化的后部空调及安置于后座的影音娱乐系统等,不仅体现出车辆的现代感,更可以让后座乘客感到舒心愉悦。拉帘式储物格,精致且节省空间;可折叠副驾驶座椅,为实现更多娱乐功能提供了可能,有别于传统的后排平行放置的儿童安全座椅,这种面对面的安放更具娱乐舒适性,便于亲子间的交流沟通;折叠后的副驾驶位置同时还可以安放脚垫,解放长久以来蜷缩着的后排乘员的双腿;并且原本的后排显示器依然可以实现其影音功能,并根据车主要求实现个性化定制,如专为女性乘员打造的简易梳妆台,如图 7-9 至 7-11 所示。

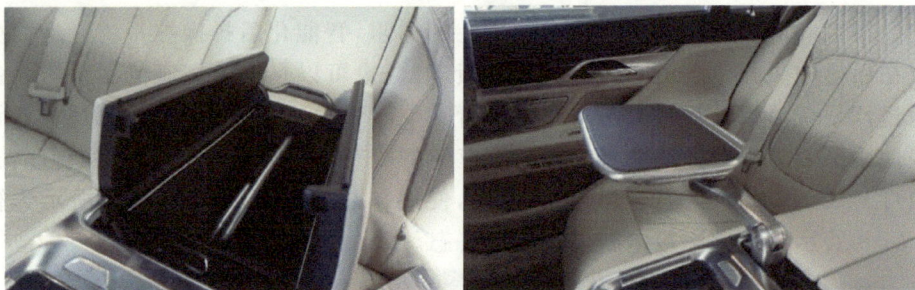

图 7-9　隐藏空间利用

图 7-10　儿童安全座椅模式图

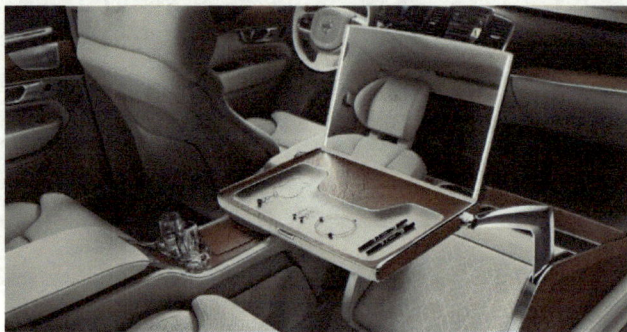

图 7-11　简易梳妆台模式

车辆在自动驾驶模式下实现车内座椅的灵活旋转十分必要,不但可以使前排乘员与后排乘员面对面交流,也可以实现驾驶操作、商务办公、影音娱乐等诸多功能。由后排中央而延展出的小型桌板,不再只是盛放物品的台面,同时兼具部分中控台的显示功能,如图 7-12 所示。

图 7-12 隐藏式显示器图

宝马、沃尔沃、梅赛德斯奔驰这三家汽车公司在汽车乘坐娱乐系统方面走在了行业前列,可以看出,未来高端汽车的乘坐娱乐系统,将通过后排乘客智能操纵系统实现乘坐者对整车的主动掌握,并更加大胆地利用车内空间,甚至是不再区分乘员与驾驶者的界限,实现全自动驾驶下的全部乘员的智能办公娱乐体验,如图 7-13、图 7-14 所示。

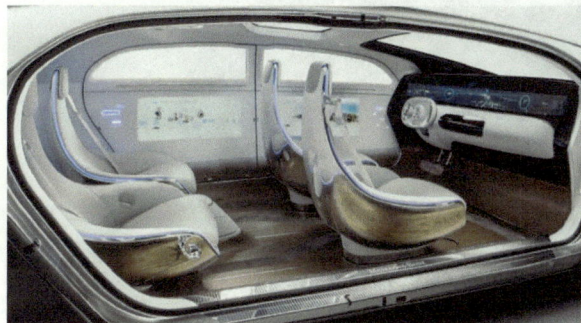

图 7-13 奔驰 f-015 概念车

图 7-14 可伸缩智能控制桌

7.1.5 无人驾驶技术

无人驾驶汽车是一种智能汽车,也可以称之为轮式移动机器人,主要依靠车内的以计算机系统为主的智能驾驶仪来实现无人驾驶。不需要人为驾驶的模式也就意味着可以省去一些人为控制部件,例如方向盘和刹车,油门等。2014 年 5 月 28 日 Code Conference 科技大会上,谷歌推出自己的新产品——无人驾驶汽车。和一般的汽车不同,谷歌无人驾驶汽车没有方向盘和刹车。谷歌的无人驾驶汽车还处于原型阶段,不过即便如此,它依旧展示出了与众不同的创新特性。和传统汽车不同,谷歌无人驾驶汽车行驶时不需要人来操控,这意味着方向盘、油门、刹车等传统汽车必不可少的配件,在谷歌无人驾驶汽车上通通看不到,软件和传感器取代了它们,如图 7-15 所示。

虽然现有的道路法规规定,当自动驾驶汽车行驶在公共道路上时,必须有驾驶者在驾驶座上以便随时接过汽车的控制权,所以现有的无人驾驶汽车仍然保留有人为控制的部件和系统,

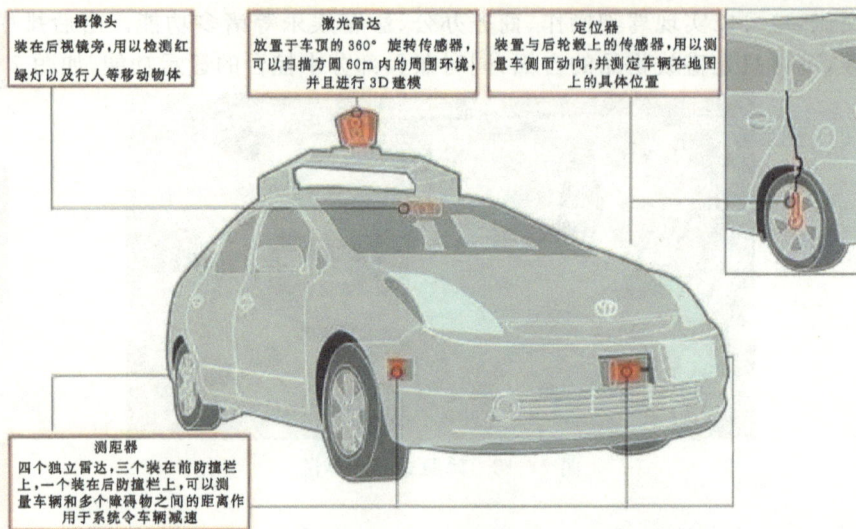

摄像头
装在后视镜旁,用以检测红绿灯以及行人等移动物体

激光雷达
放置于车顶的360°旋转传感器,可以扫描方圆60m内的周围环境,并且进行3D建模

定位器
装置与后轮毂上的传感器,用以测量车侧面动向,并测定车辆在地图上的具体位置

测距器
四个独立雷达,三个装在前防撞栏上,一个装在后防撞栏上,可以测量车辆和多个障碍物之间的距离作用于系统令车辆减速

图 7-15 谷歌无人驾驶汽车

但是我们不难预测,随着道路交通法规的不断修改,未来无人驾驶汽车不难实现真正意义上的无人驾驶,省去不必要的系统和部件,从而实现轻量化。

7.2 集成安全趋势

未来的汽车安全技术将向系统集成、智能控制方向发展。随着微型计算机技术、车载网络技术、光纤通信技术、汽车 CAN 总线技术、卫星通信技术、各种传感技术等更先进技术的发展,在运用各项新技术的基础上,人们更倾向于集成各类传感器及设备,将各项技术结合到一起。但需要考虑的是:驾驶人员与各种系统及设备的兼容性和适应性。比如车道识别系统,在能够提醒驾驶员非正常越线行驶和纵向碰撞危险的同时,也可能发出很多不必要的预警信号,让驾驶人员烦躁。

具有人机兼容性的主动安全技术将替代驾驶者的部分驾驶习惯,降低驾驶者的劳动强度,提升驾驶的舒适性和安全性。同时先进传感技术配合微型计算机系统的应用,将使潜在的行车危险提前被主动安全系统感知并采取相应的自动避让措施或者报警来达到主动预防安全事故发生的目的,提高驾驶的安全性。随着车载网络技术和汽车 CAN 总线技术的应用,多种主动安全技术将采用 CAN 总线进行通信,使多种主动安全系统集成在一个微型计算机系统上,缩小安装空间。下面介绍几种未来可能出现的汽车主动安全技术及概念。

7.2.1 安全车身技术

安全车身(GOA,Global Outstanding Assessment)技术日益发展,GOA 车身的开发理念是:同时兼顾"降低乘员所受到的冲击"以及"保护座舱空间"两个目标。主要指为了减轻汽车碰撞时乘员的伤亡,在设计车身时着重加固乘客舱部分,削弱汽车头部和尾部,如图 7-16 所示。当汽车碰撞时,头部或尾部被压扁变形的同时吸收碰撞能量,而客舱不产生变形以便保证乘员安全。其中,先进车身结构设计比车身钢板薄厚更重要,无论是德国车还是美国车、日本车,实际上时速达到 50 公里/小时时,1.5 吨的车体发生碰撞冲击,钢板厚薄差 0.1 毫米对安全性基本没有影响,而整车带有逐级吸能及抗变型能力的骨架才起到决定作用。

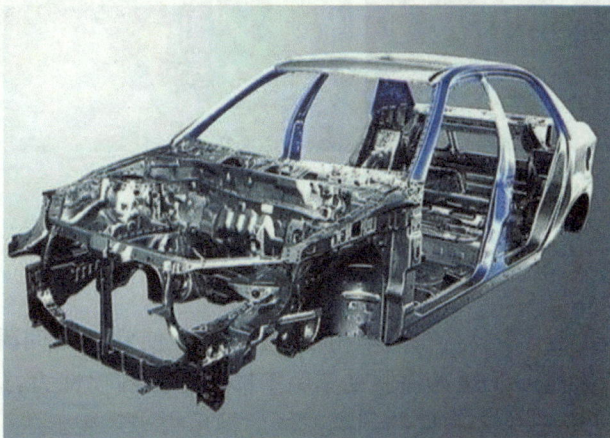

图 7-16 GOA 安全车身设计

承载式车身是汽车底盘结构的一种,其车身负载通过悬架装置传给车轮。承载式车身具有质量小、高度低,装配容易,高速行驶稳定性好等优点,目前大部分轿车采用这种车身结构;非承载式车身是指车架承载着整个车体的一种底盘形式,发动机、悬架和车身都安装在车架上,车架上有用于固定车身的螺孔以及固定弹簧的基座。

覆盖件就是覆盖在车身表面的部件,基本上我们从车外看到的部分都属于覆盖件,例如车门、车顶、翼子板等,它们通常起到美观和遮风挡雨的作用,一般都用厚度不超过 1 毫米的钢板冲压而成。我们平时所说的某辆车钢板的薄厚就是指这些部位。实际上钢板薄厚对于车身强度的影响很有限,所以我们不能从车身覆盖件的薄厚来判断一辆车的碰撞安全性了。

例如丰田公司的 GOA 车身,其收缩车体不仅能应对撞击事故,还能全方位加强座舱防护,缓和二次撞击,有利于驾驶者防护或被救。

另外,出于对行人保护的考虑,GOA 车身对某些机构进行了特殊的设计,可以降低对行人的伤害程度。比如,为了降低对行人头部的伤害,在发动机盖以及雨刷器周围的风挡玻璃处都采用了容易破碎或变形的缓冲结构;而为了降低碰撞时对行人腿部的伤害,保险杠也采用了同样的缓冲结构。

7.2.2 视觉辅助技术

在行驶过程中,由于光线原因和人眼的视觉误差,道路上会有不少难以辨别的障碍物,只有在靠近之后才能发现,严重威胁到行驶安全。事故统计表明恶劣天气或夜间行车的危险性非常大,因此视觉辅助系统可以帮助司机提前识别危险情况。其中车载夜视辅助驾驶系统可分为主动红外夜视系统和被动红外夜视系统,采用主动红外成像技术和热成像技术,系统通过热敏成像摄像头提前发现危险信号,并通过仪表盘报警提醒驾驶员采取减速或者避让措施;而立体视觉技术是在夜视系统的基础之上,运用 3D 图像处理技术,让行驶道路前方的障碍物更加明显,并赋予不同的颜色以表示其威胁性大小,使之更容易被驾驶员所观察、识别,如图 7-17 所示。

图 7-17　红外夜视技术

7.2.3 智能防撞系统

磁力作用式汽车主动安全系统是在汽车相互碰撞之前,使它们之间瞬间产生一种强大的阻止其相互靠近的推力,来进一步缓冲因制动车距不够而产生的惯性力,达到无法碰撞或减轻碰撞的效果。而这个推力就靠一定程度的同级磁场的排斥力来产生。

该系统主要由车距探测、车速探测、安全距离估算系统、危险估计系统和磁力启动系统及制动系统组成。安全距离估算系统通过对车距和车速的检测实时发出信号给危险估计系统,由危险估计系统处理向制动系统和磁力系统发出工作信号。

控制过程大致如下:当 a、b 两车距离快速接近的时候,主动接近的 a 车辆的车轮转速传感器、车距检测器在很短的时间内分别把车速信号和两车距离信号传给 ECU,ECU 根据存储的车速跟制动距离表,计算出该车所需的制动距离并启动自动刹车(见图 7-18)。如果距离不够,ECU 会迅速传信号给信号发射器同时 a 车信号发射器与 b 车信号接收器取得联系并使电磁阀工作,使两车电磁系统的电路走向相同,使两车之间产生相同的磁极,然后在瞬间产生较大的排斥力避免两车相撞,并在相对速度为零的时候磁力迅速消失。如果设计磁力偏弱,即使无法避免碰撞,也可以最大程度地延长碰撞之前的缓冲时间,最大程度的减轻碰撞、减少人员财产损失。如图 7-19 所示为智能防撞系统控制过程。

图 7-18 智能防碰撞系统控制示例

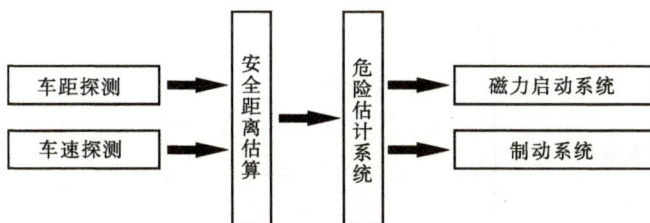

图 7-19 智能防碰撞系统控制过程

7.3 环保节能趋势

2015 年巴黎气候大会通过的《巴黎协定》展示了各国对发展低碳绿色经济的明确承诺,向世界发出了清晰而强烈的信号:走低碳绿色发展之路是人类未来发展的唯一选择,绿色低碳成为未来全球气候治理的核心理念。在我国,交通运输行业是仅次于制造业的石油消费第二大行业,占全国总能耗的 8% 左右,石油制品的消耗占全国的 34% 左右,因此新能源汽车的发展具有重大的意义。仅仅改变汽车的动力能源只是环保节能措施的一部分,实验表明,随着汽车重量的减轻,汽车油耗也会相应降低,从而降低排气污染,因此出于环保和节能的需要,汽车的轻量化已经成为世界汽车发展的潮流。然而无论是能源动力的改变亦是汽车轻量化都必将导致汽车性能,外观,内饰发生一定程度的变化,从而影响驾乘体验。

7.3.1 新能源汽车

新能源汽车是指采用非常规的车用燃料作为动力来源(或使用常规的车用燃料、采用新型车载动力装置),综合车辆的动力控制和驱动方面的先进技术,形成的具有先进技术原理、新技术、新结构的汽车。新能源汽车包括混合动力汽车(Hybrid Electric Vehicle, HEV)、纯电动汽车(BEV)、燃料电池汽车(FCEV)、氢发动机汽车以及燃气汽车、醇醚汽车等。目前相对发展成熟的是混合动力汽车和纯电动汽车,但从长远角度看,氢气燃料、太阳能等新能源汽车更具有发展潜力。表 7-1 为新能源汽车发展情况。

表 7-1　新能源汽车发展情况

类别	混合动力乘用车	混合动力商用车	纯电动乘用车	纯电动商用车	燃料电池乘用车/商用车	氢发动机汽车	二甲醚汽车
锂离子动力蓄电池	发展期	发展期	发展期	起步期	——	——	——
金属氢化物镍动力蓄电池	成熟期		起步期	起步期			
铅酸蓄电池			成熟期				
锌空气蓄电池	起步期		起步期				
超级电容器	发展期						
液压/气压储能装置			——				
燃料电池	——				起步期		
其他	——					起步期	

1. 电动汽车

电动汽车(Battery Electric Vehicle,BEV)是指以车载电源为动力,用电机驱动车轮行驶,符合道路交通、安全法规各项要求的车辆。其组成包括:电力驱动及控制系统、驱动力传动等机械系统、完成既定任务的工作装置等。由于对环境影响相对传统汽车较小,其前景被广泛看好,但当前技术尚不成熟。电动汽车包括有三大核心技术(整车控制器(VCU)、电机控制器(MCU)和电池管理系统(BMS))。三大核心技术与电动汽车的模块有关,总体上讲,整个新能源汽车可分为三级模块体系。

一级模块主要是指执行系统,包括充电设备、电动附件、储能系统、发动机、发电机、离合器、驱动电机和齿轮箱。

二级模块分为执行系统和控制系统两部分,执行部分包括充电设备的地面充电机、集电器和车载充电机,储能系统的单体、电箱和PACK,发动机部分的气体机、汽油机和柴油机,发电机的永磁同步和交流异步,离合器中的干式和湿式,驱动电机的永磁同步和交流异步,齿轮箱部分的有级式自动变速器(包括 AMT、AT 和 DCT 等)、行星排和减速齿轮;二级模块的控制系统包括 BMS、ECU、GCU、CCU、MCU、TCU 和 VCU,分别表示电池管理系统、发动机电子控制单元、发电机控制器、离合器控制单元、电机控制器、变速器控制系统和整车控制器。

三级模块体系中,包括电池单体的功率型和能量型,永磁和异步电机的水冷和风冷形式,控制系统的三级模块主要包括硬件、底层和应用层软件,如图 7-20 所示。

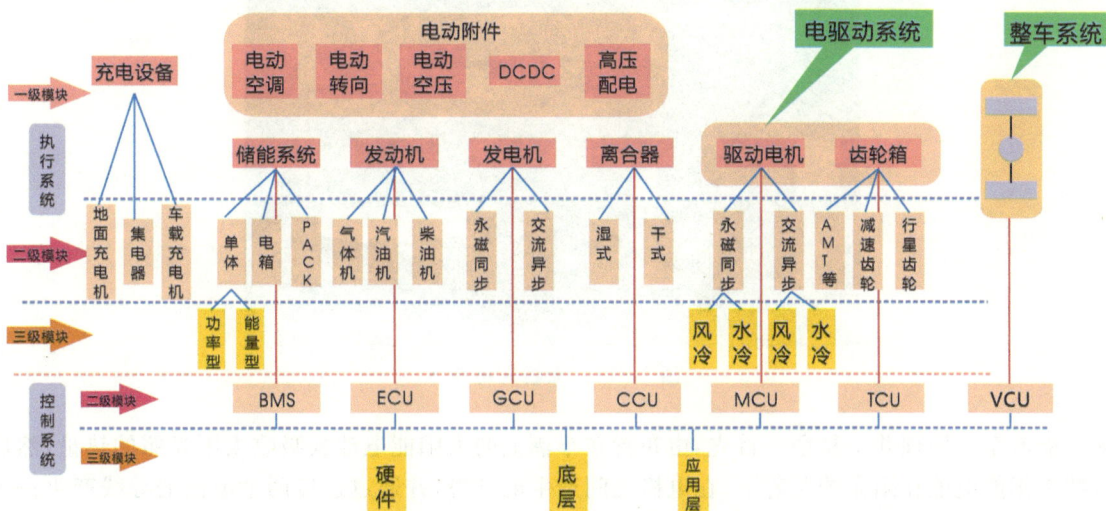

图 7-20　电动车的三级模块体系

在三级模块体系和平台架构中，整车控制器（VCU）、电机控制器（MCU）和电池管理系统（BMS）是核心技术，对整车的动力性、经济性、可靠性和安全性等有着重要影响。

此外，充电设施不完善是阻碍新能源汽车市场推广的重要原因，由于充电还只是单向的从电网获取电能，目前所有可再生能源接入电网技术要求高，设备投入大，这种情形严重地阻碍了新能源的接入和电动汽车充电设施的发展。

下面以特斯拉为例，简要介绍一下电动车的充电系统组成。特斯拉充电技术特点可总结为如下两点：

①特斯拉充电站加入了太阳能充电技术，这一技术使充电站尽可能使用清洁能源，减少对电网的依赖，同时也减少了对电网的干扰，在国内这一技术也能实现。

②特斯拉的大容量蓄电及快充技术。充电时间短，充电机容量大，90～120kWh，充电倍率 0.8C，跟普通快充一样，并没有采用更大的充电倍率，所以不会影响电池寿命；电池容量大，20 分钟充到 40%，就能满足续航要求。

无线充电技术近年来快速发展，但由于汽车的充电功率比手机大很多，因此技术难度更大。英国 HaloIPT 公司近日在伦敦利用其最新研发的感应式电能传输技术成功实现为电动汽车无线充电。该公司将电能接收垫安装于电动汽车车身下侧，这样电池就可以通过无线充电系统进行无线充电。感应式电能传输技术是利用感应电荷的原理将电源板埋藏于道路的沥青之下，这样电源板既可以得到有效保护，又不会受到恶劣天气的影响。

因此如果将无线充电技术应用到能源互联网技术上，将会使汽车充电更加方便，就像手机信号一样，随时随地都能接受到信号，对应的无线充电技术，可以随时动态地为汽车充电，如图7-21 所示。

2. 太阳能汽车

太阳能汽车也是电动汽车的一种，所不同的是电动汽车的蓄电池靠工业电网充电，而太阳能汽车用的是太阳能电池，如图 7-22 所示。由于太阳能车不用燃烧化石燃料，所以不会放出有害物。据估计，如果由太阳能汽车取代燃气车辆，每辆汽车的二氧化碳排放量可减少 43% 至 54%。

图 7 - 21　无线充电技术

太阳能汽车的原理并不复杂。首先,由布置在车辆上的太阳能电池板吸收太阳光照的热量;然后这些太阳能电池在阳光的照射下,在电极之间产生电动势,并通过连接两个电极的导线产生一定的电流输出。

图 7 - 22　太阳能汽车

目前来看,车辆自带光电池板收集太阳能效率低、成本高,以及太阳光照的不稳定性成为了它实现普及推广的一大问题;而且,要在将光电池的能量转化效率大幅度提高的同时降低成本,是现阶段几乎难以逾越的技术障碍。有国外专家曾表示,太阳能技术的突破恐怕还要等上数十年。

3. 燃料电池电动汽车

燃料电池电动汽车(FCV, Fuel cell Vehicle)是一种用车载燃料电池装置产生的电力作为动力的汽车。其动力源是用燃料电池发动机—电动机系统,燃料电池驱动系统是 FCV 的核心部分,不同燃料作为动力源,其发动机系统组成是有区别的。车载燃料电池装置所使用的燃料为高纯度氢气或含氢燃料经重整所得到的高含氢重整气。与通常的电动汽车比较,其动力方面的不同在于 FCV 用的电力来自车载燃料电池装置,而电动汽车所用的电力来自由电网充电的蓄电池。图 7 - 23 为一种燃料电池电动汽车的剖面图;图 7 - 24 为奔驰推首款燃料电池汽车,续航里程 500 公里。

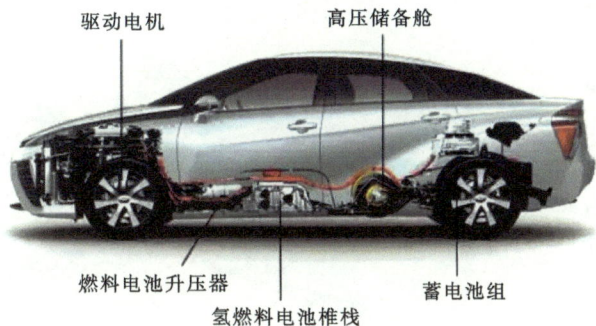

图 7 - 23 一种燃料电池电动汽车剖面图

图 7 - 24 奔驰推出的燃料电池电动车

4.空气动力汽车

空气动力汽车是利用空气作为能量载体,使用空气压缩机将空气压缩到 30MP 以上,然后储存在储气罐中,需要开动汽车时将压缩空气释放出来驱动启动马达行驶的一种汽车。优点是无排放、维护少,缺点是需要电源、空气压力(能量输出)随着行驶里程加长而衰减、高压气体的安全性值得考量等。

早在 19 世纪,法国科幻小说家儒勒·凡尔纳就曾描绘过这样一幅图景——满街跑着用空气作动力的汽车。2002 年,在巴黎举行的国际汽车展上,展出了第一辆不用燃油而使用高压空气推动发动机的小型汽车"城市之猫"(CityCAT),发明者为居伊·内格尔(Guy Negre)。2012 年 8 月,印度 TATA 汽车集团展示了一款空气动力车,该车被命名为 AirPod,它是世界首款量产空气动力车,最高时速依路况可以从 45 公里到 70 公里,在加满气的情况下最远可行驶 200 公里,Airpod 如图 7 - 25 所示。

图 7 - 25 Airpod 空气动力汽车

5.超级电容汽车

超级电容电池是一种新型态的电力储存装置,结合了电容(supercapacitor)与锂离子电池的优势,由汽车引擎的热能来充电,将是未来包括工业用卡车、军用车辆等交通工具动力来源的理想选择,如图 7 - 26 所示为超级电容公交车。

与化学电池相比,超级电容有三大明显优势。首先,其反复充放电达数十万次(传统化学电池只有几百至几千次),寿命上要比化学电池高出很多;其次,超级电容在充放电时的功率密度极高,瞬间可放出大量电能,可满足车辆更加宽泛的电力需求;第三,工作环境适应能力更佳，通常室外温度在－40℃～65℃时，其都能稳定正常工作（传统电池一般为－20℃～60℃）。此外超级电容体积小，容量大（电容量比同体积电解电容容量大30～40倍）、充放电时间短、对充电电路要求简单、无记忆效应，而且免维护，可密封。除此之外，超级电容还有功率密度高、充放电时间短、循环寿命长、工作温度范围宽等优点。

当然，有优势就会有不足，能量密度低就是制约超级电容发展的首要瓶颈，其蓄电量尚不能满足电动车动力电池需要；而且超级电容

图7-26　超级电容公交车

的放电电流比较难控制。所以，目前其主要应用于车辆启动系统、军事及少量公交车辆。马自达阿特兹的智能启停就使用超级电容替代蓄电池作为储电设备。

7.3.2　汽车轻量化

汽车轻量化（Lightweight of Automobile），就是在保证汽车的强度和安全性能的前提下，尽可能地降低汽车的整备质量，从而提高汽车的动力性，减少燃料消耗，降低排气污染。其主要指导思想是在确保稳定提升性能的基础上，节能化设计各总成零部件，持续优化工艺结构，所以汽车轻量化的目的不仅仅在于减重，更是对汽车性能的提升。

根据一份研究数据显示，汽车车身自重约消耗70％的燃油，若整车重量降低10％，燃油效率可提高6％到8％（见图7-27）；车重降低1％，油耗可降低0.7％；2009年哥本哈根会议之后，欧美各国严格限制了汽车的排放以及排量，这在很大程度上促进了轻量化技术的发展，同时国内汽车制造业也均以轻量化作为汽车的发展方向，为汽车减重已是形势所趋。

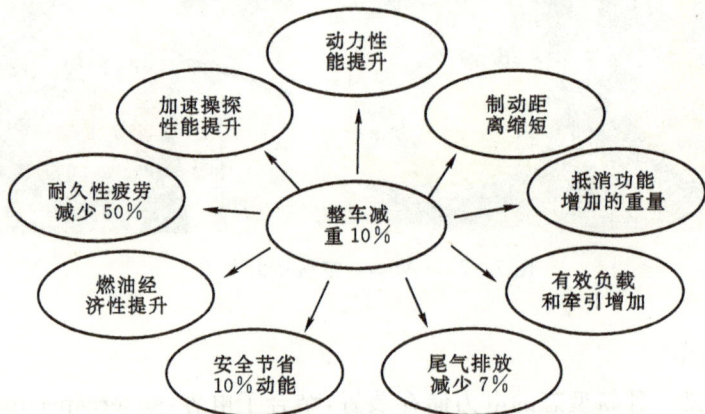

图7-27　汽车轻量化的优势

很多人都在质疑汽车轻量化是否会带来安全隐患，但事实是轻量化有利于提升汽车的安全性能。轻量化与安全性并非矛盾对立的两面，而是在保证质量的前提下进行优化设计。汽车的安全性对于不同部位有不同要求。对于无缓冲区则要求刚度高，通过结构优化和材料选

择实现;对于缓冲区,吸能和耗能则更加重要,而这恰恰是对人身安全最为重要的。

可以通过以下方法实现汽车轻量化:

1.尺寸小型化

汽车小型化就是减小汽车的尺寸,这是实现汽车轻量化最有效也是最易于实施的方式。

除了汽车轻量化需求以外,随着汽车产量的急剧增加,对停车面积的需求也急剧增加,为了解决停车面积紧张的问题,各大企业都在积极发展小型化汽车。

2015 年全球销量排名前十的车型包括:丰田卡罗拉、大众高尔夫、福特 F 系列、福特福克斯、丰田凯美瑞、现代伊兰特、大众 POLO、本田 CR－V、丰田 RAV4、雪佛兰 Silverado。这其中多为小型车,可见小型化汽车已成为汽车轻量化发展中的主流。在目前市场上,汽车销量排名第一的丰田打出"年轻化、小型化"的口号,不仅在车型上不断推出"小一号"的汽车,如威驰、

图 7－28　Smart 汽车

致炫、雅力士等,还借助于减小混动技术车型中搭载的发动机来实现小型化;欧洲小型车的比例更高,有统计显示其比例超过 50％,究其原因,欧洲城市大多较为古老,街道比较狭窄,停车位很少,即使有停车位,也大多不划线,此时相比较于其他类型的车,小型车尤其是 smart 这种就更有优势了,如图 7－28 所示。

然而虽然汽车尺寸小型化的发展在不断推进,但在中美两国,小型化的发展却出现了不同程度的困境,究其原因,一是因为生活习惯,二是由于小型化汽车的利润较低。虽然我国政府在 2015 年下半年推出1.6L 及以下排量乘用车购置税减半政策,但是也未扭转小型车销量全面下滑的局面。2015 年在小型车销量榜中,除了 POLO、飞度、K2 还能保持微增以外,其他小型车包括瑞纳、赛欧、夏利、QQ、嘉年华、奥拓等车型均呈现大幅度下滑趋势,随着环保节能的消费观念逐渐普及,小型化也将逐步成为消费热点。

2.材料轻量化

汽车轻量化的实现,目前除了减小汽车的外形尺寸以外,就是依靠在发动机、变速器、悬架、车身及其他附件的材料选择上使用轻量化材料的方式来实现。

目前来讲,汽车轻量化材料主要有两类:一类是高强度材料,主要指高强钢;一类是轻质材料,主要包括铝合金、镁合金、塑料、复合材料等。各类材料的减重效果如表 7－2 所示:

表7-2　各类轻型材料减重效果

轻量化材料	减重效果	材料优点	材料缺点
镁合金	30%~70%	低密度,可回收	产量低,价格高
碳纤复合材	50%~70%	减重效果好,硬度高	价格高
铝复合材、铝合金	30%~60%	技术成熟、材料可回收	强度略低,易腐蚀
玻纤复合材	25%~55%	耐腐蚀、适应各种环境	生产周期长,不可回收
钛合金	40%~55%	航天用材料,性能极佳	价格昂贵
超高强钢	15%~25%	技术工艺成熟,价格低	强度略低
高强钢	10%~28%		

几种主要材料特性及应用范围如下所示。

①高强度钢。通过结构优化和工艺优化处理,能有效减小板厚,维持所需强度不变。主要用于汽车的结构件和安全件的生产,如前后保险杠、车门防撞杆、A/B/C柱等。

②铝合金。密度约为钢的1/3,是应用最为广泛的轻质材料。通过技术改进,完全可以使其满足汽车轻量化对强度的要求。此外,铝合金吸收碰撞能的能力大约是钢的2倍,能更有效提高汽车的碰撞安全性;铝合金主要用于制造发动机缸体、缸盖、离合器壳、保险杠、车轮以及用于车身覆盖件的制造。

③镁合金。镁的密度低于铝和钢,强度高于铝和钢,刚度与铝和钢接近,具有良好的铸造性能,轻量化效果显著,被誉为可替代铝的轻量化材料。但由于耐腐蚀性差、生产工艺技术不成熟、材料成本高等原因,镁合金在汽车上的应用发展比较缓慢。

④塑料。目前汽车上使用最多的非金属材料,且应用率达到10%以上,并在不断增加,主要应用在仪表盘、挡泥板、保险杠、前后翼子板、车门内板、车身外板、油箱、风扇叶片等汽车零部件的制造上。

⑤碳纤维复合材料。一种具有很高强度和模量的耐高温纤维,为化纤的高端品种。顾名思义,它不仅具有碳材料的固有本征特性,又兼具纺织纤维的柔软可加工性,是新一代增强纤维。与传统的玻璃纤维相比,杨氏模量是其3倍多;主要用于制造汽车结构件,如汽车车身、底盘等。碳纤维应用于汽车领域,能在保证强度和刚度的前提下极大地减轻汽车自重,有效地降低二氧化碳排放量,是一种不可多得的轻量化材料。

由此可见,在材料方面,超强钢和铝镁等合金会加大使用量,可作为车身结构件甚至发动机材料;钛与钛合金由于其优异的综合性能,密度小但抗拉强度几乎与超高强度钢相当,且工作温度范围大,因此在未来轻量化发展中也是不可或缺的角色,未来可通过改进其生产工艺来降低成本;塑料,陶瓷等由于其质量轻,硬度大,也将大量应用到汽车轻量化中,虽然硬度强度都比较高,但脆性较大,未来可通过改善材料,添加复合元素来改善其缺陷,比如在塑料中填充碳纤维或玻璃纤维可得到超高强度的材料特性;陶瓷因其耐高温特性也可用作发动机缸体。

未来汽车发展中,碳纤维材料也必将是不可或缺的重要角色之一。碳纤维材料在汽车内外装饰中大量采用。碳纤维作为汽车材料,最大的优点是质量轻、强度大,重量仅相当于钢材的20%到30%,硬度却是钢材的10倍以上。所以汽车制造采用碳纤维材料可以使汽车的轻量化,取得突破性进展,并带来节省能源的社会效益。

如福特全新一代 Shelby GT350R 量产车型,其四轮均采用碳纤维轮毂,单个重量仅为 8.6kg,如果将材质换成铝合金的话,其重量可能会飙升至 15kg。另外,每个轮毂都能为该车型降低 5.9kg 簧下质量;如图 7-29 所示。蒙迪欧轻量化欧概念车蒙迪欧整体也采用了铝、镁、高强度钢以及碳纤维材质打造,前/后挡风玻璃以及前车窗采用的是化学钢化玻璃,而后车窗则是采用聚碳酸酯材质制作;此外,还装配有 19 英寸碳纤维复合材质轮圈,以及轻量化刹车盘,与现款想比,该款概念车的整车重量为 1195 公斤,降低了 464 公斤,约合 28%。以下为蒙迪欧概念车各部分所用材料设计图,不同材料用不同颜色标出,如图 7-30 所示。

图 7-29 福特碳纤维轮毂

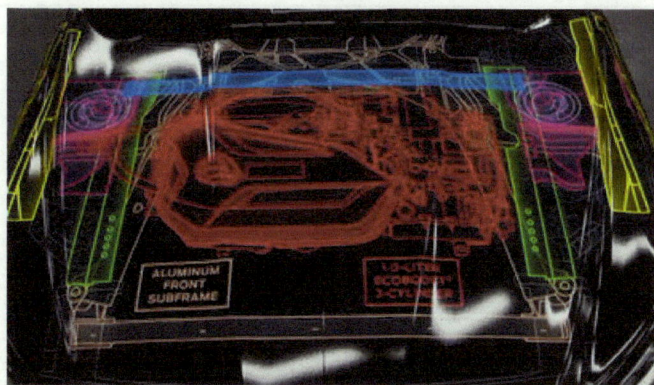

图 7-30 蒙迪欧轻量化概念车

3.结构设计优化

车身和部件结构设计是以车身造型设计为基础进行车身强度或车体部件进行功能设计,以期找到合理的车身结构形式的设计过程的统称,其设计质量的优劣关系到车身内外造型能否顺利实现和车身各种功能是否能正常发挥,所以说它是完成整个车身开发设计的关键环节。

目前汽车车身结构可分为:(a) 非承载式车身:刚性好、安全系数高,但不利于轻量化,空间利用率低,制造、装配要求高;(b)承载式车身:轻量化、低成本、空间利用率高、利于批量化生产,但刚性、承载能力较弱;(c)半承载式车身:其特点是车身与车架用螺钉连接、铆接或焊接等方法刚性地连接,介于前面两者之间的结构形式。非承载式车身主要应用于越野车及载货要求较高的商用车。目前汽车部件优化方法如表 7-3 所示。

由于承载式车身的轻量化及可空间利用率高的特点,被现代轿车所广泛使用。如迈锐宝XL,由于高强度钢和超高强度钢的使用比例提升到了40%,在使车身强度提升的同时,整车重量也更加轻盈;其次,在底盘结构中,使用了大量铝合金部件,例如转向,悬架控制臂,车身支架以及液压衬套等,不但减轻了重量,也提高了安全性。如图7-31所示。

表7-3 汽车部件优化方法

优化方法	具体内容
拓扑优化	在预定的设计区域,给定零部件结构内选择最优化的材料分布。现今广泛应用的连续体结构的拓扑优化方法有:变密度法、变厚度法及均匀化方法
形状优化	不改变材料特性,不增加零件整体料厚的情况下,解决零部件本身局部刚度或模态问题的方法。例如对加强筋的布置形式、方向以及位置深度等参数进行优化,只针对零件局部形貌进行优化,零件本身结构、材料特性并不改变
形状和尺寸优化	受仿生学的启发,这种方法采用一种建立在生物学自然规律基础上的数值计算方法,它是一种基于经验去模仿自然界生物体形态,利用有限元法研究自然界生物体增长载(如骨骼、树木等)的力学特性。由此达到轻量化的前提下避免出现应力集中的效果:在承受高载荷的部位增加材料用量,减少承受低载荷部位的材料用量,使得零件应力均匀分布避免出现应力集中的现象,消除零件材料冗余或不足的情况从而达到材料"物尽其用"
减重孔的优化设计	采用减重孔的优化设计,合理去除不必要的材料,从而达到零件轻量化效果

图7-31 雪佛兰迈锐宝2016款

在结构方面,还可以通过开发新的优化算法,改进材料成型以及连接工艺,提高材料本身性能来减小质量。

早前提出的比较流行的胶接技术,就是通过改变连接工艺来实现轻量化的方式。胶接技术又称为粘接、黏结等,是指在一定条件下使两种零件获得具有足够强度的胶接接头的联接方法。自本世纪初,各类合成树脂和合成橡胶研制成功至今,胶粘剂和胶接技术迅猛发展。特别是20世纪80年代以来,新的性能优异的胶粘剂不断出现,且由于独特的胶粘技术,使胶接技术朝着越来越多功能,越来越能够实现多目的的方向发展,它拥有很多的优点:

①工艺方面。工艺简单,对复杂零件可分别加工、胶粘组装。可在水下粘接,也可在带油

表面上粘接。可采用与焊接、铆接、螺纹连接相结合的方式，扬长避短，从而获得综合的效果。

②材料方面。可实现金属、塑料、橡胶、陶瓷、软木、玻璃、木材、纸张、纤维等各种材料之间的联接，亦可实现材料不同厚度的连接。除此之外，还能克服铸铁、铝焊接时易裂和铝不能与铸铁、钢焊接等问题。

③力学性能方面。不削弱零件本身结构，可避免因螺钉孔、铆钉孔和焊缝周围的应力集中所引起的疲劳龟裂。胶粘面积大、应力分布均匀，可避免局部应力集中，延长使用寿命。结构的重量大为减轻。

目前，已知采用胶结工艺的车型，多是由碳纤维打造的汽车，如 BMW i3、i8，由金属材料胶结的车型已知的就是路特斯旗下的 Elise 车型，该车型就是采用铝合金胶结技术制作的车体。我们不难预测未来可以通过改进这种胶接技术来降低成本，在更廉价的汽车上同样可以使用，从而实现汽车轻量化。其他品牌车型轻量化的应用技术如表 7-4 所示。

表 7-4 其他品牌车型轻量化技术

品牌	名称	描述
宝马7系	BMW 智能结构	高强度碳纤维增强复合材料与钢材，铝合金最优化结合
捷豹 XJ	全铝车身	采用航空技术额外轻量化打造全铝车身
奥迪 A8	Ultra 轻量化	改进制造材料，改善零件结构
奔驰 S 级	铝制混合车身	铝制，复合等高科技材料轻量化
AUDI AG	GFRPglass fiber-reinforced polymer	玻璃纤维弹簧悬挂减重 40%，达 9.7 磅，且强度更高

7.4 本章小结

随着智能化和节能环保意识的兴起，越来越多新技术、新材料都将在汽车设计中有所体现，汽车的外观、动力性能、驾驶方式、内饰设计都会发生重大变革，而这些变革又会直接给人们的出行带来全新的感官体验。

可以预计，未来的汽车意味着更快、更安全、更灵活、更舒适。驾驶过程将真正成为一个放松、休闲的享受过程，车辆座舱也将是一个适合工作、娱乐的愉悦场所。

思考题

1.列举 1、2 例车型，说明车辆智能化趋势有哪些方面得到体现？
2.查阅新能源汽车资料，就某种新能源形式分析其优点和不足。
3.了解无人驾驶技术，分析该技术的可行性和不足。

附　录

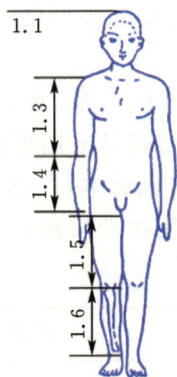

图-1　人体主要尺寸

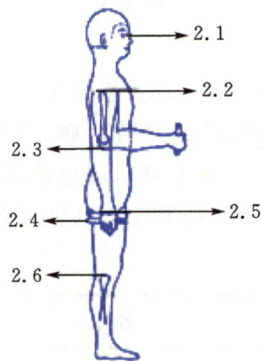

图-2　立姿人体尺寸

1. 人体主要尺寸

	男（18～60岁）							女（18～55岁）						
	1	5	10	50	90	95	99	1	5	10	50	90	95	99
1.1 身高/mm	1543	1583	1604	1678	1754	1775	1814	1149	1484	1503	1570	1640	1659	1697
1.2 体重/kg	44	48	50	59	71	75	83	39	42	44	52	63	66	74
1.3 上臂长/mm	279	289	294	313	333	338	349	252	262	267	284	303	308	319
1.4 前臂长/mm	206	216	220	237	253	258	268	185	193	198	213	229	234	242
1.5 大腿长/mm	413	428	436	465	496	505	523	387	402	410	438	467	476	494
1.6 小腿长/mm	324	338	344	369	396	403	419	300	313	319	344	370	376	390

2. 立姿人体尺寸

	男（18～60岁）							女（18～55岁）						
	1	5	10	50	90	95	99	1	5	10	50	90	95	99
2.1 眼高/mm	1436	1471	1495	1568	1643	1664	1705	337	1371	1388	1454	1522	1541	1579
2.2 肩高/mm	1244	1281	1299	1367	1435	1455	1494	1166	1195	1211	1271	1333	1350	1385
2.3 肘高/mm	925	954	968	1024	1079	1096	1128	873	899	913	960	1009	1023	1050
2.4 手功能高/mm	656	680	693	741	787	801	828	630	650	662	704	746	757	778
2.5 会阴高/mm	701	728	741	790	840	856	887	648	673	686	732	779	792	819
2.6 胫骨点高/mm	394	409	417	444	472	481	498	363	377	384	410	437	444	459

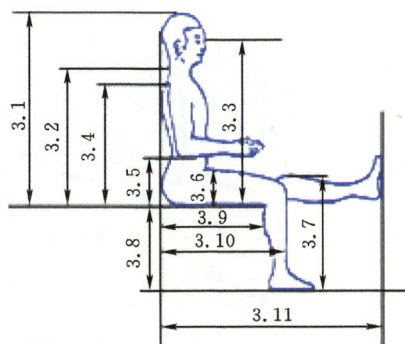

图-3 坐姿人体尺寸

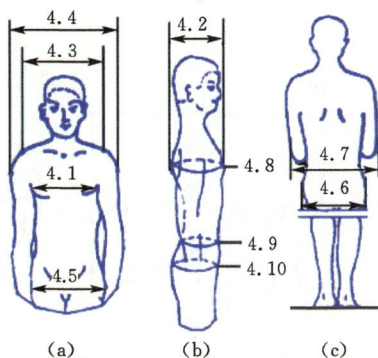

图-4 人体水平尺寸

3. 坐姿人体尺寸

	男(18～60 岁)							女(18～55 岁)						
	1	5	10	50	90	95	99	1	5	10	50	90	95	99
3.1 坐高/mm	836	858	870	908	947	958	979	789	809	819	855	891	901	920
3.2 颈锥点高/mm	599	615	624	657	691	701	719	563	579	587	617	648	657	675
3.3 坐姿眼高/mm	729	749	761	798	836	847	868	678	695	704	739	773	783	803
3.4 坐姿肩高/mm	539	557	566	598	631	641	659	504	518	526	556	585	594	609
3.5 坐姿肘高/mm	214	228	235	263	291	298	312	201	215	223	251	277	284	299
3.6 坐姿大腿厚/mm	103	112	116	130	146	151	160	107	113	117	130	146	151	160
3.7 坐姿膝高/mm	441	456	464	493	523	532	549	410	424	431	458	485	493	507
3.8 小腿加足高/mm	372	383	389	413	439	448	463	331	342	350	382	399	405	417
3.9 坐深/mm	407	421	429	457	486	494	510	388	401	408	433	461	469	485
3.10 臀膝距/mm	499	515	524	554	585	595	613	481	495	502	529	561	570	587
3.11 下肢长/mm	892	921	937	992	1046	1063	1096	826	851	865	912	960	975	1005

4. 人体水平尺寸

	男(18～60 岁)							女(18～55 岁)						
	1	5	10	50	90	95	99	1	5	10	50	90	95	99
4.1 胸宽/mm	242	253	259	280	307	315	331	219	233	239	260	289	299	319
4.2 胸厚/mm	176	186	191	212	237	245	261	159	170	176	199	230	239	260
4.3 肩宽/mm	304	320	328	351	371	377	387	304	320	328	351	371	377	387
4.4 最大肩宽/mm	383	398	405	431	460	469	486	347	363	371	397	428	438	458
4.5 臀宽/mm	273	282	288	306	327	334	346	275	290	296	317	340	346	360
4.6 坐姿臀宽/mm	284	295	300	321	347	355	369	295	310	318	344	374	382	400
4.7 坐姿两肘间宽/mm	353	371	381	422	473	489	518	326	348	360	404	460	478	509
4.8 胸围/mm	762	791	806	867	944	970	1018	717	745	760	825	919	949	1005
4.9 胸围/mm	620	650	665	735	859	895	960	622	659	680	772	904	950	1025
4.10 臀围/mm	780	805	820	875	948	970	1000	795	824	840	900	975	1000	1044

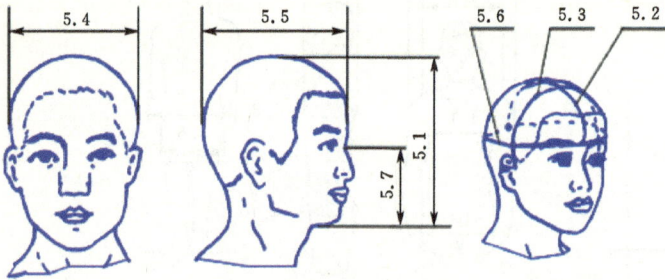

图-5　人体头部尺寸

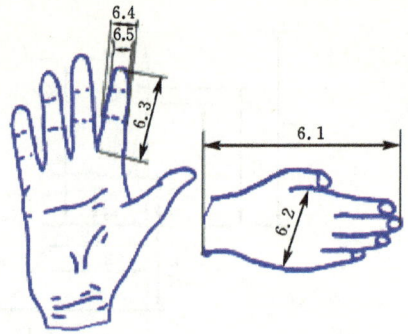

图-6　人体手部尺寸

5. 人体头部尺寸

	男（18～60 岁）							女（18～55 岁）						
	1	5	10	50	90	95	99	1	5	10	50	90	95	99
5.1 头全高/mm	199	206	210	223	237	241	249	193	200	203	216	228	232	239
5.2 头矢状弧/mm	314	324	329	350	370	375	384	300	310	313	329	344	349	358
5.3 头冠状弧/mm	330	338	344	361	378	383	392	318	327	332	348	366	372	381
5.4 头最大宽/mm	141	145	146	154	162	164	168	137	141	143	149	156	158	162
5.5 头最大长/mm	168	173	175	184	192	195	200	161	165	167	176	184	187	191
5.6 头围/mm	525	536	541	560	580	586	597	510	520	525	546	567	573	585
5.7 形态面长/mm	104	109	111	119	128	130	135	97	100	102	109	117	119	123

6. 人体手部尺寸

	男（18～60 岁）							女（18～55 岁）						
	1	5	10	50	90	95	99	1	5	10	50	90	95	99
6.1 手长/mm	164	170	173	183	193	196	202	164	170	173	183	193	196	202
6.2 手宽/mm	73	76	77	82	87	89	91	67	70	71	76	80	82	84
6.3 食指长/mm	60	63	64	69	74	76	79	57	60	61	66	71	72	76
6.4 食指近位指关节宽/mm	17	18	18	19	20	21	21	15	16	16	17	18	19	20
6.5 食指远位指关节宽/mm	14	15	15	16	17	18	19	13	14	14	15	16	16	17

7. 人体足部尺寸

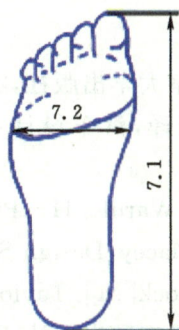

图-7 人体足部尺寸

	男(18~60 岁)							女(18~55 岁)						
	1	5	10	50	90	95	99	1	5	10	50	90	95	99
7.1 足长/mm	223	230	234	247	260	264	272	208	213	217	229	241	244	251
7.2 足宽/mm	86	88	90	96	102	103	107	78	81	8	88	93	95	98

参考文献

[1] 任金东编.汽车人机工程学[M].北京大学出版社,2010

[2] Vivek D. Bhise 著. 刘亚茹,李惠彬译,汽车设计中的人机工程学[M].机械工业出版社,2014

[3] Stuart Macey,Ralph Gilles,Geoff Wardle. H－POINT：The Fundamentals of Car Design & Packaging Ⅱ[M].Stuart Macey,Design Studio Press,2015.3

[4] Automobile Ergonomics,Brian Peacock[M].Taylor & Francis Press,2002

[5] 宋景芬.汽车文化(第二版)[M].人民交通出版社,2012.07

[6] 黄天泽,黄金陵.汽车车身结构与设计[M].人民交通出版社,2014.06

[7] 宁建华.汽车品牌与文化一体化项目教程[M].上海交通大学出版社,2012.10

[8] 阮宝湘编.工业设计人机工程(第 2 版)[M].机械工业出版社

[9] 丁玉兰.人机工程学[M].北京理工大学出版社,2011

[10] 周一鸣,毛恩荣编.车辆人机工程学[M].北京理工大学出版,1999

[11] Henry Dreyfuss Associates[M]. The Measurements of Men and Women[M]. NewYork:John Wiley & Som Press. 2002

[12] 杜子学. 汽车人机工程学 [M]. 北京:机械工程出版社,2015

[13] 郦明. 振动病及其防治[M].北京:清华大学出版社.1996

[14] 李晓玲.振动环境中人-机系统舒适性评价方法研究[博士学位论文].西安:西北工业大学,2010

[15] 王林. 振动型神经病的国内研究概况[J]. 中国工业医学杂志,2004,17(1):61－62.

[16] 靳晓雄,丁玉兰. 人体受振时生理信号变化趋势研究[J].同济大学学报,1997,25(4):482－486

[17] http://www.sae.org/

[18] http://www.iea.cc/

[19] http://www.cesbj.org/

[20] http://www.sae－china.org/

[21] GB 11562 汽车驾驶员前方视野要求及测量方法

[22] GB/T 11563—1995 汽车 H 点确定程序

[23] EQCB—99 乘用车整车设计规范

[24] SAE J1100—2005 Motor Vehicle Dimensions

[25] SAE J1516—1998 Accommodation Tool Reference Point

[26] SAE J1517—1998 Driver Selected Seat Position

[27] SAE J287—1988 Driver Hand Control Reach

[28] SAE J826—2002 H－Point Machine and Design Tool Procedures and Specifications

[29] SAE J941—2002 Motor Vehicle Drivers' Eye Locations

[30] SAE J1052—2002 Motor Vehicle Driver and Passenger Head Position

[31] SAE J 287—2007 驾驶员手控制区域

[32] GB 7258—2012 机动车运行安全技术条件

[33] EQCD—45—2008 乘用车人机工程布置设计规范

[34] EQCB—99 乘用车整车设计规范

[35] EQCT—1748 乘用车手动变速箱档位品质主观评价试验方法

[36] 詹熙达. CATIA V5 R20 快速入门教程 [M]. 北京：机械工程出版社，2015